中国海油集团能源经济研究院·蓝海丛书

项目咨询评估方法与实务

王 震 郭胜伟 魏 华 著

中国石化出版社
HTTP://WWW.SINOPEC-PRESS.COM
中国经济出版社
CHINA ECONOMIC PUBLISHING HOUSE

内 容 提 要

本书突出油气行业项目特点，结合作者多年来实际工作经验，对项目咨询评估工作的概况、理论方法等进行系统介绍，在此基础上重点论述了发展规划评估、投资项目可行性研究评估、初步设计评估、收并购项目评估、资产估值、后评价，以及油气项目储量评估等业务类型的方法论以及评估实务经验，提出了多种油气及新能源项目的评估实务要点，具有创新性、针对性与实用性，有助于油气领域专家学者，特别是项目评估从业者加强对投资项目咨询评估工作的认识，强化实践技能。

本书可作为石油化工建设行业工程管理和工程咨询人员的参考书。

图书在版编目（CIP）数据

项目咨询评估方法与实务 / 王震，郭胜伟，魏华著．
-- 北京：中国石化出版社，2023.2
ISBN 978-7-5114-6959-5

Ⅰ．①项…　Ⅱ．①王…②郭…③魏…　Ⅲ．①工程项目管理—咨询服务—评估方法　Ⅳ．①F284

中国国家版本馆 CIP 数据核字（2023）第 035633 号

中国石化出版社出版发行

地址：北京市东城区安定门外大街 58 号
邮编：100011　电话：（010）57512500
发行部电话：（010）57512575
http：//www. sinopec-press. com
E-mail：press@ sinopec. com
北京科信印刷有限公司印刷
全国各地新华书店经销
*
787 × 1092 毫米　16 开本　28 印张　463 千字
2023 年 3 月第 1 版　2023 年 3 月第 1 次印刷
定价：158.00 元

前言

PREFACE

工程咨询行业起源于西方19世纪，其本质在于把科学引入经济社会发展和建设项目的投资决策与实施活动中，通过综合运用多学科的理论、技术、方法和经验，提供智力化产品服务。经过近两个世纪的发展，工程咨询行业已成为现代服务业的重要组成部分和经济社会发展的先导产业。

我国工程咨询行业起源于“一五”期间向苏联学习项目基本建设管理经验成立的一批勘察设计机构，业务以勘察设计和技术经济分析为主。20世纪80年代，我国开始在基本建设领域引入国际上通行的项目可行性研究制度，国家明确将评估作为项目投资决策的前置条件。党的十八届三中全会提出“要加强中国特色新型智库建设，建立健全决策咨询制度”，我国工程咨询业进入高质量发展阶段。截至2020年底，全国工程咨询单位数量已超过19,000家，从业人员达250万人，样本单位营业收入达4,915亿元，形成了包含规划咨询、项目咨询、评估咨询、全过程工程咨询四大业务领域的行业结构。工程咨询在促进我国经济社会可持续发展、保证投资建设的质量和效益等方面发挥了重要作用。

评估咨询作为工程咨询的重要内容，也是项目投资决策的重要环节。工程项目投资具有不确定性强、生命周期长、利益相关方和影响因素复杂等特点，如果说科学的投资决策是保障项目实施和运行的前提和关键，那么系统缜密的评估咨询则是科学决策的重要保障。特别是关系到国计民生的重大项目，通过对项目前期咨询成果的再论证、再评价，将投资决策变成集思广益、有科学依据、有制度保证的过程，为项目投资决策奠定客观而坚实的专业基础。自20世纪80年代我国基本建设领域建立“先评估、后决策”的制度以来，项目评估已成为中国特色的投融资体制和工程项目审批管理制度的重要组成部分，通过综合多学科知识体系和技术工具，帮助投资决策人员掌握全面信息，分析、判断复杂多变的外部环境、技术路线、经济效益、风险因素和社会影响，有效防范投资风险，减少和避免决策失误，为建设项目投资决策保驾护航。

近年来外部形势和环境复杂多变，行业和技术发展日新月异，多重因素叠加使得评估咨询业务服务于决策的任务更加复杂和艰巨。科学开展项目评估咨询工作，往往需要从宏观政策、中观产业、微观项目三个层面开展论证，涉及自然科学和社会科学的诸多领域，从业者既需要及时解读政策，时刻掌握外部环境动态，研判行业发展形势和政策导向，还需要具备高水平的专业知识、丰富的实践经验、高效的学习能力、缜密的逻辑思维能力、准确分析问题和判断问题等基本能力。作者所在单位开展评估咨询领域的业务可追溯到2012年，主要承担集团公司内部重大项目的评价与咨询论证等工作，在石油天然气、石油化工、海洋工程等行业累计评估项目超过600个。近年来在“双碳”目标引领下创新开展了风电、光伏等新能源领域的项目评估，业务领域从初期的项目可行性研究评估、初步设计评审，逐步延伸到发展规划评估、收并购项目评估、油气储量评估、投资项目后评价等多个领域。在实际工作中重视“用理论来推动实践，用实践来完善理论”，强调规律的总结提炼与方法论的打造，逐步形成了适用于投资项目评估咨询且具有油气行业特点的知识体系与方法论，旨在通过编写本书将相关领域的经验做法等成果沉淀，以供工程咨询领域的从业者参考使用，围绕投资决策工作做好支撑与服务。

本书由十章构成，基本逻辑结构按照工程项目生命周期的时间轴顺序进行编写，突出理论与实践充分结合，先理论、后实务的特点。第一章为概念篇，对工程咨询行业的发展沿革、业务范围和作用等进行概述性论述。第二章为方法理论篇，基于政策咨询、战略规划咨询、项目咨询、全过程咨询这几类工程咨询的主要业务分类，对常用的工程咨询方法进行系统介绍。从第三章起，本书进入评估咨询这一核心业务领域，对项目评估的发展历程、作用、原则、评估与决策的关系、评估体系构建进行系统论述。第四章至第十章，从不同类型的评估工作出发系统性论述。第四章介绍发展规划评估，重点从企业咨询机构主要涉及的公司总体发展规划、区域发展规划、产业专项发展规划三个维度论述评估要点。第五章介绍项目可行性研究评估，对项目前期投资决策而言，可行性研究评估意义重大，本章从油气勘探开发、海洋石油装备、炼油化工、油库加油站、液化天然气（LNG）接收站、输气管道、燃气电厂、风电、光伏等十余类项目分别系统介绍评估要点与实务。第六章介绍项目初步设计评审，重点介绍了可行性研究与初步设计之间的关系以及评估的异同点，对几类重点项目的初步设计评审要点进行论述。从实践来看，企业除以固定资产投资形式进行项目建设外，资本市场的发展也为其提供了有效途径。第七章和第八章对目前常见的并购与资产评估这两类项目进行论述，解决对并购项目进行评估以及进行资产估值时需要关注的问题。第九章油气储量评估具有高度的油气产业特点，重点就陆上、海上石油天然气储量，页岩气、煤层气储量的评估方法进行论述。第十章项目后评价，则是基于作者在投资项目后评价领域的经验，对开展后评价工作的主要内容、实施程序，以及不同项目后评价的要点进行论述。全书从规划评估、可行性研究评估、初步设计评审，再到项目后评价，形成项目投资的闭环管理。

本书具有理论性特点，全书在相应章节就常用咨询方法理论，评估业务体系、评估组织体系、评估理论方法体系、评估质量保障体系的构建，以及开展评估工作的原则、流程、重点内容等要点进行了充分论述。本书具有专业性特点，聚焦油气产业，具体细分为油气田勘探开发、大型装备、炼油化工、油库及加油站、LNG 接收站、输气管线、燃气电厂等十余种项目类型，基本覆盖油气行业上中下游全产业链。本书还具有实用性特点，在项目实际评估经验的基础上，形成了涉及油气产业项目前期各阶段咨询评估的方法论，评估实务、要点，以及各阶段评估成果文件模板，有助于能源行业，特别是油气产业工程咨询从业者加强投资项目咨询评估的认识，指导有关工作的开展。

本书由王震、郭胜伟、魏华、庄妍、王蒙、李峰、蔡露露、吴晶晶、郭磊、程光华、陈斌、贾海松、崔艳菲、王梦川、张成意、冯国莉、洪子鑫、邹梅妮等多位同志联合撰写，徐本和、王庆友、潘继平、雷强、孙洋洲等同志进行了校对。本书在编写过程中，得到了多位专家、学者，以及业内前辈的指点和帮助，他们以丰富的知识和经验，为本书提供了大量有价值的资料、素材和建议；本书在编写过程中还参阅了诸多文献资料和标准规范，特此向有关专家、学者和作者表示感谢。

项目咨询评估相关的新理论、新技术、新方法不断涌现，书中难免有疏漏甚至不妥之处，欢迎广大读者批评指正。

王震

2023 年 2 月

目录

CONTENTS

第一章

工程咨询概述

世界各国的发展历程表明，工程咨询业是现代服务业的重要组成部分和经济社会发展的先导产业，在提高投资决策的科学性、保证投资建设质量和效益、促进经济社会可持续发展方面具有重要的地位和作用，其发展程度体现了国家的经济社会发展水平。

工程咨询行业自形成之初就致力于服务全社会固定资产投资，其发展前景和市场空间与作为拉动经济增长三驾马车之一的投资密切相关。随着全社会固定资产投资规模的增长，工程咨询行业的市场空间也随之增长。截至 2020 年底，全国工程咨询单位数量已超 19,000 家，从业人员达 250 万人。进入新发展阶段，社会主义现代化建设任务更加繁重，内外部环境发生较大变化，工程咨询服务决策更加复杂和艰巨，工程咨询也需要与时俱进，以更好地满足国家重大工程建设、关键行业和基础性产业发展、国家经济社会发展战略制定的现实需求。

第一节 工程咨询定义及特点

一、工程咨询定义

工程咨询是指遵循独立、科学、公正的原则，运用工程技术、科学技术、经济管理和法律法规等多学科方面的知识和经验，为政府部门、项目业主及其他各类客户的工程建设项目决策和管理提供咨询活动的智力服务，包括前期立项阶段咨询、勘察设计阶段咨询、施工阶段咨询、投产或交付使用后的评价等工作。

经过近两个世纪的发展，工程咨询已成为社会、经济、政治活动中辅助决策的重要手段，并逐渐形成一门应用性软科学。

二、工程咨询特点

工程咨询是一种知识和技术高度密集的专业化服务，涉及自然科学和社会科学的诸多领域，其本质在于把科学引入国家经济社会发展和投资建设项目决策与实施活动中。工程咨询秉持科学品质，不仅是指把科技成果直接应用于工程建设本身，优化提升投资项目的技术可行性、经济合理性、风险可控性，更重要的是指将科学作为综合的知识体系和思维工具，帮助我们从宏观上观察、分析、判断复杂多变的技术路线、经济现象和社会影响，在更广的范围内为工程项目的决策、建设、运营提供涉及组织、管理、经济和技术等各方面的全生命周期咨询服务。综上所述，工程咨询工作具有以下特点：

1. 范围广

工程咨询业务弹性很大，可以是宏观的、整体的、全过程咨询，也可以是某个问题、某项内容、某项工作的具体咨询。比如政策咨询、规划咨询或建设项目咨询都属于工程咨询的范畴。

2. 独特性

每一项咨询任务都是一次性、单独的任务，只有类似性而无重复性。每一个咨询任务研究对象都是独立的个体，有着独特的背景。即使部分类似，也没有两个一模一样的咨询项目。所以每一个咨询项目都是非标准化、个性化的独特任务。

3. 综合性强

工程咨询是高度智能化服务，每一个咨询任务牵涉面广，包括政治、经济、技术、社会、文化等多个领域，需要协调和处理方方面面的联系，考虑各种复杂多变因素，并且需要多学科知识、技术、经验、方法和信息的集成及创新。

4. 结论多样

投资项目受相关条件的约束性较大，咨询结果是充分分析、研究各方面约束条件和风险的综合结果，可以是肯定结论，也可以是否定结论。结论为“项目不可行”的评估报告，也可以是质量优秀的咨询评估报告。

5. 预测性和前瞻性

工程咨询的成果带有预测性、前瞻性。一个投资项目，其生命周期短则几年，长则十几年甚至几十年，咨询过程需要对未来进行预判。优秀的评估报告经过时间的推移更能彰显其价值。

6. 智力化产品

工程咨询提供智力服务，咨询成果（或产出品）属于非物质产品。咨询成果的价值是非物化的，是研究人员经验、智慧与学识的集成，成功的咨询服务能够减少投资的风险和避免重大决策的失误。

第二节 工程咨询行业发展概述

一、工程咨询行业发展历程

（一）国外工程咨询发展历程

工程咨询业起源于英国，1818 年英国建筑学家约翰·斯梅顿成立了“英国土木工程师协会”，正式拉开了工程咨询的序幕，至今已有两百余年的历史。

在西方技术革命和文化的影响下，国外咨询服务行业的发展特点可以概括为：运用专业技术优势和资本手段，通过兼并重组等延长产业链形成“一站式”服务；通过多元化拓展业务范围、区域范围，满足客户多样化的需求，积累实力逐渐发展为国际工程咨询服务公司。纵观其发展历史，国外工程咨询行业大致经历了三个发展阶段：

1. 个体咨询时期

19 世纪 50 年代，美国建筑师梅斯丁成立了一个土木工程协会，独立承担从土木工程建设中分离出来的技术业务咨询。到 1895 年，美国人泰勒提出了顾问工程师的概念，他所从事的智能专业化的社会职业，就是现在的工程企业管理咨询。在 20 世纪 40 年代以前，管理咨询服务具有一定的局限性，主要服务于生产现场的改善、作业研究、生产技术的合理化建议和会计业务等方面。

2. 合伙咨询时期

1913 年，比利时、法国和瑞士三国咨询工程师协会在比利时根特成立了国际咨询工程师联合会（FIDIC），工程咨询行业由此进入了合伙咨询时期。在 FIDIC 的带领下，工程咨询在世界范围内形成并发展起来，从建筑业拓展到工业、农业、交通业等多个领域，咨询形式也由个人咨询转向合伙咨询，以发挥个体的专业优势形成合力。国外从事工程咨询服务的国际巨头和龙头企业，如 AECOM（成立于 1990 年）、FLUOR（成立于 1912 年）、URS（成立于 1904 年）等在此时期相继成立，工程咨询行业步入专业咨询时代。

3. 综合发展时期

第二次世界大战以后，工程咨询业从专业咨询发展到综合咨询，从单纯的技术咨询发展到战略咨询、管理咨询等。伴随着科学的传播、技术的转移，以及国际资本的融通，工程咨询业走上了国际化发展道路，在推动国际经济技术合作和促进各国经济发展中发挥了重要作用。在为工程项目提供从决策到实施全过程的智力服务中，工程咨询所采用的科学方法、技术手段、准则规范等具有很强的通用性，咨询成果的国际认可程度很高。

这一时期，在国际咨询工程师联合会（FIDIC）的带领下，出现了一大批国际工程咨询公司，这些 FIDIC 成员企业来自全球各地区的六十多个国家，FIDIC 定期举办各类研讨会及其他活动，目的在于实现其行业目标：坚持高水平的道德和职业标准；交流观点和信息；讨论成员协会和国际金融机构代表共同关心的问题，促进发展中国家工程咨询业的发展。

（二）我国工程咨询发展历程

相比国外发达国家，我国工程咨询业起步较晚，但随着我国经济社会的快速发展，在短短几十年内，我国工程咨询事业经历了从无到有、从小到大，不断成长，形成特色，全方位担负起了服务国家经济社会发展、推动国家治理体系和治理能力现代化的使命职责，全面支撑了我国经济决策的科学化、民主化进程，在保障工程质量、提高投资效益、规避投资风险、优化重大布局、调整产业结构、加强和改善投资宏观调控、促进经济社会可持续发展等方面做出了重要贡献。特别是随着改革开放的深入和社会主义市场经济体制的确立，工程咨询产业化、工程咨询单位市场化步伐明显加快，行业规模显著扩大，人员素质不断提高，服务质量和水平稳步提升。

从时间维度和发展阶段来看，工程咨询业在我国的发展阶段可分为以下四个阶段。

1. 工程咨询业萌芽阶段——需求诞生

我国工程咨询业起源于“一五”时期，为推进社会主义建设发挥了积极作用。新中国成立后，我国学习苏联的基本建设管理经验，成立了一批勘察设计机构，在以勘察设计为主的基础上，逐步开展了一些建设项目的技术经济分析。尽管这些工作是在严格的计划经济体制下进行的，主要服务于国家投资决策的执行，但实践证明，这对一大批重点项目的顺利实施产生了明显效果。

2. 前期咨询阶段——道路探索

20 世纪 80 年代，在改革开放浪潮下，我国经济开始腾飞，在基本建设工作方面引入了国际上通行的可行性研究制度，现代工程咨询理念开始得到传播。1981 年国务院颁布的《技术引进和设备进口工作暂行条例》中规定，利用外资、引进技术项目要编制项目建议书和可行性研究报告；1983 年原国家计委颁发的《关于建设项目进行可行性研究的试行管理办法》中规定，建设项目的决策和实施必须严格遵守国家规定的基本建设程序，可行性研究是建设前期工作的重要内容，是基本建设程序中的组成部分。

为了有效调整国家产业结构，解决瓶颈产业和建立合格的价格体系，原国家计委系统在全国创立了“投资咨询”和建设“工程咨询”公司，以期实现国家投资决策的科学化和工程建设的合理化。随后，国家各部委以其所属规划、勘察设计院为基础成立了一批专业性的工程咨询机构。同时，各省市自治区计委系统也相继成立了一批地区性的综合性工程咨询公司。在此阶段，国家基本建设领域正式确立了“先评估、后决策”的制度安排。可行性研究和先评估后决策制度的建立与实施，是基本建设投资决策程序的重大改革，我国工程咨询事业也随之进入了服务于国家经济决策制定的崭新时期。

1992 年，国家产业政策明确把工程咨询纳入服务业，并进行工程咨询机构资质认证，与工程勘察、设计、监理认证并存。许多与工程建设有关的服务单位，如监理勘察、设计单位也都在原有业务基础上，向前期和建设期咨询业务延伸，承担起项目决策和实施管理的咨询服务。

3. 专业咨询阶段——规范化发展

随着我国加入世界贸易组织（WTO），投资体制改革的不断深入，建设项目的实施过程也发生了根本性变革，建设组织模式被市场化改革所打破。在这个阶段，工程咨询业蓬勃发展，但同时也暴露了一些问题，诸如咨询业务各个模块的分割；企业数量众多，但综合实力强大的工程咨询企业稀少，行业集中度低，缺乏国际竞争力；面临着体制机制的约束；工程咨询行业整体的认知度较低等。

针对行业暴露出的问题，为应对新时期国内外经济形势的变化，政府加强了对工程咨询行业的引导，加快培育我国的工程项目管理咨询。2002 年我国第一版《建设工程项目管理规范》（GB/T 50326—2002）出台。2003 年国家建设部提出开展对工程项目的组织实施进行全过程或若干阶段的管理和服务的思路，在《关于培育发展工程总承包和工程项目管理企业的指导意见》（建市〔2003〕30 号）中介绍了工程项目管理的基本概念和主要方式。2004 年国家建设部在关于印发《建设工程项目管理试行办法》的通知（建市〔2004〕200 号）中，对工程项目管理业务范围做出了明确的划分。2010 年国家发改委公布《关于印发工程咨询业 2010—2015 年发展规划纲要的通知》（发改投资〔2010〕264 号），进一步明确了工程咨询业发展的指导思想、原则、目标和主要任务。

至此，我国工程咨询服务市场化快速发展，形成了投资咨询、招标代理、勘察、设计、监理、造价、项目管理等专业化的咨询服务业态，部分专业咨询服务建立了执业准入制度，促进了我国工程咨询服务专业化水平的提升。作为我国近 20 年改革开放的一项成果，工程咨询业已发展成为我国经济建设中一个新兴的、具有明显专业特征的智力型服务行业。

4. 全过程咨询阶段——蓬勃发展

党的十八大以来，中国特色社会主义进入新时代，工程咨询事业也随之进入促进经济社会持续健康发展、推动国家治理体系和治理能力现代化的蓬勃发展阶段。

党的十八届三中全会提出，要加强中国特色新型智库建设，建立健全决策咨询制度。2017 年 2 月，国务院办公厅颁发的《关于促进建筑业持续健康发展的意见》（国办发〔2017〕19号）中提出了要培育全过程咨询单位。2017年5月，住建部印发《住房城乡建设部关于开展全过程工程咨询试点工作的通知》（建市〔2017〕101号），提出探索全过程工程咨询管理制度和组织模式。随后，相关省市积极响应，浙江、广东、福建等地相应出台开展全过程工程咨询的试点工作通知，对全过程工程咨询的范围、资质要求、委托方式、收费标准和制度完善都提出了具体要求，正式启动了全过程工程咨询的试点工作，行业内掀起了全过程工程咨询研讨热。

随着工程咨询业列入国家鼓励类产业目录和《中华人民共和国国民经济和社会发展第十三个五年规划纲要》，行业规模和认知程度进一步提升，在经济社会发展中的作用更加彰显。2019年3月，国家发展和改革委员会、住房和城乡建设部发布《关于推进全过程工程咨询服务发展的指导意见》（发改投资规〔2019〕515号），提出要在房屋建筑和市政基础设施领域推进全过程工程咨询服务，着力破除制度性障碍，重点培育发展投资决策综合性咨询和工程建设全过程咨询，为固定资产投资及工程建设活动提供高质量智力技术服务。

随着我国固定资产投资项目建设水平逐步提高，为更好地实现投资建设意图，投资者或建设单位在固定资产投资项目决策、工程建设、项目运营过程中，对综合性、跨阶段、一体化的咨询服务需求日益增强，工程咨询行业也取得了长足发展。据中国工程咨询协会统计，2020年工程咨询行业样本单位营业收入共计4,915亿元，其中规划咨询、项目咨询、评估咨询、全过程工程咨询的营业收入分别占比24%、37%、10%、29%。全过程工程咨询顺应工程咨询服务供给侧结构性改革而异军突起，为各类工程咨询单位提供了新的市场机遇，成为工程咨询行业发展的新趋势。

二、我国工程咨询行业发展现状

工程咨询行业的发展与宏观经济周期息息相关，是典型的经济环境主导型行业。在宏观经济因素中，经济与固定资产投资增速是影响我国工程咨询行业发展的两大重要因素，工程咨询业作为工程建设领域的服务行业和先导产业，受到二者的共同影响。经济发展态势直接影响各行各业的投资热情，进而影响固定资产投资和工程建设市场容量的规模（图1–1）。

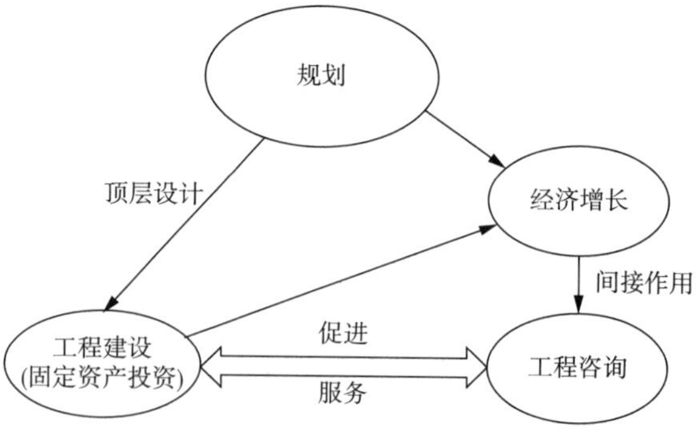

图1–1　宏观经济因素与工程咨询业之间的关系

我国工程咨询行业自诞生以来就面临着国家经济社会发展带来的巨大发展机遇，随着国家工程咨询制度的日益完善，更是迎来了更加广阔的发展空间。工程咨询行业是典型的投资驱动型行业，从我国全社会固定资产投资在建规模来看，发展趋势良好，体量持续扩大，2021 年达到约 55.28 万亿元。根据国家每投入 1 万亿元固定资产投资需要 100 亿 ~150 亿元工程咨询支出的经验判断，2021 年我国工程咨询行业的市场需求规模达到约 7,000 亿元。此外，专业化也是我国工程咨询企业发展过程中展现出的一大趋势特点，各细分行业的发展前景直接影响专注于各专业类别的工程咨询企业的生存和发展（图 1–2）。

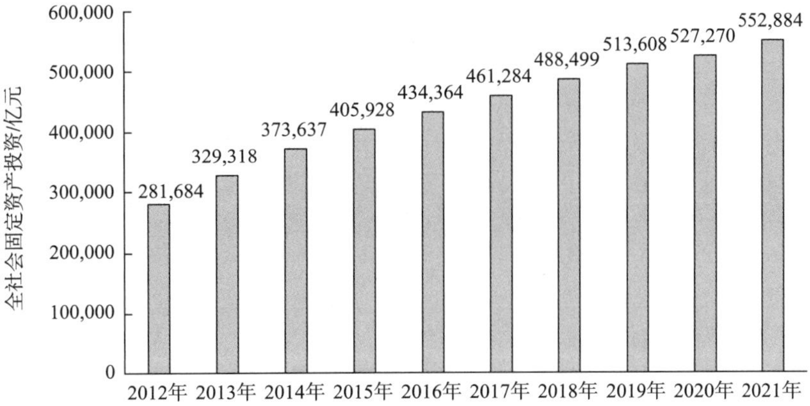

图 1–2　2012 ~ 2021 年中国全社会固定资产投资
资料来源：国家统计局

三、我国工程咨询企业的构成

在我国，按照资质认定的不同管理部门进行划分，工程咨询企业主要分为两大类别：一类是由国家发展和改革委员会颁发工程咨询资质的企业或事业单位。主要为投资项目开展前期论证、评估等环节提供咨询服务，从业人员以注册咨询工程师（投资）为准入资格。此类称为“工程咨询（投资）机构”。另一类是由住房和城乡建设部等其他政府部门颁发资质的工程咨询机构。包括投资建设项目的勘察设计、工程监理、工程造价咨询及工程招标代理等，从业人员也分别设置了相应的准入资格，如注册建筑师、注册结构工程师、注册监理工程师、注册造价工程师等。

按照工程咨询机构的性质和服务阶段划分，我国工程咨询机构主要由三类构成：第一类是综合性工程咨询机构，主管部门为各地发展改革部门，承接业务范围涵盖投资建设项目的前期决策、勘察设计及实施阶段的咨询服务，其中服务内容以项目前期决策咨询为主，项目实施阶段咨询为辅。第二类是各行业的研究院、设计院以及咨询机构等，主管部门为国家各行业管理部门，承接业务范围涵盖从勘察设计到实施阶段的咨询服务。第三类是企业性质的工程咨询机构，机构规模通常为中小型，承接业务范围涵盖投资建设项目的前期决策、勘察设计及实施阶段的咨询服务。该类工程咨询机构普遍具有相对科学的企业管理体制、运营体制和高效的员工激励机制，具有较为广阔的成长和发展空间，发展趋势良好。

2017 年 11 月，国家发展和改革委员会发布《工程咨询行业管理办法》，正式取消了工程咨询资质。2018 年 4 月，国家发展和改革委员会发布《工程咨询单位资信评价标准》，更加关注咨询单位的人员执业资格、业绩和守法信用记录，对开展工程咨询业务的单位要求提高。从政府部门直管到下放至行业协会实行自律管理，以及 2017 年开始试行的建筑师负责制等，都是对企业资质和个人资格双重管理模式的一种有益探索。

第三节 工程咨询的作用及范围

一、工程咨询的作用

工程咨询行业的服务对象和服务范围面广，业务综合性强，对工程咨询的作用归纳总结起来，主要包括以下四个方面：

1. 为编制国家发展规划、制定宏观调控政策充当参谋，促进经济社会又好又快发展

发展社会主义市场经济，政府需要通过制定发展战略、规划、政策等进行宏观调控。这些调控涉及经济、技术、社会以及国内外各种影响因素，需要各方面专家的广泛参与和全面系统的研究，协力完成。我国部分工程咨询机构承担了经济社会发展重大专题研究任务，在为有关部门、行业、地区制定发展战略、规划和政策、城市总体规划以及调整和优化经济结构方面，做出了积极的贡献。

2. 为建设项目投资决策保驾护航，优化建设方案，防范投资风险，减少和避免决策失误，提高投资效益

工程咨询服务在项目投资决策领域的作用主要体现在：1）政府投资、审批、核准的项目，在审核批准前必须经过相应资质的咨询机构评估；企业投资项目为保障投资科学合理，也需履行投资决策程序进行先评估、后决策。工程咨询机构受各级政府和企业委托，承担了大量工程项目的可行性研究与评估工作，为决策科学化、民主化，避免和减少决策失误，优化建设方案，提高投资效益提供依据。2）随着我国各行业部门

工程勘察设计单位技术水平的不断提高，为各类工程项目开展勘察设计工作，满足各方面投资建设的需要。3）随着投资主体多元化、投资来源多渠道格局的形成，项目融资咨询成为一项新的咨询业务。咨询机构为投资决策者提供多样化融资服务，为降低融资成本，减少融资风险，提高投资效益等方面贡献专业价值。4）投资项目在建成投产后，常由独立的咨询机构对项目投资决策、建设和运营进行总结和评价，以获取经验、教训和启示，咨询机构通过后评价方式为决策者提高决策科学化水平提供有益服务。

3. 为科学管理工程项目充当助手，保证工程进度、效益和质量

随着经济的发展，已有越来越多的工程项目由工程咨询机构参与项目管理，或者提供工程监理服务。这种专业化的管理，较过去由项目单位临时组建管理班子的做法，既节约了人力，又极大提升了项目管理的科学性与效率，特别是现代项目管理技术和手段的应用，使工程项目的进度、质量、成本和投资回报得到较好的控制。

4. 为国际工程建设充当先锋队，促进国际经贸合作

随着全球化进程和我国“一带一路”建设在合作中的不断发展，国内一些咨询公司和工程设计单位已开始积极参与到国际业务的拓展中。工程咨询业进入国际市场可以带动材料、设备和工程承包与劳务出口等行业，促进外贸发展和国际合作，也培养了一批国际工程管理人才和国际咨询专家。

二、工程咨询的范围

（一）工程咨询的服务范围

工程咨询业务主要分为五大类，分别是：政策咨询、规划咨询、项目咨询、评估咨询和全过程工程咨询。

1. 政策咨询

为各级政府相关部门提供区域发展、产业布局、科技创新、绿色低碳、投资消费、开放改革等相关政策研究与制度设计等，诸如革命老区振兴发展、东北振兴、西部大开发等政策研究。

2. 规划咨询

含国家、省（区、市）和县（包括各类开发区、产业园区、高新区等）经济社会发展总体规划、专项规划（包括产业发展规划、基础设施规划、生态环境保护规划等）和区域规划“三级三类”规划以及企业发展战略规划的编制。

3. 项目咨询

含项目投资机会研究、投融资策划（商业计划书），项目建议书（预可行性研究报告）、项目可行性研究报告、项目申请报告、资金申请报告的编制，市场研究、行业分

析、厂址选择和方案技术经济比选等专题研究报告的编写，政府和社会资本合作（PPP）项目咨询，基础设施领域不动产投资信托基金（REITs）项目咨询等。

4. 评估咨询

各级政府部门、开发区、银行、投资机构和有关企事业单位委托的对政策、规划、项目建议书、可行性研究报告、项目申请报告、资金申请报告、PPP 项目实施方案、初步设计的评估，政策、规划和项目实施中期评估、后评价，项目概预决算审查，及其他履行投资管理职能所需的专业技术服务。

5. 全过程工程咨询

采用多种服务方式组合，为项目决策、实施和运营持续提供局部或整体解决方案以及管理服务。

（二）我国工程咨询专业范围

《工程咨询行业管理办法》对工程咨询的服务范围和专业划分做出了明确规定。工程咨询业务专业分为：

1）农业、林业；2）水利水电；3）电力（含火电、水电、核电、新能源）；4）煤炭；5）石油天然气；6）公路；7）铁路、城市轨道交通；8）民航；9）水运（含港口河海工程）；10）电子、信息工程（含通信、广电、信息化）；11）冶金（含钢铁、有色）；12）石化、化工、医药；13）核工业；14）机械（含智能制造）；15）轻工、纺织；16）建材；17）建筑；18）市政公用工程；19）生态建设和环境工程；20）水文地质、工程测量、岩土工程；21）其他（以实际专业为准）。

第二章 常用咨询方法理论

第一节 概述

常用咨询方法包括哲学方法、逻辑方法和学科方法。哲学方法是从辩证的视角分析事物的两面性，包括优点、缺点、正面效益和反面效益；逻辑方法是用假设、推理、判断等逻辑思维形式，对事物进行归纳、总结、演绎；学科方法则是利用各种学科中常用的研究方法对事物开展分析和研究。

基于第一章对工程咨询业务的划分，考虑到评估咨询和全过程咨询实质上是政策咨询、规划咨询、项目咨询的延伸与综合，将常用工程咨询方法归入政策、规划、项目咨询三大类，评估和全过程咨询可参考使用相关方法开展咨询工作（图 2–1）。需要特别说明的是，虽然我们将某一常用咨询方法归于某一大类，但其并不是仅限应用于此类咨询领域，如 PEST 分析被归入了政策咨询，但其在规划咨询和项目咨询中也被广泛应用。常用咨询方法体系如图 2–2 所示。常用战略规划咨询和项目咨询见图 2–3。

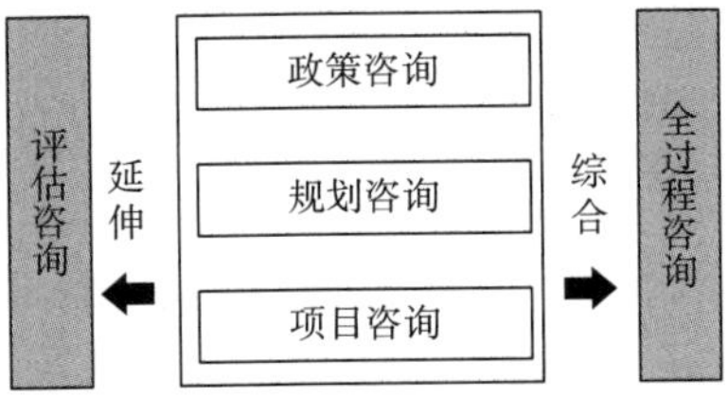

图 2–1　主要工程咨询类别

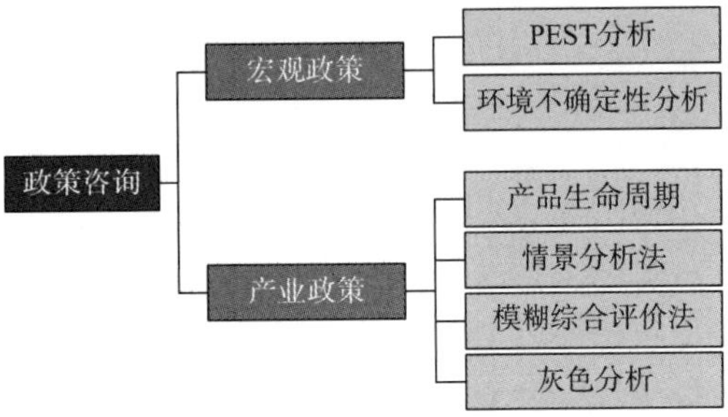

图 2–2　政策咨询常用咨询方法

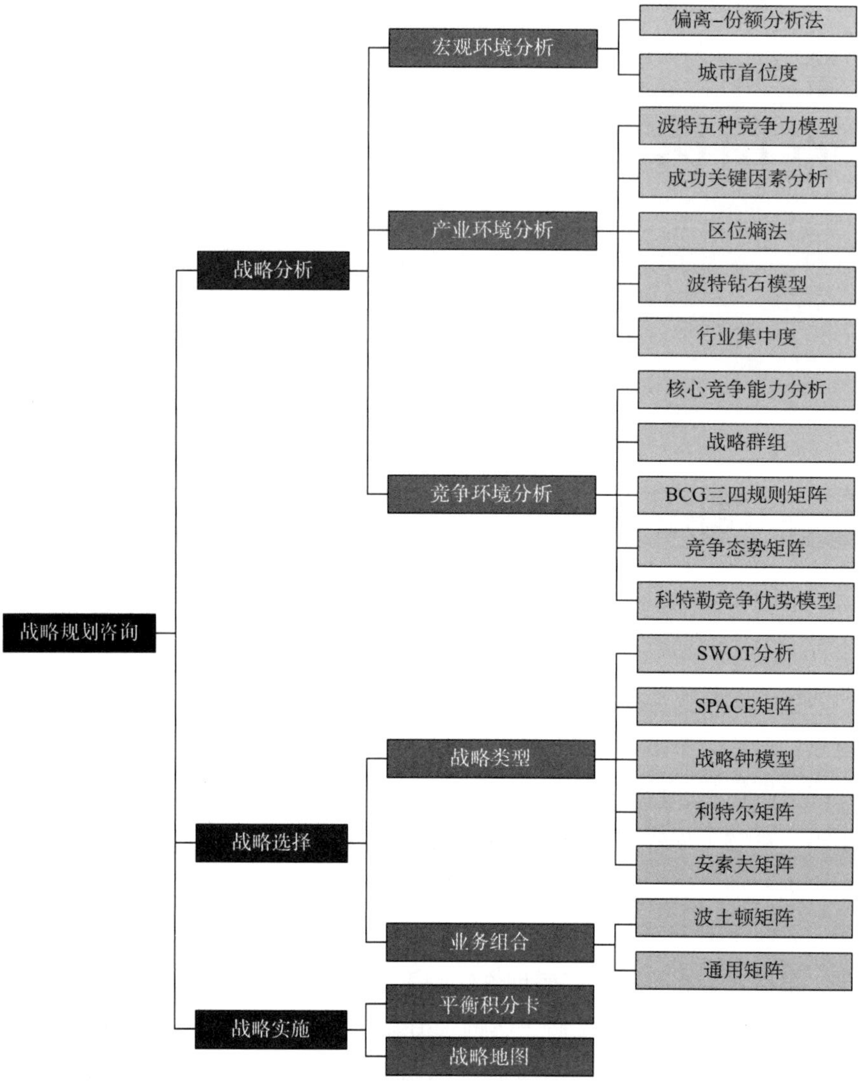

图 2–3–1　战略规划咨询常用咨询方法

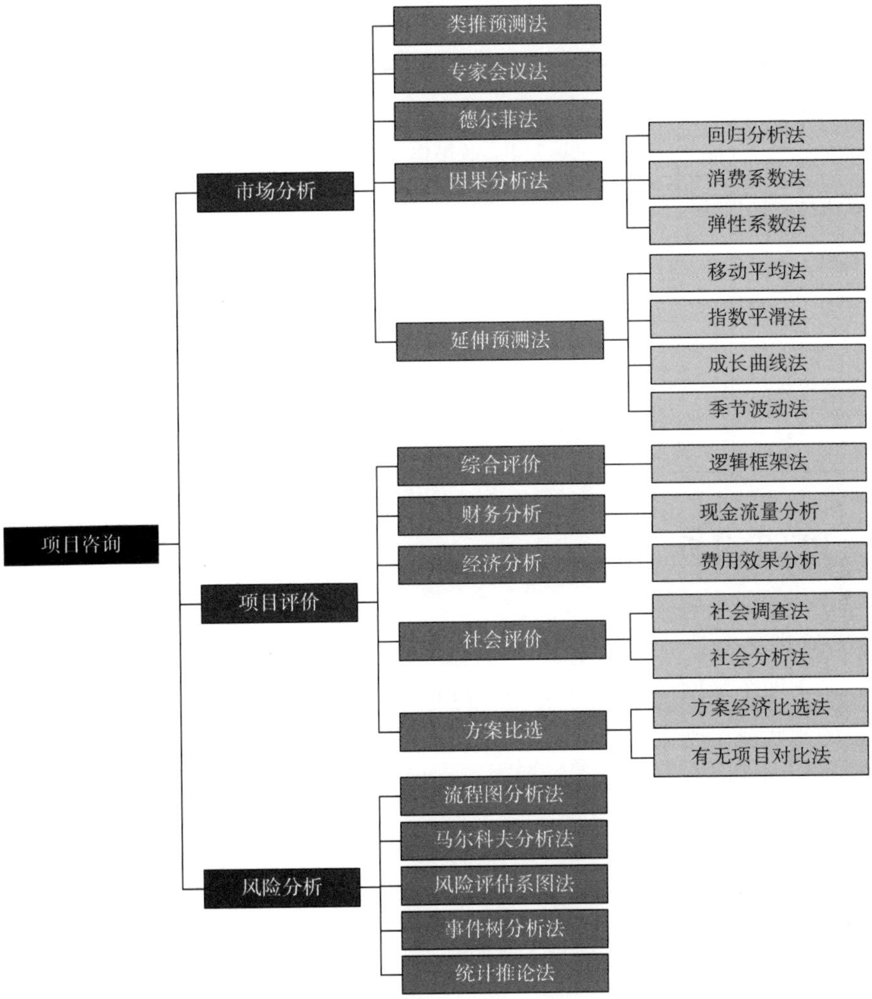

图 2-3-2　项目咨询常用咨询方法

第二节　政策咨询方法

政策咨询包括广义政策咨询和狭义政策咨询。广义政策咨询又称为综合咨询，是指咨询机构为国家及政府部门在制定宏观政策的过程中提供的咨询，对一定程度上影响政策制定的问题开展深入分析和研判。狭义政策咨询又称为企业外部环境咨询，是指企业在战略制定、资本运作、跨国经营等日常活动中，对国内外宏观政策、产业政策现状及发展趋势的预测和分析。同一咨询方法在两种政策咨询领域均有应用，并不局限于某种方法仅适用于广义或狭义的政策咨询。本节主要从狭义政策咨询方面介绍 PEST 分析、环境不确定性分析等常用咨询方法（表 2-1）。

表 2-1 政策咨询常用方法

关键要素	咨询方法
宏观政策	PEST 分析
	环境不确定性分析
产业政策	产品生命周期
	情景分析法
	模糊综合评价法
	灰色分析

一、PEST 分析

PEST 分析是一种从政治（Politics）、经济（Economy）、社会（Society）、技术（Technology）四个维度对宏观环境进行分析的一种方法。通过 PEST 分析，可以对企业外部环境的现状及未来发展趋势有一个整体的把握。目前，PEST 分析的应用领域十分广泛，主要包括战略规划、产业规划、区域规划、行业研究、项目可行性研究等方面，PEST 分析框架参见图 2-4。

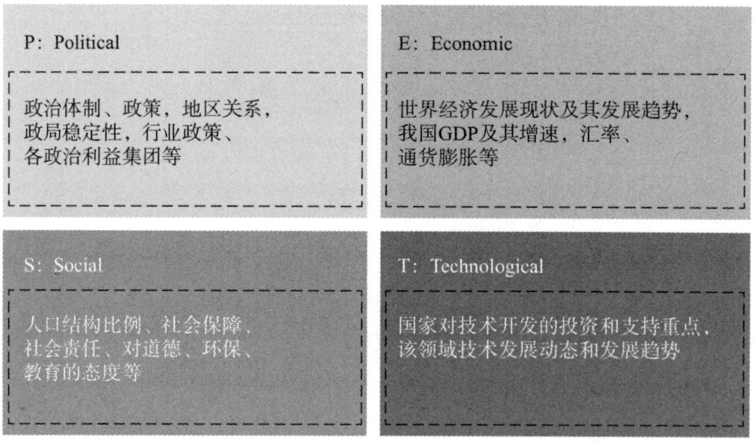

图 2-4 PEST 分析框架

二、环境不确定性分析

从政策的稳定性和复杂性两个维度分析环境的不确定性，确定企业所处政策环境的不确定性类型，采用对应措施减少或消除外部环境不确定性对项目决策所造成的负面影响（表 2–2）。

表 2–2　环境不确定性分析矩阵

	简单	复杂
稳定	简单稳定：低程度不确定性	复杂稳定：低至中程度不确定性
	1. 外部因素较少、性质比较接近 2. 因素趋于稳定，如有变化也比较缓慢	1. 外部因素较多、性质差异较大 2. 因素趋于稳定，如有变化也比较缓慢
不稳定	简单不稳定：中至高程度不确定性	复杂不稳定：高程度不确定性
	1. 外部因素较少、性质比较接近 2. 因素变化频繁、无预见性	1. 外部因素较多、性质差异较大 2. 外部因素变化频繁

三、产品生命周期

产品生命周期（Product Life Cycle，PLC）用来分析产品所处的发展期间。几乎所有产品的发展都要经过四个阶段：导入期、成长期、成熟期和衰退期。这些阶段是以产品销售额增长率曲线的拐点来划分的，产品的增长与衰退由于新产品的创新和推广过程而呈现“S”形，如图 2–5 所示。针对不同的产品生命周期，企业有不同的战略选择。

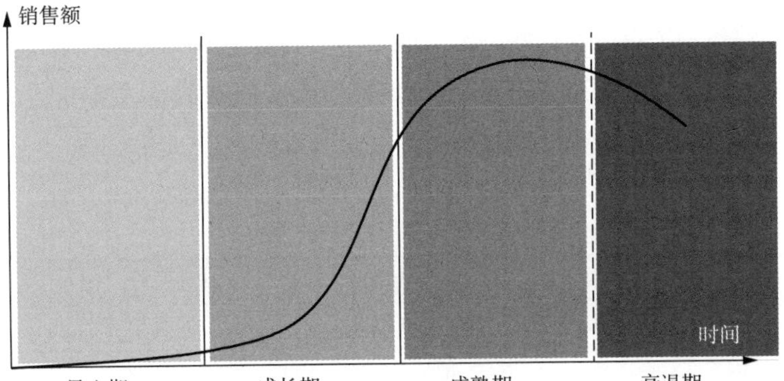

图 2–5　产品生命周期示意图

1. 导入期

导入期的产品用户很少，只有高收入用户会尝试新的产品。产品质量有待提高，尤其是可靠性。由于产品刚刚出现，未来发展前景不确定性较高，产品类型、特点、性能和目标市场等方面尚在不断发展变化当中。企业的战略目标是扩大市场份额，战略途径是大力投资研究开发和技术改进，提高产品质量。

2. 成长期

成长期的标志是产品的销量节节攀升，产品的客户群体在不断扩大。该阶段经营风险和主要产品本身的不确定性都在降低。企业的战略目标是争取最大市场份额，战略途径是强化市场影响能力，改变价格形象和质量形象。

3. 成熟期

产品逐步标准化，差异不明显，竞争者之间出现挑衅性的价格竞争，市场巨大，但是基本处于饱和状态，新的客户减少，主要靠老客户的重复购买支撑。企业的战略目标是在巩固市场份额的同时提高投资报酬率。

4. 衰退期

产品差别小，产能严重过剩，部分竞争者退出市场。企业的目标是采取防御战略，获取最后的现金流。

四、情景分析法

情景分析法（Scenario Analysis，SA）又称为情景描述法，是一种通过引入某几项变量因素，对预测对象的发展趋势进行多种设想的方法，从而减少因未来的不确定性而造成的损失。目前，情景分析法广泛应用于市场环境、资源需求、战略规划等领域。

运用情景分析法需要分析的变化可能包括：宏观环境的变化（例如市场规模），产业环境的变化（例如技术变化），利益相关者的需求以及这些需求可能变化的方式，未来可能要做出的各种决定以及这些决定可能会产生各种不同的后果。值得注意的是，在分析过程中应特别关注那些最重要、最不确定的因素或趋势，表 2–3 展示了情景分析框架。

表 2–3　情景分析框架

项目名称		最佳情景	基准情景	最差情景
影响因素	因素一：市场需求	不断提升	不变	下降
	因素二：经济增长	增长大于 5%	增长小于 5%	负增长
	因素三：技术变革	技术稳定	技术渐进变革	技术颠覆变革
	……	……	……	……
发生概率		20%	45%	35%
结果				

五、模糊综合评价法

模糊综合评价法是一种基于模糊数学的综合评价方法，它对受到多种因素制约的事物或对象给出一个总体的评价，是常用的定性问题定量化的分析方法。

模糊综合评价首先需要确定被评价对象的因素集和评价集；其次分别确定各个因素的权重及它们的隶属度（评价等级）向量，获得模糊评价矩阵；最后把模糊评价矩阵与因素的权重向量进行归一化，得到模糊综合评价结果（表 2–4）。

表 2–4　模糊综合评价因素集和评价集

一级指标（因素集）	一级指标（因素集）	评价等级（评价集）			
		优	良	中	差
战略关联度	战略匹配度	0.8	0.2	0	0
	产业带动性	0.2	0.4	0.3	0.1
	产业先导性	0.6	0.3	0.1	
资源关联度	装备资源度	0.1	0.2	0.1	0.6
	市场资源度	0.9	0.1	—	—
	金融资源度	0.6	0.4	—	—
	特殊资源度	0.7	0.2	0.1	0
技术关联度	核心技术	0.2	0.3	0.3	0.2
	专业人才	0.3	0.3	0.3	0.1
	技术研发能力	0.8	0.2	0	0

六、灰色分析

灰色分析也称为灰色关联度分析，是根据因素之间发展趋势的相似或相异程度，来衡量因素间关联程度的一种方法，它广泛应用于产业政策影响因素、产业政策绩效评估等领域。

对于两个系统之间的因素，其随时间或不同对象而变化的关联性大小的量度，称为关联度。在系统发展过程中，若两个因素变化的趋势具有一致性，即同步变化程度较高，即可谓二者关联程度较高；反之，则较低。

灰色分析法是将研究对象及影响因素的因子值视为一条线上的点，与待识别对象及影响因素的因子值所绘制的曲线进行比较，比较它们之间的贴近度，并分别量化，计算出研究对象与待识别对象各影响因素之间的贴近程度的关联度，通过比较各关联度的大小来判断待识别对象对研究对象的影响程度。

第三节　战略规划咨询方法

战略规划管理流程主要包括：战略分析、战略选择和战略实施。战略分析阶段的主要目的是了解和评价组织所处的内外部环境和相对竞争地位，其又细分为宏观环境分析、产业环境分析和竞争环境分析；战略选择阶段的主要目的是确定组织的战略类型、业务组合和产业结构；战略实施阶段的主要目的是将战略转化为行动，确保战略目标的顺利实现。表 2–5 展示了战略规划管理三个关键要素可以采用的咨询方法，部分在第二节已经介绍的方法本节不再赘述。

表 2–5　战略规划管理常用咨询方法

关键要素	关键要素细分	咨询方法
战略分析	宏观环境分析	偏离 – 份额分析法
		城市首位度
		其他方法可参考第二节
	产业环境分析	波特五种竞争力模型
		成功关键因素分析
		区位熵法
		波特钻石模型
		行业集中度
	竞争环境分析	核心竞争能力分析
		战略群组
		BCG 三四规则矩阵
		竞争态势矩阵
		科特勒竞争优势模型
战略选择	战略类型	SWOT 分析
		SPACE 矩阵
		战略钟
		利特尔矩阵
		安索夫矩阵
	业务组合	波士顿矩阵
		通用矩阵
战略实施	—	平衡积分卡
		战略地图

一、偏离 - 份额分析法

偏离 - 份额法（Shift Share Analysis，SSA）是把区域经济的变化看成一个动态的过程，以其所在或整个国家的经济发展为参照系，将区域自身经济总量在某一时期的变动分解为三个分量，即份额分量、结构偏离分量和竞争力偏离分量，以此说明区域经济发展和衰退的原因，评价区域经济结构优劣和自身竞争力的强弱，找出区域具有相对竞争优势的产业部门，进而可以确定区域未来经济发展的合理方向和产业结构调整的原则。

二、城市首位度

城市首位度（Law of the Primate City，LPC）是用来衡量城市发展要素在首位城市的集聚程度以及首位城市在城镇体系中的相对重要性。城市首位度包括二城市指数、四城市指数和十一城市指数，计算方法参见表 2–6。

表 2–6　城市首位度计算方法

城市首位度类型	计算公式
二城市指数	$S=P_1/P_2$
四城市指数	$S=P_1/(P_2+P_3+P_4)$
十一城市指数	$S=2P_1/(P_2+P_3+P_4+\cdots+P_{11})$
其中：P_1，P_2，P_3 等是城镇体系中按人口规模（经济规模）从大到小排序后，某位次城市的人口规模（经济规模）	

按照位序 - 规模法则原理，二城市指数在 2 以上，四城市指数和十一城市指数为 1 左右，表明结构正常，集中适当；指数过大，表明结构失衡和城市过度集聚，大城市病突出，首位城市压力明显；指数过小，集聚效应不明显，不能体现大城市的引领作用。

三、波特五种竞争力模型

迈克尔·波特在《竞争优势》一书中，从产业组织理论的角度，提出了产业结构分析的基本框架——五种竞争力分析（Five Competitive Force，FCF）。波特认为，在每一个产业中都存在五种基本竞争力量，即潜在进入者、替代品、购买者、供应者与现有竞争者间的抗衡，如图 2–6 所示。

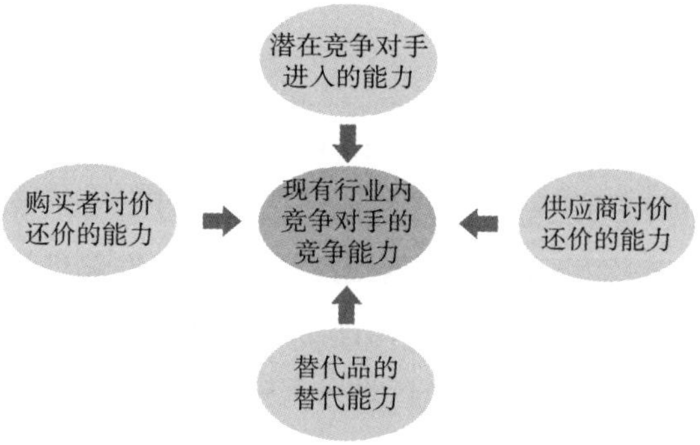

图 2-6　五种竞争力模型

1. 潜在进入者的进入威胁

潜在进入者的进入将瓜分产业内现有企业的市场份额，减少市场集中，从而减少现有企业的利润。潜在进入者进入威胁的大小取决于进入障碍和准备进入者可能遇到产业内现有企业的反击。

2. 替代品的替代威胁

替代品往往是新技术、新工艺、新需求的产物。对于现有产业来说，替代品威胁的严重性是不言而喻的。当然，替代品的替代威胁并不一定意味着新产品对老产品最终的取代，几种替代品长期共存也是很常见的。

3. 供应者、购买者讨价还价的能力

购买者和供应者讨价还价的能力主要围绕价值增值的两个方面——功能和成本，讨价还价的双方都力求在交易中使自己获得更多的价值增值。对于购买者来说，希望购买物美价廉的产品；对于供应者来说，则希望提供的产品质次价高。

4. 产业内现有企业的竞争

产业内现有企业的竞争是通常意义上的竞争，这种竞争通常是以价格竞争、广告战、产品引进以及增加对消费者的服务等方式表现出来。

四、成功关键因素分析

成功关键因素（Key Successful Factors，KSF）是指企业在特定市场获得利益必须拥有的技能和资产。成功关键因素所涉及的是产业中每一个企业必须擅长的东西，或者说企业要取得竞争优势和财务成功必须加快提升的一些因素。表 2-7 列出了几种最常见的成功关键因素清单。

表 2-7　常见的几种成功关键因素

产业特点	成功关键因素举例
与技术相关成功关键因素	➢ 科学研究能力、产品革新能力 ➢ 在既定技术上的专有技能 ➢ 运用因特网发布信息、承接订单、送货或提供服务的能力
与制造相关成功关键因素	➢ 低成本的生产效率、很高的固定资产利用率 ➢ 很高的劳动生产率、成本低的产品和产品工程 ➢ 能够获得足够的娴熟劳动力
与技能相关成功关键因素	➢ 设计方面的专有技能、在某项具体的技术上的专有技能 ➢ 能够开发出创造性的产品和取得创造性的产品改进 ➢ 能够快速地对变化的市场环境做出反应
与分销相关成功关键因素	➢ 强大的批发分销商网络 ➢ 能够在零售商的货架上获得充足的空间 ➢ 拥有自己的分销渠道和网点 ➢ 分销成本低、送货快
与营销相关成功关键因素	➢ 快速准确的技术支持 ➢ 礼貌的客户服务、顾客订单的准确满足 ➢ 产品线和可供选择的产品很宽

五、区位熵法

区位熵（Location Quotient，LQ）又称专门化率，用于衡量某一区域要素的空间分布情况，反映某一产业部门的专业程度，以及某一区域在全国或全省的地位和作用等情况。在战略规划咨询中，区位熵是用来分析区域产业集聚度和比较优势产业的常用方法。

以区位熵分析区域专业化部门的情况为例，其计算公式是：

某区域某产业在全国或全省的区位熵 = 区域中该产业占比指标 / 全国或全省该产业占比指标

公式中占比指标可以采用经济增加值占比、产值占比、产量占比、就业人口占比等（表 2-8）。

表 2-8　区位熵计算分析表

产业名称	某区域	区域合计	全国	全国合计	区域占比	全国占比	区位熵
	A	B	C	D	A/B	C/D	(A/B)/(C/D)
产业 1							
产业 2							
产业 3							
产业 4							

通过计算某一区域的区位熵，可以找出该区域在全国或全省具有一定比较优势的产业，并根据区位熵的大小来衡量其专门化率。区位熵大于1，可以认为该产业是区域的专门化部门，该产业提供的产品或服务在满足区域需求外还向区域外输出；区位熵越大，专业化水平越高；如果区位熵小于或等于1，则认为该产业是自给性部门，主要满足区域自身需求。

六、波特钻石模型

迈克尔·波特在《竞争优势》一书中，识别出了产业竞争优势的四个决定因素：生产要素，需求条件，相关与支持性产业，企业战略、企业结构和竞争对手的表现，并以钻石图来显示，如图2–7所示。波特钻石模型（Porter Diamond Model，PDM）广泛应用于产业环境分析和竞争优势分析。

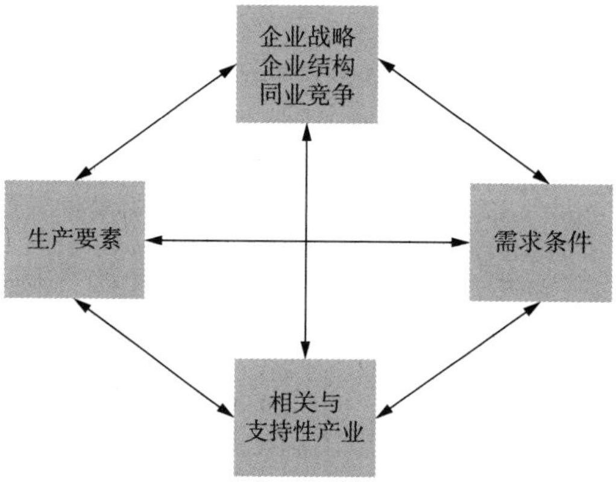

图2–7　波特钻石模型

1. 生产要素

生产要素分为初级生产要素和高级生产要素，初级生产要素是指天然资源、气候、地理位置、非技术工人、资金等，高级生产要素则是指现代通讯、信息、交通等基础设施。初级生产要素可以通过市场化较容易获取，而高级生产要素很难从外部获得，必须自己投资创造。

2. 需求条件

国内需求市场是产业发展的动力，国内市场与国际市场的不同之处在于企业可以及时发现国内市场的客户需求，这是国外竞争对手所不及的，因此产业的全球竞争并没有减少国内市场的重要性。

3. 相关与支持性产业

一个优势产业不是单独存在的，它一定是同国内相关强势产业一同崛起。

4. 企业战略、企业结构和同业竞争

来自本地竞争者的压力或市场的推力可以推动企业走向国际化竞争。创造与持续产业竞争优势的最大关联因素是国内市场强有力的竞争对手。

七、行业集中度

（一）行业集中率

行业集中率是对某个行业的市场结构集中程度进行衡量的指标，它是指该行业的相关市场内前 N 家最大的企业所占市场份额（产值、产量、销售额、销售量、职工人数、资产总额等）的比例。通常采用 CR8，即行业内前八家最大的企业所占市场份额的比例，来量化一个行业的市场集中程度（表 2-9）。

表 2-9　CR8 与行业集中度描述

集中度描述	CR8
极高寡占型	CR8 ≥ 70%
低集中寡占型	40% ≤ CR8<70%
低集中竞争型	20% ≤ CR8<40%
分散竞争型	CR8<20%

（二）赫芬达尔 - 赫希曼指数

赫芬达尔 - 赫希曼指数（Herfindahl Hirschman Index，HHI）是一种测量产业集中度的综合指数，它用来计量市场份额的变化，即市场中厂商规模的离散度。

HHI 的计算公式如下：

$$\text{HHI}=\sum_{i=1}^{N}\left(X_i/X\right)^2$$

其中，N 表示某产业内的企业数量，X_i 表示某产业内第 i 家企业的销售收入，X 表示某产业市场的销售收入总规模。当独家企业垄断时，该指数等于 1，当所有企业规模相同时，该指数等于 $1/N$，故而这一指标在 $1/N$ 至 1 之间变动，数值越大，表明企业规模分布的不均匀度越高。

一般而言，HHI 值应介于 0 与 1 之间，但通常表示方法是将其值乘上 10,000 而予以放大，故 HHI 应介于 0 到 10,000 之间。表 2-10 展示了利用 HHI 作为评估某一产业集中度的标准。

表 2-10　HHI 产业集中度评价标准

市场结构		HHI 指标
寡占型	高寡占Ⅰ型	HHI≥3,000
	高寡占Ⅱ型	3,000>HHI≥1,800
	低寡占Ⅰ型	1,800>HHI≥1,400
	低寡占Ⅱ型	1,400>HHI≥1,000
竞争型	竞争Ⅰ型	1,000>HHI≥500
	竞争Ⅱ型	HHI<500

八、核心竞争能力分析

核心能力，是指企业在具有重要竞争意义的经营活动中能够比其他竞争对手做得更好的能力。企业的核心能力可以是生产某种产品所需的优秀技能，也可以是市场销售中积累的关系渠道。图 2-8 展示了辨别企业各项能力是否属于核心能力的三个关键性测试。

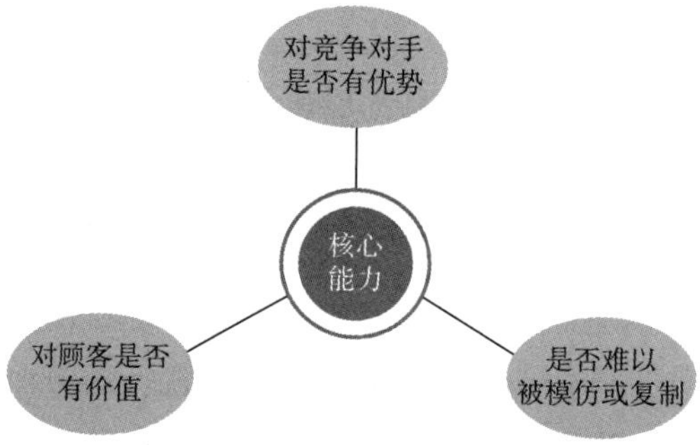

图 2-8　企业核心能力关键性测试

企业可通过自我评价、产业内部比较、基准分析、成本驱动力和作业成本法、搜集竞争对手信息等方式评价自身核心能力。

九、战略群组

战略群组（Strategic Groups，SG）是指某一个产业中在某一方面采用相同或相似战略的公司或集团。一般来说，在一个产业中存在战略特征完全不相同的若干群组。战略群组分析有助于很好地了解战略群组间的竞争状况和移动障碍，帮助分析者准确预测市场变化，及时发展战略机会。

为了识别战略群组，可以从表 2-11 中选择 2 ~ 3 项作为不同战略群组的划分依据，选择划分依据时应避免选择同一产业中所有公司都相同的特征。

表 2-11　战略群组划分依据

常用战略群组划分依据		
1. 产品差异化程度	6. 营销的力度	11. 成本定位
2. 地区交叉程度	7. 纵向一体化程度	12. 价格水平
3. 细分市场数目	8. 服务质量	13. 装备水平
4. 分销渠道	9. 技术领先程度	14. 利用率
5. 品牌的数量	10. 研究开发能力	15. 所有者结构

十、BCG 三四规则矩阵

BCG 三四规则矩阵是由波士顿咨询集团提出的，用于分析一个成熟市场中企业的竞争地位。BCG 三四规则矩阵将参与市场竞争的企业分为三类，分别是市场占有率在 15% 以上的领先者、市场占有率在 5% ~ 15% 的参与者以及市场占有率低于 5% 的生存者。根据 2 比 1 的市场份额是两个竞争者之间的均衡点，市场份额小于最大竞争者的 1/4 就不能有效地参与竞争两个经验性假设，三四规则矩阵认为每个竞争者的市场份额都是紧随其后竞争者的 1.5 倍，而最小的竞争者的市场份额不会小于最大者的 1/4（图 2–9）。

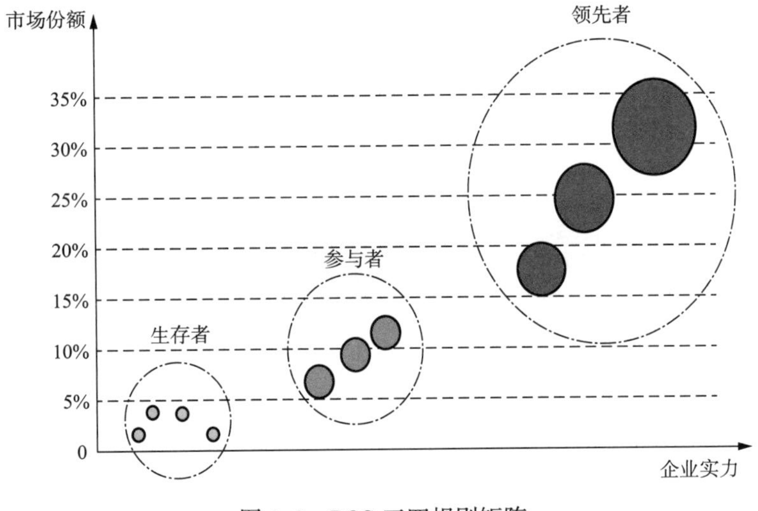

图 2–9　BCG 三四规则矩阵

BCG 三四规则矩阵虽然只是从经验中得出的一种假设，但是它具有重要的意义：在经验曲线的效应下，成本是市场份额的函数，倘若两个竞争者拥有大致相同的市场份额，那么谁提高相对市场份额，谁就能同时取得在产量和成本两方面的增长。

十一、竞争态势矩阵

竞争态势矩阵（表 2–12）是用定量的方法分析企业相对主要竞争者的优势、劣势和综合竞争地位。制定竞争态势矩阵的重点是确定行业成功的战略因素并确定其对成功经营的重要程度，筛选出关键竞争对手后计算其竞争力强弱的加权平均分值。战略因素包括但不限于市场份额、生产规模、设备能力、研发水平、财务状况、管理水平、成本优势等。

表 2–12　竞争态势矩阵

战略因素	权重	竞争对手 1		竞争对手 2		企业	
		评分	加权分数	评分	加权分数	评分	加权分数
总计	1.0		3.35		2.95		3.25

十二、科特勒竞争优势模型

科特勒竞争优势模型是从科特勒的企业外部环境四层面理论发展而来的，它是一种分析企业竞争能力的方法。图 2–10 展示了科特勒竞争优势模型分析的四个层面，即：宏观环境力量、业务市场、消费者市场和竞争者。

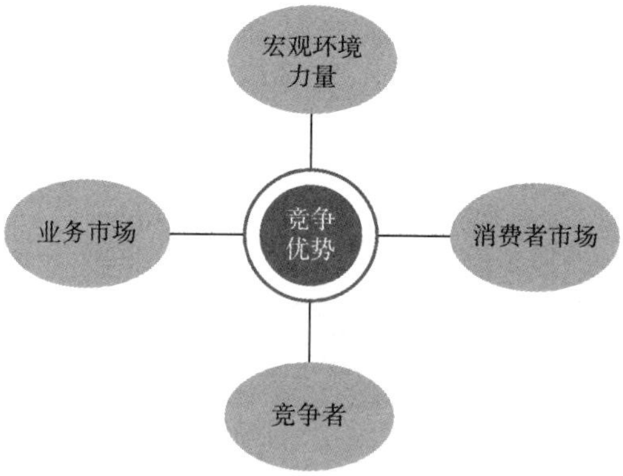

图 2–10　科特勒竞争优势模型框架

十三、价值链分析

迈克尔 · 波特在《竞争优势》一书中引入了“价值链”的概念。波特认为，企业每项生产经营活动都是其创造价值的经济活动。企业所有的互不相同但又相互关联的生产经营活动，便构成了创造价值的一个动态过程，即价值链。

价值链分析（Value Chain Analysis，VCA）将企业生产经营活动分为基本活动和支持活动两大类，图 2–11 是价值链的图解。该方法分析企业各个业务环节中真正创造价值的经营活动，得到企业核心竞争优势，挖掘企业降低成本的实施路径。

1. 基本活动

进料后勤：与产品投入有关的活动，如：原材料的装卸、入库、盘库、运输以及退货等。

生产运营：将投入转化为最终产品的活动，如：生产加工、装配、包装、设备维修、检测等。

发货后勤：与产品分配给消费者有关的活动，如：最终产品的入库、接收订单、送货等活动。

销售管理：引导消费者购买产品的活动，如广告、定价、销售等。

售后服务：保持和提高产品价值的有关活动，如培训、修理、零部件的供应商、产品调试等。

2. 支持活动

技术开发：改进企业产品和工艺流程的一系列技术活动。这些技术活动不仅仅与企业最终产品直接相关，而且支持着价值链中几乎全部的活动，是判断企业竞争实力的一个重要因素。

人力资源管理：企业职工的招聘、雇佣、培训、提拔和退休等各项管理活动，在调动职工生产经营的积极性上起着重要的作用。

企业基础设施：企业的组织机构、内部控制、企业文化等，用来支撑整个价值链的运行，其他的价值创造活动都通过基础设施进行。

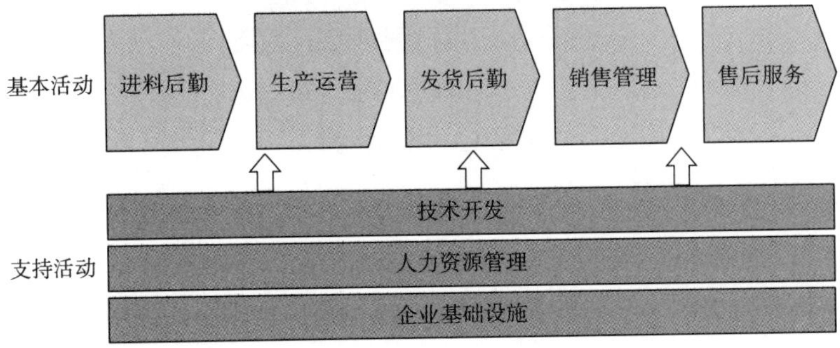

图 2–11　价值链分析框架

十四、SWOT 分析

SWOT 分析是一种综合考虑企业外部环境和内部因素，进行系统评价，从而确定最佳发展战略的方法。外部环境分为机会（Opportunities）和威胁（Threats），内部因素分为优势（Strengths）和劣势（Weakness）。表 2–13 列示了 SWOT 分析的典型格式。

表 2–13 典型的 SWOT 分析格式

优势： ➢ 市场优势 ➢ 对自然资源的控制 ➢ 专利权 ➢ 新颖的、创新的产品或服务 ➢ 品牌和声誉优势	劣势： ➢ 缺乏市场知识与经验 ➢ 无差别的产品和服务 ➢ 地理位置较差 ➢ 产品或服务质量低下 ➢ 声誉败坏
机会： ➢ 发展中国家新兴市场 ➢ 并购、合资或战略联盟 ➢ 新的国际市场 ➢ 政府规则放宽 ➢ 国际贸易壁垒消除 ➢ 某一市场的领导者力量薄弱	威胁： ➢ 市场中出现新的竞争对手 ➢ 价格战 ➢ 政府管制 ➢ 出现新的贸易壁垒 ➢ 税务负担 ➢ 竞争对手推出新的、高质量产品

根据优势、劣势与机会、威胁两两组合，SWOT 矩阵可以形成优势 – 机会（SO）、劣势 – 机会（WO）、优势 – 威胁（ST）、劣势 – 威胁（WT）四种不同类型的战略，具体参见图 2–12。

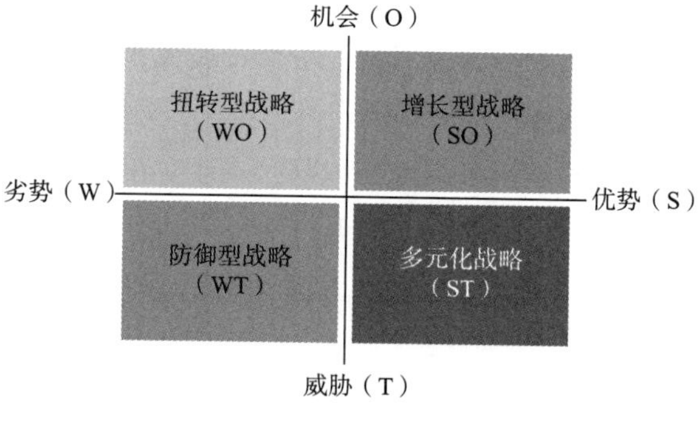

图 2–12　SWOT 分析

SO 战略：具有良好的内部优势和众多的外部机会，应采取增长型战略，如增加投资、扩大生产、提高市场占有率等。

WO 战略：具有众多外部机会，却受到内部劣势的制约，应采取扭转型战略，充分利用外部环境带来的机会，设法消除内部不利条件。

ST 战略：具有良好内部优势，但外部环境存在威胁，应采取多种经营战略，利用自身优势，推动多元化发展，分散风险，寻找新的发展机会。

WT 战略：外部面临威胁，内部存在劣势，应采取防御型战略，择机进行业务调整。

十五、SPACE 矩阵

SPACE 矩阵是战略地位与行动评价矩阵（Strategic Position and Action Evaluation Matrix）的简称。它通过对环境稳定性、产业优势、财务优势、竞争优势四个内外部因素的评价，确定企业可以制定的四种不同战略（图 2–13）。

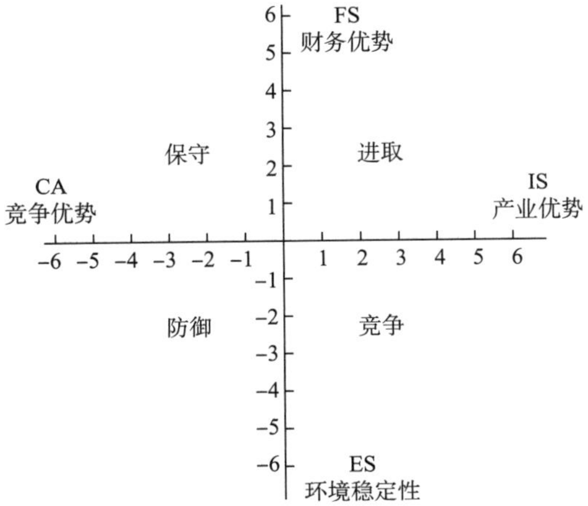

图 2–13　SPACE 矩阵

财务优势：对构成的变量给予从 +1（最差）到 +6（最好）的评分，因素包括：投资收益、杠杆比率、偿债能力、流动资金、现金流、退出市场的便利性、业务风险指标。

竞争优势：对构成的变量给予从 –1（最差）到 –6（最好）的评分，因素包括：市场份额、产品质量、产品生命周期、竞争能力利用率、专有技术知识、对供应商的控制。

产业优势：对构成的变量给予从 +1（最差）到 +6（最好）的评分，因素包括：增长潜力、盈利能力、专有技术知识、资源利用、资本密集性、进入市场的便利性、生产效率和生产能力利用率。

环境稳定性：对构成的变量给予从 –1（最差）到 –6（最好）的评分，因素包括：技术变化、通货膨胀、需求变化性、竞争产品的价格范围、进入市场壁垒、竞争压力、价格需求弹性。

十六、战略钟

战略钟（Strategic Clock Model，SCM）是一种基本竞争战略的综合分析工具，它将成本领先战略和差异化战略纳入一个体系内综合考虑，通过二维坐标的方式帮助决策者进行战略选择。图 2–14 展示了战略钟分析框架，其中横坐标代表产品的价格，纵坐标代表顾客对产品认可的价值，将企业可能的竞争战略选择在这一个平面上用八种途径表现出来。

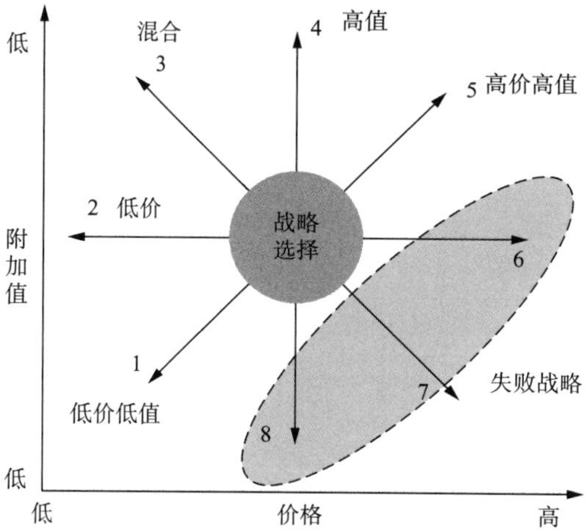

图 2–14　战略钟模型

成本领先战略包括途径 1 和途径 2。途径 1 是低价低值战略，针对存在大量对价格非常敏感的细分市场；途径 2 是成本领先战略，即在降低价格的同时，努力保持产品或服务的质量不变。

差异化战略包括途径 4 和途径 5。途径 4 是高值战略，即以相同或略高于竞争者的价格向顾客提供高于竞争对手的顾客认可价值；途径 5 是以特别高的价格为顾客提供更高的认可价值，可以看成是一种集中差异化战略。

失败战略包括途径 6、7、8。途径 6 提高价格，但不为顾客提供更高的认可价值；途径 7 是比途径 6 更危险的延伸，降低产品或服务的顾客认可价值，同时却在提高相应的价格；途径 8 则是在保持价格不变的同时降低顾客认可的价值。

十七、利特尔矩阵

利特尔矩阵（ADL Matrix）又称为“生命周期组合矩阵”，它把企业自身在市场上的优势与劣势同该市场所处生命周期阶段相结合，指导企业的战略选择、投资组合（表 2–14）。

表 2-14 利特尔矩阵

	导入期	成长期	成熟期	衰退期
统治地位	迅速增长	迅速增长	获得成本领先	防御
强势地位	迅速增长	获得成本领先	寻找新战略	寻找新市场
有利地位	获得成本领先	寻找新战略	收获	转变战略
维持地位	寻找新战略	收获	寻找避风港	紧缩
软弱地位	随行业自然发展	转变战略	放弃	放弃

十八、安索夫矩阵

安索夫矩阵（Ansoff Matrix）又称为“产品 – 市场战略组合矩阵”，它是以产品和市场作为两大基本面，确定企业的产品组合和市场战略（表 2–15）。

表 2-15 安索夫矩阵

市场	产品	
	现有产品	新产品
现有市场	市场渗透：在单一市场，依靠单一产品，目的在于大幅度增加市场占有率	产品开发：在现有市场上推出新产品；延长产品生命周期
新市场	市场开发：将现有产品推销到新地区或其他细分市场	多元化：以新技术或市场而言的相关多元化；与现有产品无关的非相关多元化

市场渗透强调发展单一产品，试图通过更强的营销手段来获得更大的市场占有率；市场开发强调将现有产品或服务打入新的市场，主要包括开辟其他区域市场和细分市场；产品开发强调在原有市场上，通过技术改进与开发研制新产品，从而改善企业的竞争地位；多元化是新产品与新市场的结果，可以分为相关多元化和不相关多元化。

十九、波士顿矩阵

波士顿矩阵（BCG Matrix），又称市场增长率 – 相对市场份额矩阵，用来分析企业产品组合，以使其适应市场需求的变化，指导企业将有限的资源有效地分配到合理的产品结构中去，以保证企业利益最大化。波士顿矩阵认为决定产品结构的基本因素有两个：市场吸引力和企业实力。

采用市场增长率来衡量某个产业的市场吸引力，它是指企业所在产业前后两年市场销售额增长的百分比，用 10% 作为增长率高低的界限；采用相对市场份额来衡量企业实力，它是指企业某项业务的市场份额与这个市场上最大竞争对手的市场份额之比，用 1.0 作为份额高低的界限，如图 2–15 所示。

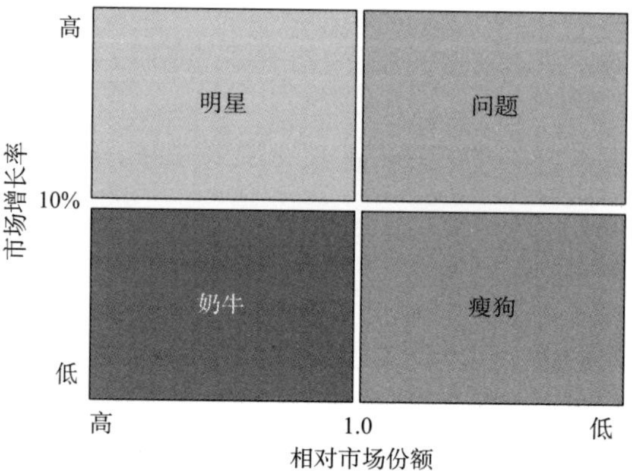

图 2–15　波士顿矩阵

1. 高增长 – 强竞争地位的“明星”业务

这类业务增长迅速，企业拥有很大的市场份额。为了保护和扩展“明星”业务在增长的市场中的主导地位，企业应在短期内优先供给它们所需的资源，积极扩大经济规模和市场机会，以长远利益为目标，提高市场占有率。

2. 高增长 – 弱竞争地位的“问题”业务

这类业务现金流量状态较差，一方面，产业的市场增长率高，需要企业大量投资以支持其生产经营活动；另一方面，企业相对市场占有率低，能够生成的资金很少。因此，企业需要进行投资分析，判断使其转移到“明星”业务所需要的投资量，分析盈利能力。

3. 低增长 – 强竞争地位的“奶牛”业务

这类业务处于成熟的低速增长的市场中，能为企业提供大量资金，用以支持其他业务的发展。企业可采用收获战略，投入资源以达到短期收益最大化。

4. 低增长 – 低竞争地位的“瘦狗”业务

这类业务处于饱和的市场当中，竞争激烈，可获利润很低，不能成为企业资金的来源。企业对这类业务可采用撤退战略，将有限的资源向其他业务转移。

二十、通用矩阵

通用矩阵（GE Matrix），又称行业吸引力矩阵，是美国通用电气公司设计的一种业务组合分析方法。通用矩阵改进了波士顿矩阵过于简化的不足。首先，在两个坐标轴上都增加了中间等级；其次，横轴用多个指标（市场规模、进入壁垒、竞争情况等）反映市场吸引力，纵轴用多个指标（市场营销、研发能力、产品质量等）反映企业竞争地位。这样，通用矩阵不仅适用于波士顿矩阵所能适用的范围，而且九个区域的划分，更好地说明了企业中处于不同竞争环境和不同地位的各类业务的状态。在图 2–16 中，产业吸引力和竞争地位的值决定着企业某项业务在矩阵上的位置。

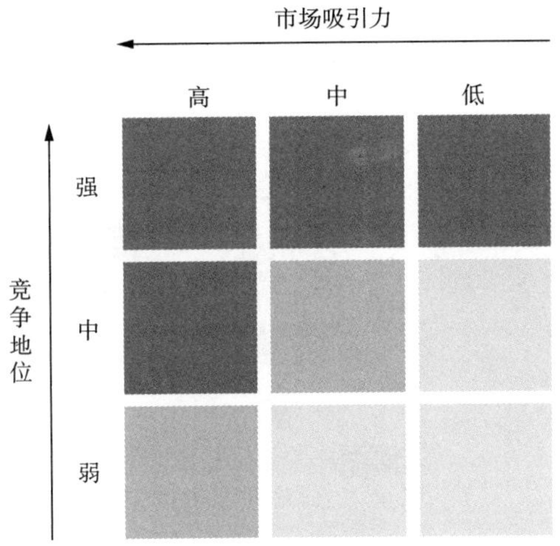

图 2–16 通用矩阵

二十一、平衡计分卡

平衡计分卡（The Balanced Score Card，BSC）是 20 世纪 90 年代初由哈佛商学院创建的一种全新的企业绩效管理方法。其作用主要是通过建立“战略导向”的绩效管理系统，平衡长期和短期、内部和外部的关系，从而保证战略得到有效执行。平衡计分卡的目标和指标来源于企业战略，它把企业的使命和战略转化为有形的目标和衡量指标，如图 2–17 所示。

1. *财务层面*

衡量战略的实施和执行是否为最终的经营成果的改善做出贡献，衡量指标包括：股东汇报、现金流、利润预期、销售增长率等。

2. *客户层面*

衡量企业战略目标实施的过程中对客户的考虑情况，衡量指标包括：交货时间、顾客满意度、市场份额、新客户开发率等。

3. *内部经营流程层面*

重点关注对提升客户满意度和实现财务目标影响最大的内部过程，衡量指标包括：

雇员的收入、收益率、交货时间、工程进度完成率等。

4. 学习与成长层面

企业为实现长期的业绩目标，保证企业的可持续发展，必须对未来进行投资，衡量指标包括：新产品占销售收入的比例、雇员调查、主要员工保留率、员工能力评估和发展等。

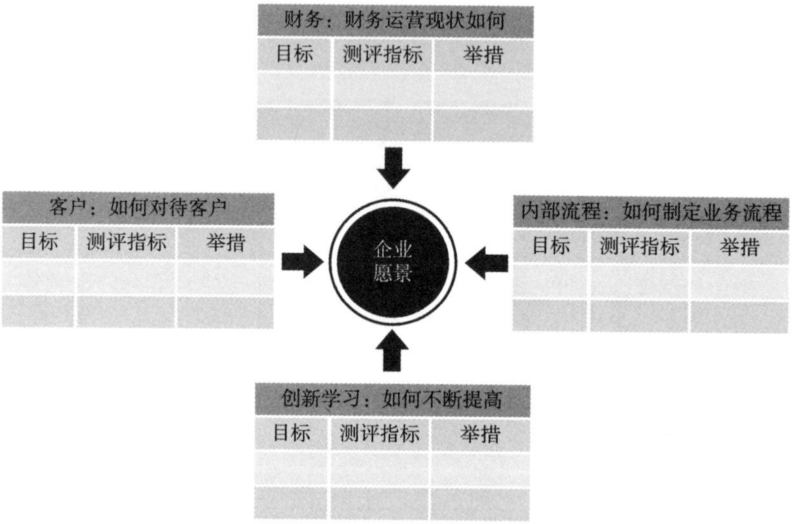

图 2–17 平衡记分卡架构图

二十二、战略地图

战略地图是在平衡计分卡的基础上发展而来的，与平衡计分卡相比，它增加了两个层次：一是颗粒层，每一个层次下都可以分解为很多要素；二是增加了动态的层面，也就是说战略地图是动态的，可以结合战略规划过程来绘制。

战略地图的核心内涵是：企业通过运用人力资本、信息资本和组织资本等无形资产（学习与成长层面），才能创新和建立战略优势和效率（内部流程层面），进而使公司把特定价值带给市场（客户），从而实现股东价值（财务）。图 2–18 展示了战略地图的分析框架。

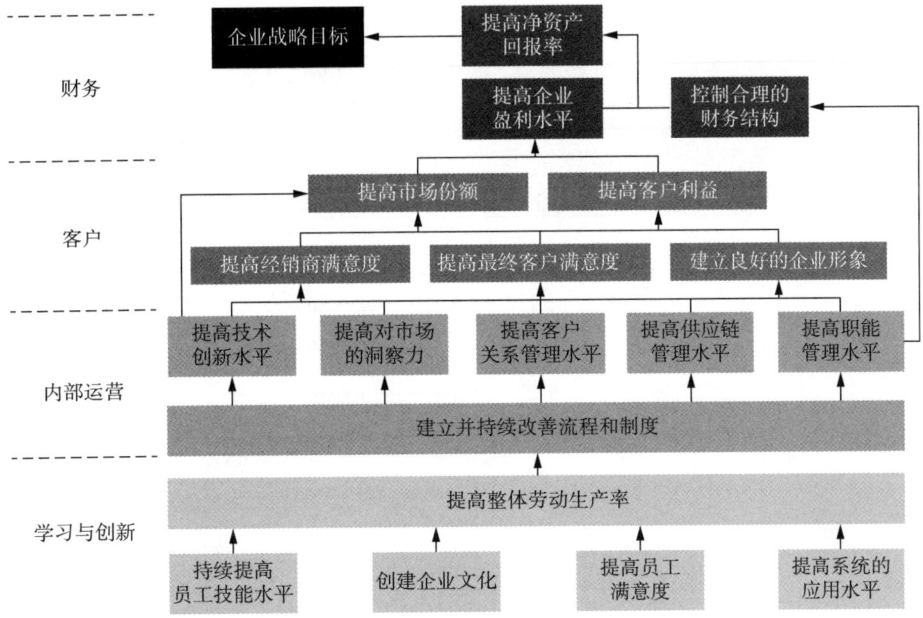

图 2-18　战略地图分析框架

第四节　项目咨询方法

项目咨询是对项目背景、必要性、市场环境、方案比选、经济和财务分析、风险分析的研究论证，主要成果包括：项目投资机会研究、投融资策划、项目建议书（预可行性研究）、项目可行性研究报告、项目申请报告、资金申请报告等。

本书重点论述的项目评估工作，是在项目咨询工作的基础上，对项目前期咨询成果进行再论证、再评价的过程，是为投资主体对项目进行最终决策前提供可靠依据的专业性工作流程。由于所分析的内容均包括建设必要性、市场条件、资源条件、工程技术、经济效益等，项目前期咨询的分析方法适用于项目评估。

项目咨询涵盖的内容众多，所涉及的方法种类繁杂，本节主要介绍项目咨询中涉及市场分析、项目评价和风险分析的常用咨询方法，参见表 2-16。

表 2-16　项目咨询常用方法体系

关键要素	咨询方法	
市场分析	类推预测法	
	专家会议法	
	德尔菲法	
	因果分析法	回归分析法
		消费系数法
		弹性系数法
	延伸预测法	移动平均法
		指数平滑法
		成长曲线法
		季节波动法
项目评价	综合评价	逻辑框架法
	财务分析	现金流量分析
	经济分析	费用效果分析
	社会评价	社会调查法
		社会分析法
	方案比选	方案经济比选法
		有无项目对比法
风险分析	流程图分析法	
	马尔科夫分析法	
	风险评估系图法	
	事件树分析法	
	蒙特卡洛模拟法	
	统计推论法	

一、类推预测法

类推预测法是根据市场及其环境的相似性，从一个已知的产品或市场区域的需求演变情况，推测其他类似产品或市场区域的需求及其变化趋势的一种判断预测方法，它是由局部、个别到特殊的分析推理方法，具有极大的灵活性和广泛性，非常适用于新产品、新行业和新市场的需求预测。

根据预测目标和市场范围的不同，类推预测法可以分为产品类推预测、行业类推预测和地区类推预测三种。产品类推预测法是依据产品在功能、结构、原材料、规格等方面的相似性，推测产品市场发展可能出现的某些相似性。行业类推预测法是依据相关和相近行业的发展轨迹，推测行业的发展需求趋势。如 LNG 加注产业的发展趋势，就可以通过 CNG 加注产业的发展趋势类推。地区类推预测法是依据产品的发展和需求会逐步从发达国家和地区向欠发达国家和地区转移的规律，推测产品未来的发展趋势。通常产品的发展和需求经历了从发达国家和地区，逐步向欠发达的国家和地区转移的过程。如可以参照天然气利用较早的四川、江苏等省份来类推其他省份的发展趋势。

类推结果存在非必然性，运用类推预测法需要注意类别对象之间的差异性，特别是地区类推时，要充分考虑不同地区政治、社会、文化、民族和生活方面的差异，并加以修正，才能使预测结果更接近实际。

二、专家会议法

专家会议法是组织有关方面的专家，通过会议的形式，对产品的市场发展前景进行分析预测，然后在专家判断的基础上，综合专家意见，得出市场预测结论，专家会议法包括头脑风暴法、交锋式会议法、混合式会议法三种形式。由于个人的专业、学识、经验和能力的局限，专家个人判断法经常难免有失偏颇，特别是对新产品的需求和市场趋势的判断等。因此，对一些重大市场预测，需要召集行业相关专家，利用群体智慧，集思广益，并通过讨论、交流取得共识，为正确决策提供依据。

三、德尔菲法

德尔菲法是在专家个人判断法和专家会议法的基础上发展起来的一种专家调查法，是一种反馈匿名函询法，以匿名方式通过几轮函询征求专家的意见，组织者在对每一轮专家意见进行汇总整理后作为参考，再发给各专家，供他们分析判断，以提出新的结论。几轮函询后，专家意见渐趋一致，最后供决策者进行选择。这种方法既可以使专家们毫无顾虑，各抒己见，又能把较好的意见逐步集中起来，具有匿名性、反馈性和收敛性。

四、回归分析法

如果预测对象与主要影响因素之间存在线性关系，将预测对象作为因变量，将主要影响因素作为自变量，即引起因变量变化的变量，则它们之间的关系可以用一元线性回归模型表示为如下形式：

$$y = a + bx + e$$

其中，a和b是揭示x和y之间关系的系数，a为回归常数，b为回归系数，e为误差项或称回归余项，借助 Excel、Matlab 等计算机软件可以快速求出相关参数，一元线性回归预测的主要流程参见图 2-19。

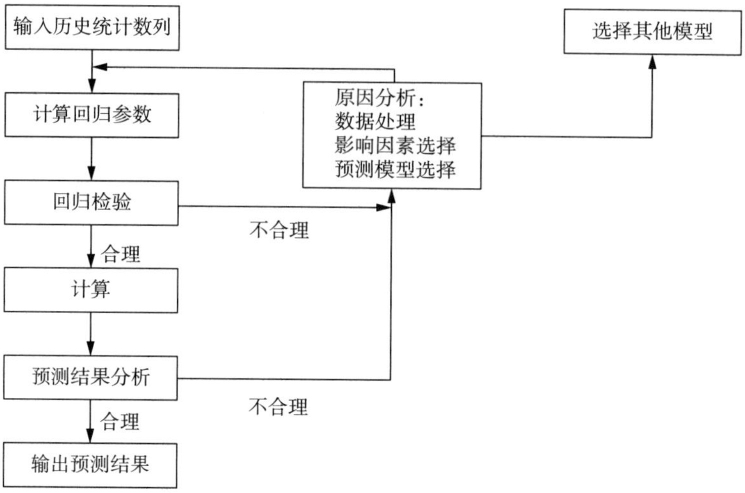

图 2-19　一元线性回归预测流程图

五、消费系数法

消费系数是指某种产品在各个行业（或部门、地区、人口、群体、特定的用途等）单位消费量。消费系数法是对某种产品在各个行业的消费数量进行分析，在了解各个行业规划产量的基础上，汇总各个行业的需求量，从而得出该产品的总需求量，表 2-17 展示了采用消费系数法预测某地区汽油需求量的计算分析过程。

表 2-17　消费系数法预测某地区汽油需求量

项目名称	私人轿车	出租车	商务用车	其他车辆	合计
车辆保有量（万辆）	17.40	8.52	5.99	6.30	38.21
年消耗汽油（万吨）	55.62	66.33	51.68	35.13	208.76
第一步：计算各类车年汽油消耗量					
每辆车年汽油消耗量（吨）	3.20	7.79	8.63	5.58	—
第二步：获取 2025 年车辆保有量预测值					
2025 年车辆保有量（万辆）	25	6	8	3	42
第三步：计算 2025 年各类车汽油消耗总量					
各类车汽油消耗总量（万吨）	79.91	46.71	69.02	16.73	212.37
结论：利用消费系数法，预测 2025 年该地区汽油需求量约 212.37 万吨					

六、弹性系数法

弹性系数亦称弹性，弹性是一个相对量，它是衡量某一变量的改变所引起的另一变量的相对变化。弹性总是针对两个变量而言的。例如，需求的价格弹性系数所考察的两个变量是某一特定商品的价格和需求量，而能源弹性则是考察经济总量指标与能源消费量之间的关系。一般来说，两个变量之间的关系越密切，相应的弹性值就越大；两个变量越是不相关，相应的弹性值就越小。

1. 收入弹性

收入弹性就是商品价格保持不变时，该商品购买量变化率与消费者收入的变化率之比。因此可以把收入弹性表示为：

收入弹性 = 购买量变化率 / 收入变化率

在计算收入弹性时，应根据所研究的问题来决定采用什么收入变量，收入水平的衡量可以用国民收入，也可用人均收入或其他收入变量。一般来说，收入弹性为正数，即收入增加，购买量上升；收入减少，购买量下降。

2. 价格弹性

价格弹性就是商品需求的价格弹性。某个商品需求的价格弹性是指当收入水平保持不变时，该商品购买量变化率与价格变化率之比。因此可以把价格弹性表示为：

价格弹性 = 购买量变化率 / 价格变化率

一般来说，价格弹性均为负数。这反映了价格的变动方向与需求量变动方向相反。价格上升，需求量就会下降；价格下降，需求量就会上升。

3. 能源需求弹性

能源需求弹性可以反映许多经济指标与能源需求之间的关系。能源消费可以分解为电力、煤炭、石油、天然气等消费，反映国民经济的重要指标包括社会总产值、国内生产总值、工农业总产值、国民收入、主要产品产量等，可按这些指标计算不同的能源弹性。能源的国内生产总值弹性，是指能源变化率与国内生产总值变化率之比，因此可以把能源的国内生产总值弹性表示为：

能源的国内生产总值弹性 = 能源消费量变化率 / 国内生产总值变化率

七、移动平均法

移动平均法分为简单移动平均法和加权移动平均法。简单移动平均法是以过去某一时期的数据平均值作为将来某时期预测值的一种方法。该方法对过去若干历史数据求算数平均数，并把该数据作为以后时期的预测值。而加权移动平均法是在简单移动平均法的基础上，给不同时期的变量值赋予不同的权重来计算预测值。

简单移动平均可以表达为：

$$F_{t+1}=\frac{1}{n}\sum_{i=t-n+1}^{t}x_i$$

其中，F_{t+1}是$t+1$时的预测数，n是计算移动平均值时所使用的历史数据的数量，即移动时段的时间长度。

为了进行预测，需要对每一个t计算出相应的F_{t+1}，所有计算得出的数据形成一个新的数据序列。经过两到三次同样的处理，历史数据序列的变化模式将会被展示出来。这个变化趋势较原始数据变化幅度小，因此，移动平均法从方法论上属于数据平滑技术。表 2-18 展示了简单移动平均法在预测某品牌手机第一季度销售量的计算过程。

表 2-18　简单移动平均法计算案例　　单位：万台

<table>
<tr><th>月份</th><th>实际销售量</th><th>3 个月移动平均</th><th colspan="2">预测值</th></tr>
<tr><td>1</td><td>29</td><td rowspan="3">—</td><td rowspan="12" colspan="2">—</td></tr>
<tr><td>2</td><td>37</td></tr>
<tr><td>3</td><td>51</td></tr>
<tr><td>4</td><td>56</td><td>（29+37+51）/3=39</td></tr>
<tr><td>5</td><td>62</td><td>（37+51+56）/3=48</td></tr>
<tr><td>6</td><td>72</td><td>（51+56+62）/3=56</td></tr>
<tr><td>7</td><td>66</td><td>（56+72+66）/3=63</td></tr>
<tr><td>8</td><td>59</td><td>（62+72+66）/3=67</td></tr>
<tr><td>9</td><td>52</td><td>（72+66+59）/3=66</td></tr>
<tr><td>10</td><td>59</td><td>（66+59+52）/3=59</td></tr>
<tr><td>11</td><td>53</td><td>（59+52+59）/3=57</td></tr>
<tr><td>12</td><td>47</td><td>（52+59+53）/3=55</td></tr>
<tr><td>下年 1 月</td><td>需要预测</td><td rowspan="3">—</td><td>（59+53+47）/3=53</td><td rowspan="3">第一季度手机销售量
154 万台</td></tr>
<tr><td>下年 2 月</td><td>需要预测</td><td>（53+47+53）/3=51</td></tr>
<tr><td>下年 3 月</td><td>需要预测</td><td>（47+53+51）/3=50</td></tr>
</table>

八、指数平滑法

指数平滑法又称指数加权平均法，实际是加权移动平均法的一种变化，它是选取各时期权重数值为递减指数数列的均值方法。指数平滑法解决了移动平均法需要n个观测值和不考虑$t-n$前时期数据的缺点，通过某种平均方式，消除历史统计序列中的随机波动，找出其中主要发展趋势。

根据平滑次数的不同，指数平滑有一次指数平滑、二次指数平滑、三次指数平滑和高次指数平滑。

对时间序列，x_1，x_2，x_3，…，x_i，一次指数平滑公式为：

$$F_t = ax_t + (1-a)F_{t-1}$$

其中，a是平滑系数，$0<a<1$；x_t是历史数据系列x在t时的观测值；F_t和F_{t-1}是t时和$t-1$时的平滑值，表 2–19 展示了利用指数平滑法预测某企业电力消耗量的计算过程。

表 2–19　指数平滑表计算案例　　单位：千瓦时

月份	时序	实际消费量	一次指数平滑值	预测值
	0		（37.97+53.33+59.56）/3=50.29	
1	1	37.97	0.5×37.97+（1–0.5）×50.29=44.13	50.29
2	2	53.33	0.5×53.33+（1–0.5）×44.13=48.73	44.13
3	3	59.56	0.5×59.56+（1–0.5）×48.73=54.15	48.73
4	4	58.77	0.5×358.77+（1–0.5）×54.15=56.46	54.15
5	5	61.41	0.5×61.41+（1–0.5）×56.46=58.94	56.46
6	6	61.39	0.5×61.39+（1–0.5）×58.94=60.16	58.94
7	7	72.54	0.5×72.54+（1–0.5）×60.16=66.35	60.16
8	8	78.88	0.5×78.88+（1–0.5）×66.35=72.62	66.35
9	9	75.47	0.5×75.47+（1–0.5）×72.62=74.05	72.62
10	10	79.63	0.5×79.63+（1–0.5）×74.05=76.84	74.05
11	11	89.99	0.5×89.99+（1–0.5）×76.84=83.42	76.84
12	12	89.78	0.5×89.78+（1–0.5）×83.42=86.60	83.42
下年 1 月	13	需要预测		86.60

九、成长曲线法

成长曲线法是利用过去数据的变化趋势建立合理的数学模型，拟合一条趋势线，外推未来事物发展规律的一种方法。根据成长曲线法数学模型选择的不同，成长曲线包括：幂函数曲线、指数曲线、二次曲线、三次曲线、双曲线、对数曲线、戈珀资曲线和罗吉斯曲线。借助 Excel、Matlab 等计算机软件，能较便捷地利用成长曲线法开展延伸预测。

十、季节波动法

季节波动是指主要由自然条件引起的经济指标（如价格、销售额、销售量）在一年内随着季节的转变而引起的周期性变动。季节波动法是根据一年内季节变动的规律建立数学模型，对未来市场发展趋势和水平进行外推预测的方法。表 2-20 展示了利用季节波动法预测某企业年销售量的计算过程。

表 2-20　季节波动法

单位：千克

项目名称	2018 年	2019 年	2020 年	2021 年	平均值	2022 年
第一季度	600	700	800	1,000	—	预计全年销售量为 4,000 千克，预测各季度销售量
第二季度	250	260	300	300		
第三季度	50	60	70	80		
第四季度	60	80	100	200		
平均值	240	275	317.5	395		
计算各年、各季度季节指数：季节指数 = 平均值 / 各年各季度产量						计算各季度预测值
第一季度	2.5	2.55	2.52	2.53	2.52	2.52 × 4,000/4=2,524
第二季度	1.04	0.95	0.94	0.76	0.93	0.93 × 4,000/4=923
第三季度	0.21	0.22	0.22	0.20	0.21	0.21 × 4,000/4=212
第四季度	0.25	0.29	0.31	0.51	0.34	0.34 × 4,000/4=341

十一、逻辑框架法

逻辑框架法（Logical Framework Approach，LFA）是一种概念化论述项目的方法，它用一张简单的框图来清晰地分析一个复杂项目的内涵和各种逻辑关系，以便给人们一个整体的框架概念。

逻辑框架法从待解决的核心问题入手，向上逐级展开，得到其影响及后果，向下逐层推演，找出其实现的方法，形成“纵向逻辑”。然后明确“纵向逻辑”中每一个要素的验证指标、验证方法、重要假设及外部条件，形成“横向逻辑”，逻辑框架示例参见表 2-21。

表 2-21　逻辑框架法

目标层次	验证指标	验证方法	重要假设及外部条件
宏观目标	宏观目标验证指标	评价及监测手段和方法	实现宏观目标的假设条件
具体目标	具体目标验证指标	评价及监测手段和方法	实现具体目标的假设条件
产出成果	产出成果衡量指标	评价及监测手段和方法	实现项目产出的假设条件
投入活动	投入方式及定量指标	投入活动验证方法	落实项目投入的外部条件

1. 各要素含义

目标层次：宏观目标超越了项目本身的范畴，指项目实现的国家、地区相关的战略规划、政策方针等；具体目标指项目的直接目标，是项目立项的重要依据，一般应考虑项目为受益群体带来的效果，主要包括社会和经济方面的成果和作用；产出成果指项目的直接产出，一般以定量的方式进行描述，描述项目所完成的实际工程；投入和活动指项目实施全过程中需要投入的资源。

验证指标：针对各目标层次，设置相应的客观且可度量的验证指标，包括数量、质量、时间、人员等。

验证方法：提出验证指标完成情况评价及监测的手段和方法，包括现场调查、人员访谈、计算分析等。

重要假设及外部条件：四个目标层次之间存在的重要假定条件，对项目的进展或成果产生重大影响，但项目管理者无法控制或限制。

2. 垂直逻辑关系

在垂直逻辑关系中，各要素的主要区别是，项目宏观目标的实现往往由多个项目的具体目标所构成，而一个具体目标的取得往往需要完成多项具体的投入和产出活动。这样，四个层次要素就自下而上构成了三个相互连接的逻辑关系。

3. 水平逻辑关系

与垂直逻辑中的每个层次目标对应，水平逻辑对各层次的结果加以具体说明，由验证指标、验证方法和重要假设及外部条件构成。水平逻辑分析的目的是通过主要验证指标和验证方法来衡量一个项目的资源和成果，而一旦重要前提条件和假设得以满足，项目活动便可进入下一阶段，逻辑关系参见图 2-20。

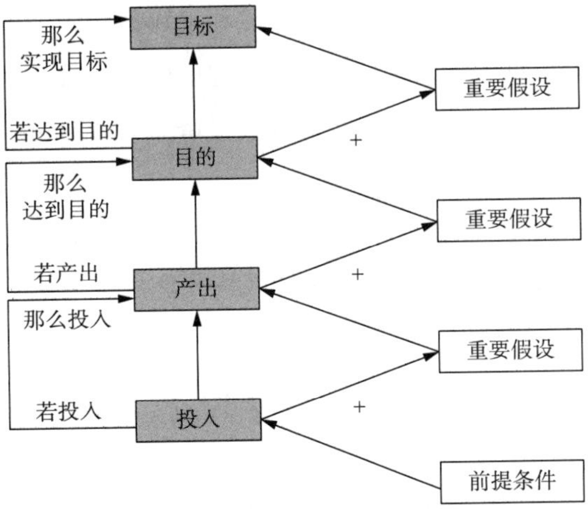

图 2-20　垂直逻辑关系与水平逻辑关系

十二、现金流量分析

现金流量分析是对项目筹资、建设、运行到关闭终止的全生命周期内，现金流出和流入的全部资金活动的分析。现金流量分析的第一步是按照建设和生产的规划进度与资金规划，计算出整个项目生命周期内各年的净现金流量，并按年排列现金流量计算表。第二步是把各年现金流量依次累计起来，计算项目投资回收期、净现值以及内部收益率等指标，以评价投资项目可行性。现金流量分析是进行投资决策的基础，是项目经济评价的重要工具，表 2–22 列示了经济评价常用指标。

表 2–22　经济评价常用指标分类表

划分标准	常用指标分类	
是否考虑资金时间价值	静态分析指标	静态投资回收期等
	动态分析指标	净现值、内部收益率、动态投资回收期等
项目评价层次	财务分析指标	财务净现值、财务内部收益率、投资回收期等
	经济分析指标	经济净现值、经济内部收益率等
指标性质	时间性指标	投资回收期
	价值性指标	净现值、净年值
	比率性指标	内部收益率、净现值率、效益费用比等

十三、费用效果分析

费用效果分析是通过对项目预期效果和所支付费用的比较，判断项目费用的有效性和项目经济合理性的分析方法。效果是指项目引起的效应或效能，表示项目目标的实现程度，往往不能或难于货币量化；费用是指社会经济为项目所付出的代价，是可以货币量化计算的。

费用效果分析是项目决策分析与评价的基本方法之一。当项目效果不能或难以货币量化时，或货币量化的效果不是项目目标的主体时，在经济分析中可采用费用效果分析法，并将其结论作为项目投资决策的依据。

费用效果分析常用指标是效果费用比，即单位费用所达到的效果：

$$R_{E/C}=\frac{E}{C}$$

其中，$R_{E/C}$是效果费用比，E 是项目效果，C 是项目费用。

费用效果分析基本方法包括最小费用法、最大效果法和增量分析法，各方法的主要释义参见表 2-23。

表 2-23　费用效果分析基本方法

方法名称	释义
最小费用法	当项目目标是明确固定的，选择能够达到效果的各种可能方案中费用最小的方案
最大效果法	将费用固定，追求效果最大化
增量分析法	当备选方案效果和费用均不固定，且分别具有较大幅度的差别时，比较两个备选方案之间的费用差额和效果差额，分析获得增量效果所花费的增量费用是否值得

十四、社会调查

社会调查是项目社会评价的重要环节。项目社会评价过程，实质上是以所收集到的社会信息为基础，对相关信息资料的整理和分析的过程。常用的社会调查方法包括：问卷调查法、文献调查法、实地观察法等，各种方法的简要说明参见表 2-24。

表 2-24　社会调查常用方法

方法名称	方法内涵
问卷调查法	运用统一的问卷向调查者了解情况或征询意见，是标准化的、书面的、抽样的。分为自填式问卷和代填式问卷
文献调查法	收集各种文献资料、摘取有用信息的方法
实地观察法	调查者根据调查目的、运用自己的感觉器官或借助科学观察工具，有计划地对处于自然状态下的社会现象进行直接感知的方法
访问调查法	访问者通过口头交谈等方式直接向被访问者了解社会情况或探讨社会问题的调查方法
集体访谈法	调查者邀请若干调查者，通过集体座谈方式了解社会情况或研究社会问题的调查方法
蹲点调查法	调查者深入一个或几个基层单位持续一段较长时间，通过全面、深入调查研究，认识调查对象本质及其发展规律、探索解决社会问题途径的方法

十五、社会分析

社会分析是从社会发展的角度，研究项目的实施目标及影响，通过人口因素、社会经济因素、社会组织、社会政治背景的系统调查，分析评价社会影响和风险等，以消除或缓解不利社会影响。一般而言，社会分析的内容包括项目的社会影响分析、社会互适性分析、社会风险分析。

1. 社会影响分析

项目社会影响分析包括经济层面的社会影响分析和社会层面的社会影响分析。经济层面的社会影响分析主要分析预测项目在收入及分配、支出及支付意愿、就业、消费、服务替代等经济方面可能产生的正面影响和负面影响；社会层面的社会影响分析重点关注项目对文化、教育、卫生、宗教、城市风貌等方面的影响分析。社会影响分析应编制社会影响分析表，并对项目的社会影响做出评价，参见表 2-25。

表 2-25 社会影响分析表

序号	社会因素	影响的范围、程度	可能出现的后果	措施建议
1	对居民收入的影响			
2	对居民生活水平和质量的影响			
3	对居民就业的影响			
4	对弱势群体的影响			
5	对地区基础设施的影响			
6	对宗教的影响			
7	对所在地区文化遗产的影响			

2. 社会互适性分析

社会互适性分析主要是分析预测项目能否为当地的社会环境、人文条件所接纳，以及当地政府、居民支持项目存在和发展的程度，考察项目与当地社会环境的相互适应关系。主要分析内容包括：分析预测与项目直接相关的不同利益相关者对项目建设和运营的态度及参与程度；分析预测项目所在地区的社会组织对项目建设和运营的态度；分析预测项目所在地区社会环境、文化状况能否适应项目建设和发展需要。社会互适性分析应该编制社会对项目的适应性和可接受程度分析表，并评价当地社会对项目适应性和可接受程度，参见 2-26。

表 2-26 社会对项目的适应性和可接受程度分析表

序号	社会因素	适应程度	可能出现的问题	措施建议
1	不同利益相关者的态度			
2	当地社会组织的态度			
3	当地社会环境条件			

3. 社会风险分析

项目社会风险分析是对可能影响项目的各种社会因素进行识别和排序，选择影响面大、持续时间长，并容易导致较大矛盾的社会因素进行预测，分析可能出现这种风险的社会环境和条件。社会风险分析应编制社会风险分析表，参见表 2-27。

表 2-27　社会风险分析表

序号	社会风险因素	持续时间	可能导致的后果	措施建议
1	移民安置问题			
2	宗教问题			
3	弱势群体支持问题			
4	受损补偿问题			

十六、方案经济比选法

项目方案经济比选主要包括两个阶段。第一阶段是方案的绝对效果分析，即首先对参与比选的每个方案进行分析，要求各方案应满足项目需求，在技术、经济、社会和环境等层面满足基本的入选条件；在此基础上，对第一阶段通过的方案进行第二阶段的相对效果分析，即进行方案间的比选。绝对效果分析的目的是淘汰不符合入门标准的方案；相对效果评价的目的是对符合入门标准的方案按照事前确定的准则进行优劣排序和方案组合，最终确定能满足项目要求的最优方案组合或方案组合的优选序列。绝对和相对经济效果分析的指标和方法参见表 2-28。

表 2-28　绝对和相对经济效果分析指标和方法

<table>
<tr><th>经济分析阶段</th><th colspan="2">指标 / 方法</th></tr>
<tr><td rowspan="12">绝对经济效果分析</td><td rowspan="5">静态评价指标</td><td>投资收益率</td></tr>
<tr><td>静态投资回收期</td></tr>
<tr><td>利息备付率 / 偿债备付率</td></tr>
<tr><td>资产负债率</td></tr>
<tr><td>流动比率 / 速动比率</td></tr>
<tr><td rowspan="7">动态评价指标</td><td>净现值 / 费用现值</td></tr>
<tr><td>净现值率</td></tr>
<tr><td>净年值 / 费用年值</td></tr>
<tr><td>内部收益率</td></tr>
<tr><td>动态投资回收期</td></tr>
<tr><td>效益费用比</td></tr>
<tr><td></td></tr>
<tr><td rowspan="2">相对经济效果分析</td><td colspan="2">万加特纳整数规划法</td></tr>
<tr><td colspan="2">互斥方案组合法</td></tr>
</table>

十七、有无项目对比法

有无项目对比法是通过对项目建成后有这个项目与假设没有这个项目两种情况的对比，来鉴别项目效益的一种分析方法。一个投资项目产生的效益，有时与项目以外因素产生的效益不易明确区分开，需要经过一定的鉴别，才能确定哪些效益或效益的多大部分是因项目建设投产而产生的，采用有无项目对比法原则上可以鉴别出各类项目的效益，表 2-29 展示了采用有无项目对比法对某个生产线扩建项目的计算过程。

表 2-29　某个生产线扩建项目有无项目对比法分析过程（前三年为建设期）

年份	有项目产量（千克）	无项目产量（千克）	生产增量（千克）	单价（万元 / 千克）	增量效益（万元）
第 1 年	10	10	0	10	0
第 2 年	11	11	0	10	0
第 3 年	12	12	0	10	0
第 4 年	14	12	2	10	20
第 5 年	18	12	6	9	54
第 6 年	20	12	8	9	72
第 7 年	22	12	10	9	90
第 8 ~ 10 年	66	36	30	8.5	255.5
合计	173	117	56	—	491.5

十八、流程图分析法

流程图分析法是对流程的每一阶段、每一环节逐一进行调查分析，从中发现潜在风险，找出导致风险发生的因素，分析风险产生后可能造成的损失以及对整个组织可能造成的不利影响。

流程图分析法将一项特定的生产或经营活动按步骤或阶段顺序以若干个模块形式组成一个流程图系列，在每个模块中都标示出各种潜在的风险因素或风险事件，从而给决策者一个清晰的总体印象。在企业风险识别过程中，运用流程图绘制企业的经营管理业务流程，可以将与企业各种活动有影响的关键点清晰地表现出来，结合企业中这些关键点的实际情况和相关历史资料，就能够明确企业的风险状况，流程图分析框架参见图 2-21。

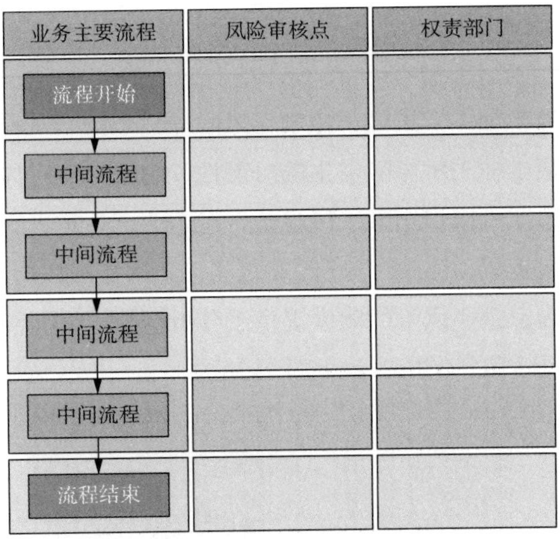

图 2–21　流程图分析框架

十九、马尔科夫分析法

马尔科夫分析法（Markov Analysis）围绕“状态”这个概念展开。如果系统未来的状态仅取决于其现在的状况，那么就可以使用马尔科夫分析法。这种方法通常用于那些存在多种状态的可维修复杂系统进行分析。

马尔科夫分析法是一项定量技术，它分析的各种状态可以是不连续的，也可以是连续的。随机转移概率矩阵可用来描述状态间的转移，以计算各种输出结果，即各种状态下的概率，常见马尔科夫转移分布概率参见图 2–22。马尔科夫分析虽然可以手动进行，但是该技术的性质使其更适合于计算机程序。

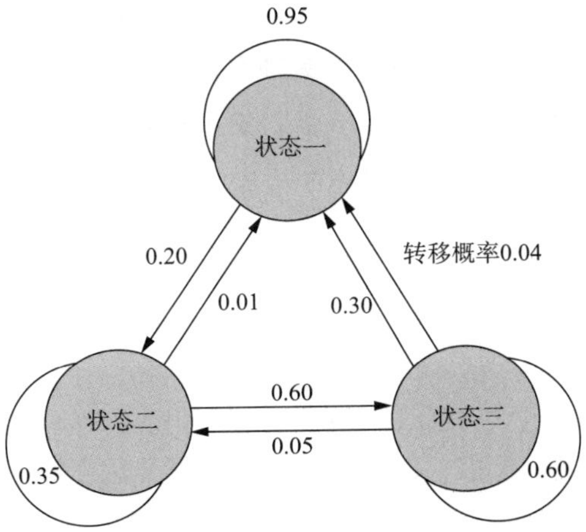

图 2–22　马尔科夫系统图

二十、风险评估系图法

评估风险影响常见的定性方法之一是制作风险评估系图，又称风险矩阵、风险坐标图。风险评估系图的横坐标表示风险发生的可能性，纵坐标表示风险事件发生后的影响程度，通过风险评估系图可以识别某一风险是否对企业产生重大影响，并将此结论与风险发生的可能性联系起来。

风险评估系图为确定企业风险的顺序提供了分析框架。需要注意的是，设定风险等级的方法应与组织的风险偏好保持一致（图 2–23）。

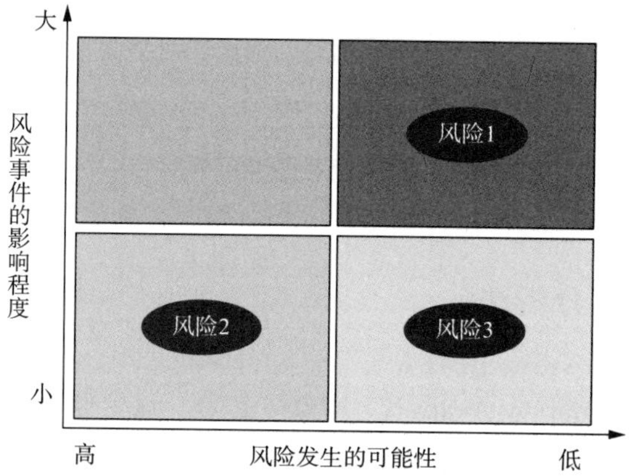

图 2–23　风险评估系图

二十一、事件树分析法

事件树分析法（Event Tree Analysis，ETA）是一种表示初始事件发生之后互斥性后果的图解技术。它按事件发生的时间顺序由初始事件开始推论可能的后果，从而进行危险源的辨识。这种方法将系统可能发生的某种事件与导致事件发生的各种原因之间的逻辑关系用一种称为事件树的树形图表示，通过对事件树的定性与定量分析，找出事件发生的主要原因，为确定安全对策提供可靠的依据，参见图 2–24。

二十二、蒙特卡洛模拟法

蒙特卡洛模拟法是以统计抽样理论为基础，利用随机数，经过对随机变量已有数据的统计进行抽样实验或随机模拟，以求得统计量的某个数字特征并将其作为待解决问题的数值解。

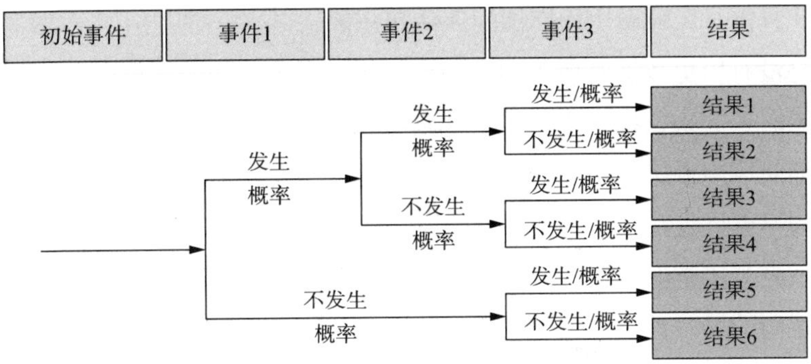

图 2-24　事件树分析框架

蒙特卡洛模拟方法的基本原理是：假定随机变量 X_1、X_2、$X_3 \cdots X_n$、Y，其中 X_1、X_2、$X_3 \cdots X_n$ 的概率分布已知，且 X_1、X_2、$X_3 \cdots X_n$、Y 有形如 $Y=F$（X_1、X_2、$X_3 \cdots X_n$）的函数关系，希望求得随机变量 Y 的近似分布情况及数字特征。通过抽取符合其概率分布的随机数列 X_1、X_2、$X_3 \cdots X_n$ 带入其函数关系式计算获得 Y 的值。当模拟的次数足够多的时候，可以得到与实际情况相近的函数 Y 的概率分布和数字特征。

蒙特卡洛模拟能够比较好地解决项目投资中现金流的随机性和不确定性，它能将财务分析人员和项目决策人员从烦琐的数学计算中解脱出来，还能够在比较短的时间内由计算机进行多次数值模拟实验，提高决策人员的决策效率。但是蒙特卡洛模拟要求变量服从一定的概率分布，由于实际概率的分布不一定是完全拟合某一分布律，这就要求市场调研人员在进行市场调查时能够获得尽量多、尽量准确的初始数据，这样在对数据进行初步处理时，就能够得到更精确的拟合概率分布，从而提高蒙特卡洛模拟的效率。

由于蒙特卡洛模拟法的输入和输出都具备概率特征，与现实中每一事件都具备不确定性的自然规律相符合，在投资项目的决策过程中可以发挥重要作用，如计算项目重要经济指标的概率分布区间，将模拟结果与组织的风险偏好结合，提高项目决策的科学性和有效性；分析出关键风险并制定风险应对措施，以此降低项目风险，保证项目目标的顺利实现。借助于计算机技术的发展，蒙特卡洛模拟法在近 10 年得到了快速普及，成为目前最受关注的风险量化分析方法，在各行业各领域得到了广泛使用。

二十三、统计推论法

统计推论是进行项目风险评估和分析的一种十分有效的方法，是根据过去和现在的发展趋势推断未来的一类方法的总称，它可以分为前推、后推和旁推三种类型。

前推是应用最为广泛的类型，是指根据历史的经验和数据，向前推断出未来事件发生的概率及其后果，在时间序列上表现为由后向前推算。如果历史数据具有明显的周期性，就可据此直接对风险做出周期性的评估和分析。

后推法是没有历史数据时所采用的一种方法，是把未知的想象的事件及后果与一已知事件与后果联系起来，把未来风险事件归结到有数据可查的造成这一风险事件的初始事件上，从而对风险做出评估和分析，在时间序列上表现为由前向后推算，由于很多项目的一次性和不可重复性，对这些项目的风险评估和分析常用后推法。

旁推法就是利用类似项目的数据进行统计推论，利用某一项目的历史记录对新的类似项目可能遇到的风险进行评估和分析，如依据其他国家产业的发展趋势，推测公司所处行业未来的市场风险等，当然这需要充分考虑新环境的各种变化。

第三章

项目咨询评估

第一节 项目咨询概述

一、项目概述

（一）项目的基本概念

项目一词，已广泛应用于社会的各个领域。美国项目管理协会（Project Management Institute，PMI）在其出版的《项目管理知识体系指南》（Project Management Body of Knowledge，PMBOK）中对项目进行了定义，提出项目是为创造独特的产品、服务或成果而进行的体系化的工作。国标《项目管理指南》（GB/T 37507—2019）提出，项目包括一组独特的过程，其组成包括带有开始日期和结束日期，受协调和控制的活动，活动的实施多用于实现项目目标，项目目标的实现需要提供符合特定要求的可交付成果。项目是工程咨询工作的主要目标对象，本书所指的项目，是基于咨询评估工作的特点对上述概念的进一步聚焦，特指投资工程建设的项目。

在我国的投资建设活动中，不同的管理部门和项目管理阶段对项目有不同的称谓，常用的有投资项目、建设项目、工程项目，它们之间既存在共同点，又存在区别。投资项目，即固定资产投资项目的简称，是指为实现某种特定目的，投入资金和资源，在规定的期限内建造或购置固定资产的一整套活动。投资项目通常包括两大类，一类是兴工动土的建造工程，如工厂、铁路、公路、矿山、水电站等；另一类是单纯设备购置，如购买飞机、车船等。建设项目，是指按照一个主体设计进行建设并能独立发挥作用的工程实体，建设项目依次划分为单项工程、单位工程、分部工程、分项工程。工程项目，主要是指为了形成特定的生产能力或使用效能而进行投资和建设，并形成固定资产的各类项目。

（二）项目的基本特征

项目作为承担具体投资活动的主体，除具有项目的通用特点外，还具有投资活动的固有特点，具体包括以下几方面的基本特征：

1. 独特性

项目是具有独特性的活动过程，总体上不具备重复性。尽管某些工程项目所提供的产品或服务具有高度的相似性，但由于每个项目都有特定的建设时间、建设地点和建设条件，都有其区别于其他项目的特殊要求，因此没有两个项目是完全相同的，每个项目都具有唯一性和独特性。

2. 一次性

每个项目都有明确的起点和终点，所有项目的实施都将达到其终点，而不是持续不断的工作，从这个意义来讲，每个项目都是一次性的不可逆的任务。当一个工程项目的目标已经实现，或已经明确该项目的目标不再需要或不可能实现时，该工程项目即达到了终点。但需要明确的是，项目的一次性是对项目整体而言，在项目全过程中也会存在重复性工作。

3. 整体性

一个项目的建设，往往由多个单项工程和单位工程组成，彼此之间紧密相关，结合到一起才能发挥工程项目的整体功能和效益。此外，项目要取得良好的社会效益与经济效益，与项目的正确决策，设计工艺的先进可行，投资的合理，工期、质量符合预定标准等环节密不可分，各阶段各环节之间是相互影响、相互依赖的，如果只考虑某一阶段工作的优化，则系统整体不一定是最优的，这也是项目整体性的体现。

4. 多目标性

项目虽然是一次性的活动，但其目标通常是多样性的。多目标属性的根源是多利益相关者的存在，即利益相关方的多元性导致了项目目标的多样性。项目的多个目标之间是相互协调的，也是相互制约的。在项目执行过程中，必须关注各目标之间、各方利益相关方之间的平衡，在此前提下实现系统目标的最优。

5. 生命周期性

项目具有明确的起始点和结束点，且都会经历启动、开发、实施、结束的完整过程，这一过程通常称为项目的“生命周期”。尽管各类项目的生命周期阶段的划分有所不同，但总体来看，可以分为前期阶段、准备阶段、实施阶段和投产运营阶段四个部分。这其中，项目前期阶段是工程咨询服务最为集中的阶段，涉及项目前期成果的编制与评估、投资决策等关键工作。

（三）项目的分类

依据不同的标准，项目有着不同的分类方式。按投资来源分为政府投资项目、企业投资项目、利用外资项目及其他投资项目；按建设性质分为新建项目、改建项目和扩建项目；按项目用途分为生产性项目和非生产性项目；按产业领域分为工业项目、交通运输项目、农林水利项目和社会事业项目等；按项目经济特征分为竞争性项目、公共项目和其他项目。国际上对项目进行分类，主要以项目的产出物性质、服务对象、主要效益特点、对社会的贡献、资金来源等维度为依据，主要分为生产类项目、基础设施类项目、社会发展和人力资源开发类项目。

1. 生产类项目

这类项目的主要特点包括：项目直接为社会生产物质产品；在为社会提供产品的同时，也为社会提供财政税收和直接积累；项目可以完全市场化运作；项目财务效益明显；投资资金来源可以完全由资本市场筹集，一般无须动用政府预算或财政资金，主要依靠资本市场融资。

2. 基础设施类项目

此类项目主要包括交通、通讯、邮电、供排水设施等，基础设施类项目的特点包括：项目为生产类行业和人民生活提供服务，一般没有直接的物质产品产出；项目垄断性较强，只能在特定条件下参照市场模式运作：项目财务效益不明显，但社会效益显著；项目的资金来源主要是预算和其他资金，但政府与企业合作投资建设基础设施项目也是全球范围内的重要趋势。

3. 社会发展和人力资源开发类项目

此类项目主要包括社会公共设施、环境保护、文化体育、教育培训、医疗卫生、社会福利等行业项目。这类项目的主要特点是：项目直接为改善和提高人民生活质量的公共事业服务；一般无财务效益，属于非营利性行业，不能提供财政税收和社会积累；项目的运营在政府直接监管下运作，不能完全市场化；项目的产出主要是社会效益；项目资金来源一般全部来自预算资金和公共资金。此类项目是政府关注、投入和监管的重点领域。

（四）项目的预期目标

项目的预期目标，一般由宏观目标和微观（具体）目标两部分组成。宏观目标是指项目建设对国家、地区、部门或行业要达到的整体发展目标所产生的积极影响和作用。作为企业投资项目，有时更加关注项目的微观目标或具体目标，即项目建设要达到的直接目的和效果。项目的具体目标主要包括：

1. 效益目标

效益目标指投资项目要实现的经济效益、社会效益、环境效益、生态效益等。企业投资项目多为经营性项目，其效益目标主要是对投资带来的收益的具体目标值。如：某油气基础设施项目，确定其效益目标值为项目投资所得税后财务内部收益率达到8%。对于投资者而言，只有该项投资活动能够带来预期收益时，才会进行投资决策。

2. 规模目标

规模目标是指对项目建设规模所确定的目标值。如：某大型沿海液化天然气（LNG）接收站项目，确定其建设规模为LNG年接收能力600万吨，建设1座可停靠26万方LNG船舶的码头，6座全球最大罐容27万方LNG储罐等。

3. 功能目标

功能目标是指对项目实现功能的预期定位。企业投资项目可选择的主要功能目标包括：

（1）扩大生产规模，降低单位产品成本。如：某大型沿海LNG接收站项目，原有建设规模为300万吨/年，通过扩建工程将建设规模提高至600万吨/年。

（2）向前延伸，生产所需原材料，降低原材料成本与供应风险，进一步降低产品成本和经营风险。如：天然气发电企业涉足天然气资源项目等。

（3）向后延伸，延长产品生产链，提高产品附加值。如：某大型沿海LNG接收站项目，增加船舶加注功能，为LNG远洋运输船等提供燃料加注服务，提供高附加值产品和服务。

（4）利用先进技术设备，提高产品的技术含量和质量，降低成本。如：某燃气电厂项目，采用先进的机组，提高发电效率，降低单位发电成本。

（5）进行技术改造，调整产品结构，开发符合市场需求的产品。如：某炼化项目，为适应市场需求变化开展质量升级改造，增加芳烃等高附加值产品。

（6）利用专利技术，开发高新技术产品。如：某能源企业利用自身大型储罐核心技术优势，建设全球最大罐容27万方LNG储罐，降低单位罐容投资，提高竞争力。

（7）拓宽投资领域，分散经营风险。如：传统火电（煤电）企业向新能源方向转型发力，投资风电、光伏等项目，解决公司发展经营瓶颈与分散风险。

企业投资某一项目，必定带有具体功能目标，必须根据国家、区域社会经济发展规划、企业自身发展战略与规划、主要经营领域，以及产业政策、技术条件、资源情况和环境要求等，研究明确建设项目的功能目标。

4. 市场目标

市场目标是指对项目提供的产品（或服务）的数量，以及市场占有率等方面的预期目标值。如：某大型沿海LNG接收站项目，市场目标为投产后，向所在省份供应LNG

600 万吨 / 年，约占当地天然气市场消费量的 30%。

二、项目利益相关方

一个具体的工程项目存在多样化的利益相关方，他们与工程项目的建设与运营密切相关，且对项目通常存在不同要求和期望，包括规模、进度、投资、成本、安全、质量等目标。项目的成功是各利益相关方共同的整体利益诉求，但不同利益相关方之间关注的重点不同，有时还在一某问题上存在冲突，需要运用各种知识、技能、手段和方法去协调化解这些冲突，使得项目顺利推进。

（一）项目利益相关方的构成

项目利益相关方是指影响项目目标的实现，或者受到项目实施过程影响的所有个体、群体和组织。项目管理团队需要明确本项目利益相关方的具体构成，以及他们的要求和期望分别是什么，在此基础上对这些要求和期望进行管理和施加影响，以确保项目整体成功实现。项目利益相关方由许多不同主体构成，通常主要包括：项目业主，政府主管部门，咨询、勘察设计部门，承包商，供应商，生产运营部门，金融机构，公共设施管理部门，内部各部门，社会公众等（图 3–1）。

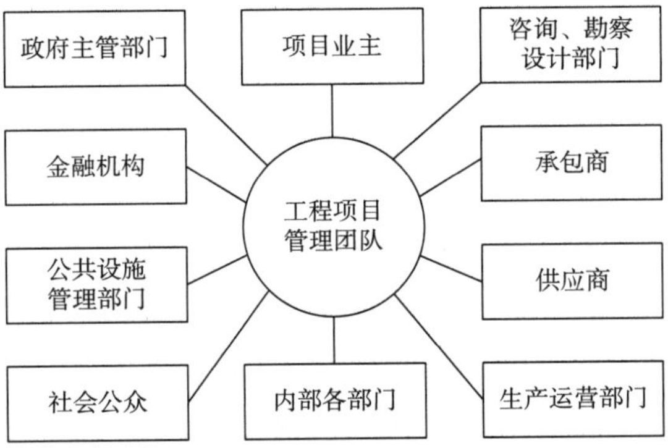

图 3–1　项目的主要利益相关方

（二）项目利益相关方的主要诉求

通常情况下，项目的各主要利益相关方的重点关切和期望如下：

（1）项目业主：项目投资少，收益高，工期短，质量合格。

（2）政府主管部门：项目与国家的规划、政策和法律法规相一致。

（3）咨询、勘察设计部门：合理的报酬，松弛的工作进度表，迅速提供信息，迅速决策，按时支付工作报酬。

（4）承包商：丰厚的利润，及时提供施工图纸，最小限度的变更，原材料和设备及时送达工地，公众无抱怨，可自己选择施工方法，不受其他承包商的干扰，按时支付工程进度款，迅速批准开工，及时提供服务。

（5）供应商：规格明确，从订货到发货时间充裕，较高的利润率，最低限度的非标准件使用量，质量要求合理。

（6）生产运营部门：按照质量要求、按时或提前形成综合生产能力，提供更好的运营条件，培训合格的生产人员，建立合理的操作规程和管理制度，保证正常运营。

（7）金融机构：贷款安全，按预定日期支付，能够提供较高的回报，按期清偿债务。

（8）公用设施管理部门：及时提出对服务的要求，将工程项目建设的干扰降至最低限度。

（9）内部各部门：松弛的工作进度表，优良的工作环境，有足够信息资源、人力资源和物质资源。

（10）社会公众：项目建设无社会风险，无污染及公害，在项目运行期内对外部环境不产生有害影响，项目有社会效益，产品或服务质量优良、价格合理。

三、项目周期

（一）项目周期及阶段划分

项目周期也称投资建设周期，是指项目从提出投资设想，经过前期论证、投资决策、建设准备、建设实施、竣工验收直至投产运营所经历的全过程。为了顺利完成工程项目的投资建设，通常要把一个项目划分成若干个工作阶段，以便更好地进行管理。阶段划分方案和每个阶段所需的控制程度，取决于项目的规模、复杂程度和潜在影响。可交付成果是指在某一过程、阶段或项目完成时，必须产出的任何独特并可核实的产品、成果或服务能力。项目阶段通常都与特定的主要可交付成果的形成相关。项目周期通常划分为四个阶段：前期阶段、准备阶段、实施阶段和投产运营阶段，如图 3–2 所示。

（二）项目各阶段主要工作

项目管理随项目周期的全过程依次展开，在项目周期的不同阶段，由于工作内容和要求不同，管理工作的侧重点也不同。

1. 项目前期阶段

该阶段的主要工作包括：投资机会研究、初步可行性研究、可行性研究、项目评估及投资决策等。该阶段的主要任务是对工程项目投资的必要性、可能性、可行性，以及

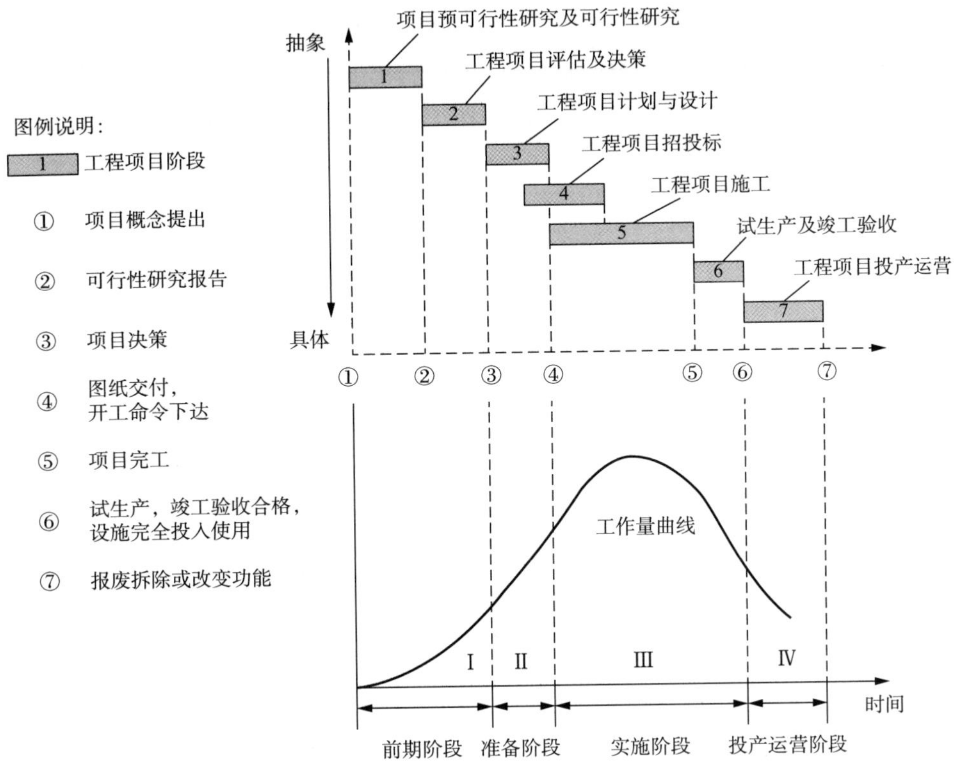

图 3–2　项目生命周期图

何时投资、在何地建设、如何实施等重大问题进行科学论证和多方案比选。本阶段虽然投入少，但对项目效益影响大，前期决策的失误往往会导致项目出现重大损失。为保证工程项目决策的科学性，可行性研究和项目评估工作应委托高水平的咨询机构独立进行，但可行性研究编制和评估需由不同的咨询机构完成。该阶段的工作重点是对项目投资建设的必要性和可行性进行分析论证，并做出科学决策。

2. 项目准备阶段

该阶段的主要工作包括：工程项目的初步设计、技术设计和施工图设计，工程项目征地及建设条件的准备，货物采购，选定工程招标及承包商、签订承包合同等。本阶段是项目投资决策的具体化，在很大程度上决定了工程项目实施的成败及能否高效率地达到预期目标。企业投资项目的初步设计，特别是针对重大投资项目，结合企业决策管理需要，有时也会设置决策点，若初步设计较可行性研究出现重大变更，还需对可行性研究进行重新决策。工程项目准备阶段的工作重点是准备和安排项目所需的建设条件。

3. 项目实施阶段

该阶段的主要任务是将建设投入要素进行组合，形成工程实物形态，实现投资决策目标。在这一阶段，通过施工、采购等活动，在规定的范围、工期、费用、质量内，按设计要求高效率地实现工程项目目标。该阶段的主要工作包括：工程项目施工、联动试车、试生产、竣工验收等。工程项目试生产正常并经业主验收通过后，工程项目实施阶段即告结束。本阶段在工程项目建设周期中工作量最大，投入的人力、物力和财力最多，工程项目管理的难度也最大。

4. 项目投产运营阶段

该阶段的工作不同于上述三个阶段，主要由业主单位自行完成或者委托专门的运维公司承担。运营是通过开展持续性的活动，生产规定产品或提供服务的一种组织职能。对于经营性项目，其运营阶段工作较为复杂，包括经营和维护两大任务。对于非经营性项目，运营阶段主要通过鉴定、修缮、加固、拆除等活动，保证工程项目的功能、性能能够满足正常使用的要求。

项目运营期间的案例分析认为，工程项目前期决策的失误往往会导致重大的投资损失，前期阶段的工作能够决定一个项目成败的80% ~90%。在前期工作中，可行性研究是该阶段的核心工作，与项目决策息息相关。在覆盖工程项目生命周期的全过程咨询服务中，工作重点也往往集中于投资项目的前期咨询。

（三）咨询工程师的主要职责

咨询工程师是以工程咨询服务为职业的工程技术、工程经济、工程管理等工程师的总称。为保障项目顺利实施，咨询工程师接受政府、项目单位等委托，按照委托工作内容以咨询工程师执业标准为尺度，对项目提供有效的专业研究分析或管理、组织、指挥、协调、督促、检查与指导服务。通常来讲，咨询工程师对项目的管理可以是项目进行中的任何一个阶段或其中的一项内容，也可以是几个阶段或全部管理工作，具体工作内容要视委托方的要求而定。按项目周期阶段划分，咨询工程师的主要工作内容包括：

1. 项目前期阶段

在项目前期阶段，咨询工程师的主要任务是根据委托要求当好参谋助手，为业主提供科学决策的依据，主要工作包括以下方面：

（1）对项目拟建地区或企业所在地区，及项目所属行业情况进行调查分析，对相关产品的市场情况进行研究。在此基础上，就地区发展规划、企业发展战略、行业发展规划等方面提出咨询意见，并与委托方进行交流与沟通，取得共识，完成相应报告。

（2）对项目的建设内容、建设规模、产品方案、工程方案、技术方案、节能与环境影响分析、建设地点、厂址布置、污染处理方案等进行比选。

（3）在项目相关方案研究的基础上，根据有关要求，完成项目的融资方案分析、投资估算，以及财务、风险、社会及国民经济等方面的评价，对项目整体或某个单项提出咨询意见，完成相应报告。

（4）按照委托方及项目审批方的要求，对项目的初步可行性研究、可行性研究报告等前期成果进行评估论证，完成相应评估报告。

（5）根据委托及有关标准要求，完成上报有关部门的相关报告，如项目建议书、可行性研究报告、项目申请报告、资金申请报告、项目备案申请报告等。受相应机关委托，对上述类型的报告以及环境影响、节能分析等进行评估，根据业主委托，协助完成项目的有关报批工作等。

需要注意的是，根据国家有关规定，编制项目建议书、可行性研究报告或项目申请报告的工程咨询机构不得承担同一项目的审批、核准报告的评估工作。工程咨询机构与项目单位存在控股、管理关系或者负责人为同一人的，该工程咨询机构不得承担该项目单位的项目核准报告评估工作。

2. 项目准备阶段

在项目准备阶段，咨询工程师根据业主委托要求，在资质许可的前提下可以全部或部分完成以下工作：

（1）直接接受业主委托承担勘察设计工作，或进行勘察设计招标工作。

（2）协助业主或按业主委托完成项目进度安排、质量要求、资金控制及相应协议的起草工作。

（3）协助业主完成或接受业主委托进行设备采购、施工招标工作。

（4）协助业主完成项目的有关设计文件或设计文件评审，项目开工等报批工作。

（5）按照业主要求和国家有关规定，做好项目设计内容的调整与修改工作。

（6）完成业主委托的其他工作，如征地、周边关系的协调等。

3. 项目实施阶段

在项目实施阶段，咨询工程师的主要工作包括：

（1）按照业主要求，向施工单位进行项目设计图纸的技术交底，审查施工组织设计。

（2）根据业主委托，在资质允许的前提下，代表业主对项目工程施工进行监督、管理，以保证施工质量、费用和进度等方面满足业主要求。

（3）根据业主委托开展项目中间评价工作。

（4）及时向业主报告项目进度、质量及费用等方面的执行情况。

（5）按有关规定及时妥善地处理项目施工过程中的有关问题。

（6）为工程投产后的运营做好人员培训、操作规程和规章制度的建立等准备工作，协助进行试运行。

（7）配合业主做好项目的竣工验收工作，业主委托咨询工程师核对审定竣工结算的，竣工结算经咨询工程师审定完成，由业主和施工单位签字确认后，结算结果具有唯一性，当事人不得与其他造价咨询人员重复核对竣工结算。

4. 项目投产运营阶段

在项目投产运营阶段，根据业主的委托，咨询工程师可开展工程项目的后评价工作。具体包括：

（1）项目目标和过程评价，咨询工程师按照业主委托对项目全过程进行回顾和总结，对项目的效果和效益进行分析和评价。对照项目可行性研究批复和主要指标，找出变化和差别并分析原因，总结经验和教训。

（2）持续性评价，对项目建成后与国民经济发展的适应性进行研究分析，对项目能否持续发展进行分析，并在此基础上提出项目可持续发展所需的条件。

（3）在以上评价基础上提出项目发展的对策建议，供委托方与有关方面参考。

四、项目前期阶段咨询成果

（一）项目前期阶段主要咨询成果的类型

项目前期阶段，是项目咨询评估工作的重点领域，这个阶段的主要工作包括：项目规划、项目投资机会研究、项目初步可行性研究（项目建议书）、项目可行性研究、项目评估等，上述工作必要时需要辅助开展专题研究等。这些研究成果可以由投资者自行完成，也可以聘请专家，还可以委托工程咨询机构完成，所形成的报告则构成了项目前期阶段的主要咨询成果（图 3–3）。

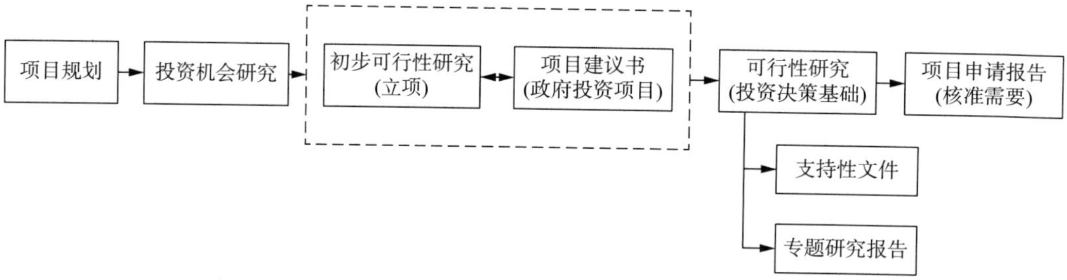

图 3–3　项目前期阶段主要研究成果逻辑图

1. 项目规划研究报告

此处所指的项目规划，属于发展规划中的专项规划范畴，主要指产业发展规划、企业发展规划和园区发展规划，其规划内容紧紧围绕着项目或项目群，从项目角度，研究产业、企业或园区发展的机会和所需要的条件，研究产业发展、企业和园区项目建设与国家产业政策、区域规划、经济社会配套、资源支撑、生态环境容量等方面的符合性，提出合理的产业方向与规模、总体实施方案、产业空间布局等。特别对企业而言，一个企业的生存与发展，往往离不开所从事产业的具体投资项目作为依托和基础。在企业发展规划中进行谋篇布局，并对项目实施步骤、投资节奏，以及所形成的产品或服务能力等进行充分论述，是项目规划研究的重要内容。

2. 投资机会研究报告

（1）投资机会研究的目的。投资机会研究，也称投资机会鉴别，是指为了寻找有价值的投资机会进行的准备性调查研究，其目的是发现有价值的投资机会。

（2）投资机会研究的内容和研究重点。投资机会研究的内容，包括市场调查、消费分析、投资政策、税收政策研究等，其研究重点是分析投资环境，如在某一地区或某一产业部门，对某类项目的背景、市场需求、资源条件、发展趋势以及需要的投入和可能的产出等方面进行准备性的调查、研究和分析，从而发现有价值的投资机会。投资机会研究的成果是投资机会研究报告。

需要指出的是，在实际操作中，投资机会研究逐步被企业发展规划或产业发展规划所取代，无论是区域、行业还是企业，随着规划的重要性及其内容的不断深化，企业发展规划和产业发展规划逐步担当了投资机会研究甚至项目建议书的角色。

3. 初步可行性研究报告（预可行性研究报告）

（1）初步可行性研究的目的。初步可行性研究，也称预可行性研究，是在投资机会研究的基础上，对项目方案进行初步的技术、经济分析和社会、环境评价，对项目是否可行做出初步判断。初步可行性研究的主要目的是判断项目是否有必要性，是否值得投入更多的人力和资金进行可行性研究。对于企业投资项目，初步可行性研究往往是项目立项决策的基础和依据。

（2）初步可行性研究的内容、重点和深度要求。初步可行性研究的内容与可行性研究基本一致，只是研究深度浅于可行性研究。研究重点是根据国民经济和社会发展长期规划、行业规划和地区规划以及国家产业政策，经过调查研究、市场预测，从宏观层面分析论证项目建设的必要性和可能性。初步可行性研究的深度介于投资机会研究和可行性研究之间；研究成果是初步可行性研究报告或者项目建议书。此外，并不是所有项目都必须进行初步可行性研究，小型项目或者简单的技术改造项目，在选定投资机会后，根据企业投资管理办法和程序要求，可以直接开展可行性研究。

4. 项目建议书

对于政府投资项目，项目建议书是立项的必要程序，需严格按照程序和要求编制并履行项目建议书报批手续。对于企业投资项目，企业在自主决策过程中根据自身需要，可自主选择其不同阶段的研究成果作为立项的依据，通常为初步可行性研究报告。

对于政府投资项目，初步可行性研究报告可以代替项目建议书，企业投资项目可参照执行。在实际工作中，企业投资项目往往省略了机会研究和项目建议书的决策程序，投资者往往依据企业发展规划，直接进入项目可行性研究阶段，以企业发展规划代替机会研究和初步可行性研究。在具体操作中，投资者可根据所处行业和市场形势，结合项目特点，自主确定投资管理程序。

5. 可行性研究报告

可行性研究是建设项目决策分析与评价阶段最重要的工作，高质量的可行性研究是提供高质量工程咨询服务的基础。可行性研究是通过对投资项目的建设方案和建设条件进行分析、比较、论证，进而得出该项目是否值得投资，建设方案是否合理、可行的研究结论，为项目的决策提供依据。在此阶段开展的环境影响评价、节能评价、地震评价、地质灾害评价、水土保持、通航影响、项目用地、项目用海、安全生产、压覆矿藏、压覆文物、消防安全、职业健康等多项专项评价，也是可行性研究的有机组成部分。可行性研究不仅直接关系到项目投资决策，还会对项目生命周期其他阶段的工作产生直接影响，在项目投资决策及引导项目周期全过程各项工作开展中处于核心地位。

6. 项目申请报告

根据我国现行投资管理规定，对关系国家安全、涉及全国重大生产力布局、战略性资源开发和重大公共利益的企业投资项目，实行核准管理。企业需获得政府主管部门对拟建项目的行政许可，按核准要求报送项目申请报告（即项目申请书）。项目申请报告按照申报企业性质分为企业投资（国内企业境内投资）项目申请报告、外商投资项目申请报告、境外投资项目申请报告。

7. 资金申请报告

资金申请报告是企业为获得政府补贴性质资金（财政专项资金和财政贴息等）支持、国际金融组织或者外国政府贷款，按照政府相关要求而编制的报告。

8. 项目评估报告

项目评估是投资项目前期和项目投资决策过程中的一项重要工作。不同的委托主体，不同阶段的项目咨询成果，对评估内容及侧重点的要求会有所不同。项目评估的咨询成果是咨询评估报告。

9. 社会评价报告

社会评价是对建设项目中的社会因素、社会事项及其产生的影响进行评价的一种方法。通过识别项目实施过程中的各种社会因素、利益相关方和可能出现的各种社会事项，分析项目可能产生的社会影响、社会问题和社会风险，提出尽可能扩大正面社会效果和减少或避免项目负面社会影响的措施和具体方案，编制社会管理方案，并在项目实施过程中通过监测和评估项目社会效果的实现程度，保证项目顺利实施并使项目效果持续发挥。作为我国社会评价的一个组成部分，社会稳定风险分析评估制度侧重于分析项目的负面社会影响可能产生的风险及其防范、化解措施。社会评价和社会稳定风险分析的咨询成果是社会评价报告和社会稳定风险分析报告。

10. 专题研究报告及支撑性文件

（1）专题研究报告。在项目决策过程中，对一些影响项目决策的重大或重要事项，根据其复杂程度，单纯依靠可行性研究报告不能满足决策需要，此时可以开展专题研究，为决策提供补充材料，这些资料或专题报告构成了咨询成果的一部分。专题研究报告主要包括：市场研究报告、竞争力分析报告、场（厂）址选择报告、技术方案比选报告、融资方案研究报告、风险分析报告等。

（2）支撑性文件。项目可行性研究报告，常伴随着一些支撑性文件，共同组成项目决策依据。例如：城乡规划行政主管部门出具的选址意见书（仅指以划拨方式提供国有土地使用权的项目）；自然资源行政主管部门出具的用地预审意见（不涉及新增用地，在已批准的建设用地范围内进行改扩建的项目，可以不进行用地预审）；环境保护行政主管部门出具的环境影响评价审批文件（按照规定需要的项目）；节能审查机关出具的节能审查意见；投标、并购或合资合作项目，应提交中外方签署的意向书或框架协议等文件；以有价证券、实物、知识产权或技术、股权、债权等资产权益出资的，按资产权益的评估价值或公允价值核定出资额，并应提交具备相应资质的会计师事务所、资产评估机构等中介机构出具的审计报告、资产评估报告及有权机构的确认函，或其他可证明有关资产权益价值的第三方文件；其他相关的资源供应、能源提供、市场接受、贷款承诺意向性文件等。

（二）项目前期咨询成果之间的相互关系

项目前期阶段的多项成果之间，存在着相应的逻辑关系，主要包括：1）时间序列关系，即前后顺序关系，如初步可行性研究与可行性研究之间，初步可行性研究在前，可行性研究在后；2）条件关系和支撑关系，如市场预测、场（厂）址选择、风险分析等专题研究与可行性研究报告间形成的条件关系，并成为可行性研究报告的支撑；3）验证与被验证的关系，如项目规划报告、可行性研究报告与咨询评估报告之间，咨询评估报告是对项目规划报告和可行性研究报告的进一步验证；4）包容和扩展的关系，如可行性研究报告与项目申请报告之间的关系。系统梳理好项目前期咨询成果之间的联系，有利于把握好各项成果的内容、深度要求与工作要点，有助于更好地开展项目前期研究和评估工作。

1. 项目规划与机会研究、项目建议书之间

项目规划报告，特别是在企业发展规划中，往往包含了项目建设规划的有关内容，对规划期内拟投资的项目或产业链进行机会研究和必要性分析。许多企业、地方政府、园区都将项目规划用于代替机会研究和商业计划书，作为招商引资的宣传资料，企业投资项目还可以将项目规划作为项目建议书进行使用。很多大型企业异常重视规划对

公司发展起到的引领作用，规定未列入公司发展规划的项目，不得开展项目前期研究工作。

2. 项目规划与项目建议书（初步可行性研究）和可行性研究之间

政府投资项目严格按照审批流程，审批项目建议书（初步可行性研究），在项目建议书（初步可行性研究）批复后开展可行性研究工作，并对完成的可行性研究报告进行评审，据此做出项目投资决策。同时，对于申报项目提出符合产业规划、区域规划的要求，对未进行规划的区域，原则上不安排新建项目，对未纳入行业、地区规划的项目，原则上不予受理。与项目决策直接相关的土地、环境影响评价等，也都对项目规划提出相应要求，环境影响评价部门对园区发展规划要专门开展园区规划环境影响评价，园区规划环境影响评价未通过或不在园区发展规划内的项目，原则上环境保护部门不单独受理项目环境影响评价。

3. 项目建议书（初步可行性研究）与可行性研究之间

项目建议书与初步可行性研究报告之间的差别，主要是对研究成果具体阐述的详略。初步可行性研究报告详尽一些，项目建议书简略一些，可根据投资主体以及审批机构的要求确定。初步可行性研究包含了更多的研究过程内容，项目建议书单独报批时，重点是初步可行性研究的结论。

可行性研究与初步可行性研究相比，在构成与内容上大体相同，是初步可行性研究的延伸和深化，但这两个阶段的目的与作用、研究论证重点以及研究方法和深度要求有明显区别。主要为：

（1）目的与作用不同。初步可行性研究是政府投资项目立项和企业内部初步决定投资建设意向的重要依据。可行性研究报告是项目决策的依据。项目可行性研究批准后，即为决策，可组织下一步初步设计等后续工作。实际工作中，企业投资项目在完成可行性研究报告的基础上，按照核准要求补充相应内容后，可以作为核准文件报送政府部门核准。

（2）研究论证重点不同。初步可行性研究主要从宏观角度分析研究项目的必要性，初步论证项目建设是否符合国家、地区和行业发展规划、产业政策和生产力布局，初步进行市场调查和主要产品的市场需求分析，结合建设地点和项目特点初步分析项目建设条件（工程地质、工艺技术、资源供需、外部运输、环境容量等）的满足程度，主要采用粗略的估算指标法初步估算项目建设投资和资金筹措的方案，对项目的经济效益和社会效益进行初步分析。

（3）研究方法和深度要求不同。初步可行性研究与可行性研究在研究方法的选用和研究深度方面有所不同，如在竞争力分析、厂址方案和技术方案比选等方面，因工作深度不同，初步可行性研究往往侧重于定性描述，而可行性研究则侧重于定量分析，多方案比选也是可行性研究阶段的重要工作。

（4）信息收集和资料拥有程度以及基础数据不同。由于前期投入的差异，初步可行性研究阶段资料的拥有、信息的收集以及基础数据的加工与整理情况远不及可行性研究阶段丰富、深入和完整，可行性研究更加强调信息资料的完整、准确和有效，以保证可行性研究报告的质量。

4. 项目申请报告与可行性研究报告之间

项目申请报告与可行性研究报告有着密切的关系。对于企业投资需要由政府核准的项目，一般在企业内部完成项目可行性研究报告与内部投资决策后，根据可行性研究的基本意见和结论，按照政府核准要求编制项目申请报告。从这个角度来看，可行性研究报告可以是编制项目申请报告的基础。与此同时，可行性研究报告与项目申请报告也有着明显的区别，主要体现在以下三方面：

（1）适用范围和作用不同。项目申请报告是政府行政审批的要求，仅适用于企业投资建设实行政府核准制的项目，即列入“核准目录”的企业投资建设项目，其作用是根据政府关注的公共管理要求，主要从维护经济安全、合理开发利用资源、保护生态环境、优化重大布局、保障公众利益、防止出现垄断等方面进行核准，政府投资项目和实行备案制的企业投资项目，均不需编制项目申请报告。

（2）目的不同。项目申请报告是对政府关注的项目外部影响，涉及公共利益的有关问题进行论证说明，以获得政府投资主管部门的核准（行政许可）。在政府投资主管部门核准之前，根据相关规定，企业需要获得规划、自然资源等主管部门的许可。

（3）内容不同。可行性研究报告不仅要对市场需求及前景、技术方案、设备选型、项目选址、投资估算、融资方案、财务效益、投资风险等方面进行分析与研究，还需对政府关注的涉及公共利益的相关问题进行论证。

项目申请报告则主要从规划布局、资源利用、征地移民、生态环境、经济和社会影响等方面对拟建项目进行论证，对市场、技术、资金来源、财务效益等不涉及政府公权力等“纯内部”问题，不作为主要内容，但需要对项目有关问题加以简要说明，作为对项目核准提供项目背景、外部影响评估的基础材料。例如，为了便于政府对发展规划、产业政策及行业准入等内容进行审查，需要对采用工艺技术方案的先进性、创新性进行简要说明等。

五、项目投资决策

（一）项目投资决策基本概念

按照现代决策理论的定义，决策是为达到一定的目的，从两个或多个可行的方案中选择一个较优方案的分析判断和抉择过程。具体来说，决策是指人们为了实现特定的目标，在掌握大量有关信息的基础上，运用科学的理论和方法，系统地分析主客观条件，提出若干预选方案，分析各种方案的优缺点，并从中比选出较优方案的过程。决策过程可以分为信息收集、方案设计、方案评价、方案抉择四个相互联系的阶段，这四个阶段相互交织、循环往复，贯穿整个决策过程。

就投资项目而言，项目投资的主体主要是企业，既包括国有企业、民营企业或混合所有制企业，也包括外商投资企业。企业投资项目决策是指企业根据自身总体发展战略和规划，基于自身资源条件、在市场竞争中的地位以及项目产品所处生命周期中的阶段等因素，以获得经济效益、社会效益和提升持续发展能力为目标，做出是否投资建设项目的决定。投资项目决策的范畴主要包括：项目目标的确定，项目建设规模和产品（服务）方案的确定，场（厂）址的确定，技术方案、设备方案、工程方案的确定，环境保护方案以及融资方案的确定等。企业投资项目原则上应由企业依法依规自主决策，同时按照有关规定满足备案或政府核准要求。企业投资项目主要是以经营性项目为主，决策的依据主要是项目可行性研究报告，因此项目可行性研究报告在项目前期研究成果中显得尤为重要。

在一定时期内，任何企业可以利用的资源都是有限的，合理配置资源、提高资源的利用效率至关重要。一方面，投资者要审慎地选择项目，以达到最佳资源配置，使生产最有效率；另一方面，投资项目不但具有收益性、长期性和不可逆性等特点，并且未来具有很大的不确定性，项目能否取得预期目标很大程度上取决于社会经济发展的现状、外部环境和发展趋势等，这就需要投资者在投资建设项目之前，进行科学的分析论证和投资决策，充分研判未来的不确定性，使得一定的投入取得预期回报。在企业投资决策过程中，咨询评估机构发挥着重要作用，需要综合运用多学科知识、工程实践经验、现代科学和管理方法，为投资者提供咨询和管理等智力服务。

（二）项目决策基本原则

1. 科学决策原则

（1）方法科学。投资项目决策要以科学的精神，采用经验判断、数学分析和实验等方法，运用先进的技术经济手段和多种专业知识，通过定性分析与定量分析相结合，实事求是地研究客观情况，采用多种可验证的方法得出结论。

（2）依据充分。投资项目决策必须全面准确地掌握有关资料信息，符合国家和项目所在地的经济和社会发展规划以及产业政策、土地利用、环境保护、资源利用、能源节约、税收、投资等政策，符合有关技术、经济、工程方面的规范、标准、定额等要求。

（3）数据可靠。投资项目决策要坚持实事求是，一切从实际出发，尊重事实，在调查研究的基础上，甄别数据合理性，保证数据来源可靠、计算口径一致和评价指标可比，保证分析结论的真实可靠。

2. 民主决策原则

（1）专家论证。为了提高决策的水平和质量，在决策过程中根据需要可聘请项目相关领域的专家进行分析论证，以优化和完善方案。

（2）独立咨询。在决策过程中，可委托有信誉、有能力的咨询机构对投资项目进行独立的调查、分析、研究和评价，提出咨询意见和建议，以帮助决策者正确决策。

（3）公众参与。对于重大项目，特别是关系社会公共利益的建设项目，采取多种公众参与形式，广泛征求各个方面的意见和建议，使决策符合社会公众的利益诉求。

3. 效益最大化原则

企业投资项目必须遵循市场经济规律，从提高企业竞争力，实现经济效益、环境效益和社会效益三者统一的社会责任目标出发，进行项目决策。

4. 风险责任原则

按照“谁投资、谁决策、谁受益、谁承担风险”的要求，完善投资项目决策的责任制度。

5. 可持续发展原则

为确保投资项目建设和经营的可持续性发展，必须牢固树立新发展理念，贯彻落实节约资源和保护环境的基本国策。

（三）企业投资项目决策基本程序和要点

1. 企业投资项目决策基本程序

企业投资项目决策，特别是对于投资规模较大的大型项目的投资决策，关系到企业的长远发展，应按照公司法人治理结构的权责划分，一般由企业的投资主管部门研究提出，经相关部门经理层讨论后，报公司决策层审定，对于特别重大的投资决策还要报公司股东大会或董事会讨论通过。在我国，国内企业境内投资项目除核准目录规定的核准类项目外，一律实行备案制，项目投资决策完全由企业自己做主，决策程序由企业或投资者自主决定和规范。对于境外投资项目，国家根据不同情况对项目分别实施核准和备案管理。

对于企业投资项目，政府仅对《政府核准的投资项目目录》（以下简称《核准目录》）内的项目（重大项目和限制类项目）从维护公共利益的角度进行核准。对于其他项目，除国家法律法规和国务院专门规定禁止投资的项目以外，无论规模大小均为备案制。项目的市场前景、经济效益、资金来源和产品技术方案等均由企业自主决策、自担风险，并依法办理环境保护、土地利用、资源利用、安全生产、城市规划等许可手续和减免税确认手续。

企业投资建设实行核准制的项目，需向政府提交项目申请报告，不再经过批准项目建议书、可行性研究报告和开工报告的程序。企业一般是在完成项目可行性研究后，根据可行性研究报告的基本意见和结论，委托具备相应工程咨询资质的机构编制项目申请报告，按照事权划分原则分别报政府投资主管部门进行核准。由国务院投资主管部门核准的项目，其项目申请报告应由具备甲级工程咨询资质的机构编制。项目申报单位在向项目核准机关报送申请报告时，需根据国家法律法规的规定，附送城市规划、国土资源、环境保护、水利、节能等行政主管部门出具的审批意见和金融机构项目贷款承诺。政府对企业提交的项目申请报告，主要从维护经济安全、合理开发利用资源、保护生态环境、优化重大布局、保障公共利益、防止出现垄断等方面进行核准。对于外商投资项目，政府还要从市场准入、资本项目管理等方面进行核准。对于《核准目录》以外的企业投资项目实行备案制，除国家另有规定外，由企业按照属地原则向地方政府投资主管部门备案。项目核准机关在受理核准申请后，如有需要应委托符合资质要求的咨询机构开展项目评估。

2. 企业投资项目决策评估的关键维度

投资决策是项目实施前期阶段的关键环节，科学决策是确保投资项目成功实施和运行的重要前提。项目科学决策需要咨询评估机构提供专业的咨询服务与决策支撑，需要坚持系统思维，运用科学方法，对投资项目围绕战略规划符合性、工程建设可行性、生产运营有效性、投资效益合理性、外部影响持续性和风险因素可控性六个关键维度开展评估工作。

（1）战略规划符合性，是指从国家、区域、行业、企业的宏观战略与规划层面，研究项目的建设理由和依据，提出拟建项目的需求方案，确定项目的建设目标、功能定位、建设规模和产出方案等，判断项目建设的必要性。

（2）工程建设可行性，主要从工程技术方案及工程实体建设的角度评估建设方案的可行性。通过对项目场址、建设条件、工艺方案、设备方案和工程方案的合理性、先进性、适用性、可靠性、安全性、经济性等方面进行多方案比选，评估项目工程技术方案的可行性。在战略导向和目标定位都已明确的情况下，技术方案的评估论证成为项目评估的重要内容，技术方案对投资规模、运营效率、环境影响以及经济效益等都具有重大影响。

（3）生产运营有效性，是指在战略符合性和工程可行性评估的基础上，研究项目建成后的运营模式、管理机构及组织实施方案，分析项目全生命周期生产运营的可实现性，评估项目单位治理结构的合理性，投资产出能否顺利交付并实现可持续运营。通过项目评估，强调改变重大工程重建设轻运营的状况，既要重视建设方案评估，又要重视项目运营及其有效性的评估。

（4）投资效益合理性，要求结合项目投资和融资方案，计算财务评价指标，评估项目的盈利能力、偿债能力和财务持续能力，评估项目对利益相关各方的价值贡献，为项目投资和融资决策提供依据。工程项目的战略意图、工程目标、技术方案不同，其投资效益评估的思路和方法也不相同。对于经营性项目，要着重评估项目的融资方案、财务效益及债务清偿能力；对于公益性项目或准公共产品项目，要重点关注项目的外部性及产生的间接效益。

（5）外部影响持续性，主要从项目外部性影响的角度，在项目需求方案、建设方案、运营方案、技术经济方案等评估的基础上，评估项目在资源及能源节约利用、生态环保、温室气体排放、经济、社会、就业等领域的影响效果，对于能够量化的经济外部性进行量化分析，从多个维度评估项目外部影响的可接受性，研究拟建项目对经济、社会、资源、环境等影响的可持续性，结合工程可行性、运营有效性和效益合理性的评估结论，判断项目产生的外部正面效果、负面代价及可持续性，为项目建设可行性提供判断依据。

许多重大建设项目属于百年工程，对经济、社会、资源、环境等方面的影响将持续很长时间，涉及代际公平及可持续发展等重大问题。因此，必须对工程方案产生的各种影响进行深入分析和综合评价，尤其是对生态环境产生的重大不利影响实行“一票否决”。

（6）风险因素可控性，强调在项目建设必要性和方案可行性评估的基础上，对拟建项目的风险及其应对方案的可行性进行评估。风险应对方案是在工程项目的战略需求、建设运营、投资效益和影响效果进行评估的基础上，对实现项目目标可能造成影响的风险因素进行识别、分析和评价，提出规避、转移、分担、减轻或自担等风险应对方案及实施监控和动态管理计划，以减少风险事故造成的损失和不利影响，为保证投资项目预期目标的顺利实现提供依据。

重大工程决策评估，需要系统开展风险分析，科学识别项目存在的主要风险，全面评估风险发生的可能性和对项目目标产生的潜在影响，进而研究风险应对措施。

第二节　项目评估概况

一、项目评估基本概念

项目评估是项目咨询工作的重要内容，也是项目投资决策的一个重要环节，是对项目前期咨询成果再论证、再评价的过程，是为投资主体对项目最终决策提供可靠依据的专业性工作流程。一般来说，项目的投资决策是一个由浅入深的递进过程，项目评估工作服务于项目决策全过程，涉及项目前期阶段的各项主要成果。在项目评估过程中，评估的主要对象包括：规划、项目投资机会研究、项目初步可行性研究（项目建议书）、项目可行性研究、项目初步设计等。

在开展具体项目评估工作时，工程咨询机构接受政府、企业、银行等金融机构或其他第三方机构的委托，对项目前期咨询成果进行评估论证，并根据不同的评估目的、评估内容和评估要求，从专业角度，科学、实事求是地回答委托方的疑问，客观评价咨询成果质量，提出明确的评估结论，并进一步提出咨询意见或建议。

二、项目评估发展历程

项目评估作为一门技术经济应用学科，起源于西方国家，并在世界范围内得到广泛的应用，在推动项目决策、建设与运营等方面收到了显著的效果。

20 世纪 30 年代，世界范围内的经济大萧条使西方发达国家的经济政策发生了重大变化，一些西方发达国家开始实行新经济政策，兴办公共建设工程，随之出现了公共项目评价方法，产生了现代意义的项目评估原理。1936 年，美国为了有效控制洪水，大兴水利工程，颁布了《全国洪水控制法》，该法案正式规定了运用成本效益分析方法评价洪水控制和水域资源开发项目，并提出了一个项目只有当其产生的效益大于其投入的成本时，才被认为是可行的。此后，美国还公布了一系列法规，对项目评估的原则和程序做了规定。英国、加拿大等国政府也相继就项目评估做出了规定。

现代项目评估的系统方法产生于 20 世纪 60 年代末，在这期间一些西方发展经济学家致力于发展中国家项目评估的理论研究。英国牛津大学的里特尔教授和米尔里斯教授于 1968 年合作出版了《发展中国家工业项目分析手册》，第一次系统阐述了项目评估的基本理论和方法；1975 年世界银行的经济专家思夸尔等编著了《项目经济分析》；1980 年联合国工业发展组织与阿拉伯工业发展中心联合编著了《工业项目评价手册》。这些著作的出版标志着项目评估理论与方法的成熟发展和广泛应用，20 世纪 80 年代之后，项目评估工作越来越受到各国政府尤其是发展中国家政府的重视，成为银行贷款决策的重要依据。

在项目评估理论与实践的发展过程中，世界银行发挥了巨大的作用。在为成员国提供长期贷款的过程中，世界银行规定所有的贷款项目必须经过评估，评估的结论是决定贷款与否的重要依据。为了提高各成员国的项目评估水平，世界银行还组织出版了一系列著作，为发展中国家培训专业技术人员，帮助其制定符合本国国情的项目评估办法。

我国于 1980 年恢复了在世界银行的合法席位，1981 年成立了以转贷世界银行贷款为主要业务的中国投资银行。1983 年中国投资银行首次推出了《工业货款项目评估手册（试行本）》，之后又经过多次修订。我国在发展项目评估理论和方法的过程中，有关部门也给予了高度重视，原国家计委于 1987 年首次正式发布了《建设项目经济评价方法与参数》，并于 1993 年进行了修订，形成了《建设项目经济评价方法与参数（第二版）》，2006 年在总结过去实践经验的基础上完成了《建设项目经济评价方法与参数（第三版）》的修订。目前，我国项目评估方法日趋成熟，并愈发受到重视，成为实现投资决策科学化、民主化和规范化的重要手段。

当前在许多国家，无论是政府投资项目还是企业投资项目，都必须得到政府批准才能实施。政府通常要对项目先行开展评估，评估拟建项目是否符合国家、地方的发展目标和规划，评估项目对经济、社会、环境等的影响。此外，投资者在完成项目可行性研究后，为了分析论证其可靠性，并进一步完善项目可行性研究方案，通常会委托独立的咨询评估机构对可行性研究报告开展评估，其评估结论则作为重要的投资决策依据。至于项目申请银行贷款，项目评估则是银行做出贷款决策的必要程序，评估结论是发放贷款的重要依据。

三、项目评估的目的与作用

（一）项目评估的目的

不同的委托主体，其开展项目评估的目的不同，评估内容和侧重点要求也有所不同。总体来看，政府部门委托的企业投资项目核准评估侧重于项目的外部影响评估，要从维护社会公共利益的角度，分析论证项目建设是否危害经济安全、社会安全、生态安全等国家安全，是否符合相关发展建设规划、技术标准和产业政策，是否合理开发并有效利用资源，是否对重大公共利益产生不利影响等；政府部门委托的政府投资项目评估要兼顾项目自身的投资效果、经济性和外部影响；园区委托的项目评估侧重于项目与园区的相符性和相容性评估，要分析论证项目是否符合园区产业定位和产业发展方向、是否符合园区土地利用条件、是否与园区公用工程和基础设施兼容或是否需要进行重大调整、是否对园区环境保护或安全生产带来不利影响、是否符合园区产业投入产出条件等；企业委托的项目评估侧重于项目的产品市场前景和项目本身的内部性条件，重点评估产品的市场竞争力、技术方案合理性、投资水平、资金来源、经济效益、项目本身的盈利能力和风险等；银行等金融机构委托的评估项目侧重于贷款资金的安全性，重点评估融资主体的清偿能力和项目本身的生产经营风险等。

（二）项目评估的作用

类似于项目评估目的，不同的委托主体开展项目评估的作用也不尽相同。但总体来看，项目评估的作用主要体现在以下三个方面：

1. 推动决策科学化

我国经济建设领域自1985年建立起“先评估、后决策”的制度以来，通过项目评估，不仅为投资方节省了大量资金，而且在服务国家决策，优化结构布局，推动技术进步，遏制对生态环境、资源消耗的负面影响等方面发挥了重要作用。评估已成为科学决策的必要环节，特别是在市场经济条件下，经济社会等日趋复杂，项目的利益相关方各有不同的关切和诉求，在此情况下项目评估是发现信息、回答各方疑问、凝聚共识、达成合理化意见的过程。项目评估有利于决策者掌握更加全面的情况和信息，听取正反各方面意见，进行科学决策。

2. 实现决策民主化

从评估主体来看，委托独立的第三方咨询评估机构开展项目评估工作，已成为许多投资方在进行项目投资决策前的必要程序。第三方咨询评估机构在行政隶属关系上独立于投资方和利益相关方，在项目评估过程中有利于更加全面地反映情况、问题和各方意见，在评估过程中根据需要聘请项目相关领域的专家进行分析论证，也有助于提高决策的民主化水平。

3. 助力实现决策目标

项目投资决策目标往往呈现多维特征，单项工程往往关注微观或局部问题，而宏观战略规划又通过若干具体工程或项目群来实现。项目评估工作既要关注项目本身，也要从宏观战略规划层面把握项目定位、方向和布局。当项目发生重大的内外部条件变化和方案变化时，项目评估应直接对战略规划和结构调整发挥作用，为实现宏观目标服务。从这个角度来看，项目评估是实现决策目标的重要手段。

四、项目评估的原则

咨询评估机构开展项目评估，应遵循“独立、公正、科学、可靠”的原则，为委托方提供优质的咨询服务和成果。

（一）独立性

独立是指评估单位及专家应独立于委托单位和被评估项目及有关单位，充分理解评估目的，明确评估要点，独立自主地开展咨询评估工作。

（二）公正性

公正就是实事求是，以公正的态度对评估对象进行客观的分析和论证，全面系统地掌握有关资料，认真听取专家意见，真实、全面、客观地反映实际情况，实事求是地提出咨询论证的结论和建议。

（三）科学性

科学就是要坚持科学态度，据实、据理。在咨询评估工作中，采用标准、规范的工作方法，使用科学、系统的信息、数据和评价指标体系，运用现代化分析手段和信息处理技术，通过合理的工作程序，确保咨询评估结果科学、合理。

（四）可靠性

可靠是指咨询评估结论符合实际，可信、可用、可行，有实际应用价值，有可操作性，经得起实践和时间的检验。

五、项目决策与评估的关系

项目决策是项目前期阶段的重要工作，是基于本阶段工作成果判断项目是否具备开展下一步工作的决定性安排。广义的项目决策，是指覆盖项目前期阶段的一系列决策性工作，主要包括规划、项目初步可行性研究（项目建议书）、项目可行性研究、初步设计的决策。这一链条中的每项工作，特别是前后两项工作之间联系紧密，且每一项决策都是开展下一项工作的先决条件，例如，项目初步可行性研究（项目建议书）通过决策后，可开展项目可行性研究；项目可行性研究通过决策后，可开展项目初步设计工作。狭义的项目决策，主要是指项目投资决策，即投资方根据自身总体发展战略和规划，基于自身条件和竞争力等情况，结合项目目标做出是否投资建设项目的决定，项目投资决策往往是项目决策流程中最重要的一环。此处采用广义的项目决策概念，用于阐述项目前期阶段的决策与项目评估之间的关系。

项目决策的复杂性，决定了评估工作的独特性，要求评估能够为决策提供可靠依据，并形成独特的评估体系。通常来讲，项目评估工作覆盖项目前期工作的各个环节，在项目决策流程中为各阶段的决策工作发挥重要支撑作用，只有经过科学系统的评估论证，才能为本阶段决策打下坚实基础。而项目决策，也应以项目评估为依据，确保决策的科学性与民主性。

1. 项目规划评估

作为项目决策的第一个环节，项目规划评估需要从战略、规划、市场、政策等宏观层面对项目是否纳入规划开展评估，在企业内部，往往通过决策正式纳入规划的项目才能开展项目建议书的编制工作。

2. 初步可行性研究（项目建议书）评估

对于纳入规划的项目，方可开展项目初步可行性研究（项目建议书）编制与评估工作，并重点从投资方向进行把控，对列入国家要求和企业规定的“负面清单”中的项目进行严格把关。项目初步可行性研究（项目建议书）决策通过后，可开展可行性研究工作。

3. 项目可行性研究评估

可行性研究是项目投资决策的基础，从这个角度来讲项目可行性研究评估是项目前期阶段评估工作中的重点。项目可行性研究评估是可行性研究的延续、深化和再研究，独立地为决策者提供决策依据。项目可行性研究报告及其评估的内容及方法基本一致，目的和要求基本相同，均是提高项目投资科学决策的水平，提高投资效益，避免决策失误，都是对项目是否可行及投资决策的咨询论证工作。项目可行性研究报告获批后，方可开展初步设计工作。

4. 项目初步设计评估

开展初步设计评估工作，应重点从工程技术方案以及概算等方面把关，并关注初步设计与批复可行性研究的变化。原则上初步设计概算不得突破批准的可行性研究投资估算，若初步设计在技术方案、投资等方面较可行性研究出现重大变更，则需重新履行可行性研究审批程序，从这个角度来讲，初步设计也是项目投资决策点的延伸（图 3–4）。

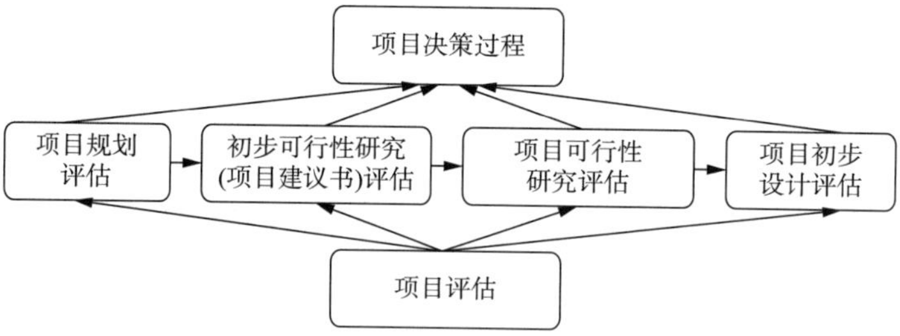

图 3–4　项目决策与评估关系

有关统计显示，项目前期决策阶段的成本虽然只占总成本的 5% 左右，但对项目总成本的影响却能达到 85%，项目投资决策的科学性、合理性对项目成败具有决定性意义。开展项目评估工作，可以为项目决策提供重要依据，前期阶段一系列的评估工作与阶段性决策相互衔接，共同推动项目前期工作科学、有序、有效开展，为项目整体成功推动奠定坚实基础。

六、项目评估分类

项目评估工作通常按照评估内容的不同和委托主体的不同进行分类。

（一）按照评估内容分类

按照项目评估内容进行分类，可主要分为：规划评估、项目建议书（初步可行性研究报告）评估、可行性研究报告评估、项目申请报告评估、资金申请报告评估、政府和社会资本合作（PPP）实施方案评估等类型。

（二）按照委托主体分类

1. 企业委托的项目评估

此类评估主要是针对企业发展规划，企业投资项目的可行性研究报告、初步设计等开展评估。

2. 项目核准部门委托的项目评估

此类评估主要是针对企业投资建设核准类项目的项目申请报告开展评估，项目申请报告评估是项目核准的必要工作程序。

3. 政府投资管理部门委托的项目评估

此类评估主要是针对需要履行审批手续的政府直接投资项目、政府资本金注入项目以及政府和社会资本合作（PPP）项目的项目建议书或可行性研究报告开展评估。

4. 政府行业管理部门或其他部门委托的项目评估

此类评估主要是针对企业投资项目申请政府投资补助、贷款贴息或政府外债资金、地方政府申请上级政府投资补助资金而提交的资金申请报告开展评估。此外，还包括国外政府贷款和国际金融组织贷款等项目的资金申请报告评估。

5. 园区委托的项目评估

此类评估主要是针对园区总体规划或总体发展规划、园区公用工程、基础设施、环保、安全等专项规划以及对拟引进入园的投资项目等开展评估。

6. 金融机构委托的项目评估

此类评估主要是针对拟放贷项目开展评估。

七、项目评估成果

项目评估成果由一系列成果文件组成，主要包括：项目评估报告、评估过程中专家个人意见与专家组意见、评审会会议纪要、对专家个人意见与专家组意见的答复，以及对会议纪要的答复等。其中，项目评估报告作为项目评估的结论性成果体现，是最重要的咨询评估成果。

项目评估报告的编写，既要具有全面性，又要抓住项目重点。评估报告的深度则应根据评估目的和评估要求而定，需要满足委托方的决策参考要求。总体上，项目评估报告应高度概括评估范围和评估目的，清晰论述、明确点评重点内容，论证其合规性、合理性、可行性、可操作性等，最大限度做到论证正确，风险揭示全面，措施建议得当。

此外，项目评估工作多以专家评审会等形式开展，邀请行业内资深专家对项目进行评估论证。每位专家结合个人专业背景、经验等形成专家个人意见，在此基础上专家组长带领专家团队形成专家组意见。专家个人意见与专家组意见作为专家评审会的成果性文件，也是编写项目评估报告的重要依据。

第三节 评估体系构建

开展咨询评估工作，涉及政治、经济、技术、环保、社会等多个层面，需要从评估业务体系、评估组织体系、评估理论方法体系和评估质量保障体系四大维度构建咨询评估体系，对投资项目等评估内容进行独立、公正、科学的评估论证，确保投资决策建立在专业评估论证及系统分析研究的基础之上，实现投资决策的科学化和民主化，提升决策评估能力（图 3–5）。

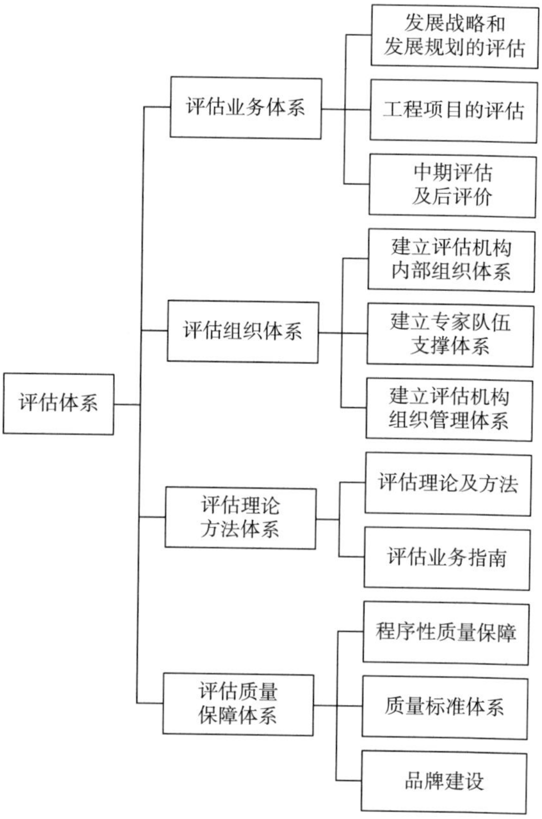

图 3–5　项目评估体系构建图

一、评估业务体系

建立评估业务体系，就是要明确评估业务的范围与内容。国家发展和改革委员会于 2017 年 7 月发布的《工程咨询行业管理办法》中，明确了评估咨询业务是工程咨询行业涉及的主要业务之一，主要包括：各级政府及有关部门委托的对规划、项目建议书、可行性研究报告、项目申请报告、资金申请报告、PPP 项目实施方案、初步设计的评估，规划和项目中期评价、后评价，项目概预决算审查，及其他履行投资管理职能所需的专业技术服务。结合实际工作，对咨询评估机构可以纳入评估业务体系的主要工作内容概括为三个方面。

一是发展战略和发展规划的评估。包括国家、区域、产业、企业级的发展战略与规划评估工作。就一般咨询评估机构而言，特别是企业内部咨询评估机构，企业总体战略规划、产业规划、区域规划等的评估是其规划评估工作的主要内容。

二是工程项目的评估。包括项目建议书、可行性研究报告、项目核准申请报告、资金申请报告等项目前期论证成果的评估，以及初步设计、概算审查等专项评估。其中，可行性研究报告作为项目投资决策的依据，在项目前期工作成果的评估中显得尤为重要。就一般咨询评估机构而言，工程项目的评估是其评估业务体系的主要构成内容。

三是中期评估及后评价。包括有关规划的中期评估和后评价，以及投资项目的后评价。通过中期评估及后评价，发现规划执行及项目实施中存在的问题，总结经验教训，用于进行后续实施的及时调整，优化规划方案、调整政策措施，发挥评估反馈的纠偏作用。

二、评估组织体系

建立评估组织体系，是评估机构保障自身业务有序、有效开展的关键因素之一。评估组织体系建立的主要任务包括：建立评估机构内部组织体系，建立专家队伍支撑体系，以及建立确保组织体系常态化运转的制度体系。

一是建立评估机构内部组织体系。一个成熟的项目评估机构，其组织架构较为成熟稳定，通常自上而下包括：审定人（常由评估单位负责人担任）、业务分管领导、专业评估分支机构等。当接到一个项目评估委托时，评估机构为了高质量完成委托方的评估任务，需要结合项目特点和组织内分工原则，将项目分配至具体专业评估分支机构，如油气评估业务部、石油化工评估业务部等，专业评估分支机构需科学合理地分配人力资源，建立评估项目组（由项目经理、技术专业负责人、经济专业负责人等组成），实现人力资源与评估工作任务之间的优化配置（图 3–6）。

二是建立专家队伍支撑体系。专家队伍是评估组织体系的重要组成部分，是支撑评估业务开展的重要依靠力量。专家咨询论证是项目评估工作独立性、公正性、科学性、可靠性的重要体现，在项目评估过程中多要借助外脑力量，邀请行业内专家以专家评审会等形式对项目开展评估论证。工程咨询机构应建立起专家队伍体系，明确组织内部专家选聘的工作机制，规定专家提名、聘任和调整的工作程序，明确专家的权利和义务。

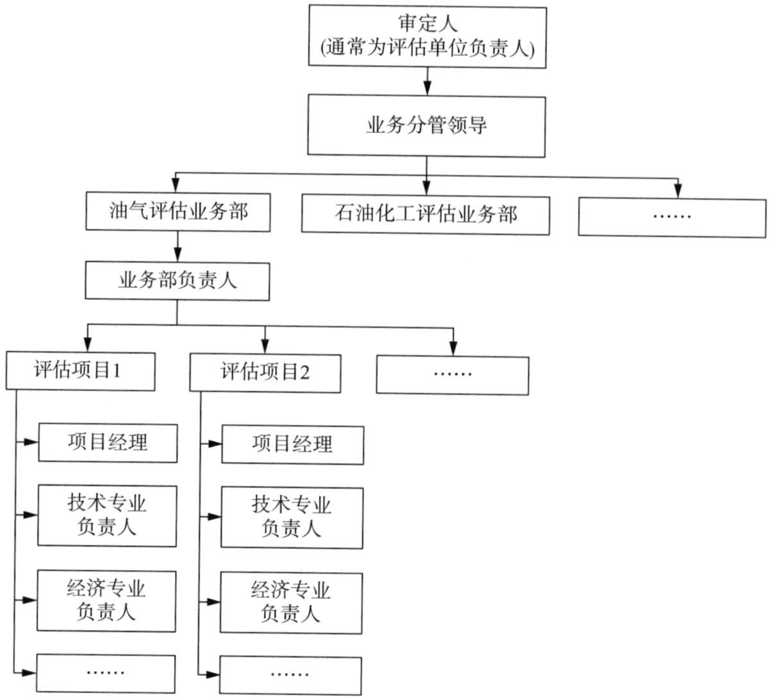

图 3-6　评估机构内部组织架构图

根据业务发展需要建立专家库，专家聘用应首先在专家库中选择。当需要聘用专家库以外的专家时，应按照专家选聘工作程序要求，在办理完相关手续后才能聘用。专家聘用时需遵循规避原则，每个评估工作结束后，应由评估项目组成员对每位参会专家按照专家评分标准进行打分，评分结果记入专家库的专家档案中。工程咨询机构的专家库应实行动态化管理，定期结合实际业务需求和专家评分结果等对库内专家进行补充与移除。

三是建立评估机构组织管理体系。一个咨询评估机构建立起组织体系后，需要进一步建立与其业务和组织架构相适应的管理体系，以确保机构在管理体系下有机运转。通常而言，评估机构组织管理体系包括管理制度总则、综合管理办法、业务管理办法三大类，其中综合管理办法和业务管理办法又由具体的管理办法和细则组成，规范指导具体管理和业务工作的开展。

三、评估理论方法体系

评估理论方法体系，主要由评估理论及方法、评估业务指南组成。针对不同类型的评估工作，应明确评估目标，选择评估指标，利用科学的评估理论方法进行分析论证，确保评估结论科学可靠。根据评估事项内容，主要将理论方法体系分为两部分：

一是评估理论及方法。具体包括市场分析、财务评价、经济评价、社会评价、征地拆迁和移民安置评价、环境影响评价、节能评价、资源综合利用分析评价、风险分析评价和融资分析评价等专业评估理论和方法。如原国家发展计划委员会委托中国国际工程咨询公司编写的《投资项目可行性研究指南（试用版）》，用以规范可行性研究工作的内容和方法，由于项目评估工作是对项目成果再论证的过程，也同样适用于项目评估工作的开展；又如国家发展和改革委员会、建设部编制的《建设项目经济评价方法与参数（第三版）》，对经济评价方法进行了系统阐述，提出了在开展投资项目经济评价工作时借鉴和使用的具体要求；再比如咨询评估机构编制的适用于行业或企业内部的经济评价参数，也是行业或企业内部开展项目经济评价的准则之一。

二是评估业务指南。评估业务指南主要由评估业务开展指南和评估成果编制指南两部分组成。评估业务开展指南，主要用于规范项目评估和后评价等业务流程与做法，如政策评估业务指南、规划评估业务指南、政府投资项目评估业务指南、企业投资项目评估业务指南、工程设计优化评估指南、项目管理绩效评估业务指南、工程招标采购评估业务指南、工程项目后评价业务指南等。评估成果编制指南，主要用于规范评估工作成果的编制。例如，工程咨询机构编制的相关领域的评估报告编制指南或模板，用于指导在油气勘探开发、炼油化工、天然气利用等细分领域的项目评估报告的具体编写，就是评估成果编制指南的典型应用。

四、评估质量保障体系

完善评估质量保障体系，是不断提升咨询评估工作质量，进而提升工程项目总体质量水平的重要抓手。评估质量保障体系的建立主要包括程序性质量保障、质量标准体系和强化品牌建设三方面内容。

一是程序性质量保障。项目评估工作的开展流程，是一个由相互关联、相互影响的诸多过程组成的体系，这一过程主要由评估准备阶段、评估开展阶段、评估结论应用阶段组成，每一阶段又由不同的具体工作组成。按照项目评估流程逐步开展相关评估工作，是在程序上保障项目评估质量的具体要求与体现。项目评估流程具体详见图 3–7。

（一）评估准备阶段

1. 成立评估项目组

当咨询评估机构接受政府、企业或金融机构的委托后，首要任务是根据项目特点安排有经验的评估人员成立评估项目组。项目组一般由项目经理、技术专业负责人和经济专业负责人等组成。项目经理是评估项目组的核心成员，负责制定项目评估方案，提出专家组人选建议，协调确定评审会日期、地点，编写会议纪要，汇总成稿评估报告，并

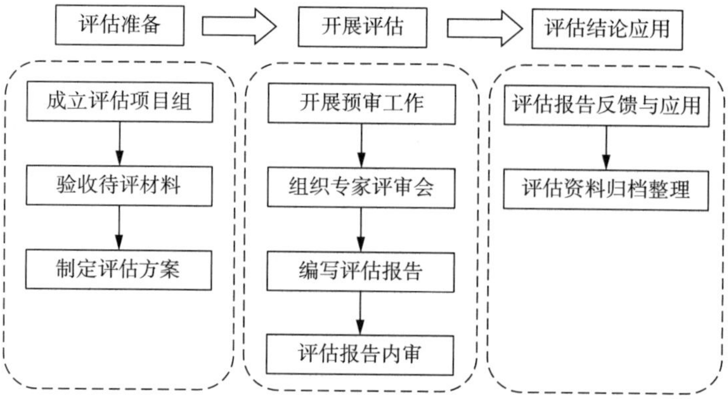

图 3–7　项目评估流程图

对评估报告整体内容和质量进行初步把关等。技术专业负责人和经济专业负责人作为项目组成员，负责协助项目经理开展评审会相关会务工作，编写所负责专业领域的会议纪要内容，跟踪所负责专业领域的专家意见及会议纪要的整改情况，按照分工要求编写所负责专业的评估报告等。

2. 验收待评材料

开展项目评估工作，首先要获取委托方或待评项目业主提供的项目材料。通过对待评项目材料开展初步验收工作，明确待评项目有关材料是否齐全，报告编制深度是否达到有关阶段的要求，有关支持性文件是否齐全，在此基础上判定待评项目是否具备评估条件。如尚不具备评估条件，需尽快与委托方或待评项目业主沟通，提出对待评材料的具体完善意见，并跟踪材料完善情况。

3. 制定评估方案

评估方案是实施评估的主要依据，直接关系到评估活动能否顺利开展以及评估质量的高低。评估方案通常由评估项目组在项目资料收集和初步验收的基础上编制提出。制定评估工作方案的过程中，可以邀请专家进行讨论、修正和完善，评估工作方案通常包括：评估背景、评估方式、评估目的、评估内容和重点、评估方法、时间进度安排、成果形式及用途等。

（二）评估开展阶段

1. 开展预审工作

在项目评估开展阶段的第一环节，是进行项目预审工作。项目预审主要由评估项目组开展，必要时可邀请行业专家共同参与。项目预审工作主要根据项目待评材料的性质进行，如项目可行性研究报告，重点针对项目的可行性、必要性，项目的市场竞争力、技术方案、投资估算和财务评价等重点内容开展。基于预审情况，形成项目预审意见，供报告编制单位进行核实完善。

2. 组织专家评审会

项目预审环节之后，组织开展项目专家评审会。在此环节，对参评专家的遴选是组织专家评审会的重点工作之一，在专家选取时需要根据企业、行业和项目特点，选择对此类项目具有丰富经验的专家参与。在专家组成方面，一般由宏观产业政策、市场供需、工程技术、投资与财务分析等专业的专家构成。通过召开专家评审会，形成专家评审意见是组织专家评审会的核心工作，专家组意见由专家个人意见汇总形成，体现了专家组对评估项目的整体观点，包括对项目的总体意见，以及进一步修改完善的建议等。

评审会后，评估项目组需根据会议情况，形成评审会会议纪要。会议纪要是对专家组意见的补充，体现了参会各方的主要意见和观点，与专家个人意见、专家组意见共同组成评审会成果。

3. 编写评估报告

评估报告是项目评估工作的主要成果形式，是对项目评估结论的文字性表述，是书面的专业意见。项目经理组织评估组成员，在有关材料（项目材料、对专家意见的回复和对会议纪要的回复等）和专家意见的基础上，编写评估报告。编写评估报告时，应结构完整、思路清晰、结论明确、突出重点、意见合理。评估报告整体结构通常与评估项目材料相匹配，包括主要评估结论、评估意见和相关建议等，同时还应包括对项目评估过程中发现的重要问题、风险等的必要说明与揭示。

4. 评估报告内审

在评估项目团队初步完成评估报告的编写后，咨询评估机构通常根据内部质量管控要求，对评估报告开展内审工作。内审工作通常以内审会的形式开展，由咨询评估机构内部组织召开，参会人员主要包括咨询评估机构主要负责人、业务分管领导，以及具体负责和参与项目评估的团队工作人员，必要时还可邀请外部专家参会指导。评估报告内审工作的主要目的，是对评估报告进行复核，就评估报告的内容与质量进行审定，确认评估成果可以满足委托方的要求，符合咨询评估机构的内部质量管理要求等。

内审会后，评估项目组根据有关意见对评估报告文本进一步完善成稿，形成项目评估工作的主要成果。

（三）评估结论应用阶段

1. 评估报告反馈与应用

咨询评估机构作为接受委托的第三方机构，通常做法是将评估报告反馈给委托单位，按照委托方需要，印制、包装形成咨询评估报告成品并向委托方交付。评估报告的反馈和应用体现了项目评估工作的价值，评估报告将作为委托方进行投资决策等工作的重要依据。

2. 评估资料归档整理

评估资料归档整理是项目评估工作的最后一环。评估工作结束后，评估项目组根据内部规定，需要对评估过程中收集到的各类资料，如：项目评估材料（审查版）、预审意见、专家组意见、专家个人意见、会议纪要、项目评估材料（修改版）、评估报告等进行整理、归档与保存，并对咨询评估工作进行必要的总结。

二是建立质量标准体系。保证项目评估成果，特别是项目评估报告的质量，是整个项目评估工作成败的关键。做好项目评估质量控制，重点在三个方面：一是结合国际质量标准体系（ISO）的认证工作建立评估机构内部质量管理体系；二是加强项目前期阶段成果的质量管理，为投资项目前期阶段项目评估工作及投资决策的科学性、可靠性提供依据；三是实行严格的质量管理责任制，使项目评估的各个参与者、各个环节的工作处于有序和受控状态。

1. 结合ISO认证工作建立质量管理体系

工程咨询评估机构通常应按照ISO 9001质量认证体系的要求构建质量管控体系，形成完整的制度规范，并接受质量认证机构的审查。ISO 9001质量认证审查重点包括以下三方面：

（1）建立质量评估制度体系。工程咨询评估机构应建立制度、细则、指南等质量管控体系，并确保咨询评估工作管理流程有据可依。工程咨询评估机构的质量管控体系应符合《质量管理体系 要求》（GB/T 19001—2016）的要求，主要从所处环境、领导作用、策划、支持、运行、绩效评价和改进七个要素展开，如清晰地界定项目组岗位、职责和权限，评估成果交付前逐级审查制度，定期开展委托方回访及评估总结优化等。

（2）业务开展应与质量评估制度体系相一致。咨询评估业务应在质量评估制度体系的基础上开展，程序和成果应按规定严格执行。一方面，评估准备、开展评估、评估结论应用三个阶段工作应按质量评估制度体系的规定开展；另一方面，评估成果应采取内部审查和外部审查等形式，开展成果质量评判。

（3）质量管理应实行持续性动态管理。工程咨询评估机构的质量管控应遵循PDCA原则，实行闭环管理。不但要建立评估事前质量控制体系，实现评估过程质量控制，同时应注重评估事后质量控制。一是对评估项目归档材料进行定期检查，定期组织开展项目经验分享总结，对评估、审核意见进行同类归集分析，定期开展质量纠偏措施研讨，纠正、预防或减少一般质量问题。二是按年度开展质量管控体系修订，进行持续性的评估质量标准改进。三是定期进行项目成果与资信评价要求对标分析，进行合规性改进。

2. 加强前期阶段成果质量控制

项目评估工作的对象，是投资项目前期阶段的各项研究成果，包括：项目规划报告、项目投资机会研究报告、项目初步可行性研究报告（项目建议书）、项目可行性研究报告等，加强前期阶段研究成果的质量，是做好项目评估与投资决策的重要基础。在这个方面，项目建设单位需加强对项目前期研究成果的质量管控，可根据企业自身管理要求编制项目前期研究工作有关规范性文件，如：项目初步可行性研究报告编制指南，项目可行性研究报告编制指南等，以规范项目前期成果文件的研究范围与研究深度等。

3. 建立评估成果质量评审制

项目评估成果是一种无形的智力产品，加强成果的评审是确保最终成果质量的重要手段。通过对成果开展评审等方式，可以汇聚更多专业人员和专家的经验与智慧，也有助于及时发现问题并对咨询成果进行补充完善，进而提高咨询成果的质量。

工程咨询评估机构应按照质量管理体系的认证要求，在内部建立起科学、严谨、可行的质量管控体系，从工作标准、程序、方法到评估成果的质量评定等方面，形成一整套完整的制度规范，从而保证为委托方提供高质量的咨询评估成果。工程咨询机构应在企业内部建立质量控制责任制和质量评审工作机制，明确质量控制的分级分类人员职责，咨询评估工作责任人一般包括：项目经理、部门领导、公司领导和管理部门的相关责任人；规定质量评审的责任部门、人员构成及其职责分工，明确质量评审工作程序，一般而言项目咨询评估工作的质量评审主要由部门级评审和企业级评审两级构成。

（1）部门级评审（专业评估分支机构级评审）。

1）评审项目组的内部评审。项目经理是项目评估质量管理的基层负责人，项目评估工作基本完成后，项目经理要组织项目组内成员对项目评估报告等成果进行评审，依据委托方要求和质量控制要求，对报告进行修改完善。

2）部门级评审（专业评估分支机构级评审）。评审项目组内部评审完成后，项目承担部门（专业评估分支机构）需要组织部门内有关人员对项目评估成果进行评审。部门级评审要对评估报告的质量进行全面审议，做出质量评定并提出明确具体的评审意见。项目经理带领评估项目组根据部门评审意见对评估报告进行修改完善。

（2）企业级评审（咨询评估机构级评审）。在部门级评审完成后，咨询评估机构应进一步开展企业级评审工作。企业级评审一般采取召开内审会的形式进行，评审组评委由审定人（评估机构负责人）、业务分管领导组成，必要时可邀请业内有关专家参与。评审组评委对评估报告的主要观点、关键数据、基本结论、风险揭示、重大建议等提出切实可行的评审意见，形成评审会议纪要。评审会后，项目经理带领评估项目组按照意见要求及时修改评审中发现的问题，使评估报告达到企业质量标准。

（3）成果质量评价标准。对建设项目评估成果进行质量评判，通常从以下几个方面开展

1）项目评估成果与国家有关法律法规政策的符合性。项目评估成果首先要符合国

家的宏观经济政策、产业发展政策、可持续发展政策等要求，符合国家、地区及有关部门制定的法律、法规、规范、标准等要求。

2）项目评估成果与国民经济和社会事业发展目标的一致性。项目评估成果的质量将影响项目投资决策，进而可能影响到项目建成后的作用和社会经济效果的发挥。许多建设项目关系到国民经济、社会事业发展和人民群众的根本利益，从履行社会责任，促进和谐、共享发展的角度看，项目评估成果应有利于社会公共利益，不得损害人民群众的切身利益。

3）委托方对项目评估成果的满意度。让委托方满意是检验评估成果质量优劣的重要标志，委托方的要求应符合有关法律法规规定，不得损害社会公共利益。委托方对评估成果的质量要求应以合同条款等方式进行约定，评估单位必须认真予以执行，按照双方约定做好咨询评估工作，高质量提供咨询服务。

三是强化品牌建设。质量为本是咨询评估机构品牌建设的基础，在开展品牌建设过程中，要以评估质量保障为前提，通过资质升级、合作交流、成果转化等方式，不断提升业务影响力与品牌知名度。

当前我国工程咨询单位资信评价等级分为甲级和乙级两个级别，资信评价类别分为专业资信、专项资信、综合资信，专业资信和专项资信设甲级和乙级，综合资信只设甲级。资信评价每年度集中申请和评定，已获得资信评价等级的单位满 3 年后重新申请和评定。国家发展和改革委员会针对承担其委托任务的咨询评估机构，提出了具有所申请专业甲级资信等级，或具有甲级综合资信等级的资质要求，同时对近 3 年评估业绩有规定。此外，针对咨询评估机构，国家发展和改革委员会也提出了进行动态调整的要求，原则上每 3 年调整一次，或根据实际业务需求对个别专业的咨询评估机构进行适时调整。

第四章

发展规划评估

第一节 发展规划概述

一、规划基本概念

（一）规划的概念

规划是对未来的预测、愿景和安排，是个人或组织制定的较为全面、长远的发展计划。具体来讲，规划是对未来的一种预测，表明未来一段时期的发展趋势预测；规划是面向未来的一种愿景，提出未来一段时期内的发展期望水平和目标；规划是对未来发展的一种安排，围绕着发展愿景做出一系列的具体部署与安排。

根据对象和作用的不同，规划分为多种不同类型。在我国统一规划体系中，有发展规划、专项规划、区域规划和空间规划等规划类型。

（二）规划与战略的关系

提到“规划”一词，常与战略联系在一起，如战略规划等。规划与战略之间，既有联系，又存在区别。概括来说，战略是规划的抽象原则，规划则是战略的具体体现。

1. 战略的概念

战略，指组织为了实现长期的生存和发展，在综合分析组织内部条件和外部环境的基础上，做出的一系列带有全局性和长远性的谋划，它是能够引向理想未来的方法或计划。战略一词最早出于军事概念，特指军事将领指挥军队作战的谋略，后被逐步引用到其他领域。

企业战略，又称公司战略、企业经营战略、公司经营战略，是指企业面对激烈变化、严峻挑战的竞争环境，为求得长期生存和发展而进行的方向性谋划和制定的全局性指导纲领与原则；是在符合和保证实现企业使命的前提下，在充分利用环境中存在的各种机会和创造新机会的基础上，确定企业同环境的关系，规定企业从事的事业范围、成长方向和竞争对策，合理地调整企业结构和配置企业的全部资源。

2. 战略与规划的相同之处

（1）涉及的对象相同。战略与规划都是针对一个组织（公司）或者一项事业的全局的问题，又都是涉及一个组织或者一种事业的未来长期发展的问题。因此，战略与规划既有涉及国家、地区、企业等组织的发展战略与规划，又有涉及某种事业（如教育、科技、文化等）的发展战略与规划。

（2）具有相似的特性。两者都具有全局性、长远性、前瞻性等特点，都具有可操作性的要求。“战略”与“规划”具有相同的主体和类似的性质与要求，两者彼此间常是互相联系、密不可分的。

3. 战略与规划的区别

战略与规划之间也存在着较大的区别，归纳起来主要在以下三方面：

（1）在概念的层次上，战略高于规划。战略强调的是思想，是涉及组织或者事业发展的思路。战略是制定规划的指导思想，任何一个组织的规划都是在既定的战略指导下形成的。

（2）在形成的时序上，战略先于规划。如果一个企业，一个地区、一个国家没有形成既定的战略思路，就很难制定其发展规划。因此，一个国家、地区、企业组织，或者一个事业，要制定发展规划，必须先着手研究其发展战略，在战略的指导下编制其发展规划。

（3）在具体内容上，战略又“软”于规划。从某种意义上说，战略是规划的纲要，规划是战略实现的蓝图。我们通常所说的战略研究，其研究的重心是设计生存与发展的“计谋和策略”，其研究结果在战略内容的表述时一般比较原则，比较抽象。与此相反，规划研究的重心在于设计生存与发展的蓝图、途径和进程，同样作为研究成果的规划内容在表述上一般应该更加具体、更加实际，具有更强的可操作性。

（三）规划的功能与作用

不同等级的规划，发挥的作用不尽相同，此处主要对常见的政府级规划、企业级规划开展论述。

1. 政府级规划

政府级规划是推进国家治理体系和治理能力现代化、加强和改善宏观调控的重要手段，是政府履行职责的重要依据。

（1）战略导向功能。国家层面的发展规划集中展示了政府对未来国内外经济社会发展环境、发展趋势的分析和把握，提出经济社会发展战略、目标、重点任务，明确产业结构和区域经济结构调整优化的方向以及相应的政策，对微观经营主体在市场竞争中自主进行投资建设和生产经营决策，提供具有权威性和整体性的宏观经济环境和政策信息，因而对全社会的经济社会活动具有极其重要的战略导向作用。

（2）综合协调功能。国家层面的发展规划可以统筹兼顾、综合协调各方面的经济利益，妥善处理国家长远、全局目标和短期、局部目标之间的关系，妥善处理高质量发展与环境保护修复的关系；保持社会总供给与总需求基本平衡，促进经济结构优化、提高国民经济整体素质和效益，综合协调生产、建设、投资、消费、进出口之间的平衡关系，协调各产业、各地区经济的发展，协调国家重点建设的资金来源和投向，从而实现国民经济主要比例关系的基本平衡，空间结构优化，以保证经济和社会发展战略、目标、任务的实现。

（3）政策指导调节功能。国家层面的发展规划是公共政策，也是制定相关政策的依据，政策是规划的重要内容，也是规划实施的重要保障。随着治理体系和治理能力现代化不断推进，规划在政府正确高效履行职能的过程中发挥的作用日益突出。通过规划，以约束性和引导性手段，推进国家战略实施，落实国家宏观调控政策，有利于促进经济社会全面协调可持续发展。

（4）引导资源配置功能。政府通过规划对其直接掌握的公共资源，如财政预算资金和其他财政性资金、政策性金融、国家外汇储备和重要资源储备、国有土地资源等，进行优化配置，从而引导、带动全社会资源的市场配置，用以弥补和矫正市场的短期性、波动性和盲目性。

2. 企业级规划

企业级规划，用来指导公司未来发展，是企业经营和未来投资的指导性文件。其主要功能包括：

（1）明确发展方向及发展目标。对企业而言，实现长期稳定发展的必要条件之一，就是明确发展方向，制定科学的发展目标，而发展规划的编制正是要解决这一问题。企业发展需要明确近期、中期和远期发展目标、并制定相对完善的措施，这样才能保障企业在激烈的市场竞争中取胜。企业发展规划根据企业当前的发展现状、市场经济发展规律等制定出一系列发展策略与部署，这对企业的各项工作开展提供了一定的目标，有助于企业各项工作有序进行，为企业各项工作的开展指明方向。此外，规划中具有科学性、引领性的发展目标，也有助于企业全体员工达成发展共识，形成发展合力，进而有效推动企业发展。

（2）促进企业规范化管理。企业发展规划是针对企业所处的发展环境以及企业发展过程中存在的问题等，制定出的相对完善的指导性文件，对于企业各项工作的开展具有一定的规范化作用。企业发展规划中的专项规划，常包括人力资源规划、质量健康安全环保规划、科技规划、财务规划等具体安排，为企业各项管理工作的开展制定了一系列发展目标与实现路径，进而有助于企业内部各项管理工作的规范化开展，有利于提高管理工作的效率与质量。

（3）有助于提高企业的竞争力。随着行业发展，企业之间的竞争逐渐激烈，企业发展规划有助于提高企业的竞争力，促进企业的发展。企业发展规划为企业各项工作提供了明确的发展目标，企业各项工作在发展规划的指导下有序进行，可以为企业的发展赢得机会，促进企业的发展。此外，企业发展规划在编制过程中，要对企业的发展环境、竞争力分析等进行细致研究，在此基础上针对激烈的市场竞争制定出相应的发展策略，此举也有助于企业明确竞争优势与劣势，提出强化优势、弥补劣势的具体举措，进而在激烈的竞争中占据一定的先发优势。

（4）对企业发展起到监督作用。企业发展规划不仅制定企业的发展目标，同时也对目标实施进行一定的监督，对企业有关工作的开展具有一定的督促作用。由于企业发展规划在执行过程中，常会因为内外部多种问题，导致部分发展目标与实际执行情况存在偏差。企业中规划计划部门具有监督企业发展规划执行情况的职能，通过对规划执行情况进行对比分析，能够及时发现企业在发展过程中存在的内外部主要问题并及时纠偏。规划计划部门对企业规划工作的监督也是对企业发展规划合理性的监督，能够及时发现企业发展过程中遇到及存在的重大问题，并针对性进行处置，进而保障企业经营活动的顺利进行。

（四）规划的基本特点

规划具有多重特征，不同类型的规划也有不同的特征，但总体来看，规划具有如下基本特征：

1. 战略性

规划是从关系全局和长远发展的高度，对某一国家、地区、领域或具体企业未来发展做出的总体部署。是对未来发展的权威发布，阐述未来发展的重要方向、重点领域和关键环节，统领着国家和地区相关政策、企业发展具体策略的制定出台和调整，具有战略性意义。

2. 指导性

规划对于现状的把握，对于趋势和特点的分析，以及提出的预期目标和主要任务，对未来的行为起到指导作用，使之通过规划明确发展的方向目标与重点；规划也对市场主体发挥指导作用，通过规划为市场提供权威的分析与预测，描绘该地区或领域的愿景和管控要求，为市场主体自主决策提供必要的支持条件。

3. 约束性

规划明确的一些内容具有约束力，在规划目标上体现为约束性指标，相关主体必须执行。这些约束性指标包括：环境保护、资源节约、公共服务等，主要由政府通过公共资源配置、制定科学合理的政策来推动完成。在规划内容上，体现为明确规划的强制性内容，强化规划强制性内容在规划实施和调整中的刚性约束。在规划编制与修订上体现为约束性程序，规划根据相关法律法规的要求编制，经法定程序审批发布，一经发布，不得随意修改，如确实需要修改调整的，必须经过相关程序进行论证报批审查。

4. 操作性

规划需要付诸实施才能有效发挥作用，强化规划的操作性是规划有效实施的重要保障。规划的操作性体现在可根据规划编制与之衔接的下位规划，可根据规划出台相关政策，可根据规划布局相关项目建设。强化规划的操作性要求规划目标和任务可分解、可考核、可评估，强化规划的操作性要求有科学合理的规划方案，有落实规划的时间表和路线图，有切实可行的保障措施。

二、规划主要内容

发展规划一般由发展基础、指导思想、规划目标、主要任务、实施保障等内容组成。

（一）发展基础

通过回顾上一个五年规划（或规划期）的实施情况，总结发展成就，查找存在的问题，分析发展面临的形势，预测未来发展趋势，是编制好发展规划的基础。

1. 上一个五年规划（或规划期）的实施情况

全面总结上一个五年规划（或规划期）的实施情况，分析主要目标和任务的完成情况。在充分肯定成绩的同时，也要看到发展中存在的问题。

在回顾总结上一个五年规划（或规划期）实施情况时，一是要定量与定性相结合。对于规划提出的发展指标，逐一进行测评，分别计算各项规划指标的完成情况，并计算规划指标的总体实现程度，作出总体评价。对于一些在规划中提出的定性目标，也尽可能开展量化分析和评价，对于无法量化分析的指标采用定性分析的方法作出评价。二是应高度关注约束性指标的实现情况。规划约束性指标主要集中在政府履行职责的重要领域，如公共服务、环境保护等，是政府要确保实现的指标。三是要分析原因和影响。对于未能实现的指标应全面分析影响指标实现的原因，同时深入分析指标未能如期实现可能带来的对相关领域发展的影响。

2. 国内外发展形势的判断

分析国际、国内以及地区经济社会发展的阶段和基本特点，有利于正确认识发展的历史方位，把握新机遇，迎接新挑战，充分利用各种有利条件，聚焦需要着力解决的突出矛盾和问题。

发展规划要深入分析发展环境的变化。我国已进入高质量发展阶段，社会主要矛盾已经转化为人民日益增长的美好生活需要和不平衡不充分的发展之间的矛盾，人民对美好生活的要求不断提高。进入新发展阶段，国内外环境的深刻变化既带来一系列新机遇，也带来一系列新挑战，编制规划必须认识和把握国内外大势，以及本地区的发展实际。

（二）指导思想

发展规划的指导思想是根据国家的战略部署，结合国际环境的新变化和国内发展的新要求，对未来五年发展的总体思路，是发展规划战略性、宏观性、政策性的集中体现。

规划指导思想一般包括以下内容：

一是明确遵循。规划编制要以习近平新时代中国特色社会主义思想为指导，体现时代特色、更好贯彻国家发展战略要求。

二是明确战略。重大的战略是统领国家和地区发展的长期指导方针，必须持续坚持推进实施。同时，面对外部环境的不断变化，以及发展中出现的新问题新要求，发展战略也应适时做出调整。

三是明确要求。提出发展中应该把握的原则或重点，这些原则或重点应该在规划目标、主要任务和实施保障中得到充分体现和落实。

四是明确任务。根据发展目标、发展战略以及发展原则等，从战略层面提出规划的主要任务。指导思想中提出的主要任务是原则性的，是精练概括的，需要在规划的后续篇章中展开和深化。

五是明确总体目标。规划指导思想通常都应明确提出到规划期末的总体目标。

（三）规划目标

规划目标集中体现了发展导向和需要达到的发展水平。规划目标一般由总体目标、主要目标和具体指标组成。规划目标是分层次的，总体目标是第一层次的目标，主要目标是第二层次的目标，具体指标是第三层次的目标。主要目标是总体目标在各主要领域的分解，具体指标是主要目标的量化。

1. 总体目标

总体目标是定性的、原则性的，通常以一句话高度概括。如国家规划纲要的总体目标，一般是根据党治国理政的要求、国家的发展战略、人民的期盼等提出的。自“六五”计划实施以来，我国总体目标都是围绕着小康提出的，党的十九大进一步明确了“两个一百年”战略安排，到2020年的总体目标是全面建成小康社会，到21世纪中叶的总体目标是建成富强民主文明和谐美丽的社会主义现代化强国。

各地区的总体目标通常也围绕着国家的总体目标结合当地实际情况确定。

2. 主要目标

主要目标在内容上应充分体现总体目标，涉及发展的各主要方面，通常采用定性与定量相结合的方式，并以定性为主。

国家和地区规划纲要提出的主要目标，一般覆盖经济、政治、文化、社会和生态文明等重点领域。

3. 具体指标

发展目标只有量化为具体指标后，才可评估、可考核，才能使总体目标和主要目标有效落地。

确定具体指标，应约束性与预期性相结合。约束性指标多指政府在公共服务和涉及公共利益领域对有关部门提出的工作要求，政府要通过合理配置公共资源和有效运用行政力量，确保有关指标的实现，约束性指标体现政府职责。预期性指标多指期望的发展目标，主要依靠市场主体的自主行为实现。自国家“十一五”规划纲要首次将规划指标分为预期性指标和约束性指标后，这一做法在不同层级、不同类型的规划中普遍得到运用。尤其是约束性指标更引起政府有关部门和社会的广泛关注。

确定具体指标，应最终指标与过程指标相结合，更加突出最终指标。最终指标是直接反映发展最终成效的指标，是规划预期目标的量化，是不可或缺的重要指标。过程指标是反映为达到最终成效而进行的建设、投入等指标。为达到规划最终成效，有利于规划任务的分解和落实，设置一定的过程指标是当前国情和政府管理的要求。然而，达到过程指标未必一定能够达到规划的最终成效，即在某些情况下，虽然进行了大量的建设或投入，但由于各种原因并没有产生效果，甚至产生负面作用。因此，过程指标宜少不宜多，且应更加突出最终指标，过程指标可以在规划任务的分解落实方案、年度计划、行动计划等推进规划实施的工作安排中具体体现。

（四）主要任务

规划主要任务是发展规划的重要组成部分，是围绕着实现规划目标而做出的一系列行动安排，一般按实现目标的主要领域提出主要任务。因此，发展规划的主要任务围绕着经济社会发展的主要领域，即经济、政治、文化、社会、生态文明五个方面展开。根据不同层级、不同地区，以及不同时期的特点，又各有不同的重点和布局形式。除了按实现目标的主要领域提出主要任务，根据不同规划对象的特点，也可以按实现目标的相关要素和环节来提出主要任务。

重大政策、重大改革开放举措、重大平台、重大工程项目是规划主要任务的重要组成部分。重大政策，指围绕经济社会发展的特定领域，或聚焦支持特定区域发展，拟于规划期内研究出台的政策；重大改革开放举措，指拟于规划期内深化推进的改革开放举措，以及拟开展的改革开放试点工作；重大平台，指围绕科技创新、产业、旅游等领域，拟在规划期内推进集聚和重点投入的区块载体；重大工程项目，指具有战略引领性或全局性影响，拟在规划期内新建、续建的项目，可以是单个项目，也可以是项目组合或打包项目。

（五）实施保障

1. 体制机制保障

在全面深化改革的背景下，进一步完善体制机制，更好地发挥政府在发展中的作用，是保障发展规划实施的重要措施。

2. 法治保障

在全面依法治国不断推进的背景下，加强和完善法治建设是发展规划实施的重要保障措施。要根据国家和地区的特点，健全和完善相关的法律法规体系。

3. 要素保障

科技、人才、土地、资金等要素是发展的重要支撑，是发展规划实施的重要保障。

4. 管理与建设保障

针对管理和政府自身建设上存在的问题，提出相应的政策措施。通常包括建立基础信息平台、完善统计、监测等相关基础和配套制度等方面。

三、国家现行规划体系

（一）我国规划基本情况

从 1953 年开始，我国已经编制实施了 14 个五年规划（计划），在党中央统一领导下编制实施五年规划，集中全党全国智慧，制定和形成引领经济社会发展的中长期规划，保持政策连续性和稳定性，有力推动了我国经济社会的发展、综合国力的提升，以及人民生活水平的提高。“编制和实施国民经济和社会发展五年规划，是我们党治国理政的重要方式”这一重要论述，站在历史和全局的高度凝练概括了五年规划在我国社会经济发展中的独特作用。

通过编制和实施五年规划，有效解决了各阶段面临的突出矛盾问题，接力落实社会主义现代化建设的长远战略目标。"一五"计划到"五五"计划的编制实施，为我国建立比较完整的工业体系和国民经济体系做出了重要贡献。改革开放后，"六五"计划和"七五"计划的完成，使我国一些重要工农业产品产量跃居世界前列，基本解决了温饱问题，提前实现国民生产总值比 1980 年翻一番的第一步战略目标。"八五"计划和"九五"计划推动实现了全面小康的现代化建设第二步战略目标；特别是"九五"计划，是社会主义市场经济条件下的第一个中长期计划，提出了实行经济体制和经济增长方式"两个根本性转变"。"十五"计划推动了我国经济总量从世界第八跃升为第四，主要工农业产品产量位居世界前列。"十一五"规划将五年计划名称改为五年规划，准确体现了社会主义市场经济条件下中长期规划的功能定位，反映了发展理念、经济体制、政府职能的重大变革，我国经济总量跃升为世界第二。"十二五"规划提出以科学发展为主题，以加快转变经济发展方式为主线，我国综合国力和国际影响力大幅提升，经济总量稳居世界第二。"十三五"规划提出了一系列重大发展战略，明确了 165 项重大工程项目，推动党和国家事业取得历史性成就、发生历史性变革，也为"十四五"发展奠定了坚实基础。

在国民经济和社会发展五年规划引领我国社会经济不断发展的同时，我国专项规划、区域规划、空间规划等各类规划体系也在总体规划的统领下不断发展，并在特定空间、特定领域指导具体区域和具体行业等的协调发展，共同推动我国规划体系向边界清晰、定位准确、功能互补、相互衔接的方向不断发展和完善。

（二）我国规划体系概述

以规划引领经济社会发展，是党治国理政的重要方式，是中国特色社会主义发展模式的重要体现。《中共中央、国务院关于统一规划体系更好发挥国家发展规划战略导向作用的意见》（中发〔2018〕44 号）立足新形势新任务新要求，明确了各类规划功能定位，理顺了各类规划的相互关系。我国现行规划体系由发展规划、专项规划、区域规划和空间规划四类规划构成。

1. *发展规划*

发展规划，即中华人民共和国国民经济和社会发展五年规划纲要，是社会主义现代化战略在规划期内的阶段性部署和安排，主要是阐明国家战略意图、明确政府工作重点、引导规范市场主体行为，是经济社会发展的宏伟蓝图，是全国各族人民共同的行动纲领，是政府履行经济调节、市场监管、社会管理、公共服务、生态环境保护职能的重要依据。

2. *专项规划*

专项规划，是指导特定领域发展、布局重大工程项目、合理配置公共资源、引导社会资本投向、制定相关政策的重要依据。

3. 区域规划

区域规划，是指导特定区域发展和制定相关政策的重要依据。

4. 空间规划

空间规划，是以空间治理和空间结构优化为主要内容，是实施国土空间用途管制和生态保护修复的重要依据。

（三）各类规划间的关系

1. 国家发展规划位居规划体系最上位

国家发展规划根据党中央关于制定国民经济和社会发展五年规划的建议，由国务院组织编制，经全国人民代表大会审查批准，居于规划体系最上位，是其他各级各类规划的总遵循。

国家级专项规划、区域规划、空间规划，均须依据国家发展规划编制。国家级专项规划要细化落实国家发展规划对特定领域提出的战略任务，由国务院有关部门编制，其中国家级重点专项规划报国务院审批，党中央有明确要求的除外。国家级区域规划要细化落实国家发展规划对特定区域提出的战略任务，由国务院有关部门编制，报国务院审批。国家级空间规划要细化落实国家发展规划提出的国土空间开发保护要求，由国务院有关部门编制，报国务院审批。国家级专项规划、区域规划、空间规划，规划期与国家发展规划不一致的，应根据同期国家发展规划的战略安排对规划目标任务适时进行调整或修编。国家级空间规划对国家级专项规划具有空间性指导和约束作用。

2. 统一规划体系，形成规划合力

坚持下位规划服从上位规划、下级规划服务上级规划、等位规划相互协调，建立以国家发展规划为统领，以空间规划为基础，以专项规划、区域规划为支撑，由国家、省、市县各级规划共同组成，定位准确、边界清晰、功能互补、统一衔接的国家规划体系。

强化国家发展规划的统领作用。提高国家发展规划的战略性、宏观性、政策性，增强指导和约束功能，聚焦事关国家长远发展的大战略、跨部门跨行业的大政策、具有全局性影响的跨区域大项目，把党的主张转化为国家意志，为各类规划系统落实国家发展战略提供遵循。发挥国家发展规划统筹重大战略和重大举措时空安排功能，明确空间战略格局、空间结构优化方向以及重大生产力布局安排，为国家级空间规划留出接口。科学选取需要集中力量突破的关键领域和需要着力开发或者保护的重点区域，为确定国家级重点专项规划编制目录清单、区域规划年度审批计划并开展相关工作提供依据。

强化空间规划的基础作用。国家级空间规划要聚焦空间开发强度管控和主要控制线落地，全面摸清并分析国土空间本底条件，划定城镇、农业、生态空间以及生态保护红线、永久基本农田、城镇开发边界，并以此为载体统筹协调各类空间管控手段，整合形成多规合一的空间规划。强化国家级空间规划在空间开发保护方面的基础和平台功能，为国家发展规划确定的重大战略任务落地实施提供空间保障，对其他规划提出的基础设施、城镇建设、资源能源、生态环保等开发保护活动提供指导和约束。

强化专项规划和区域规划的支撑作用。国家级专项规划原则上限定于关系国民经济和社会发展全局且需要中央政府发挥作用的市场失灵领域。其中，国家级重点专项规划要严格限定在编制目录清单内，与国家发展规划同步部署、同步研究、同步编制。国家级专项规划要围绕国家发展规划在特定领域提出的重点任务，制定细化落实的时间表和路线图，提高针对性和可操作性。国家级区域规划主要以国家发展规划确定的重点地区、跨行政区且经济社会活动联系紧密的连片区域以及承担重大战略任务的特定区域为对象，以贯彻实施重大区域战略、协调解决跨行政区重大问题为重点，突出区域特色，指导特定区域协调协同发展。

（四）规划层级

我国发展规划按行政层级可以分为：国家级规划、省级规划、市县级规划三级。

1. 国家级规划

国家发展规划由中央政府组织编制，国家级规划是最高层级的规划，在实施中需要各级地方规划的贯彻落实和紧密配合，以保证国家级规划确定的目标和任务的实现。当地方规划与国家级规划发生矛盾时，根据局部服从总体的原则，地方规划应当服从国家级规划，优先保证国家级规划的实现，以维护国家级规划的权威性与统一性。同时，国家级规划制定也应考虑到地方规划的实际情况，照顾到地方的利益诉求。

2. 省级规划

省级发展规划由省（自治区、直辖市）人民政府以所辖行政区为对象组织编制。省级规划具有承上启下的功能，在编制时既要贯彻落实国家战略意图，又要从本地实际出发，充分体现地方特色；既要为编制市县级规划提供重要依据，又要注意与相邻地区的规划做到相互协调。

3. 市县级规划

市县级发展规划由市县级人民政府以所辖行政区为对象组织编制。市县级规划是我国三级规划中的末端规划。由于市县的空间范围相对较小，直接面向群众，因而在我国三级规划体系中，市县级规划是最贴近群众、最有约束力、最具操作性的规划。

乡镇是我国最基层的行政层级，在实践中一些乡镇也组织编制乡镇行政辖区范围内的发展规划，明确发展目标，提出规划任务和举措。国家没有明确要求编制乡镇发展规划，且各地实际编制乡镇发展规划的情况差异性较大，故该层级的规划并没有被列入国家规划体系。虽然乡镇发展规划没有纳入国家发展规划体系，但各地可根据实际情况，在有需要的乡镇组织编制乡镇级发展规划，作为市县规划的延伸补充和深化落实。在空间规划方面，除了国家、省、市县国土空间总体规划外，各地可结合实际编制乡镇国土空间规划。具体编制过程中可因地制宜，将市县与乡镇国土空间规划合并编制，也可以几个乡镇为单元编制乡镇级国土空间规划。

四、企业发展规划基本情况

（一）企业发展规划基本概念

企业发展规划，指企业依据国家发展规划和产业政策，落实企业自身发展战略，在分析外部环境和内部条件现状及其变化趋势的基础上，为企业长期生存与发展做出的未来一定时期内的方向性、整体性、全局性的定位、发展目标和相应的实现战略目标的实施方案。企业发展规划是企业经营和项目决策的重要依据，对企业的经营状况和发展前途具有直接影响。

企业发展规划是介于企业战略规划和企业计划之间的中间环节。企业战略规划是经过系统研究和分析后，得出企业长远的、总体的、宏观的方向，包括企业的发展愿景、精神、使命、战略目标、核心业务定位等，是企业发展的灵魂和纲领。企业发展规划是经过系统研究和分析后，得出企业在某一时期内的方向、目标和实施方案。企业计划是企业在经营层面根据需要制订的日常经营计划，属于企业的具体事务性工作。企业战略规划与企业发展规划的研究过程相似，但企业战略规划的任务是确定愿景、长远方向和长远目标，企业发展规划的任务是明确最近一个时期的具体方向、具体目标和实施方案，而企业计划是制定更加细节性的实施步骤。

企业发展规划是企业可持续发展过程中、在一定时期内的纲领性文件，是企业经营和未来投资的指导性文件。企业发展规划对于制定企业各项具体目标具有重要的指导作用，对企业选择投资方向、企业战略制定、企业资源优化配置、企业组织架构设计等都具有引导和约束作用。

（二）企业发展规划的特点

1. 前瞻性

做好企业发展规划的前提是正确判断环境和形势变化，准确把握产品市场走势，敏锐洞察企业经营业务影响因素的变化。既要以战略眼光审视企业未来，又要在宏观背景下思考企业策略，将企业引导和约束在可持续发展的正确道路上。编制企业发展规划的高度和视野是影响企业落实战略方向的大事，对企业发展至关重要。

2. 针对性

要切实针对企业自身特点和发展阶段，客观分析企业现状，发现企业优势，剖析存在问题，挖掘企业核心竞争力。核心竞争力是决定企业成功的关键因素，能为企业带来显著收益，是特定企业的独特能力而不易被复制。企业发展规划的最大忌讳是千篇一律、千企一面。

3. 认同性

企业发展规划应真正得到企业上下一致的认同。企业发展规划的编制过程是自内而外、自外而内、自上而下、自下而上的沟通过程，是企业各层面统一认识的过程。要经过充分的讨论，使目标、任务、措施得到上传下达。

4. 时效性

在需求变化迅速、竞争博弈复杂的现代市场环境下，企业发展规划应及时进行动态修正和调整，不断更新，引领企业打造新的竞争优势和核心能力。

5. 可操作性

企业发展规划对企业的投资行为、经营方式、管理方法等方面都具有一定的约束性，必须是可执行、可操作的。特别是企业资源配置，要严格依据企业发展规划的要求执行，因此实施路径要明确、具体。

（三）企业发展规划体系

企业发展规划体系，常常结合所在国家的政治体制与规划体系，以及所处行业的特点等因素进行设定。国外典型的石油公司，大多编制 5 年发展规划，并与年度计划的编制紧密结合。在我国，企业发展规划体系架构与国家“三级四类”规划管理体系相适应进行设置，相比国外企业更加丰富，如中国石油集团建立了“三级五类”战略规划体系架构，具体分为总部级（总体规划、专业规划和专项规划）、地区级（专题规划、区域规划和分省规划）和企业级（企业规划）。在规划之间的关系设置方面，也参照国家规划体系进行，“三级五类”战略规划体系架构明确了总体规划是以集团公司整体为对象编制的规划，体现了集团公司总体发展战略，是全局性、综合性和纲领性的规划，是编制本级和下级各类规划，安排年度业务发展和投资计划以及制定相关政策措施的重要依据。集团公司战略规划体系是一个整体，总体规划处于统领地位，专业规划、专项规划、区域规划和企业规划（二级单位规划）必须服务于总体规划，各类规划要协调一致，形成合力。

在我国，企业级规划参照国家级规划体系设置，并与国家级规划、省级规划和市县级规划衔接，主要形式包括：五年发展规划、滚动规划、区域规划、产业专项规划等。

1. 五年发展规划

指规划期为五年，编制期与国民经济发展五年规划相一致，用于指导企业发展的综合性发展规划，每五年编制一次。

2. 滚动规划

指以五年发展规划为基础，逐年滚动编制，承接五年规划，用于指导企业年度计划及重大投资项目安排，促进五年规划执行落地的综合性发展规划。规划期从编制年的下一年开始，向后延续五年。

3. 区域规划

指针对企业在某一特定地理区域所制定的发展规划，是对企业总体发展规划在特定地理区域的延伸和细化，是企业总体规划的分解和补充。

4. 产业专项规划

指在总体战略规划目标指导下，针对企业某一特定业务所制定的战略规划，是对企业总体发展规划在特定领域的延伸和细化，是企业总体规划的分解和补充。

第二节 发展规划评估概述

一、发展规划评估现状

（一）规划评估基本情况

发展规划评估作为规划闭环管理工作中的重要一环，是检验规划科学性、指导性与操作性的有效手段，是推动规划完整生命周期的重要环节。对于规划评估的概念，主要有广义规划评估和狭义规划评估之分。广义的规划评估贯穿于规划制定和实施的整个过程，包括规划编制文本评估、规划实施过程评估、规划实施效果评估等。狭义的规划评估特指广义概念中的某一特定环节，如规划编制文本评估，或规划实施效果评估等具体工作。

按照规划评估时点的不同，规划评估可细分为前评估、年度监测评估、中期评估和后评估。规划前评估也称事前“预估”，主要针对规划编制前的可行性进行预测性评估，为规划决策者提供更多的评估建议和信息支持。年度监测评估重点在于对规划年度目标（主要指标、重点任务和重大工程等）的实施情况进行跟踪分析，及时总结规划实施过程中存在的实际困难和问题，提出后续规划实施改进措施和建议。规划中期评估侧重于对规划执行时间过半、任务完成过半时，各项目标任务的实施进展和效果进行评价，全面分析规划前半程的实施状况，并对未来能否完成预期目标进行预测判断，提出规划目标调整建议，以及后续规划实施改进措施和建议。规划后评估为规划实施全生命周期内的终期评估，对本轮发展规划“统一规划、分段实施、整体完成”的情况做出全面回顾与总结，并结合发展环境和形势变化，对下一轮规划编制与实施提出针对性的改善建议。

此处重点论述狭义的规划评估，特别是规划编制文本评估。对规划编制文本进行评估，是指在规划编制过程中以及将规划方案付诸实施之前，针对规划编制的文本成果所进行的评估，这种评估主要为规划方案的选择、付诸实施，以及规划决策提供依据。

（二）我国规划评估发展历程

20 世纪五六十年代，理性规划理论逐渐被西方规划界所接受，以权衡社会资源的耗费与规划目标之间建立起相互匹配的关系，并在规划政策领域引入监测和评估机制。通过几十年的发展，国外政策及规划评估坚持战略评估的视角，具有评估工作制度化、责任主体明确化、评估方法体系化、评估内容综合化、评估结果实用化、评估工作常态化等特征。

我国的规划评估起步于 20 世纪 80 年代。20 世纪 80 年代初期，随着国外对华援助资金和外资项目的进入，原国家计委推动学习研究国际后评价理论方法。1988 年，原国家计委委托开展了第一批国家重点投资建设项目后评价，标志着后评价在我国正式开始。随后，国家有关部委和重点企业如原国家经贸委、国防科工委、国资委、铁道部、水利部、交通部、中咨公司、国家开发银行等开始了相关的研究和实践工作。1998 年，为系统总结、吸取经验教训，提高投资项目决策科学化水平，原国家计委委托中咨公司对“八五”期间建成投产的 400 多个大中型项目进行了全面后评价，这是我国战略规划评估的雏形。2003 年，国家发展改革委组织开展国家“十五”计划纲要中期评估，标志着我国正式开启了战略规划评估工作。随后在国家发展改革委牵头负责的“十五”“十一五”“十二五”“十三五”等规划中期评估、总结评估等工作的引领下，其他部委、地方政府纷纷开展了区域规划、行业规划、城乡规划等战略性规划的评估工作。与此同时，一些具有战略引领作用的政策，如西部大开发政策、东北地区等老工业基地振兴政策等也开展了中期评估、总结评估等工作。我国发展规划中期评估和后评估发展的部分时间点见表 4–1。

表 4-1 我国发展规划评估的相关制度回顾

时间	文件名称	相关内容
2003 年	国家发展改革委关于开展《国民经济和社会发展第十个五年计划纲要》中期评估的通知	要求各省和各部委对各自“十五”计划进行中期检查
2005 年	国务院关于加强国民经济和社会发展规划编制工作的若干意见	1. 建立规划评估制度； 2. 适时对规划进行调整和修订
2006 年	国民经济和社会发展第十一个五年规划纲要	健全规划监管体系。在规划实施的中期阶段，要对规划实施情况进行中期评估
2006 年	中华人民共和国各级人民代表大会常务委员会监督法	国民经济和社会发展五年规划
2008 年	国家发展改革委《关于开展“十一五”规划纲要中期评估工作的通知》	大范围开展规划纲要中期评估工作，在评估程序、评估主体、评估报告、评估结果应用等方面进行有益探索
2011 年	国民经济和社会发展第十二个五年规划纲要	完善监测评估制度，加强监测评估能力建设；监测评估的重点为约束性指标和主要预期性指标完成情况，并要求向国务院提交规划实施年度进展情况报告，以适当方式向社会公布
2013 年	国家发展改革委《关于开展“十二五”规划纲要中期评估工作的通知》	对评估的内容、方法、主体等做出详细要求
2016 年	国民经济和社会发展第十三个五年规划纲要	开展规划实施情况动态监测和评估工作，把监测评估结果作为改进政府工作和绩效考核的重要依据，并依法向全国人民代表大会常务委员会报告规划实施情况，自觉接受人大监督
2016 年	关于建立健全国家“十三五”规划纲要实施机制的意见	1. 加强动态监测分析； 2. 建立年度监测评估机制； 3. 完善中期评估和总结评估机制； 4. 健全动态调整修订机制
2018 年	关于统一规划体系更好发挥国家发展规划战略导向作用的意见	规划纲要编制部门要组织开展规划实施年度监测分析、中期评估和总结评估，鼓励开展第三方评估，强化监测评估结果应用

（三）我国规划评估的主要特点

通过近二十年的实践与发展，结合现有政策和已开展的实际评估案例，我国规划评估呈现出以下特点：

1. 自评估和第三方评估相结合

政府系统自评估在有效整合已有评估资源的同时，持续推进评估工作创新，在精心做好调研方案的基础上，开展深入细致的实地调研，不断提升自评估的质量和效率。政府各部门通过定向委托或公开招标，选择国内外知名研究机构、评估咨询机构和智库开展第三方评估，将第三方评估结果作为规划评估的重要参考。

2. 综合评估和专题评估相结合

着眼于统筹推进“五位一体”总体布局、协调推进“四个全面”战略布局进展情况，深入开展综合性、系统性评估。同时，围绕贯彻落实国家重大战略、聚焦社会热点问题、确保如期全面建成小康社会等，选取若干重大专题，采取委托、招标等方式，部署开展专题评估。

3. 目标导向和问题导向相结合

从确保如期实现预期目标，更多地运用系统分析、计量模型、政策模拟等方法，逐项对照目标进度要求，发现问题，提出对策建议。同时，从迫切需要解决的各领域各环节问题入手，进行原因追索，明确破解难题的路径和办法，积极主动防范化解风险隐患。

4. 过程评估和效果评估相结合

既综合运用文献梳理、调研访谈等方式，评估围绕主要目标、重点任务以及重大工程项目实施所开展的主要工作、采取的具体措施及落实情况，更强化前后情景对照、费用效益分析，加强对规划实施所取得的实际成效、人民满意程度，以及中长期影响效应等的评估。

5. 标准化与个性化相结合

既对各项工作的进展成效、质量效益、经验做法、存在问题、发展态势进行规范化、格式化评估，又结合不同领域的实际情况，制订适用高效的工作程序，综合运用统计数据和非统计数据资源，利用大数据分析方法，避免不同地区、不同领域简单套用同一种程序、机械使用同一个标准。

6. 客观评价和主观调查相结合

既掌握各项目标任务进展，做好定性分析和定量评价，客观反映规划实施情况，又将人民群众的切身感受作为重要评价标准，充分运用互联网技术和信息化手段，开展更大范围、更具代表性的企业、公众等社会调查，提高评估结果的感知度和认受度。

（四）规划评估原则

规划工作是一项科学性很强的工作，是为实现社会经济发展目标任务而设计的未来整体的、长期的发展行动方案，是一项比较全面长远的谋划和安排。基于上述特点，规划评估也是一项复杂而系统的工程，需要遵循以下原则：

一是科学性原则。围绕规划发展意图、战略及相关政策要求，采用科学的方法和手段，紧扣规划目标任务核心要点和关键问题的实现程度开展调查。采用系统综合分析、比较分析、量化模型等适用的评估技术方法，对规划发展周期内涉及的主要指标、管理机制、主要举措等进行科学性评估。

二是整体性原则。不应以发展规划内容实施环节某一阶段的评估结果作为唯一标准，应从整个规划周期考量规划实施环节的各个要素，服从于规划体系的整体目标。

三是动态性原则。不确定因素的影响因子始终随时间及环境条件的变化而变化，经常会有规划内容与实际实施不契合的情况发生，甚至有些事项的发生可能是规划设计之初所确定的路线图和时间表始料未及的，规划评估时应把握环境动态变化的趋势。

四是独立客观原则。评估实施主体应充当独立第三方的角色，确保评估方法、评估活动及评估报告不受规划执行部门或个人的非理性干扰。

五是可操作性原则。规划评估要突出实效性和实用性，能够如实地反映最新的规划实施情况。可定性把控的规划内容尽量显化规划原有特征，综合平衡、多角度评价，注重多因素的综合性分析；可定量化的指标数据容易获取，比较易于计算，需保证规划数据的真实性，切实做到方法简便、技术可行、效果可靠。

二、规划评估理论和方法

规划评估理论和方法是规划评估工作顺利推进的基础，主要由理念、理论、方法等构成。评估理念是评估工作的基本观念或价值取向，是评估理论、方法的灵魂，评估理论是关于评估知识的理解和论述，评估方法是为实现评估目的而采用的有特定逻辑关系的活动集合。

（一）规划评估理念

根植于新时代中国特色社会主义制度，我国战略规划评估的理念即价值取向应突出以下特点：

1. *以人民为中心是战略规划评估的根本出发点*

“人民立场是中国共产党的根本政治立场，是马克思主义政党区别于其他政党的显著标志。”以人民为中心就是把人民作为实践主体、认识主体、价值主体、历史主体，在战略规划评估工作中，必须坚持把实现、维护、发展最广大人民群众根本利益作为最根本的出发点和落脚点。

2. *以五位一体总体布局引领战略规划评估的视角*

全面推进政治、经济、文化、社会、生态文明建设是我国发展的总体布局。对国家战略规划的评估，必须纳入国家发展战略的整体布局，在具体规划及其实施的过程中，应当对其经济、政治、文化、社会、生态文明建设等方面目标、作用及影响等进行系统分析，从“战略”高度对规划做出全面评价。

3. *新发展理念是指导战略规划评估的价值导向*

创新、协调、绿色、开放、共享的新发展理念，是党的十八大以来以习近平同志为核心的党中央在总结国内外发展经验教训、分析国内外发展大势的基础上提出的，切中了当前我国发展中的突出矛盾和问题，集中体现了未来的发展思路、发展方向和发展着力点。对战略规划的评估，必须将其作为极为重要的理念，深入贯彻落实到评估工作的各个环节。

4. 推动高质量发展是战略规划评估的基本任务

推动高质量发展是当前和今后一个时期确定发展思路、制定经济政策、实施宏观调控的根本要求。这就要求在对战略规划的评估工作中，既要关注发展“数量”，更要强调发展“质量”，将实现更充分更均衡的发展，在更高水平上实现供给和需求的动态平衡作为评估规划实施成果的重要基准。

在开展企业级规划评估时，除要遵循上述评估理念外，还应将公司所处行业的发展理念，以及公司自身的战略理念融入其中。

（二）规划评估理论

近年来，规划评估的理论基础呈现出多元化态势，既包括直接相关的管理学、行政学，也与经济学、社会学紧密联系，甚至系统科学、控制科学等对规划思想与规划方法也具有重要影响。

总体而言，目前规划评估的基础理论包括可持续发展理论、反馈－控制理论、动态管理理论、绩效管理理论、系统分析理论和综合评估理论等内容。这些理论的出发点及侧重点各不相同，但是综合来看，这些理论并不存在冲突，可以统筹应用于战略规划评估的过程中。在开展战略规划的评估时，应以相关理论为指导，评估操作过程应以可持续发展为基础理念、以反馈－控制为基本思路、以动态管理为活动主线、以实现绩效目标为最终目的、以系统评价为体系架构、以综合评估为方法选择依据推进具体工作的开展。

（三）规划评估方法

1. 选用原则

随着规划评估理论的逐步完善，我国规划评估方法也呈现出多样化演进态势，评估方法的选用也从单一方法逐步过渡到多种方法的综合使用。目前，国内规划评估方法选用的原则主要包括：

（1）静态评估和动态评估相结合。前者强调规划实施结果与规划内容的严密对应，并以此为标准衡量规划实施的绩效，分析重点在于规划实施前后关系的对比上，检查规划内容是否实现及实现程度。后者注重规划评估的科学性、实效性，通过评估结果的反馈，及时调整规划实施路径，对规划实施偏差做出相应调整。

（2）实施结果评估与实施过程评估相结合。前者从效力、效率和效应三方面，将实施结果与规划的内容比对，检验规划目标的落实情况，客观衡量规划实施结果的合理性。后者更多是对规划体系内各层次规划的分解、深化与实施，以及规划体系之外的政府、社会的协作与落实等情况进行的评估。

（3）定量评估与定性评估相结合。前者通过数据和模型等对实施结果与目标蓝图的契合度进行指标量化，在固定的实施阶段利用事先约定的评价指标对规划实施监测的结果进行评价，以衡量规划实施的效果。后者是对评估内容做出定性分析，通过定性描述来说明规划是否为决策提供依据以及是否坚持公正与理性。

2. 企业级规划评估方法

企业级发展规划往往更加关注企业的竞争力和盈利能力，聚焦到企业级发展规划的评估，目前可采用的分析方法主要包括：PEST 模型、波特五种竞争力模型、行业态势矩阵、产品竞争力模型（GE 矩阵）、企业对标分析、企业竞争力分析、企业价值链分析和 SWOT 分析等。

（1）企业对标分析。对标分析是将本企业各环节经营状况与竞争对手或行业内一流企业进行对照分析，研究本企业水平及存在差距的过程。对标分析强调以卓越企业作为学习和追赶对象，通过持续改善各项指标，强化企业竞争能力。对标分析是一种评价自身企业和研究其他企业的手段，可以将外部企业业绩作为自身企业发展目标，也是学习全球最佳实践的过程。

（2）企业竞争力分析。企业竞争力分析是企业自我认识和评价、研究确定企业竞争地位和竞争策略的过程。市场追随者和市场领导者的竞争策略是完全不同的，企业在不同发展阶段的竞争策略也是不同的。只有认清了自身的竞争地位，才能制定出有效的竞争策略。

企业竞争力分析要准确界定竞争对手、合理确定对标体系。要剖析企业价值的关键环节，与竞争对手进行详细对比分析。对比分析的目的不是模仿市场领先者或竞争对手，而是准确定位，建立自己的竞争优势。企业竞争力分析还要针对企业现有不同业务类型进行分类研究，区别不同业务类型对企业盈利的贡献和潜在成长性。

（3）企业价值链分析。进行企业价值链分析，首先要梳理企业内部业务架构和产品类型的业务价值关系。其次是对每个子业务进行成本分析和竞争差异化分析，比较产品从原料采购、加工生产、成品包装、成品运输、销售等每个环节的增加值，最后识别每个环节的盈利能力，决定是否进行产业链整合或开拓。企业价值链分析可采用定性方法和定量方法，其中定量分析要实测各业务流程的成本费用、销售价值和利润，进行业务排序，既要关注业务利润率，也要关注业务总价值量。

通过企业价值链分析，可以将企业现有业务进行分类，明确基础业务、关键业务、优势业务、潜力业务、老化业务，发现业务组合的问题和症结，提出改进或改革，进入或退出措施。

（4）企业 SWOT 分析。SWOT 分析是用于企业发展规划评估的常用方法。通过企业 SWOT 分析可以将企业密切相关的内部优势和劣势、外部机会和威胁等因素关联匹配，从而得出一系列判断，供决策使用。企业 SWOT 分析是连接企业发展规划内外部环境的桥梁，使企业的内部能力和外部环境相适应，企业与环境相互依存。

企业优劣势分析是企业 SWOT 分析的基础，是对企业现状调查的归纳、总结和提炼。企业优劣势分析既要密切结合行业特点，又要针对企业成功的必要和关键因素，需要突出重点。企业优劣势分析要站在企业角度评价企业的市场表现和盈利能力，注意分析优势的可持续性和成功的关键因素，还要注意分析劣势的转化方法。

企业发展机遇与威胁识别是在环境分析的基础上，将企业自身优劣势与环境相匹配，识别环境趋势中有利企业发展的机遇和不利企业发展的威胁。即使在相同的大环境中，企业个体由于行业不同、行业内所处地位不同，面临的机遇和挑战也不尽相同。

第三节　企业发展规划评估实务

本书第三章介绍的三阶段评估程序适用于发展规划的评估，在具体应用时应结合规划特点，做好以下几方面工作：第一是专家遴选，需要选择对企业情况熟悉，对所处行业现状、竞争态势与发展趋势具有丰富经验的专家参与，专家组一般由宏观产业政策、企业管理、工程技术、投资与财务分析等专业的专家构成。第二是评估成果的应用，一是针对评估发现的主要问题和困难，采取针对性措施加以改进，提高规划实施的整体效能，推动规划更好落地；二是结合评估结论，对规划文本加以修订完善，提高前瞻性、科学性、合理性与指导性；三是通过规划评估完善规划闭环管理工作，为日后规划的中期调整和实施提供可供借鉴的经验教训，从而提高规划管理水平。

企业级发展规划评估的主要内容包括：分析论证规划基础、发展环境、发展思路和规划目标，评估规划部署（方案）、规划投融资方案及效益分析、规划实施保障措施，提出评估意见和建议等，并对规划报告质量提出评审意见。下面以油气公司为例，就规划主要内容的评估要点，从总体规划、区域规划、专项规划三个维度进行论述。

一、规划基础评估要点

规划基础评估，重点关注公司发展现状，从公司的基本情况、发展背景、产业特点、区域条件等角度，评估其基本情况，以往好的经验做法与存在的问题，以及未来发展的主要制约因素等内容分析论述是否全面、客观，能否对规划编制起到基础性指导作用。

（一）总体规划评估

评估公司总体规划中规划基础内容，重点关注以下方面：

1. 公司基本情况

说明公司发展的基本情况，主要是产业发展的概况等描述是否全面、客观，具有时效性。

2. 规划执行情况总结与分析

对于上一轮总体规划的执行情况、取得的经验与存在的问题等总结分析是否全面、客观，是否对本轮规划的编制起到指导作用等进行评估。具体包括：

（1）在规划具体执行情况方面，评估规划主要指标选取是否全面，一般包括经济指标、业务指标两类。其中，经济指标主要包括：销售收入、利润总额、净利润、总投资、总资产、净资产、ROE、ROA 等；业务指标主要包括：油气储量、主要产品产量、工作量、产能建设、贸易量等。

（2）除上述定量指标外，在规划执行情况评估过程中还应重点关注以下几点：

1）公司发展的内、外部环境与规划报告的预测情况是否吻合，对规划的执行产生何种影响等；

2）上一轮总体规划中确定的发展战略、发展方针等的执行情况；

3）重点任务、重大举措、重点项目等的执行情况；

4）职能规划的执行情况，是否实现了对总体规划的支撑；

5）上一轮总体规划提出的保障措施及政策建议是否落实到位；

6）从业务发展、公司体制机制、科技创新等多方面总结上一轮规划期内取得的主要成绩及突出的贡献；

7）说明公司在规划编制、执行以及公司未来发展中所存在的问题。

（二）区域规划评估

评估公司区域发展规划中规划基础内容，重点关注以下方面：

（1）对公司在区域内产业的基本情况，包括：主要的业务领域、业务发展现状及基础，各业务的相互关系、最近五年实现的资产总额、销售收入、利润、缴纳税费，主要产品的产能、产量，对当地社会发展提供的经济效益和社会效益，各业务板块在该区域内发展取得的成绩及存在的问题等描述是否全面、客观等进行评估。

（2）若该区域已编制并执行了相关的规划，需对规划的执行情况与总结分析进行评估，具体可参照前述总体规划评估有关内容。

（三）产业类专项规划评估

评估公司产业类专项规划中规划基础内容，重点关注以下方面：

（1）对公司在该领域内产业的基本情况，包括产业发展现状及基础，如产业规模、产业结构、资产及盈利状况、员工队伍、技术创新情况等的描述是否全面、客观等进行评估。

（2）若该产业已编制并执行了相关的规划，需对规划的执行情况与总结分析进行评估，具体可参照前述总体规划评估有关内容。

二、发展环境分析评估要点

发展环境评估，重点从政治环境、经济环境、社会环境、产业政策、能源市场环境等角度，对公司所处的外部环境进行分析，评估发展环境分析的全面性、针对性和准确性，对规划编制的指导作用等。

（一）总体规划评估

评估公司总体规划中发展环境分析内容，重点关注以下方面：

1. 国际、国内政治环境

结合公司产业现状、特点，有针对性地说明国际、国内政治环境现状及发展态势，以及其对公司未来发展的影响。

2. 国际、国内经济环境

结合公司产业现状、特点，有针对性地说明国际、国内经济发展的现状，预判发展趋势，并说明其对公司未来发展的影响。

3. 国际、国内能源环境

（1）结合公司产业现状、特点，有针对性地说明国际及国内能源市场发展的总体情况，包括能源供需、能源消费结构等，并就发展趋势进行预测。

（2）从石油、天然气、炼油化工以及其他能源等方面进行具体阐述。

1）国际、国内石油市场环境分析。分别从国际、国内两个层面就石油市场发展环境进行分析和预测，包括产业政策、供应能力、消费需求、价格分析、影响因素等，并根据分析结果提出规划期内油价参数选取建议。

2）国际、国内天然气市场环境分析。分别从国际、国内两个层面就天然气市场发展环境进行分析和预测，包括产业政策、供应能力、消费需求、价格分析、影响因素等，并根据分析结果提出规划期内气价参数选取建议。

3）炼油及化工市场环境分析。主要分析并预测国内炼油及化工行业的发展情况，包括国家产业政策、原油加工能力、产品市场分析、价格变化趋势等方面。

4）其他与公司业务相关的能源市场环境分析。根据公司相关业务发展情况，对其他与公司业务相关的能源市场环境进行必要的分析和预测。

4. 小结

基于上述发展环境分析进行总结，给出基本结论，着重说明对公司未来发展的影响，以及对规划编制的指导作用。

（二）区域发展规划

评估公司区域发展规划中环境分析内容，重点关注以下方面：

1. 宏观环境分析

（1）自然环境。分析规划区域自然环境的优势和制约条件，以及对公司在该区域内产业发展的影响。

（2）经济发展。分析规划区域经济发展现状及发展趋势，以及对公司在该区域内产业发展的影响。

（3）社会文化。总结规划区域社会文化现状及社会意识动态，以及对公司在该区域内产业发展的影响。

2. 区域能源供需分析

（1）区域内能源总体供需情况，说明过去五年区域内一次能源（包括煤炭、石油、天然气、可再生能源）和二次能源（如成品油、电力等）的产量、消费量、消费结构以及变化态势等。

（2）根据公司在区域内的产业特点，有针对性地对区域内煤炭、石油、天然气、可再生能源、成品油、电力等能源产品种类的市场供需现状和发展趋势进行分析和预判。

（3）围绕公司在区域内的产业现状，重点研究分析区域内能源市场的主要竞争对手及其优劣势，明确公司在区域能源市场的优势和劣势。

3. 区域内主要产品供需分析

（1）根据实际情况和发展需要，分析公司主要产品及关联产品在区域内和区域周边的市场供需现状及变化趋势，分析明确公司区域内产业的发展策略和方向。

（2）根据实际情况和发展需要，分析主要技术服务、装备、基础设施等在区域内的发展现状及变化趋势，分析明确公司区域内相关产业发展策略和方向。

4. 区域规划及产业政策分析

立足于公司在区域内产业领域，梳理分析与产业直接或间接相关的区域性产业政策

（以及重要的全国性政策），以及该区域已颁布或拟颁布的相关规划，明确区域内产业政策及规划对公司区域内相关产业的影响。

（三）产业类专项规划评估

评估公司产业类专项规划中环境分析内容，重点关注产业面临的政治、经济、社会以及科技发展现状及发展趋势的分析和预测，对国内外市场环境及需求的预测、发展趋势的分析，以及对所处行业的产业政策环境分析是否全面、准确、客观，是否对规划编制发挥指导作用等。

三、竞争力分析评估要点

竞争力分析评估，重点从对标对象和对标指标选取的全面性、科学性与合理性；从分析结果，特别是公司发展的优、劣势以及面临的机会与挑战，具有或缺失的核心竞争能力等结论的客观性等方面进行评估。

（一）总体规划评估

评估公司总体规划中竞争力分析内容，重点关注以下方面：

1. 对标分析

应选取与公司能力特性较为符合并对提升公司关键能力有借鉴意义的企业进行对标分析，并根据分析情况给出对比分析结论。

对标分析的内容包括但不限于：企业综合实力（财务规模、业务规模）、经营效率（盈利能力、财务结构、资产运营效率）、油气生产（运营效率、持续经营能力）、成长性、现金流、上下游一体化等。

2. 竞争能力分析

通过 SWOT 分析法或其他分析方法，总结公司发展的优劣势以及面临的机会与挑战，分析产业具有或缺失的核心竞争能力等。

通过对标分析以及竞争能力分析，说明企业发展的核心竞争力所在以及存在的问题。

（二）区域发展规划

评估公司区域发展规划中竞争力分析内容，重点关注以下方面：

（1）通过 SWOT 分析法或其他分析方法对公司在区域内的产业竞争能力进行分析。视具体情况与需要可采用对标分析方法，对区域内与公司产业能力特性较为符合、具有竞争性质并对提升区域内公司产业关键能力有借鉴意义的企业进行对标分析，并根据分析情况给出对比分析结论。

（2）结合公司各业务板块在该区域内形成的产业链（如上游业务、炼化、天然气等），分析产业链条在该区域内发展的优劣势和面临的机会与威胁，通过构建 SWOT 矩阵明确产业链在区域内所选择的发展战略。

（3）结合产业链 SWOT 分析的结果，从整体上分析公司在该区域内产业的优劣势和面临的机会与威胁，明确公司在区域内的整体发展战略。

（三）产业类专项规划评估

评估公司产业类专项规划中竞争力分析内容，重点关注以下方面：

1. 对标分析

选取与该产业能力特性较为符合并对提升产业关键能力有借鉴意义的企业进行对标分析，并根据分析情况给出对比分析结论。

2. 竞争能力分析

通过 SWOT 分析法或其他分析方法，总结该产业发展的优劣势以及面临的机会与威胁，分析产业具有或缺失的核心竞争能力。同时，可以通过构建 SWOT 矩阵等方法分析并明确该产业在规划期内所选择的发展战略。

通过对标分析以及竞争能力分析，说明公司在该产业发展的核心竞争力、存在的问题以及发展建议。

四、发展定位及规划目标评估要点

发展定位及规划目标评估，应结合前述公司基本情况、发展环境和竞争力分析等评价，对规划的指导思想、发展思路、产业定位等进行分析，评估其是否具有科学性、前瞻性和指导性；规划目标是否符合公司发展实际，具有可实现性、可操作性和积极性，能否在规划期内引领公司发展，并提出调整优化建议。

（一）总体规划评估

评估公司总体规划中发展定位及规划目标时，重点关注以下方面：

（1）公司发展愿景是否明确，必要时可就发展愿景进行解释和说明。

（2）规划期内公司发展所应达到的阶段性目标，以及各产业板块所应达到的阶段性目标是否明确、可量化、合理；公司的总体定位、可实现的整体发展格局，以及各主要产业板块的业务发展定位是否清晰、合理。

（3）规划编制所贯彻的指导思想和遵循的原则是否全面、科学、有针对性，能否指导规划编制与实施工作开展，是否突出了规划的科学性、前瞻性和指导性原则。

（4）规划目标是否全面、明确，定性目标与定量目标是否有机结合。定量目标包括但不限于必要的财务类指标和业务类指标；定性目标（重点任务）包括但不限于需重点推进的事项、重大改革或重大投资项目实施等。

（二）区域发展规划

评估公司区域发展规划中发展定位及规划目标时，重点关注以下方面：

（1）发展定位、发展思路、规划目标等是否有效结合了国家在该区域内的发展战略规划要求，如粤港澳大湾区发展规划纲要、长江经济带发展规划纲要等。

（2）发展定位、发展思路、规划目标等是否有效结合了公司的总体发展战略规划和产业定位等要求，上述内容是否清晰、明确，能够有效指导规划期内公司在区域内的产业发展。

（3）是否从定量和定性两个方面，明确提出了区域发展的规划目标。其中，定量目标包括但不限于：1）规划期末的经营性指标，如资产、销售收入、利润、上缴税金等，规划期末区域产业发展对公司总体发展的贡献比例等；2）规划期末的生产性指标，如生产能力、产品产量、服务数量等；3）规划期末的市场性指标，如市场份额等；4）规划期末的约束型指标，如节能减排指标等。

（三）产业类专项规划评估

评估公司产业类专项规划中发展定位及规划目标时，重点关注以下方面：

（1）发展定位、发展思路、规划目标等是否有效结合了国家在该产业的发展战略规划要求，如能源发展五年规划、石油发展五年规划、天然气发展五年规划等。

（2）发展定位、发展思路、规划目标等是否有效结合了公司的总体发展战略规划和产业定位等要求，上述内容是否清晰、明确，能够有效指导规划期内公司该产业的发展。

（3）是否从定量和定性两个方面，明确提出了产业发展的规划目标。其中，定量目标包括但不限于：1）规划期末的经营性指标，如资产、销售收入、利润、上缴税金等，规划期末该产业发展对公司总体发展的贡献比例；2）规划期末的生产性指标，如生产能力、产品产量、服务数量等；3）规划期末的市场性指标，如市场份额等；4）规划期末的约束型指标，如节能减排指标等。

五、规划部署（方案）评估要点

规划部署（方案）是规划的核心内容，应按照规划体系衔接性、规划方案可行性等要求，对规划方案内容进行系统分析与评估。

（一）总体规划评估

评估公司总体规划中规划部署（方案）时，重点关注以下方面：

（1）规划部署（方案）是否全面，是否对公司各主要业务板块的规划部署均进行了明确描述。一般来说，油气公司的主要业务板块包括：油气勘探开发、专业服务、天然气及发电、炼油化工及销售、新能源等。

（2）规划部署（方案）是否具体、有针对性，是否结合各业务的行业特点与公司基本情况进行规划安排，能否引领各业务板块在规划期内高质量发展、实现规划目标落地，对重点业务是否进行了细化部署和安排等。

（3）规划部署（方案）是否包括具体的、量化的目标，应在前述规划目标的基础上进一步细化，使其更具可操作性。其中，财务类指标应至少明确规划期末年的销售收入、利润总额、资产总额以及 ROE 等；业务类指标应根据产业板块的业务特点，有针对性地提出相关发展目标，如油气储量、产品产量、服务量、产能规模、市场供应能力、贸易量等。同时，结合公司总体发展目标，就必要的指标进行说明，如市场占有率、海外市场份额等。

（4）根据各产业板块的特点与产业发展目标，是否提出了规划期内的重点任务，如产业结构调整、市场开发、重大项目投资等；是否分板块提出了规划期内的分年投资安排，并对投资结构进行了分析和说明。

近年来，规划引领发展越发受到企业，特别是大型企业的重视。在企业发展规划中，往往会对规划期内的拟建项目进行系统梳理与储备，有些企业根据自身管理办法，提出未纳入规划的项目禁止开展前期工作，凸显了规划的重要性。在对规划项目进行评估时，要重点关注项目与国家产业政策、公司产业发展方向的符合性，以及项目与公司发展目标、可用资源等的匹配性，确保纳入发展规划中的项目科学、合理。

（5）结合企业发展需要，是否提出了支撑产业发展的相关职能发展规划，如人力资源规划、科技发展规划、质量健康安全环保规划等，并对职能发展规划的发展目标和重点工作部署等进行了明确描述。

（二）区域发展规划

评估公司区域发展规划中规划部署（方案）时，重点关注以下方面：

（1）区域内各主要业务板块是否明确提出了规划期内的规划安排，包括具体的规划布局、资源市场安排、产能建设安排等，以及上述安排是否合理、可行。

（2）是否明确提出了规划期内的重点项目，包括项目的基本情况、目的和意义、主要任务、投资额度、实施计划、所需的资源等，以及上述重点项目安排是否合理，能否有效支撑区域发展目标的落地等。

（三）产业类专项规划评估

评估公司产业类专项规划中规划部署（方案）时，重点关注以下方面：

（1）是否明确提出了该产业在规划期内的具体规划安排，如资源保障、市场开发、产能建设、区域布局、产销量安排等。上述规划安排是否紧密结合了公司基本情况与行业特点，如天然气及发电业务可进一步细化资源（自产、进口）规划、市场规划、基础设施建设规划等。

（2）是否明确提出了规划期内该产业拟开展的重点项目，包括项目的基本情况、目的和意义、主要任务、投资额度、实施计划、所需的资源等，以及上述重点项目安排是否合理，能否有效支撑产业发展目标的落地等。

（3）为支撑产业专项规划的实施，是否提出了有针对性的职能规划，如科技规划、人力资源规划、信息化规划、节能规划等。

六、投融资规划及效益分析评估要点

评估规划中投融资及效益分析内容，应对规划期内规划投资的全面性、合理性，以及规划投资产生的效益分析结果进行研判。评估时重点关注以下方面：

（1）评估分析规划期内的投融资情况，包括投资总额、分年投资、资金来源等，重点关注全面性（是否漏项）与合理性。

（2）结合规划目标和规划实施方案，评估规划期内的效益分析内容。效益分析包括经济效益分析和社会效益分析，其中：经济效益分析包括营业收入、利润、上缴税费（区分国税和地税）等，要明确规划期末的经济效益情况。社会效益分析重点在区域发展规划，预测规划期内区域发展直接及间接产生的社会贡献，包括但不限于清洁能源设施建设、供应能力、用能结构转型、对地区产值的贡献、税费缴纳、用工等。

七、规划保障措施评估要点

评估规划保障措施，应结合规划实施过程中可能存在的风险与问题，从有效保障规划实施落地角度出发，对提出的保障措施和建议开展评估。重点关注以下方面：

（1）提出的规划实施过程中可能影响规划目标实现的重大问题、风险或不确定性是否分析识别全面、客观。

（2）提出的保障措施是否符合公司实际情况、重点突出、手段明确，具有可操作性，可有效保障规划的顺利实施。

（3）提出的有关建议是否结合公司和产业的实际情况和发展要求，建议目标对象和内容是否明确、合理，能否助力规划目标的实现和未来更好的发展。

第四节 发展规划评估报告模板

评估报告作为结论性的成果体现，是规划评估工作最重要的成果文件。评估报告的编写既要具有全面性，又要抓住重点；深度则应根据评估目的和评估要求而定，要满足委托方的决策参考要求。编写发展规划评估报告，可参照以下模板进行编制。

1. 规划编制背景及意义

1.1 规划编制背景

简述规划编制的背景。

1.2 规划编制意义

简述规划编制的主要意义。

2. 发展现状

2.1 发展现状概要

（1）发展现状。

①总体规划：描述公司现有组织结构，主要发展产业与特点、产业规模、资产结构、盈利模式、各细分产业经营情况等。

②区域规划：描述公司在该区域内的主要业务领域及发展现状，各业务间相互关系，主要经营情况，主要产品（服务）产能、产量，对当地社会发展产生的经济效益和社会效益等。

③专项规划：描述公司在该领域内产业的基本情况，产业发展现状及基础、产业规模、产业结构、资产及盈利状况、组织结构等。

（2）描述公司发展的主要优势，以及面临的主要困难及挑战等。

2.2 咨询评估意见

结合发展现状的情况描述，提出相关咨询评估意见。

3. 上轮规划执行情况

3.1　上轮规划执行情况概要

（1）描述上轮规划的执行情况，包括各产业及主要产品（服务）的经营指标、财务盈利指标、发展指标分析等，深入分析指标偏差的主要原因。

（2）总结提炼上轮规划执行过程中的经验与教训，提出指导本轮规划编制和实施的具体建议；提出上轮规划执行过程中出现的主要困难与问题，以及本轮规划期内如何应对与解决的具体思路。

3.2　咨询评估意见

结合上轮规划执行的具体情况分析，提出相关咨询评估意见。

4. 发展环境分析

4.1　发展环境分析概要

（1）未来产业经营环境及发展趋势分析，包括国内外政治、经济形势，国家、地方，行业、产业层面的发展现状、趋势和各种政策情况分析等。

（2）主要产业的市场分析，包括资源供应及市场需求预测分析、产品（服务）价格分析等。

（3）公司竞争力分析，描述公司产品（服务）在行业中处于何等水平，主要竞争对手的情况及其未来发展战略或发展动向等。

（4）公司发展潜力分析，描述公司发展方向，重点发展领域，与国家投资方向和产业政策的符合性，与集团公司（上级公司）发展战略和中长期发展规划的符合性等。

4.2　咨询评估意见

结合发展环境分析的具体情况，提出相关咨询评估意见。

5. 发展定位与发展目标

5.1　发展定位与发展目标概要

（1）公司、区域或产业发展的指导思想、发展思路、产业定位。

（2）规划期内的规划目标（定性与定量），未来发展需要重点突破的关键领域、关键技术及关键问题等。

5.2　咨询评估意见

结合发展定位与发展目标的具体情况，提出相关咨询评估意见。具体评估重点包括：

（1）规划是否有效衔接集团公司（上级公司）总体发展思路，谋划自身发展方向，制定合理的定位与目标。

（2）规划提出的定位与目标是否兼具前瞻性、科学性和可行性，是否把发展效益和质量放在首要位置。

（3）为落实发展目标而制定的发展路径是否明确，能否有效助力目标实现，产业转型升级思路是否清晰、符合产业发展方向，产业投资方向是否合理等。

6. 规划实施部署

6.1 规划实施部署概要

对规划期内的具体实施部署安排进行描述，包括具体的规划布局、资源市场安排、项目建设安排、投融资安排等。

6.2 咨询评估意见

结合规划实施部署具体情况，提出相关咨询评估意见。具体评估重点包括：

（1）规划期内的项目建设、投资是否符合发展方向、发展定位与发展目标，是否突出效益和市场导向原则，产业链业务板块间是否实现协同发展，拟建项目安排是否基本合理、可行。

（2）规划提出的分年任务指标设置是否合理，资源配置能否满足规划需要。

（3）规划提出的投资安排是否合理，投资估算编制依据是否符合国家、行业及公司的有关规定，投资规模是否符合公司的总体部署。

（4）效益分析方法是否正确，能否客观反映出规划实施效果，特别是规划期末的效益情况。

7. 保障措施

7.1 保障措施概要

对规划提出的各项保障措施进行概括性描述。

7.2 咨询评估意见

结合规划保障措施具体情况，提出相关咨询评估意见。具体评估重点包括：

（1）保障措施是否清晰、明确。

（2）保障措施是否合理，是否符合公司的资源配置方向与能力范畴。

（3）保障措施是否与规划发展目标相匹配，结合目标进行针对性设置，能否保障规划目标的实现。

8. 附件

（1）评估人员名单。

（2）专家评审会纪要及专家组意见。

第五章
项目可行性研究评估

第一节 项目可行性研究概述

自 20 世纪 80 年代可行性研究理论与方法引入我国以来，可行性研究正式纳入我国项目基本建设和投资程序，成为建设项目前期阶段的核心工作之一，以及建设项目投资决策的重要依据。可行性研究从系统总体出发，对技术、经济、财务、市场、环境保护、风险等多个方面进行分析和论证，以确定建设项目是否可行，为正确进行投资决策提供科学依据，也是指导下一步工作开展的重要参考，可以为初步设计、环境影响评价、安全评价、节能评价、社会稳定风险评估、融资等提供方案、参数与基础数据等。可行性研究的成果是可行性研究报告，可行性研究报告内容和深度参照国家发展和改革委员会《投资项目可行性研究指南》（2002 年）及其相关规定编制。

一、可行性研究的基本概念

可行性研究，一般指在初步可行性研究的基础上，通过市场分析、技术分析、财务分析和国民经济分析，对拟投资项目从有关的所有方面进行科学分析和综合论证，为投资决策提供科学依据，从而保证所投资项目在技术上先进可靠，经济上合理有利，操作上合法可行。可行性研究与评价是建设项目决策分析与评价阶段最重要的工作。

二、可行性研究的作用

1. 投资决策的依据

可行性研究对项目产品的市场需求、市场竞争力、建设方案、项目需要投入的资金、可能获得的效益以及项目可能面临的风险等都要做出结论。对企业投资项目，可行性研究的结论即是企业内部决策的依据；同时，对于属于《核准目录》内、须经政府投资主管部门核准的投资项目，可行性研究又可以作为编制项目申请报告（书）的依据。

2. 资金筹措和申请贷款的依据

项目的建设资金除建设单位需支付的资本金外，剩余部分通常需要通过银行贷款解决。银行等金融机构一般都要求项目业主提供可行性研究报告，通过对可行性研究报告的评估，分析项目产品的市场竞争力、采用技术的可靠性、项目的财务效益和还款能力、项目的风险，以此作为对项目提供贷款的参考依据。

3. 编制初步设计文件的依据

按照项目建设程序，一般只有在可行性研究报告完成后，才能进行初步设计（或基础设计）工作。初步设计（或基础设计）应在可行性研究的基础上，根据审定的可行性研究报告进行编制。可行性研究的投资估算，通常作为初步设计概算限额设计的依据，一般不能突破。

4. 优化建设方案的作用

方案比选是可行性研究的重要内容，并伴随可行性研究的全过程。通过可行性研究对市场、竞争力、技术、规模、产品（服务）方案、建设条件、厂址、总图布置、系统配套、环境保护、安全卫生、消防、项目管理、人力资源配置、投资估算、资金筹措、财务分析、经济分析、风险分析等诸多方面进行多方案比选，选择最佳、最适合、最优方案。

5. 其他作用

投资项目的决策过程，常伴随着专项审批工作，如：环境影响评价、安全评价、节能评价、社会稳定风险评估等。这些专项审批工作需要可行性研究报告作为基础材料和数据来源。

三、可行性研究报告概述

可行性研究报告是投资项目可行性研究工作的成果体现，是进行项目投资决策的重要依据。为保证可行性研究报告的编制质量，应切实做好编制前的准备工作，占有充分信息资料，进行科学分析比选论证，做到编制依据可靠、结构内容完整、文本格式规范、附图附表附件齐全。报告表述形式尽可能数字化、图表化，报告深度应能满足投资决策和编制项目初步设计的需要。

（一）可行性研究报告的编制步骤

1. 签订委托协议

可行性研究报告编制单位与委托单位，就项目可行性研究报告编制工作的范围、重点、深度要求、完成时间、费用预算和质量要求交换意见，并签订委托协议，据此开展可行性研究各阶段的工作。

2. 组建工作小组

根据委托项目可行性研究的工作量、内容、范围、技术难度、时间要求等组建项目可行性研究工作小组。一般工业项目和交通运输项目可分为市场组、工艺技术组、设备组、工程组、总图运输及公用工程组、环保组、技术经济组等专业组。为使各专业组协调工作，保证可行性研究报告总体质量，一般应由总工程师、总经济师负责统筹协调。

3. 制订工作计划

内容包括研究工作的范围、重点、深度、进度安排、人员配置、费用预算及可行性研究报告编制大纲，并与委托单位交换意见。

4. 调查研究收集资料

各专业组根据可行性研究报告编制大纲进行实地调查，收集整理有关资料，包括向市场和社会调查，向行业主管部门调查，向项目所在地区调查，向项目涉及的有关企业、单位调查，收集项目建设、生产运营等各方面所必需的信息资料和数据。

5. 方案编制与优化

在调查研究收集资料的基础上，对项目的建设规模与产品方案、场（厂）址方案、技术方案、设备方案、工程方案、原材料供应方案、总图布置与运输方案、公用工程与辅助工程方案、环境保护方案、组织机构设置方案、实施进度方案以及项目投资与资金筹措方案等，研究编制备选方案。进行方案论证比选优化后，提出推荐方案。

6. 项目评价

对推荐方案进行环境评价、财务评价、国民经济评价、社会评价及风险分析，以判别项目的环境可行性、经济可行性、社会可行性和抗风险能力。当有关评价指标结论不足以支持项目方案成立时，应对原设计方案进行调整并重新设计。

7. 编写可行性研究报告

项目可行性研究各专业方案，经过技术经济论证和优化之后，由各专业组分工编写。经项目负责人衔接协调综合汇总后，提出可行性研究报告初稿。

8. 与委托单位交换意见

可行性研究报告初稿形成后，与委托单位交换意见，修改完善，形成正式报告。

（二）可行性研究报告的编制依据

可行性研究报告的编制依据主要包括：

（1）项目建议书（初步可行性研究报告）。

（2）国家和地方的国民经济和社会发展规划、相关领域的专项规划、行业部门的产业发展规划、产业政策，以及企业的发展战略规划等。

（3）有关法律、法规和政策。

（4）有关机构发布的工程建设方面的标准、规范、定额。

（5）拟建场（厂）址的自然、经济、社会概况等基础资料。

（6）合资、合作项目各方签订的协议书或意向书。

（7）并购项目、混改项目、PPP 等类项目各方有关的协议或意向书等。

（8）与拟建项目有关的各种市场信息资料或社会公众要求等。

（9）有关专题研究报告，如市场研究、竞争力分析、场（厂）址比选、风险分析等。

（三）可行性研究报告的深度要求

可行性研究的成果是可行性研究报告。可行性研究报告内容和深度可根据项目性质结合国家、行业、地区或公司规范、规定等参照执行，并依据项目具体情况对内容和深度适当增加或简化。通常为满足项目决策需要，可行性研究及其报告应达到以下深度要求：

（1）可行性研究报告应内容齐全、数据准确、论据充分、结论明确，以满足决策者定方案、定项目的需要。

（2）可行性研究要以市场为导向，围绕增强核心竞争力做工作，以经济效益或投资效果为中心，最大限度地优化方案，提高经济效益。对项目可能的风险做出必要的提示。

（3）可行性研究中选用的主要设备的规格、参数应能满足预订货的要求。引进技术设备的资料应能满足合同谈判的要求。

（4）可行性研究中的重大技术、财务方案，应有两个以上的方案比选。

（5）可行性研究中确定的主要工程技术数据，应能满足项目初步设计的要求。

（6）可行性研究阶段对投资和成本费用的估算应采用分项详细估算法。投资估算的准确性应能满足决策的要求。

（7）可行性研究确定的融资方案，应能满足项目资金筹措和使用计划对投资数额、时间和币种的要求，并能满足银行等金融机构信贷决策的需要。

（8）可行性研究报告应反映可行性研究过程中出现的某些方案的重大分歧及未被采

纳的理由，以供决策者权衡利弊进行决策。

（9）可行性研究报告应符合国家、行业、地方或公司有关法律、法规和政策，符合投资方或出资人有关规定和要求。应附有供评估、决策审批所必需的合同、协议和相应行政许可文件。报告中采用的法规文件应是最新的和有效的。

（四）可行性研究报告的主要内容

根据国家发展和改革委员会《投资项目可行性研究指南》（2002 年）及其相关规定，可行性研究报告的主要章节内容包括：项目兴建理由与目标，市场预测，资源条件评价，建设规模与产品方案，场址选择，技术方案、设备方案和工程方案，原材料燃料供应，总图运输及公用辅助工程，环境影响评价，劳动安全卫生与消防，组织机构与人力资源配置，项目实施进度，投资估算，融资方案，财务评价，国民经济评价，社会评价，风险分析，研究结论与建议等。

通常可行性研究报告按照以下结构和内容进行编写：

（一）总论

1. 项目提出的背景

2. 项目概况

3. 问题与建议

（二）市场预测

1. 市场现状调查

2. 产品供需预测

3. 价格预测

4. 竞争力分析

5. 市场风险分析

（三）资源条件评价

1. 资源可利用量

2. 资源品质情况

3. 资源赋存条件

4. 资源开发价值

（四）建设规模与产品方案

1. 建设规模与产品方案构成

2. 建设规模与产品方案的比选

3. 推荐的建设规模与产品方案

4. 技术改造项目与原有设施利用情况

（五）场址选择

1. 场址现状

2. 场址方案比选

3. 推荐的场址方案

4. 技术改造项目现有场址的利用情况

（六）技术方案、设备方案和工程方案

1. 技术方案选择

2. 主要设备方案选择

3. 工程方案选择

4. 技术改造项目改造前后的比较

（七）原材料燃料供应

1. 主要原材料供应方案

2. 燃料供应方案

（八）总图运输与公用辅助工程

1. 总图布置方案

2. 场内外运输方案

3. 公用工程与辅助工程方案

4. 技术改造项目现有公用辅助设施利用情况

（九）节能措施

1. 节能措施

2. 能耗指标分析

（十）节水措施

1. 节水措施

2. 水耗指标分析

（十一）环境影响评价

1. 环境条件调查

2. 影响环境因素分析

3. 环境保护措施

（十二）劳动安全卫生与消防

1. 危险因素和危害程度分析

2. 安全防范措施

3. 卫生保健措施

4. 消防设施

（十三）组织机构与人力资源配置

1. 组织机构设置及其适应性分析

2. 人力资源配置

3. 员工培训

（十四）项目实施进度

1. 建设工期

2. 实施进度安排

3. 技术改造项目建设与生产的衔接

（十五）投资估算

1. 建设投资估算

2. 流动资金估算

3. 投资估算表

（十六）融资方案

1. 融资组织形式

2. 资本金筹措

3. 债务资金筹措

4. 融资方案分析

（十七）财务评价

1. 财务评价基础数据与参数选取

2. 销售收入与成本费用估算

3. 财务评价报表

4. 盈利能力分析

5. 偿债能力分析

6. 不确定性分析

7. 财务评价结论

（十八）国民经济评价

1. 影子价格及评价参数选取

2. 效益费用范围与数值调整

3. 国民经济评价报表

4. 国民经济评价指标

5. 国民经济评价结论

（十九）社会评价

1. 项目对社会影响分析

2. 项目与所在地互适性分析

3. 社会风险分析

4. 社会评价结论

（二十）风险分析

1. 项目主要风险识别

2. 风险程度分析

3. 防范风险对策

（二十一）研究结论与建议

1. 推荐方案总体描述

2. 推荐方案优缺点描述

3. 主要对比方案

4. 结论与建议

四、支撑性文件及专项评价

在项目前期阶段，除了要进行项目可行性研究等重点工作外，还需要围绕行政主管部门审批要求，开展相关专项评价的报批报审工作，获取相关支撑性文件。项目前期常见的支撑性文件及专项评价的主要内容包括：选址意见书、用地预审意见、用海预审意见、环境影响评价、职业病危害评价、地震安全评价、地质灾害危险性评价、水土保持方案、安全预评价、节能评估、防洪评价等，个别项目建设如需涉及林木采伐、爆破作业等工作的，开工前还需要获取相关许可。

项目可行性研究与专项评价同属项目前期阶段的重要工作，通常来讲，可行性研究报告的中间成果常作为专项评价报告编制的输入条件，而专项评价报告以及批复文件等成果又支持着可行性研究报告相关章节的编制工作，二者密切相关、交叉同步进行。

2017 年 4 月起执行的《企业投资项目核准和备案管理办法》提出，核准项目在报送项目申请报告时，需要将项目选址意见书、用地预审意见、用海预审意见，以及规定需要办理的其他相关手续作为附件一同提供核准。其他专项评价及报批工作常作为项目开工前的必要手续。投资项目常见的支撑性文件及专项评价工作主要包括：

（一）支撑性文件

1. 选址意见书

选址意见书，是建设工程（主要是新建的大、中型工业与民用项目）在立项过程中，由城市规划行政主管部门出具的该建设项目是否符合规划要求的意见书。建设项目选址意见书是城乡规划行政主管部门依法核发的有关建设项目的选址和布局的法律凭据。

2. 用地预审

建设项目用地预审，是指国土资源主管部门在建设项目审批、核准、备案阶段，依法对建设项目涉及的土地利用事项进行的审查。

3. 用海预审

建设项目用海预审，是指海洋行政主管部门在建设项目申报审批、核准、备案前，对建设项目涉及使用海域事项进行的审查。

（二）专项评价

1. 环境影响评价

环境影响评价，是指对建设项目实施后可能造成的环境影响进行分析、预测和评估，提出预防或者减轻不良环境影响的对策和措施，进行跟踪监测的方法与制度。环境影响评价必须客观、公开、公正，综合考虑建设项目实施后对各种环境因素及其所构成的生态系统可能造成的影响，为决策提供科学依据。我国根据建设项目对环境的影响程度，对建设项目的环境影响评价实行分类管理：可能造成重大环境影响的，应当编制环境影响报告书，对产生的环境影响进行全面评价；可能造成轻度环境影响的，应当编制环境影响报告表，对产生的环境影响进行分析或者专项评价；对环境影响很小、不需要进行环境影响评价的，应当填报环境影响登记表。

2. 职业病危害评价

职业病危害评价，是指对建设项目或用人单位的职业病危害因素及其接触水平、职业病防护设施与效果、相关职业病防护措施与效果以及职业病危害因素对劳动者的健康影响情况等做出的综合评价。

3. 地震安全性评价

地震安全性评价，是指在对具体建设工程场址及其周围地区的地震地质条件、地球物理场环境、地震活动规律、现代地形变及应力场等方面深入研究的基础上，采用先进的地震危险性概率分析方法，按照工程所需要采用的风险水平，科学地给出相应的工程规划或设计所需要的一定概率水准下的地震动参数（加速度、设计反应谱、地震动时程等）和相应的资料。根据国家地震局《需开展地震安全性评价确定抗震设防要求的建设工程目录（暂行）》的通知，油气储运工程按照国家标准 GB 50470—2008《油气输送管道线路工程抗震设计规范》规定的重要区段管道需要开展地震安全性评价。

4. 地质灾害危险性评价

地质灾害危险性评价，是在查清地质灾害活动历史、形成条件、变化规律与发展趋势的基础上，对地质灾害活动程度和危害能力进行的分析评判。城市建设、有可能导致地质灾害发生的工程项目建设和在地质灾害易发区内进行的工程建设，在申请建设用地之前必须进行地质灾害危险性评估。评估结果由省级以上地质矿产行政主管部门认定，对于不符合条件的，土地行政主管部门不予办理建设用地审批手续。

5. 水土保持方案

在山区、丘陵区、风沙区以及水土保持规划确定的容易发生水土流失的其他区域开办可能造成水土流失的生产建设项目，生产建设单位应当编制水土保持方案。水土保持方案应当包括水土流失预防和治理的范围、目标、措施和投资等内容。依法应当编制水土保持方案的生产建设项目，未编制水土保持方案或者水土保持方案未经水行政主管部门批准的，不得开工建设。

6. 安全预评价

安全预评价，是根据建设项目可行性研究报告内容，分析和预测该建设项目可能存在的危险、有害因素的种类和程度，提出合理可行的安全对策措施及建议。评价内容主要包括危险、有害因素识别、危险度评价和安全对策措施及建议。

7. 节能评估

节能评估，是固定资产投资项目节能评估和审查的简称，是指根据节能法规、标准，对固定资产投资项目的能源利用是否科学合理进行分析评估，并编制节能评估文件或填写节能登记表。对项目节能评估文件进行审查并形成审查意见，或对节能登记表进行登记备案，并将审查意见或节能登记表作为项目审批或开工建设的前置性条件以及项目设计、施工和竣工验收的重要依据。

8. 防洪评价

防洪评价，即防洪影响评价，是分析工程河段近期演变情况及其演变趋势，分析工程实施对现有的防洪堤等水利工程以及涉水工程设施影响程度等，进行工程对防洪以及河势影响评价。

9. 社会稳定风险评估

社会稳定风险评估，是指与人民群众利益密切相关的重大决策、重要政策、重大改革措施、重大工程建设项目、与社会公共秩序相关的重大活动等重大事项在制定出台、组织实施或审批审核前，对可能影响社会稳定的因素开展系统地调查，科学地预测、分析和评估，制定风险应对策略和预案，以有效规避、预防和控制重大事项实施过程中可能产生的社会稳定风险。

10. 压覆矿产资源评估

建设用地压覆矿产资源的评估，是指对建设用地评估范围内因工程实施而导致的重要矿产资源或非重要矿产资源不能开采利用的资源量做出评估。

第二节　项目可行性研究评估概述

一、项目可行性研究评估基本概念

可行性研究评估，是指在项目可行性研究报告编制完成后，由另一家符合要求的工程咨询单位基于可行性研究报告，再一次对拟建项目的技术、财务、经济、环境、社会、风险等方面进行论证，对可行性研究报告结论的真实性与可靠性进行核实与评价，如实反映项目潜在的问题与风险，对项目建设的必要性、可行性提出明确的结论，为项目决策提供依据。

采取政府直接投资、资本金注入方式投资建设的项目，有关投资主管部门在决策之前委托符合要求的工程咨询机构，对项目可行性研究报告进行咨询评估。企业投资项目在决策之前，根据决策需要，自主组织或委托第三方工程咨询机构对项目可行性研究报告进行咨询评估。工程咨询机构应按照委托方的要求，对项目可行性研究报告进行全面或有针对性的评估。

通常情况下，项目可行性研究阶段应对拟建项目的市场、技术、工程方案、经济性以及环境影响、经济影响、社会影响等相关方面进行评估论证，为政府投资决策、企业投资决策和项目组织实施提供专业咨询意见。有的可行性研究报告评估还应根据项目决策需要，将选址意见、用地预审意见、环境影响评价批复等作为咨询评估的依据。

二、项目可行性研究与评估的关系

投资项目可行性研究与可行性研究报告评估，都是以分析和评价项目可行与否为主要目的，两者关系密切，有许多共同之处，亦各有其特点。

（一）项目可行性研究和可行性研究报告评估之间的联系

1. 理论基础基本相同

可行性研究和可行性研究报告评估都是应用性学科，从二者所包括的内容来看，其基础理论都是以市场学、工程经济学和费用—效益分析等为主。

2. 工作内容基本相同

从经济评价的角度看，同一个投资项目无论是项目评估还是可行性研究，二者计算评价标准的基本原理是相同的，都是通过比较计算期的收入与支出，计算一系列技术经济指标，得出可行与否的结论；二者分析的对象是一致的，都是项目；分析的某些依据是相同的，都是国家的有关规定和有关部门为拟建项目下达的批复文件等；所分析的内容均包括建设必要性、市场条件、资源条件、工程技术、经济效益等部分。

3. 均处于项目发展周期的建设前期

可行性研究和可行性研究报告评估均是项目投资前期所做的工作。可行性研究是对项目可行与否进行的全面分析论证；可行性研究报告评估则是通过对项目的可行性研究进行审查与分析，进而判断项目是否可行。这两项工作都是重要的前期准备工作，其质量如何都会对项目投资决策产生极大影响。

4. 最终工作目标及要求相同

项目可行性研究报告评估和可行性研究的最终工作目标是一致的，都是通过分析论证，判断项目的可行与否，实现投资决策的科学化、程序化和民主化，提高投资效益，使资源得到最佳配置。两者的要求也是相同的，都是在调查研究的基础上进行分析和预测，得出公正客观的结论。

（二）可行性研究与可行性研究报告评估的主要区别

可行性研究和可行性研究报告评估存在诸多相同之处，但从理论和实践方面看，两者又有明显的区别，主要表现在以下几个方面：

1. 服务的主体不同

可行性研究工作是由项目单位负责组织和委托的，而可行性研究报告评估则是由投资主管部门负责组织和委托的。两项活动一般均须委托有资质的工程咨询机构（或其他有资质的中介机构）进行，但其所代表的仍是不同的行为主体，即咨询机构要对不同的行为主体负责。

2. 所处的阶段不同

尽管两者同处于项目建设周期的前期，但二者先后顺序不同，可行性研究在前，项目可行性研究报告评估在后，这一工作顺序无法颠倒。可行性研究是开展项目投资决策的首要环节，但仅有这一环节仍然不够，还必须在此基础上进行评估，充分论证项目的必要性与可行性。项目可行性研究报告评估人员要充分利用可行性研究的成果，进行周密的调查研究与分析论证，独立提出决策性建议。可行性研究为项目可行性研究报告评估提供工作基础，项目可行性研究报告评估则是可行性研究的延伸、深化和再研究。

3. 产生的作用不同

可行性研究和可行性研究报告评估都是进行投资决策的重要依据，但二者产生的作用又有所不同。可行性研究是项目建设单位进行投资决策的重要依据，可行性研究报告评估则是投资主管部门以及公司决策层审批项目的重要依据。

为进一步完善投资决策程序，提高投资决策的科学化、民主化水平，企业投资项目在决策之前，根据决策需要，可自主组织或委托第三方工程咨询机构对项目可行性研究报告进行咨询评估。工程咨询评估机构应按照委托方要求，对项目可行性研究报告开展全面或有针对性的评估，按照专业、独立、客观、公正的原则提出咨询评估意见，提高投资项目决策的科学性。

三、项目可行性研究评估的主要内容

基于可行性研究报告的研究内容与章节设置，对投资项目可行性研究报告进行评估时，重点从以下方面开展工作。

（一）项目建设单位及项目概况评估

项目概况评估，是指围绕项目提出的背景、可行性研究报告的编制情况、项目发展概况和项目投资环境等方面所做的调查、研究、分析与评价工作。简要介绍项目建设单位及项目概况，对项目建设单位承担建设项目的实力、能力等进行评估。

开展投资项目概况评估，需要判断项目提出的背景是否成立，程序是否符合有关规定和要求，可行性研究报告的内容是否全面、客观，项目的发展程度是否能够保证项目按时建设实施，以及项目所处环境是否有利于项目建设，并提出相应结论。

（二）项目建设必要性评估

项目建设必要性评估是项目可行性研究评估工作的重点，主要从项目建设是否符合国家、地方和行业发展规划，是否符合公司产业发展规划、有助于公司自身发展，是否符合市场需求等方面，分析投资项目建设的必要性。

1. 项目建设是否符合国家、地方和行业发展规划

国民经济和社会发展规划是全国经济、社会发展的总体纲要，是经济发展目标、发展方式和发展途径的总和，具有重要的战略指导意义。投资项目应与国民经济发展的长远战略与规划相一致，需要分析项目建设是否符合国家在规划期内经济建设的目标和要求，项目产品是否与规划或计划期内所鼓励生产的产品相一致，项目的投资规模是否与规划或计划期内控制或发展规模相一致。同时，项目的建设也要符合所在地区的经济发展规划，根据各地区自身特点建设投资项目，发挥地区资源特色和优势，依托地区产品市场需求。此外，投资项目的建设还要符合行业发展规划，每个项目都属于某个特定行业，所生产的产品或服务应符合行业发展规划和要求，能够促进行业产品质量升级、行业市场竞争能力增强等。

2. 项目建设是否符合公司产业发展规划、有助于公司自身发展

企业是投资项目的建设主体，企业的发展通过利用生产要素向市场提供产品或劳务进而取得合法利润和投资回报，投资项目符合企业的发展规划和发展需要，是项目建设的前置条件。在对投资项目进行评估时，应了解企业未来发展规划和需求，对拟建项目与企业自身的发展规划和要求进行对比分析，判断项目的建设能否帮助企业优化产品结构、提高市场竞争力、扩大市场份额等，能否为企业带来预期的经济效益和社会效益进而推动企业自身发展，由此判断企业是否有必要对项目进行投资。

（三）产品（服务）市场评估

市场需求是项目建设的基础，也是项目投产后生存与发展的前提。市场是否需要项目建设所生产的产品或提供的服务，从根本上决定了投资项目能否取得良好的经济效益，只有项目产品或服务能够符合市场需要，且具有竞争力，拟建项目的投资才是必要的。在开展市场评估时，要重点研究产品的市场需求状况，对项目产品的市场需求和竞争力等进行深入调查分析，判断项目产品在目标市场区域内的供应量和需求量是否达到均衡，是否存在需求缺口以及进一步估计缺口的容量；在此基础上，对项目产品在目标市场的占有率和竞争力做出客观判断。

项目市场评估离不开市场分析和市场预测。市场分析是认识市场、获取市场信息并提取关键特征因素的一种重要手段，其在市场调查的基础上进一步研究供需和竞争形势，是进行市场预测的前提和基础。市场分析需要解决的问题是项目产品的市场空间、竞争情况和营销策略。为此，市场分析一般包括：市场环境分析、市场供求分析、市场现状分析、市场预测、产品竞争力分析等。

产品（服务）市场评估要对项目产出的产品或服务的市场总体供需情况、进出口情况、消费结构、产品质量要求、产品价格走势以及产品的目标市场、产品竞争力、市场风险等进行分析和评价，对可行性研究报告采用的产品价格的合理性进行分析，给出评估意见。对主要原材料和燃料动力的供需平衡、供应渠道和价格走势，以及供应方式和价格的合理性给出评估意见。

（四）建设规模和产品方案评估

建设规模也称生产规模，是指项目在设定的正常生产运营年份达到的生产或服务能力。不同类型项目的建设规模表述不同，当有多种产品或多种服务功能时，一般以主要产品的生产能力或服务能力表示该项目的建设规模。实际工作中，建设规模的表述应符合拟建项目所属的行业规范或惯例。建设规模的确定，不仅直接影响投资项目建设的合理性和投资效益（或效果），而且是确定项目原料路线、工艺技术方案、设备来源及资

金投入等的重要依据。建设规模的确定，又受到市场容量、原料供应、技术水平、设备能力、环境容量、建设配套条件等的制约和影响。

产品方案，也称产品大纲或生产纲领，是指拟建项目生产的产品（主导产品、辅助产品或副产品）品种和提供的服务种类及其组合，包括产品品种、数量、规格、性质、质量标准、工艺技术、材质、性能、用途、服务对象、价格、内外销比例等。产品方案需要在产品组合的基础上形成。

评估时需要综合市场需求、技术条件、资源条件、建厂条件、业主实力等，分析评价项目建设规模和产品方案是否合理、可行。

（五）技术和设备方案评估

工艺技术是决定项目可行与功能实现的重要基础。生产工艺技术方案就是通过调查研究、专家论证、方案比较、初步技术交流和询价，确定拟建项目所使用的生产技术、工艺流程、生产配方及生产方法、生产过程控制程序、操作规程等，以确保生产过程合理、通畅、有序地进行。

生产设备与工艺技术方案密切相关。工艺技术方案确定之后，需要对主要设备进行研究论证、比选，以保证工艺技术方案的实施。设备方案包括设备的规格、型号、材质、数量、来源、价格等。技术改造项目要对被改造或替换的关键设备的现状、改造目的、改造原因等进行说明。

技术和设备方案评估需要从项目所采用的技术和关键设备的先进性、可靠性、成熟性、适用性、安全性，以及能否满足生产需要等维度进行评估。对于工业生产项目，技术方案评估是可行性研究报告评估的重要内容，可通过同类技术比选、同类技术应用实例分析等方法，对关键技术性能指标、物料消耗水平、燃料及动力消耗水平、废弃物产生和排放水平等进行评估。设备方案评估是对关键设备的性能参数、运行稳定性和可靠性、制造周期、运输和安装条件、国产化水平等进行分析评估；对于进口设备，还应对其引进的理由、范围、方式和参考价格、供货商情况、风险因素等进行评估。

（六）资源条件和原材料供应评估

对于资源加工类项目，资源保障和供应条件是评估的重点，应评估项目所需资源是否落实，资源品质和可供资源量能否满足项目生产需求，原料运输是否通畅便捷等。在项目评估阶段，应对资源开发利用的可能性、合理性和可靠性进行分析和评价，为确定项目的开发方案和建设规模提供依据。

（七）建厂条件和场（厂）址选择评估

场（厂）址选择是指在可选区域内选择合适的建厂地区，并在合适地区范围内从几个可供考虑的场（厂）址方案中比选出最优场（厂）址方案的分析评价过程。场（厂）址选择关系到投资的地区分配、区域社会经济发展、经济结构、自然生态环境、城市规划和产品生产要求、未来产品销售市场甚至职工生活等诸多方面，是带有全局性、长远性的重要问题。如果项目选址不当，在投资方面会因工程量、搬迁量大，基础和协作条件差等因素引起投资额增加和工期延长；在产品成本方面可能因原材料、燃料的运费增加而导致成本提高；在生产方面可能会受到原材料、水源不足的影响；在环境方面可能因废水、废渣无法排放而受到环保部门及环保要求的制约。项目的一次性特点决定了项目一经建成，场（厂）址选择所造成的缺陷很难被修复和改进，因此合理选择投资项目的场（厂）址，是项目顺利实施并达到预期投资目的的关键环节和前置条件。

场（厂）址选择的建设条件包括建设地点的自然条件、社会经济条件、外部交通条件、公用工程配套条件、用地条件、生态与环境条件等。对于工业生产项目，应重点评估项目场（厂）址选择是否满足城市（乡、镇）总体规划、土地利用总体规划、工业园区总体规划、环境保护规划等的要求，是否具备工程地质条件、水文地质条件、自然气象条件、防洪防涝条件等，是否具备工厂建设所必需的社会经济条件、交通运输条件和水电供应条件等，是否满足水源保护、文物保护、军事保护、避让周边环境敏感点等相关要求。在项目前期专项工作中，地质、水文等勘察工作、用地预审意见、用海预审意见、地震安全性评价、水土保持方案、地质灾害评价、地下文物影响评价、矿产压覆评价等工作，均与场（厂）址选择密切相关。

（八）公用工程和辅助设施以及服务设施方案评估

建设项目是一个有机整体，项目的公用工程、辅助设施以及服务设施是项目建设方案的重要组成部分，关系到项目功能的实现，需要做到方案优化、工程量明确。公用工程和辅助工程一般包括给水排水工程、供电与通信工程、供热工程、空调系统、采暖通风系统、压缩风（含压缩空气、仪表空气）和氮气等系统以及分析化验、维修设施、仓储设施等，服务设施主要指项目管理运营所需的办公楼、食堂等。

对于工业生产项目，应重点评估其总图布局、物料运输、建筑、结构、给排水、供电、电信、供热、维修、服务等配套工程方案的合理性、可行性，评估其能否配合主体工程，形成完整的生产运行体系。对于改扩建和技术改造项目，还需要对原有企业公用工程和辅助设施配套情况、供需总体平衡情况、富裕能力以及能为本项目提供的辅助依托情况进行评估。在开发区、工业园区建设的项目，需要分析开发区、工业园区配套能力，对提供给项目的服务和供应量、供应条件、价格等情况进行评估。

（九）厂外工程评估

建设项目的厂外工程，通常包括厂区外的防洪设施（如防潮防浪堤、防洪坝、导洪渠等）、铁路专用线、道路、码头、水源及输水管道、排水管道（包括污水管道、雨水和清净废水管道）、供电线路及通信线路、供热及原材料输送管道、厂外仓储及原材料堆场、固体废弃物堆场、危险废弃物填埋场或处置场、固体物料输送工程等。

厂外工程的涉及范围较广，不同类别、不同规模的项目以及项目所在地区条件不同，导致厂外配套工程会存在很大差异。厂外配套工程的确定往往与场址选择密切相关，因此必须在选址阶段全面调查了解拟选地区的自然条件、社会环境、基础设施和经济发展状况及其发展规划，结合项目的实际需要，因地制宜予以考虑。

对厂外工程进行评估，重点对厂区外配套的码头、铁路、道路、给水、排水、供电、供气、供热、外管线、渣场等进行分析，评估判断其规模、技术方案、运行情况、费用、适用条件等是否满足项目需要，规模是否合适等。

（十）节能和节水评估

节能评估，是指根据节能法规、标准，对投资项目的能源利用是否科学合理进行分析评估。为促进固定资产投资项目科学合理利用能源，从源头上杜绝能源浪费，提高能源利用效率，加强能源消费总量管理，国家发展和改革委员会于2011年发布了《固定资产投资项目节能评估和审查暂行办法》，并于2016年发布了《固定资产投资项目节能审查办法》及废止暂行办法，适用于在我国境内建设的固定资产投资项目。

节水评估，是由县级以上人民政府水行政主管部门和流域管理机构按照规划审查审批、建设项目立项审查、取水许可的现有管理程序和分工，负责各自权限内的节水评价审查工作。节水评价要分析规划和建设项目及其涉及区域的用水水平、节水潜力，评价其取用水的必要性、可行性，分析节水指标的先进性，评估节水措施的实效性，合理确定其取用水规模，提出评价结论及建议。

对可行性研究报告中的节能和节水章节开展评估，重点对节能节水方案、能量和水资源梯度利用、能量和水资源回收和再利用等关键措施、节能节水效果等进行评估。对于有明确的单位产品综合能耗、单位产品用水定额等标准要求的，应与相应标准进行对比，满足相关要求。

（十一）环境保护评估

项目环境影响评价是建设项目前期阶段的重要工作，环境影响评价与可行性研究互为条件，项目建设方案研究为环境影响评价提供条件，环境影响评价对项目环保的要求又会影响建设方案研究及其环保篇章内容的合理性，进而影响项目决策。

环境保护评估，应重点分析项目执行的环境保护法律、法规、标准、规范是否准确、合理，主要污染源和主要污染物核算是否准确，项目所采用的环境保护措施和处理设施是否得当，环保投资是否合理，最终外排污染物去向和数量是否满足环境接纳要求等。在双碳目标背景下，还需重点关注项目碳排放指标计算的准确性与减碳措施的合理性等。

（十二）安全、职业卫生与消防评估

安全、职业卫生与消防评估，重点对项目是否存在重大危险源、重大危险源等级、管制措施等，职业卫生和消防相关标准规范、职业卫生防护措施和消防措施等进行评估，说明能否满足项目要求并符合相关规范。项目前期工作中的安全专篇、职业病危害评价等工作，与安全、职业卫生与消防评估密切相关。

（十三）项目组织与管理评估

项目类型、建设规模和生产运营方式不同，机构设置的模式和运转方式也不尽相同，不同的投资者也会有不同的偏好，组织机构的总体原则是高效、精干。对可行性研究报告提出的项目管理体制及组织机构设置、生产班制及人力资源配置、人员培训与安置等进行评估，重点说明能否满足项目建设和生产运行的需要。

（十四）项目实施进度与计划

不同类型的投资项目，甚至同一项目的不同工程，所需工期不尽相同。对项目实施进度与计划等进行评估，重点关注项目实施计划的设置是否合理，实施进度与计划是否满足三同时要求，是否存在不合理的边施工边设计等情况，关键设备材料供货周期是否合理等。

（十五）投资估算评估

投资估算是可行性研究报告的核心内容之一。投资估算是在对项目的建设规模、产品方案、技术方案、设备方案、场（厂）址方案和工程建设方案及项目进度计划等进行研究并基本确定的基础上，对建设项目总投资及各分项投资数额进行估算。投资估算是项目咨询工作的重要组成部分，是投资决策的重要依据之一。

对投资估算开展评估，重点就投资估算范围是否完整，采用的投资估算方法、取费参数与依据是否正确、充分，估算的工程内容和费用构成是否齐全并计算合理等进行评

判，分析其是否满足工程建设需要，必要时提出调整或修订的意见和建议。

（十六）资金筹措评估

资金筹措包括权益资金和债务资金筹措。在可行性研究阶段，项目建设单位或投资主体应与咨询单位一起，在建设方案研究的同时进行融资方案的研究。项目决策时，应有明确的资金来源渠道，做到权益资金来源可靠，债务资金来源应有债权人的承诺。对于融资数额较大的建设项目，应专题编制融资方案研究报告，作为可行性研究报告的附件。

对资金筹措开展评估，重点内容包括融资方案是否符合实际，项目权益资金是否满足国家对固定资产投资项目的资本金比例要求，债务资金来源是否可靠并满足需要，融资成本是否合理等。

（十七）财务分析评估

财务分析，也称财务评价或经济评价，是在工程技术研究可行的基础上，计算建设项目投入的费用和产出的效益，对拟建项目的财务可行性和经济合理性进行综合分析论证，据此判断项目的财务可行性，明确项目对财务主体及投资者的价值贡献，是投资决策的重要依据。

财务分析评估要对项目财务效益和费用预测进行评估，分析采用的参数与数据是否合理、得当，分析方法是否正确，项目的财务盈利能力、偿债能力和财务生存能力等指标计算是否准确，再次判断项目的财务可行性。

对于改扩建项目采用“有无对比”法进行的财务分析评估，要分析核算可行性研究报告确定的项目范围是否合理，“有项目”和“无项目”的对比测算及得出的财务分析指标是否准确，结论和数据是否可靠等，并给出评估意见和建议。

对于资本运作类项目，要结合资本运作方式的特点进行评估。

（十八）风险分析评估

风险分析是对识别出的项目风险确定其发生的可能性、影响程度的过程，以增进对风险的理解。针对风险分析结果的评估，重点围绕识别出的各项风险点是否全面，并对其发生可能性大小的判断结果，以及风险发生后对项目产生影响的判断结果进行评判，评估其结论是否客观、合理。

风险评价是将风险分析结果与风险评估标准进行比较，确定风险等级的过程。针对风险评价结果的评估，应重点关注风险评价采用的方法是否正确（一般采用风险矩阵法进行），风险评估标准（一般包括风险对项目目标影响程度的评估标准、风险发生可能性的评估标准等）与投资项目的适用性与匹配度是否充分，各项风险发生的可能性、影响程度判断结果与项目所属行业和项目自身特点等是否吻合，评价出的各项风险等级是否符合客观实际等。

风险分析章节还包括对项目潜在风险拟采取的应对措施，因此还需对应对措施的针对性、有效性、经济性、合理性等方面进行评估论证。

（十九）评估结论与建议

项目评估的过程，就是对项目进行再论证的过程，通过对项目的必要性与可行性、资源与市场、建设方案与工程技术方案、投资与财务分析、风险分析等进行宏观与微观、定性与定量、静态与动态的分析论证，提出评估结论供委托方对项目进行决策时参考。

项目评估结论，要对可行性研究报告中涉及的主要内容和研究结果，给出明确的结论性评估意见，对项目是否可行给出明确判断。对可行性研究报告提出的问题及评估过程中发现的问题、识别出的风险进行汇总，分析问题和风险的严重性以及对项目的影响程度。明确提出项目下一步工作中需要协调、解决的问题和建议等。

四、专题研究

在某些重大或复杂项目的可行性研究报告评估过程中，对一些影响项目决策的重要事项，往往单纯依靠可行性研究报告本身不能满足评估和决策的要求，需要针对性开展相关专题研究，为项目评估和决策提供补充依据，这些研究成果或专题报告也是项目可行性研究评估的重要部分。专题研究工作通常包括：市场分析、竞争力分析、场（厂）址选择、技术方案比选、融资方案研究、风险分析等，是在可行性研究报告研究结果的基础上，结合项目评估和决策需要而开展的针对性更强、聚焦关键问题的深化研究，常具有问题导向和结果导向等特点。

以某煤制天然气（SNG）项目为例，该项目具有上游煤价与下游气价联动、工艺技术复杂、投资额大等特点，通过对重点问题进行梳理，采取聚焦要点、逐一落实、统筹推进的评审方式，分别就项目建设方案、气化炉技术可靠性、煤质适应性分析、市场竞争力等重点、要点、难点问题，从技术、经济、风险三个维度开展了多项专题研究论证，以支撑项目评估与决策工作（见图 5-1）。

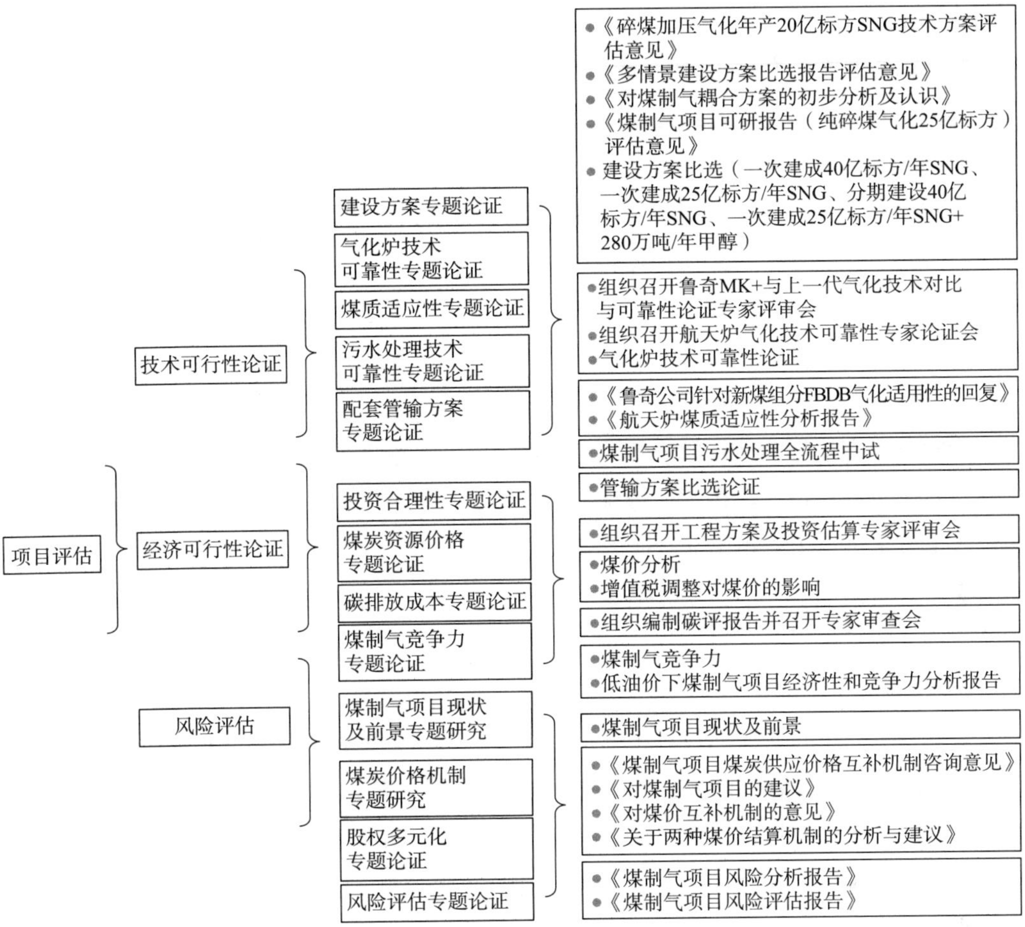

图 5–1　某煤制天然气项目专题研究论证

（一）技术可行性论证

1. 建设方案专题论证

评估过程中先后对一次建成 40 亿标方 / 年组合气化 SNG、一次建成 20 亿标方 / 年碎煤气化 SNG、一次建成 20 亿标方 / 年粉煤气化 SNG、分期建成 40 亿标方 / 年组合气化 SNG、SNG 耦合生产烯烃、SNG 耦合生产乙二醇、一次建成 25 亿标方 / 年碎煤气化 SNG、一次建成 25 亿标方 / 年 SNG+280 万吨 / 年甲醇等多个方案进行了论证和比选，确保项目建设方案评估的科学合理性。

2. 气化炉技术可靠性专题论证

该项目拟采用的 MK+ 气化炉为首次工业化应用，评估过程中对其气化技术的可靠性高度关注。与可行性研究报告评估同步开展了针对《鲁奇 MK+ 与上一代气化技术对比与可靠性论证专题报告》及航天炉气化技术可靠性的专题评审，就气化炉技术进行了专项论证。

3. 煤质适应性专题论证

煤质对气化炉的适应性将影响气化装置的经济、稳定运行。在评估过程中为有效落实上述问题，努力获取了《鲁奇公司针对新煤组分 FBDB 气化适用性的回复》以及《航天炉煤质适应性分析报告》，并作为评估工作支撑文件。

4. 污水处理技术可靠性专题论证

碎煤气化系列的污水处理一直是类似煤化工项目的重点和难点问题。在评估过程中重点跟踪项目中试过程和结果，据此科学提出评估结论。

5. 配套管输方案专题论证

管输方案直接影响项目经济效益，管输方案不落实将直接导致煤制气项目建成后无法外输，影响项目投产。在评估过程中对配套建设的管道项目、替代项目、国家管网代输等多个方案进行了专题比选论证。

（二）经济可行性论证

1. 投资合理性专题论证

采取专家评审与典型项目对比分析相结合的方法开展投资评估论证。一是重点针对工程方案优化及投资估算的合理性，组织召开了工程方案及投资估算专家评审会。二是参考行业投资经验及同类型煤制气项目进行对比分析，得出项目单位产能投资水平情况。

2. 煤炭资源价格专题论证

煤炭是煤制气项目的主要原料，煤价计取的合理性是项目经济可行性论证的核心问题之一。项目评估过程中对煤价进行了专题论证，立足需求、供给、成本等驱动因素分析，充分考虑我国煤炭、电力行业利润的“跷板”效应以及煤价所发挥的支点作用，同时参考国内外知名机构对煤价的判断，对未来煤价走势进行了研判和预测，为财务评价和经济可行性论证提供了支撑。

3. 碳排放成本专题论证

煤制气项目为高碳排放项目，面对日趋收紧的碳排放约束条件，需要在财务评价中适当考虑碳排放费用支出，并评估对公司低碳发展的影响。在项目评估过程中，对碳评专项报告同步组织开展了审查工作，就项目碳排放成本的计算、对公司碳排放总量及碳排放强度的影响提出了专题意见。

4. 煤制气竞争力专题论证

在项目评估过程中，就竞争力分析重点从两个方面开展了专题论证：一是与竞争气源的竞争力比较；二是结合当时产业环境，基于审慎原则进一步复核项目在低油价环境下的竞争力。通过对煤制气出厂价进行情景分析和测算，并与主要竞争气源进行对比，在可预见范围内对煤制气价格竞争力进行了全方位论证分析。

（三）风险评估

1. 煤制气项目现状及前景专题研究

为更加客观、深入地研判产业投资环境，在项目评估过程中对我国煤制气产业现状及前景同步开展了专题研究，就政策、技术、市场等方面提出了专题研究结论。

2. 煤炭价格机制专题研究

考虑到项目用煤量大，且对煤质有一定要求，煤炭资源价格风险存在敞口。在项目评估过程中，为有效应对煤炭资源价格风险，开展了专题研究：一是研究上游煤矿项目和下游煤制气项目联动模式；二是基于未来煤价走势研判的基础上，就煤炭价格机制进行多情景测算、分析和比选。

3. 股权多元化专题论证

在项目评估过程中，协助项目单位优化股权结构，通过设立两级公司组织架构、充分引入战略投资合作者等举措，实现股权多元化目的，以降低投资风险。

4. 风险评估专题研究

在评估过程中，针对项目潜在风险开展了风险评估专题论证，共梳理出政策、煤炭资源、市场、技术、环保、经济性、融资、项目管理、投资及运营成本 9 项风险，为评估结论的编制提供了支撑。

根据煤制气项目特点，在项目可行性研究报告评估过程中通过开展 3 个维度的 13 项专题研究论证工作，采用“专题研究 + 系统论证”的评估方式极大提高了重点、难点问题的攻关能力，确保了项目评估的系统性和科学性，为最终完成项目评估报告奠定了坚实基础。

第三节　可行性研究评估实务

不同类型的项目在开展可行性研究时，具体章节的内容要求根据行业特点不尽相同，在开展项目评估时也有所区别。本书以油气产业为例，对投资项目可行性研究评估实务进行论述。油气产业链主要涉及上游的石油、天然气勘探开发，以及中下游的基础设施、装备、专业技术服务、炼油化工、销售、管道输送、天然气及发电等多个领域。在能源转型的大背景下，传统能源公司纷纷发力新能源领域，开发风电、光伏等可再生能源项目。即使同属油气类项目，但不同类型的项目特点各异，其可行性研究报告的内容和深度在参照相关规定的基础上，还需按照行业或企业的标准规范与管理要求进行编制，导致在开展项目可行性研究报告评估的过程中，各类项目的具体评估要点也不尽相同。本节结合项目评估实践经验，对 11 类典型的油气产业项目可行性研究报告评估实务要点进行论述。

一、海上油气田总体开发方案（ODP）评估要点

不同公司针对油气田开发方案的编制内容和深度要求有所不用，建议开展评估时关注以下要点：

（一）项目概况

（1）审查项目建设背景的完整性，是否包括项目单位主要职责、隶属关系、主营业务、经营业绩等基本情况，油气田位置、水深，油气田发现、油气储量上报及国家批复情况等。

（2）审查项目概况的完整性，是否包括油气田总体开发方案，主要工程设施、预计油气田高峰年产、累产、采收率、项目总投资等。

（二）项目建设必要性

（1）审查项目必要性，是否符合公司的发展规划，是否有效开发油气田储量、提高油气产量、提高油气采收率、带动周边油气田群的开发，是否降本增效。

（2）审查是否从国家产业政策、能源发展规划的角度，分析项目的符合性。是否从资质、资金、技术、业绩等方面，分析项目单位承担项目建设与运营的能力。

（三）油气田地质与储量

（1）审查项目的完整性，油气田油气层分布、埋深，探明地质储量及向国家储委报批和备案情况。

（2）审查评估储量是否可靠，项目是否具备实施的资源基础。

（四）油气藏开发方案

审查总体开发方案推荐的油气藏开发方案的情况，包括动用地质储量、开发方式、生产井数、井型、采油采气速度、油气田高峰年产、累计产出和综合采出程度，对推荐的方案进行评价。

（五）钻完井和采油工程

（1）审查钻完井工程总体描述的完整性和合理性，包括油气田生产井井数、井的类

型（定向井、水平井），总进尺、总井深、平均井深、最大井深，水平井井深、水平段平均长度、钻井及钻修机装备（钻井平台、平台钻机）。对完井方式、井身结构设计、管材选择、钻井液选择、固井方案、钻井工艺进行描述。

（2）审查采油工程描述的完整性和合理性，包括机采方式选择、油管设计、修井作业等。

（六）油气田开发工程

（1）审查总体工程方案完整性和合理性，包括但不限于环境条件、生产能力、平台、FPSO、管线、终端等基本情况和相互关系，油气田的生产工艺、机械、电气、仪控、通信、结构等。

（2）工程设施：

1）审查海上平台 /FPSO 描述的完整性和合理性，包括平台桩腿、井槽、生活楼、物流及处理能力、平台公用系统等。审查平台规模及设计的合理性，并提出合理化建议。审查 FPSO 及单点的完整性和合理性，包括吨位、处理能力、各系统组成等。

2）审查海底管道描述的完整性和合理性，包括海底管道类型（混输管、注水管）、保温方式（单层保温、双层保温）、管道长度、设计压力、管径、壁厚、材质，防腐方案等。对海底管道尺寸、选用材质及防腐方案进行总体评价。

3）审查陆上终端基本情况描述的完整性和合理性，包括选址、周边条件、规模、处理能力、生产指标、各系统组成等。对终端规模及设计合理性进行总体评价，并提出合理化建议。

4）审查改造工程的完整性和合理性，并对改造工程进行总体评价。

5）审查实施计划和工程进度安排是否合理，并进行总体评价。

（七）油气田设施弃置预案

（1）审查项目的弃置标准及原则的科学性和合理性，包括油井及采油树、海上平台、海底管道、FPSO 等的弃置标准和原则及弃置预备方案。对项目弃置预备方案的合理性进行总体评价。

（2）审查项目弃置费用估算金额及计提和回收方式的合理性，对弃置费用估算及计提方式进行总体评价。

（八）节能方案分析

（1）审查项目节能方案的科学性和合理性，主要用能设备、能耗种类及综合能耗。

（2）审查项目拟采用的主要节能措施是否合理，分析评估节能措施是否可行，能否达到预期效果。

（3）审查是否与国内同类项目的能耗、水耗水平进行对比分析，评估项目能耗及水耗是否先进。

（九）海域、土地占用情况

（1）审查海域、土地占用的合理性，分析项目开发区域是否符合海洋和陆地区划要求。

（2）审查是否分析油气田设施对船舶航行和海洋环境等的影响，综合评价项目建设的海域、土地利用合理性。

（十）生态和环境保护、安全与职业卫生

（1）审查项目对生态和环境影响的情况，审查是否采取措施保护环境，保护措施是否可行，能否达到预期效果。

（2）审查针对项目可能存在的危险因素，采取的主要防范措施是否可行，能否达到安全、职业卫生要求的预期效果。

（十一）投资估算及财务评价

1. 投资估算

（1）审查项目投资估算范围、原则、方法和依据是否合理。

（2）审查总体开发方案评审会后，是否根据专家意见修改投资估算，是否列出投资估算对比表、对投资差异进行说明。

（3）审查投资估算的范围是否正确，估算方法是否符合公司现行规定，计费依据是否符合国家及公司的有关政策和规定，评估项目投资估算的合理性。

2. 融资方案

（1）审查项目资金筹措情况，列示项目资金年度使用计划表。

（2）审查项目自有资金和债务资金是否符合国家和公司规定的比例，资金来源是否落实，融资方案是否可行，资金使用计划和贷款利率是否合理。

3. 财务评价

（1）审查总体开发方案采用的财务评价方法和主要参数选择是否合理。

（2）审查项目所得税后财务内部收益率、财务净现值、投资回收期等经济指标情况，并列示该项目的主要经济指标表。

（3）审查项目敏感性分析和临界值情况。

（4）审查项目财务评价方法是否符合国家和行业相关要求，基础数据和基本参数选取是否合理，内容和深度是否满足投资决策要求，项目是否经济可行。

（十二）风险及规避措施分析

审查是否从油藏开发、建造安装、油田生产运营、市场等方面分析项目面临的风险，是否提出防范和降低风险的措施建议。

（十三）结论与建议

1. 评估结论

（1）审查项目是否符合国家产业政策和海洋规划及行业准入条件，是否符合公司发展战略和规划，项目建设是否必要。

（2）审查储量是否可靠，动用储量是否合理，项目是否具备实施的资源基础。

（3）审查油气藏开发方案、开发策略、产能、分年配产和开发指标是否合理。

（4）审查钻完井工程方案是否合理、技术是否可行、工期是否合理。

（5）审查总体工程方案是否合理，技术是否成熟、可靠和适用。

（6）审查生态和环境保护、节能、安全与职业卫生等是否符合国家和公司的要求。

（7）审查投资估算范围是否正确，估算是否满足总体开发方案的深度要求，投资估算结果是否合理。

（8）审查评估项目评价方法和参数选择是否合理，项目是否经济可行。

2. 建议

对项目ODP阶段存在的问题、风险和下一步工作中可能遇到的问题提出相应的建议。

二、海洋油气工程装备项目评估要点

海洋油气工程装备主要包括工程或运输船舶、钻井平台、浮式生产储卸油系统等。有别于常规建设项目相对完备、统一的可行性研究管理体系，海洋油气工程装备投资项目的相关管理要求更多结合了企业管理需要和装备实际特点，进行了差异化规定。结合中国海洋石油集团有限公司《大型装备投资项目可行性研究报告编制要求》（Q/HS 9042—2018），建议开展评估时关注以下要点：

（一）项目建设背景和必要性

（1）审查项目提出的背景，包括外部宏观环境和建设单位内部现状；审查建设单位承担建设项目的实力和能力。

（2）审查项目建设是否符合国家重大决策部署，是否符合项目建设单位所在地区发展规划，是否符合公司发展规划、行动计划，是否有利于提升企业竞争力、破解发展瓶颈。

（二）市场预测

（1）审查市场预测基础的规范性和合理性，海洋油气工程行业受油价波动影响较大，预测基础应至少包括对未来10年油价的预测数据。

（2）审查宏观市场分析内容的科学性、合理性、完整性，可参考PEST分析框架。

（3）目标市场应包括市场范围、市场规模和市场价格。市场范围重点审查其确定过程的合理性，常见市场范围的分类包括国内和海外、红海和蓝海、整体与利基等；市场规模重点审查假设条件、分析过程、方法工具、预测结果的科学性；市场价格重点审查对类似工程装备历史价格分析及未来价格预测的合理性，根据装备类型的不同，市场价格可采用日租金或作业单价等不同口径。

（三）方案比选

（1）审查可行性研究报告方案比选所采用的国际公约、法规、规范、规则、指南的完整性和准确性，特别关注项目建成后需要满足但目前尚未生效或尚未发布的公约、法规、规范等对重大技术方案的颠覆性影响，审查船级、船旗、船籍确定的合理性。

（2）审查船舶航行海域、作业海区及其设计环境条件的合理性和完整性。

（3）审查可行性研究报告中对清洁燃料使用的论证，评价燃料选用方案。

（4）审查船舶的主要性能指标、作业能力、定位方式、推进方式、主要电机设备、总体布置方案等内容确定的科学性和合理性。购置项目和改扩建项目根据实际情况开展审查（见表5-1）。

表5-1　船型论证审查要点

序号	审查重点	审查内容
1	主要性能指标	包括但不限于：船舶主尺度、航速、续航力、自持力以及工程性指标（钻井能力、拖带能力、供应能力、铺管能力、起重能力等）
2	作业能力	（1）物探船：震源压力、震源容量、电缆数量等 （2）勘察船：勘察、取样、原位测试能力等 （3）移动式钻井装置：作业水深、钻井深度、钩载能力等 （4）海洋石油支持船：船舶主机功率、拖带能力等 （5）起重船：起吊能力、起吊方式、吊装半径等 （6）铺管船：铺管水深、铺设管径、铺管方式等 （7）驳船：装载能力、下水能力等 （8）半潜船：半潜深度、最大载重量等 （9）水下作业支持船：作业水深、饱和潜水设备的能力等
3	定位方式	锚泊定位、动力定位（DP2、DP3）
4	推进方式	根据船舶的功能、航速、作业安全性、作业方式等要求，审查船舶推进方式
5	主要电机设备	审查船舶主机、发电机选型的合理性
6	总体布置方案	审查船舶总体布置方案的合理性

（5）审查船舶专业设备主要技术参数、性能指标、采购方式、维修配件等确定的科学性和合理性。

（6）审查可行性研究报告中推荐技术方案确定的合理性；针对推荐的技术方案，审查购置、新建、租赁、融资租赁等不同投资方式的科学性、合理性和可行性。

（四）环境影响

（1）审查环境影响分析所采用或选择的国际公约、船级社规范、环保法律法规、主管当局管理规定（若有）的合理性和完整性，审查项目关于环境影响的专项批复情况。

（2）审查项目建造和运营阶段识别污染物类型的完整性（主要包括生活污水、油污水、压载水，空气污染，固体废弃物等），排放标准选定的准确性。

（3）审查项目运营阶段碳排放计算方法和结果的合理性。

（4）审查项目降低污染物排放、减碳降碳措施的合理性；针对采用 LNG、甲醇、氨气等作为动力燃料的船舶，审查其减碳效果的合理性。

（五）节能

（1）审查节能分析所采用的法律法规、规范标准的合理性和完整性。

（2）根据可行性研究报告对项目主要用能设备、能耗种类的统计、汇总和分析，审查综合能耗计算的合理性。

（3）审查项目拟采用节能措施的有效性；根据国内同类型项目的能耗及节能水平，评价项目节能的优势与不足。

（六）职业安全卫生

（1）审查职业安全卫生分析所采用法律法规、规范标准的合理性和完整性。

（2）审查项目建设和运营阶段关于职业安全卫生危险因素识别的完整性。

（3）评价项目应对职业安全卫生事件措施的有效性。

（七）项目建设管理

（1）审查项目组织机构在管理体系、机构设置、人员配置、培训上岗等方面的合理性。

（2）评价项目进度计划编制方法选择的科学性，计划安排和资源配置的连续性和均衡性。评价项目方案设计、基本设计、开工建造、下水试航、交船等里程碑点设置的合理性和可行性。

（3）评价项目在设计单位、建造船厂、主要设备等方面的招标计划、招标方式、招标策略、验收付款方式的科学性和合理性。

（八）风险分析

（1）审查可行性研究报告风险分析评价基准的规范性，包括风险发生可能性的评价基准和风险对项目目标实现影响程度的评价基准两大类。

（2）审查可行性研究报告识别出风险类型的完整性，海洋油气工程装备投资项目常见的风险类型包括市场风险（油价不确定性、地缘政治）、法律风险（氮氧化物、碳排放标准）、运营风险（安全生产）；审查可行性研究报告风险分析、风险评价的合理性。

（3）综合考虑法律法规、社会责任、环境保护、成本收益等因素，审查风险应对措施的科学性和合理性。

（九）投资及财务评价

（1）审查工程投资概算编制原则和编制依据的合理性。

（2）审查投资估算范围、方法、计费依据的准确性和合理性。

（3）审查财务评价原则与方法的合理性。

（4）审查财务评价基本参数选取的合理性。

（5）审查财务评价测算指标的完整性。

三、炼油、化工项目评估要点

炼油、化工项目可行性研究报告的内容及深度可按照中国石油化工集团有限公司暨股份公司《石油化工项目可行性研究报告编制规定》（2020）的要求进行。建议开展评估时关注以下要点：

（一）基础资料

（1）审查采纳规范、标准和规程等文件的准确性。

（2）审查可行性研究报告及支撑材料的完整性和符合性。

（3）对于改扩建项目，根据企业现有装置、在建项目和规划项目，审查可行性研究报告无项目基础的合理性。

（二）项目建设必要性

（1）从项目建设背景、产业政策、行业规划、区域发展规划、准入条件等方面审查项目建设的符合性和合理性。

（2）从企业现状、存在问题、发展战略和规划等方面审查项目建设的必要性。

（三）市场分析

（1）审查对行业发展趋势基本判定的合理性。

（2）审查主要产品（及不同牌号）供需状况及价格变化分析的准确性，包括国际、国内、区域及目标市场的现状。

（3）审查主要产品（及不同牌号）未来供需平衡和价格预测的合理性，包括国际、国内、区域及目标市场的未来预测。

（4）审查产品目标市场和下游应用市场选择、分析的合理性。

（5）对重大政策变化、行业未来的周期趋势、竞争对手及市场变化风险进行提示，并提出相应的建议。

（四）原辅料及燃料供应

（1）审查原油资源供应的可靠性。

（2）审查辅助原料来源的可靠性及价格。

（3）审查全厂燃料气平衡及燃料气供应方案的合理性。

（五）建设规模、工艺流程及产品方案

（1）审查总流程和加工方案选择的合理性。

（2）审查项目建设内容和装置规模的合理性，以及各装置之间的匹配性。

（3）审查产品方案的合理性。

（4）审查全厂物料平衡、氢平衡、硫平衡，以及总加工流程图。对于烯烃、芳烃等大化工项目，重点审查乙烯、丙烯、苯、氢气等主要物料平衡。

（5）对于化工新材料、精细化工产品项目，重点审查产品技术指标。

（六）技术方案和设备方案

（1）审查技术的可靠性、先进性和可获得性。

（2）审查设备数量和选型，以及设备表中信息的完整性。

（七）自控、仪表

（1）审查自控、仪表的设计原则。

（2）审查检测控制系统和控制系统配置方案，各装置主要的联锁保护控制方案等。

（3）审查自动化控制系统的可依托情况及连接方式。

（4）审查中心控制室和机柜间的平面布置。

（八）总图、储运与土建

（1）审查项目用地情况，重点审查项目用地与当地国土部门批复的征地面积的符合性。

（2）审查总图布置的合理性。

（3）审查储运设施的可依托情况及新建、改造方案的合理性。

（4）审查地基处理方案的合理性。

（5）审查各建筑物级别、结构安全等级等设计原则的合理性。

（6）审查各主要建筑物的功能、结构型式。

（7）审查各主要建筑物、构筑物的工程量。

（九）公用工程及辅助生产设施

（1）给排水，重点审查生产用水、生活用水、消防供水、循环水的供应情况，以及事故水池、雨水检测池和污水处理厂的可依托情况和新建方案。

（2）供电，重点审查项目用电量以及电源、总变、区域变的设计方案。

（3）供热，重点审查全厂蒸汽负荷，以及高、中、低压蒸汽的供应方案。

（4）供风，重点审查压缩空气负荷，以及压缩空气站的可依托情况和新建方案。

（5）供氮，重点审查新增氮气负荷，以及氮气站的可依托情况和新建方案。

（十）节能

（1）审查单装置能耗指标及全厂综合能耗。

（2）审查主要节能措施的合理性。

（十一）环境保护

（1）核实相关标准、规范。

（2）审查有关污染物排放浓度等数据及排放指标。

（3）审查 CO_2 排放量、碳排放强度及排放指标。

（4）审查项目环境评价审批手续。

（十二）项目实施计划

审查项目工期的合理性。

（十三）风险分析

（1）从社会稳定、环境、市场、技术、政策、资源、核心工艺技术、建设规模与产品方案、投融资与建设周期等方面提示项目可能存在的风险。

（2）提出规避风险的可行性措施与建议。

（十四）竞争力分析

从原料保障（成本）、市场环境、技术来源、产品方案、可依托公用工程及辅助设施等方面分析项目的竞争力。

（十五）投资估算及融资方案

（1）审查工程投资估算编制原则和编制依据是否合理。

（2）根据有关文件要求审查投资估算文件的完整性，以及项目总投资和工程费用的构成。

（3）审查基础单价是否合理。

（4）根据有关文件要求审查固定资产其他费用、无形资产费用、其他资产费用、预备费、建设期利息、流动资金、增值税、进口设备材料从属费等取费标准的合理性。

（5）审查项目资本金比例、筹措方案的合理性。

（十六）财务评价

（1）审查财务评价的原则与方法是否合理。

（2）对于改扩建项目，审查有项目、无项目范围的合理性。

（3）审查财务评价基本参数的合理性。

（4）审查主要评价指标的完整性和合理性。

四、油库项目评估要点

油库项目可行性研究报告的内容及深度应满足行业和不同企业的相关要求。建议开展评估时关注以下要点。

（一）基础资料

（1）项目是否取得立项审批、规划选址、用地预审、项目核准 / 备案、环境保护、水土保持等批复文件。

（2）项目是否签署资源购销协议或意向书、水电等外部条件及公用工程依托协议、危险废弃物委托处理协议等，是否取得金融机构贷款承诺函。

（3）根据标准规范，审查工程测量、水文（气象）勘测、岩土工程、水文地质详查资料的符合性和完整性。

（4）评审采纳规范、标准和规程等文件的准确性。

（二）项目必要性

（1）项目是否符合公司战略规划及其相关发展要求。

（2）项目是否具有充分的必要性，如有助于获取运营设施、优化物流 / 销售网络、提高公司竞争能力、适应当地经济发展布局等。

（三）资源和市场

（1）审查油品来源、数量、品种及运输方式是否落实。

（2）结合油库所在地市场容量，审查目标市场预测数据是否合理。

（3）结合目标市场占有率、销售网络和发展规划，审查油品销售数量、流向是否合理。

（四）建设规模

（1）审查油品功能定位的合理性。

（2）从生产经营和战略布局等方面，审查油库建设规模的合理性。

（3）审查罐容分配是否满足周转油品种类和牌号的需要，以及单罐罐容和罐型的选择是否合理。

（五）工艺和主要设备方案

（1）审查主要技术参数的选择是否合理。

（2）审查技术方案是否先进可靠、切合实际、安全适用、经济合理。

（3）审查油库装卸设施、储罐、主要泵类、主要管线、管材、管道防腐等主要设备及材料选择是否满足油库工艺功能需要。

（六）自控及信息管理

（1）审查主要控制方案及计量设施的设置方案是否合理、是否符合油库建设规范及标准要求。

（2）审查系统检测、控制及计量等仪表选型是否合理，是否预留相关信息管理系统的通信接口。

（七）库址及总图运输

（1）审查库址区域位置、工程地质及地震、交通运输、区域环境、依托条件等是否满足建库及运营需要，油库与周边设施的安全间距是否满足规范及标准要求。

（2）从防爆、防洪、防火、防震以及方便生产管理等方面，审查总平面布置的合理性；是否符合土地利用控制指标；从土石方量、库区防洪和排水等方面，审查竖向布置是否合理。

（八）公用工程及辅助设施

（1）给排水：审查供水来源的可靠性，供水方案和主要工程量的合理性，污水处理规模及工程量的合理性。

（2）消防：审查消防系统方案的合理性和自动化水平，外部依托消防力量的可靠性。

（3）供配电：审查电源的可靠性，变配电设置、电缆敷设方式、工程量等是否合理。

（4）建筑结构：审查建（构）筑物面积、结构型式是否符合相关标准要求，地基处理方案是否合理。

（九）节能节水

（1）审查油库综合能耗、单位周转量综合能耗及水耗是否先进。

（2）审查拟采取的节能节水措施是否可行。

（十）环境保护、安全与职业卫生

（1）审查污染物治理措施的合理性，废水、废气、废渣等污染物是否满足达标排放的要求，项目建设运营是否对环境造成不良影响。

（2）审查是否对劳动安全与职业卫生的危害因素进行了系统的梳理和分析，防范措施是否合理可行，能否达到安全、职业卫生要求的预期效果。

（十一）投资估算及财务评价

（1）审查工程投资估算编制原则、编制依据是否合理。

（2）审查基础单价和取费标准是否合理。

（3）审查单位库容投资水平是否合理。

（4）审查财务评价的原则与方法是否合理。

（5）审查财务评价的基本参数是否合理。

（6）审查财务评价测算的指标是否完备，项目经济性是否达到有关要求。

（十二）风险分析

（1）从国家、行业政策等方面审查政策风险。

（2）从证照审批手续的完备性、符合性等方面审查合规性风险。

（3）从技术的先进性、可靠性及适用性等方面审查技术风险。

（4）从地质和水文条件等方面审查工程风险。

（5）从利率、汇率变化等方面审查资金风险。

（6）从交通运输、原材料供应等方面审查外部协作风险。

（7）从成品油营销网络布局、销售成本、竞争力等方面审查市场风险。

五、加油站项目评估要点

加油站项目可行性研究报告的内容及深度应满足行业和不同企业的相关要求。建议开展评估时关注以下要点。

（一）基础资料

（1）项目是否取得规划选址、用地预审、项目备案、环境保护、水土保持等批复文件。

（2）项目是否完成站前车流量调查，是否签署资源购销协议或意向书、水电等外部条件及公用工程依托协议、危险废弃物委托处理协议等，是否取得金融机构贷款承诺函。

（3）根据标准规范，审查工程测量、岩土工程、水文地质详查资料的符合性和完整性。

（4）审查采纳规范、标准和规程等文件的准确性。

（二）项目必要性

（1）项目是否符合公司战略规划及其相关发展要求。

（2）项目是否具有充分的必要性，如有助于获取运营设施、优化成品油零售网络、提高公司竞争能力、适应当地经济发展布局等。

（三）资源和市场

（1）审查油品来源、数量、品种及运输方式是否落实。

（2）结合加油站所在地市场容量，审查目标市场预测数据是否合理。

（3）结合站前道路条件、车流量及周边竞争情况，审查加油站销量预测数据是否合理。

（四）建设规模

（1）审查油品功能定位的合理性。

（2）从建站条件、生产经营等方面，审查加油站建设规模的合理性。

（五）工艺和主要设备方案

（1）审查主要技术参数的选择是否合理。

（2）审查技术方案是否先进可靠、切合实际、安全适用、经济合理。

（3）审查加油机、储罐、主要泵类、主要管线、管材、管道防腐等主要设备及材料选择是否满足加油站工艺功能需要。

（4）审查自动控制方案及计量设施的设置方案是否合理，是否符合加油站建设规范及标准要求，是否预留相关信息管理系统的通信接口。

（六）总图运输及公用工程

（1）站址：审查区域环境、工程地质及地震、道路交通、依托条件等是否满足建站及运营需要，加油站与周边设施的安全间距是否满足规范及标准要求。

（2）总图运输：从防爆、防洪、防火、防震以及方便生产管理等方面，审查总平面布置的合理性，是否符合土地利用控制指标；从土石方量、防洪和排水等方面，审查竖向布置是否合理。

（3）给排水：审查供水来源的可靠性，供水方案和主要工程量的合理性，污水处理规模及工程量的合理性。

（4）消防：审查消防系统方案的合理性，是否满足相关规范要求。

（5）供配电：审查电源的可靠性，变配电设置、电缆敷设方式、工程量等是否合理。

（七）节能节水

（1）审查加油站综合能耗、单位加油量综合能耗及水耗是否先进合理。

（2）审查拟采取的节能节水措施是否可行。

（八）环境保护、安全与职业卫生

（1）审查污染物治理措施的合理性，是否满足达标排放的要求，项目建设运营是否对环境造成不良影响。

（2）审查是否对劳动安全与职业卫生的危害因素进行了系统的梳理和分析，防范措施是否合理可行，能否达到安全、职业卫生要求的预期效果。

（九）投资估算及财务评价

（1）审查工程投资估算编制原则、编制依据是否合理。

（2）审查基础单价和取费标准是否合理。

（3）审查单位投资水平是否合理。

（4）审查财务评价的原则与方法是否合理。

（5）审查财务评价的基本参数是否合理。

（6）审查财务评价测算的指标是否完备，项目经济性是否达到有关要求。

（十）风险分析

（1）从产业政策、规划调整等方面审查政策及环境风险。

（2）从证照审批手续的完备性、符合性等方面审查合规性风险。

（3）从交通运输、原材料供应等方面审查外部协作风险。

（4）从成品油营销网络布局、销售成本、竞争力等方面审查市场风险。

六、液化天然气（LNG）接收站项目评估要点

LNG 接收站项目一般由接收站工程、码头工程、输气管道工程三部分组成。国家石油天然气管网集团有限公司成立后，LNG 接收站项目一般由接收站工程和码头工程两部分组成，如涉及输气管道工程，可参照本节第七部分评审。

LNG 接收站项目可行性研究报告的内容及深度可参照中国海洋石油集团有限公司标准《液化天然气项目可行性研究报告编制要求》（Q/HS 10004—2017）编制。不同 LNG 接收站项目，因所处站址环境不同，码头工程建设内容差别较大。除建设码头工程外，通常还需要建设防波堤、航道、港池、锚地、火炬平台和取排水结构等水工建（构）筑物。码头工程可行性研究报告的内容及深度应按照交通运输部交规划发〔2009〕712 号《港口和航道建设项目预可行性研究报告和工程可行性研究报告编制办法》的要求进行。建议开展评估时关注以下要点。

（一）总论

（1）审查总论部分内容的完整性，是否完成相关专题研究及取得批复情况（如纳入港口规划、海域使用论证、规划选址、用地预审、环境影响、节能评估、地震安全性评价、地质灾害评估、压覆矿产调查、安全预评价、水土保持、职业病危害预评价、文物调查、防洪评价、基本农田调查、林业调查等）。

（2）审查项目研究范围和工程内容的完整性，各单项工程范围界定是否明确清晰、无遗漏。

（3）审查项目商务模式（购销、代加工或二者兼有），项目与上下游各方的商务关系。

（4）审查项目必要性，是否符合国家和地区宏观经济发展、行业发展规划，是否符合企业发展战略，对企业核心竞争力提升和经济效益的影响和意义，是否满足目标市场天然气供需形势需要。

（5）审查采纳规范、标准和规程等文件的准确性。

（6）审查主要工程量指标和技术经济指标的完整性。

（二）用气市场、资源和运输

（1）审查项目 LNG 资源配置方案、运输方案的可靠性，是否已签署相应的资源采购协议和船舶运输服务协议。

（2）审查项目 LNG 资源 DES 到岸价格的情况。

（3）审查目标市场选择的原则、思路和合理性。

（4）审查市场需求预测的科学性和合理性，预测依据要与相关规划或签署的供气意向书 / 协议相衔接，主要用户加深分析，商务模式为购销的 LNG 接收站项目原则上要与主要用户签署量价齐备具有约束力的购销协议。

（5）结合气源价格、LNG 接收站加工成本，审查气价竞争力的合理性，分析气价与其他能源的热值比价情况，重点关注与目标市场区域及周边其他气源的竞争力（价格、气源保障、气质、营销策略和服务），价格应按到用户价格或到门站价格同口径比较。

（6）审查有效需求分析的合理性。

（三）码头工程

（1）审查编制依据的规范性，审查工程测量、水文（气象）勘测、岩土工程、水文地质详查资料等基础资料的符合性和完整性。

（2）结合资源配置方案和市场需求，审查码头设计到港船型及比例（设计船型应列出尺寸、满载吃水排水量、压载侧向受风面积、压载水面极高等数据）、吞吐量、通过能力、建设规模和时机确定的合理性。

（3）审查码头建设条件，包括工程地理位置、自然条件、水文、地形地貌及泥沙、工程地质、地震等情况；审查港口作业天数和最大不可作业天数确定的合理性，重点关注雾、冰和台风等情况；结合港口设施情况、项目用地及水域使用情况、环境影响情况，审查项目建设条件。

（4）审查关注码头与相关港区（作业区）平面布置规划、水域布置规划、航道规划、锚地规划的符合情况，关注码头与相邻已建、在建工程的关系。

（5）审查设计依据、设计船舶主尺度确定的合理性，审查水域主尺度（泊位、回旋水域、航道、防波堤、栈桥、口门等）和陆域主尺度的合理性，审查高程设计的合理性。

（6）审查项目航道与现有航道的关系，审查疏浚工程量、疏浚土的利用、处置或处理，抛泥区的位置、纳泥容量等情况，是否有相关依据文件支撑。

（7）审查港池、航道冲淤变化预测的情况，审查港池、航道维护疏浚量的合理性。

（8）审查码头总平面布置及多方案比选情况的合理性。

（9）审查装卸工艺方案与项目工艺方案的一致性，审查主要装卸设备配置情况。

（10）审查各类水工建筑物的建设内容、规模、安全等级和设计使用年限，审查结构方案的合理性，主要水工建筑物应有两个或两个以上技术可行的结构方案，新型结构方案需要进行专题研究。

（11）审查陆域形成方案的合理性，包括征地及用海面积、填海形成的国土面积，形成陆域的有效使用面积、设计条件、接收站设计高程，陆域形成交工标高等，重点关注形成方案、荷载条件、标高等与接收站工程的衔接情况。

（12）审查消防、供电及照明、给排水、消防、通信、导助航及安全监督设施、生产及辅助建筑物（主要是码头控制室）、港作车船等方案的合理性。

（13）审查建设用地、海域使用、岸线使用方案的合理性，是否获得相关批复。

（14）关注取排水泵房、沟道、设备的内容和相关费用与接收站工程的衔接情况。

（四）接收站工程

（1）审查项目建设规模、接收站能力、码头工程通过能力、产品方案、管道输送小时最大流量、非管道输送最大量的合理性，码头工程通过能力应与码头工程篇章和分册保持一致，接收站能力应按《液化天然气接收站能力核定方法》（SY/T 7434—2018）要求核定。

（2）审查接收站罐型选择、罐容计算方案的合理性，罐容是否满足最大不可作业天数要求和储备调峰需求以及储备调峰需求依据的合理性。

（3）审查接收站工艺流程和设备配置的合理性，需进行多工况分析（如无卸船 / 零输出，无卸船 / 正常输出，卸船 / 正常输出等），新建项目需考虑未来扩建预留，扩建项目要注意全厂平衡衔接。

（4）结合岩土勘察情况、陆域形成方案、工程建设计划，审查储罐、管廊、关键设备等重要基础结构和地基处理方案的合理性。

（5）审查总平面布置、竖向设计的合理性，审查厂前区建筑物设计的规模、标准是否满足项目要求。

（6）审查消防、给排水、供电、通信、土建、暖通、仓库、化验室、压缩空气以及仪表空气等方案的合理性。

（7）审查取排水泵房、沟道、设备是否在接收站工程、码头工程中予以考虑，审查工程建设计划下取排水泵房、沟道施工与其他工程的衔接及潜在的费用增加情况。

（8）审查接收站工程与输气管道工程首站的衔接情况。

（9）审查接收站工程与冷能利用方案的衔接情况，如冷能利用装置布置在 LNG 接收站厂区，需独立审查冷能利用装置设计方案的合理性。

（10）审查接收站外部依托条件的落实情况，如供电、供水、道路、消防等。

（五）输气管道工程

参照本节第七部分评审。

（六）节能

（1）审查耗电、耗水、耗气、综合能耗指标的合理性。

（2）审查节能降耗措施的合理性。

（七）环境保护

（1）审查项目防治措施原则、污染物排放量和总量控制指标等合理性和准确性。

（2）审查环境影响报告意见的落实情况。

（八）劳动安全及职业卫生

（1）审查劳动安全、职业卫生篇章的编制依据，是否按照审查意见补充项目安全危险因素、职业病危害因素分析及其相应的对策措施。

（2）审查劳动安全、职业卫生防护设施设置的合理性。

（九）组织机构定员、项目实施进度和招投标

（1）审查组织机构定员与工程方案的匹配性，是否满足业主管理要求。

（2）审查项目实施进度的合理性和招标工作的规范性。

（十）社会效益影响

（1）审查项目对社会的影响，包括：税收缴纳、耗能、占地和用海的影响、沿线居民就业和生活质量、能源供应、相关行业和企业等。

（2）审查项目与所在地区的互适性，包括：利益群体、各级组织、地区文化状况。

（3）审查社会稳定风险分析。

（十一）风险分析

（1）审查主要风险识别的合理性，应明确风险源和风险的主要表现。

（2）审查主要风险定性评估、关键风险定量评估和应对措施的合理性。

（十二）投资估算及财务评价

（1）审查工程投资估算编制原则和编制依据是否合理。

（2）审查基础单价和取费标准是否合理。

（3）审查财务评价的原则与方法是否合理。

（4）审查财务评价的基本参数是否合理。

（5）审查财务评价测算的指标是否完备。

（6）审查工程单位造价和加工成本的情况，必要时可与同类项目横向对比分析。

七、输气管道项目评估要点

输气管道项目可行性研究报告的内容及深度可按照中国石油天然气集团有限公司《输气管道工程项目可行性研究报告编制规定》（2018）要求进行。建议开展评估时关注以下要点。

（一）总论

（1）审查总论部分内容的完整性，是否完成相关专题研究及取得批复情况（如环境影响、节能评估、地震安全性评价、地质灾害评估、压覆矿产调查、安全预评价、水土保持、职业病危害预评价、文物调查、防洪评价、基本农田调查、林业调查等）。

（2）审查资源落实、与沿线各用户签订供气意向书/协议、公用系统依托协议的完整性。直供一家或几家用户的管道项目原则上应签署量价齐备具有约束力的供气协议。

（3）审查项目必要性，是否符合国家和地区宏观经济发展、行业发展规划，是否符合企业发展战略，对企业核心竞争力提升和经济效益的影响和意义，是否满足目标市场天然气供需形势需要。

（4）审查项目研究范围和工程内容的完整性，工程范围界定是否明确清晰。

（5）审查项目商务模式（管输、购销或二者兼有），项目与上下游各方的商务关系。

（6）审查采纳规范、标准和规程等文件的准确性。

（7）审查主要工程量指标和技术经济指标的完整性。

（二）资源分析

（1）审查气源供应可靠性，是否可满足经营期内项目经营需要。国内气田（含煤层气、煤制气、页岩气等）资源应说明资源总体分配情况和可供项目气量情况，管道气转供资源和LNG接收站气化外输资源应提供上游管道或气源方的供气意向。上述可供气量意向原则上不应低于10年且应细化至逐年安排，LNG接收站资源应进一步说明资源采购来源和价格趋势。

（2）审查气源天然气的组成、物化性质及主要技术参数。上游为国家石油天然气管网集团有限公司管道或其他方管道时，应审查接气点气源天然气性质。

（三）市场分析

（1）审查目标市场选择的原则、思路和合理性。

（2）审查市场需求预测的科学性和合理性，预测依据要与相关规划或签署的供气意向书/协议相衔接，对主要用户加深分析。

（3）结合气源价格、输气成本，审查气价竞争力的合理性，分析气价与其他能源的热值比价情况，重点关注与目标市场区域及周边其他气源的竞争力（价格、气源保障、气质、营销策略和服务）。

（4）综合上述情况，审查有效需求分析的合理性。

（四）供配气方案

（1）根据目标市场情况，审查供配气原则的合理性。

（2）审查供需平衡分析、气量分配方案的合理性，确定天然气流向、干线和相关支线的设计规模和建设时间。

（3）审查用气不均匀性分析和调峰气量测算的合理性。

（五）线路工程

（1）线路走向方案：审查选线原则的合理性，审查线路走向方案内容的完整性和比选方案的合理性，审查对相关专项报告意见采纳的情况；对线路进入规划区、城镇区的需论述与各类地下设施间的关系并进行安全间距分析，对经过环境敏感区、重要建筑、压覆矿产资源区、城镇区、规划区等地段宜进行局部方案比选。

（2）线路走向推荐方案：审查线路走向推荐方案说明的规范性，应说明线路所经过的行政区划、土地利用状况、地貌、困难地段、各类环境敏感区、压覆矿产资源区，沿线气象条件及数据统计、水文、地震、地质灾害的情况；审查地区等级划分和设计系数选择的合理性。

（3）管道敷设：审查一般地段和特殊地段敷设原则、敷设方法和安全防护措施的合理性。

（4）管道穿跨越：审查穿跨越方案是否取得主管部门的同意意见，审查穿跨越方案设计和比选的合理性。

（5）线路附属设施：审查截断阀室设置的目的和原则，审查阀室位置、数量和类型的合理性，审查水土保持方案和伴行道路的合理性。

（6）焊接与检验：审查焊接方法、焊接材料与管材的匹配性，焊缝强度、焊缝无损探伤方法的合理性。

（7）安全防护与监测：审查线路安全方案和线路监测方案的合理性，监测数据是否满足业主智能化管理要求。

（8）施工数据采集：审查采集数据是否满足业主管理要求。

（9）地质灾害防治：审查地质灾害防治方案的合理性。

（10）审查对专项评价报告或中间成果意见的响应情况。

（六）输气工艺

（1）审查设计规模、基础数据等工艺参数的完整性和合理性。

（2）审查是否进行必要的输气工艺计算（水力热力计算、压缩机轴功率计算、管道储气能力计算）。

（3）审查输气工艺方案比选的合理性，审查工艺方案节点示意图和工艺计算成果的规范性。

（4）审查调峰方案和管道适应性分析的完整性和合理性。当设有压气站时，应进行压气站失效分析计算。

（七）线路用管

（1）审查管壁厚度、钢材用量计算的合理性。

（2）审查钢管类型和钢级比选的合理性。

（3）审查管道强度校核、稳定性校核、穿跨越管道校核、抗震校核的合理性。

（八）输气站场

（1）审查首站、末站、各类中间站、压气站的功能、设计规模、设计压力等工艺参数的合理性，与供配气方案的一致性。

（2）审查各类站场工艺流程图的规范性和完整性。

（3）审查压缩机和压缩机驱动设备的选择合理性。

（4）审查放空设施及设置合理性。

（5）审查分离器、过滤器、清管器收发装置、加热器、阀类的选择合理性。

（6）审查工艺设备自动化水平、设备数字化和信息化、施工数据采集是否满足业主管理要求。

（九）管道防腐

（1）审查管道及站场防腐总体方案的合理性。

（2）审查线路管道外防腐层、内涂层、补口材料选择的合理性。

（3）对于线路管道和站场埋地管道，审查阴极保护比选方案的合理性，审查阴极保护方案计算的合理性。

（4）审查防腐、补口、阴极保护数据采集内容及要求。

（5）审查干扰防护方案的合理性，重点关注周边高压交流输电线路及交流轨道运输系统的危害评估。

（十）自动控制与通信

（1）审查项目自动控制水平、自动控制系统方案的合理性，重点关注与上下游管道的数据传输要求。

（2）审查主要检测和控制方案的采集范围、采集要求是否满足业主管理要求。

（3）审查控制室、调度中心的功能、面积及相关要求的合理性。

（4）审查通信业务需求预测的合理性，通信技术方案比选的合理性。

（十一）供配电工程

（1）审查项目是否取得电网公司对各站场供电意向书。

（2）审查供电和变配电方案的合理性。

（十二）公用工程

（1）审查各站场选址、总平面布置及竖向设计的合理性。

（2）审查给水、排水、压气站循环冷却水方案，依托市政给水或自打井许可协议的签署情况。

（3）审查热工、暖通情况。

（4）审查建筑与结构的规模确定依据标准，主要建筑的结构选型方案是否合理，可能存在不良地质条件站场的地基处理方案。

（5）审查建筑形式、风格是否满足业主要求。

（6）结合业主要求和社会依托条件，审查维抢修方案的合理性。

（7）审查消防依托、消防方案的合理性。

（8）审查永久征地和临时征地情况，审查用地合理性。

（十三）节能

（1）审查耗电、耗水、耗气、综合能耗指标的合理性。

（2）审查节能降耗措施的合理性。

（十四）信息工程和管道智能化

（1）审查各类信息化、智能化模块方案是否满足业主相应管理要求。

（2）审查是否有相应专题设计报告支撑。

（十五）环境保护

（1）审查项目防治措施原则、污染物排放量和总量控制指标等合理性和准确性。

（2）审查环境影响报告意见的落实情况。

（十六）劳动安全及职业卫生

（1）审查劳动安全、职业卫生篇章的编制依据，是否按照审查意见补充项目安全危险因素、职业病危害因素分析及其相应的对策措施。

（2）审查劳动安全、职业卫生防护设施设置的合理性。

（十七）组织机构定员、项目实施进度和招投标

（1）审查组织机构定员与工程方案的匹配性，是否满足业主管理要求。

（2）审查项目实施进度的合理性和招标工作的规范性。

（十八）社会效益影响

（1）审查项目对社会的影响，包括：税收缴纳、单位输气能力耗能和占地、沿线居

民就业和生活质量、能源供应、相关行业和企业等。

（2）审查项目与所在地区的互适性，包括：利益群体、各级组织、地区文化状况。

（3）审查社会稳定风险分析。

（十九）风险分析

（1）审查主要风险识别的合理性，应明确风险源和风险的主要表现。

（2）审查主要风险定性评估、关键风险定量评估和应对措施的合理性。

（二十）投资估算及财务评价

（1）审查工程投资估算编制原则和编制依据是否合理。

（2）审查基础单价和取费标准是否合理。

（3）审查财务评价的原则与方法是否合理。

（4）审查财务评价的基本参数是否合理。

（5）审查财务评价测算的指标是否完备。

（6）审查工程单位造价和输气成本的情况，必要时可与同类项目横向对比分析。

八、燃气发电项目评估要点

燃气发电项目可行性研究报告的内容及深度应按照《火力发电厂初步可行性研究报告内容深度规定》（DL/T 5374—2018）要求进行。建议开展评估时关注以下要点。

（一）基础资料

（1）项目是否取得有关主管部门对项目接入系统、用地预审、环境保护、水土保持、取水许可申请等批复文件。

（2）项目是否符合电力系统规划，是否落实量价齐备具有约束力的供气协议。

（3）根据标准规范，审查工程测量、水文（气象）勘测、岩土工程、水文地质详查资料的符合性和完整性。

（4）评审采纳规范、标准和规程等文件的准确性。

（二）项目必要性

（1）审查项目与国家、地方、行业、企业发展规划的匹配性，是否纳入发展规划，对企业实现发展战略的意义。

（2）审查项目对于提升企业核心竞争力、解决发展瓶颈、优化产业布局方面的作用和意义。

（3）结合电力系统规划、市场分析论证等内容审查必要性。

（三）电力系统

（1）审查项目所在地区经济发展情况、能源资源情况、电力系统现状与项目的匹配性。

（2）审查负荷预测、电力电量平衡与规划的符合性及计算合理性。

（3）审查项目与系统连接方案的合理性，包括出线电压等级、出线回路数、主接线要求等，是否开展必要的电气计算和技术经济比较。

（四）热负荷分析（供热项目）

（1）根据城市总体规划、供热规划、热电联产规划，审查项目在供热规划的位置、供热范围及与其他热源关系。

（2）审查设计热负荷、供热介质、供热参数、调度运行方式的合理性。

（3）审查配套供热管网建设情况，与项目的匹配性。

（4）重点审查下游热用户的落实情况。

（五）燃料供应

（1）审查天然气供应方案的合理性，天然气保障的可靠性。

（2）审查天然气气质和拟选机组的匹配性。

（六）厂址条件

（1）交通运输：审查天然气运输设施、接卸设施的合理性，使用液化天然气（LNG）的燃气电厂还需考虑LNG运输条件的合理性；审查大件设备运输条件分析论证内容的合理性。

（2）水源：审查取水方案的合理性，是否取得相应的取水许可文件；对于涉及海域的应进行海域使用论证并取得同意用海的意见，对于涉及航道的应取得航道管理部门的同意意见；对采用直流循环冷却的电厂，应根据要求论证温排水影响并取得相关同意意见。

（3）岩土工程：审查工程地质条件和勘察是否满足要求；审查地震、地灾评估等内容是否采纳相关专项报告的意见；对全场进行工程水文地质条件分析，审查主要基础型式及地基处理方案比选的合理性。

（4）审查厂址技术经济比较的合理性。

（七）工程设想

（1）总图：审查全厂总体规划、厂区总平面规划、厂区竖向规划的合理性。

（2）装机方案和规模：审查装机方案的合理性，是否具备机组选型报告，供热机组需进一步论证机组型式及供热参数的合理性。

（3）机组选型：审查是否明确联合循环，是单轴还是多轴机组；是否明确燃烧初温等级、燃机出力及效率；是否明确余热锅炉炉型；是否明确燃机、余热锅炉、汽轮机参数匹配的环境条件。

（4）热力系统：审查热力系统主要设备的选择意见。

（5）电气：审查主变压器、电气主接线、高压启动/备用电源、高压厂用电接线方案、相关电气建（构）筑物的设计方案。

（6）电厂化学：审查锅炉补给水处理系统、凝结水精处理系统、冷却水处理系统、工业废水处理方案，审查凝汽器选材的合理性，审查外购氢气方案的合理性。

（7）热工自动化：审查主要控制方式、控制水平、全厂自动化系统规划方案、SIS 系统的合理性，审查 MIS 系统和业主要求的符合性。

（8）主厂房布置：审查主厂房主要设计尺寸及主辅机设备布置的合理性。

（9）建筑结构：审查各建筑物级别、结构安全等级等设计原则的合理性；审查各主要建筑物的功能、结构型式；审查主要建（构）筑物布置、结构选型及选材的合理性；审查主要建（构）筑物的地基、基础方案。

（10）供排水系统及冷却设施：审查拟定供水系统方案、各项节水措施的合理性；审查水工主要建（构）筑物结构设计方案和地基处理方案的合理性；根据不同冷却系统的型式，审查方案的合理性。

（11）消防系统：审查消防设计原则的合理性；审查消防型式、等级、设施配置情况。

（八）环境及生态保护与水土保持

（1）审查项目防治措施原则、污染物排放量和总量控制指标等合理性和准确性。

（2）审查环境影响和水土保持方案批复意见的落实情况。

（九）劳动安全及职业卫生

（1）审查劳动安全、职业卫生篇章的编制依据，是否按照审查意见补充项目安全危险因素、职业病危害因素分析及其相应的对策措施。

（2）审查劳动安全、职业卫生防护设施设置的合理性。

（十）资源利用及节能分析

（1）审查发电耗气率、发电效率等指标的先进性。

（2）审查用水指标的先进性、节水措施的合理性。

（3）审查用地指标和节约用地措施的合理性。

（4）审查项目厂用电率的先进性、设备节能措施的合理性。

（5）审查项目碳排放情况和合理性及是否满足业主管理要求，审查降碳措施的合理性。

（6）审查建筑材料利用和建筑节能措施，应优先采用当地的原材料，减少运输费用。

（十一）风险分析

（1）从燃料价格变化和市场变化等方面审查市场风险。

（2）从技术的先进性、可靠性及适用性等方面审查技术风险。

（3）从地质和水文条件等方面审查工程风险。

（4）从利率、汇率变化等方面审查资金风险。

（5）从国家、行业政策等方面审查政策风险。

（6）从交通运输、原材料供应等方面审查外部协作风险。

（十二）经济社会影响

（1）审查项目对行业和区域经济的影响，对上下游关联项目的影响。

（2）审查项目对地方经济的贡献、对占用地方资源的影响。

（十三）投资估算及财务评价

（1）审查工程投资估算编制原则和编制依据是否合理。

（2）审查基础单价和取费标准是否合理。

（3）审查财务评价的原则与方法是否合理。

（4）审查财务评价的基本参数是否合理。

（5）审查财务评价测算的指标是否完备。

（6）审查工程单位造价和发电成本的市场竞争力，必要时可与同类项目横向对比分析。

九、陆上风电项目评估要点

陆上风电项目可行性研究报告的内容及深度应按照《陆上风电场工程可行性研究报

告编制规程》（NB/T 31105—2019）的要求进行。建议开展评估时关注以下要点。

（一）基础资料

（1）根据可行性研究报告编制规范，审查气象、水文、地形地质、行业地区规划、交通运输、可依托施工装备、周边环境等资料的符合性和完整性。

（2）审查采纳规范、标准和规程等文件的准确性。

（二）项目必要性

（1）审查项目与国家、地方、行业、企业发展规划的匹配性，是否纳入发展规划，对企业实现发展战略的意义。

（2）审查项目对于提升企业核心竞争力、解决发展瓶颈、优化产业布局方面的作用和意义。

（3）结合电力系统规划、市场分析论证等内容审查必要性。

（三）风能资源

（1）审查风电场参证气象站选择的代表性，审查气象要素的完整性，重点关注冰冻、热带气旋等影响。

（2）审查风电场测风塔合理性和代表性，审查测风数据的合理性和完整性。

（3）审查风能资源评估的合理性和完整性，根据各代表性测站订正的风能资源数据，计算风电场风切变指数、湍流强度、轮毂高度处空气密度、代表年风能资源参数、轮毂高度处50年一遇最大风速值等，对风资源开发条件做出评价。

（四）工程地质

（1）审查工程勘察依据、工作量和成果是否满足规范和项目要求，是否全面涵盖场址范围。

（2）审查区域地质及地震动参数情况，确定地震动峰值加速度及相应的地震基本烈度。

（3）审查工程地质条件内容的完整性，审查工程地质条件评价和地基处理方案建议的完整性和合理性。

（4）审查施工、生活用水的水源地情况，审查天然建筑材料方案的合理性。

（五）工程任务和规模

（1）主要从项目建设背景、产业政策、行业规划、准入条件等方面评审工程建设的符合性和合理性。

（2）根据对区域电力系统和电力市场发展规划的初步分析，审查工程电力市场消纳范围的合理性。

（3）审查工程任务和规模与各方要求、项目开发条件和拟选机组的符合性。

（六）风电机组选型与布置及发电量估算

（1）机组选型应通过技术经济比较后确定，应结合各机型业绩、认证情况、技术性能、可靠性等因素，估算年上网电量、工程投资等技术经济指标。

（2）机组推荐轮毂高度应对推荐机型的备选轮毂高度进行技术经济比选后确定。

（3）对风电场风力发电机布置情况进行审查，重点对项目上网电量、利用小时数、尾流、入流角等参数的合理性进行审查。

（4）对发电量估算进行审查，重点对估算依据（计算方法、计算软件、地形图及精度、机组特性参数、风资源评估成果）、折减系数取值、年发电量计算成果等合理性进行审查。

（七）电气

（1）审查电气设计依据的合理性。

（2）审查项目接入系统与省级电力公司批复接入方式的符合性。

（3）审查升压变电站及输电方案的合理性。

（4）审查主接线方案的合理性。

（5）审查设备选型、过电压保护、绝缘配合、防雷接地及照明的合理性，宜优先选择标准型设备。

（6）审查集电线路和电气设备布置方案的合理性。

（7）审查无功补偿装置的配置情况，如接入系统批复文件中有具体要求的，应以接入系统批复文件为准。

（8）审查站用电方案的合理性，重点审查运行方式、监控方式以及升压站综合自动化设计方案。

（9）审查直流系统设计方案和 UPS 设置情况。

（10）审查电缆选型及敷设方案的合理性。

（11）审查风力发电机穿越能力是否符合电网公司的并网要求，以及落实风力发电机供货厂家是否已提供低电压穿越性能认证报告。

（八）土建工程

（1）审查项目总平面布置方案的合理性。

（2）审查项目用地情况，重点审查与国土部门批复的符合性，并提出相应优化建议。

（3）审查微观选址的合理性，是否取得风力发电机厂家对微观选址的确认报告。

（4）审查各建（构）筑物工程安全和重要性等级、防洪（潮）水标准和抗震设计标准的合理性。

（5）审查风电机组、箱变、升压站基础型式及地基处理方案的合理性，关注防洪排水方案。

（6）审查防腐蚀、抗冰设计、输电线路设计等方案的合理性。

（7）审查站区建筑功能和面积是否符合业主管理要求。

（九）水工、暖通、消防

（1）审查升压站生产、生活用水设计方案。

（2）审查升压站消防用水实施设置情况。

（3）审查升压站内污水处理系统情况。

（4）审查消防型式、等级、设施配置情况。

（5）审查升压站采暖通风方案的合理性。

（十）施工组织设计

（1）审查施工总规划布置方案的合理性。

（2）审查施工用电方案的合理性。

（3）审查施工用水及生产用水水源选择及用水方案的合理性。

（4）审查施工装备、交通运输方案、基础施工方案的合理性，重点审查风电机组等大件设备的运输方案、进站（升压站）道路、场内施工及检修道路布置方案等。

（5）审查风力发电机吊装方案的合理性。

（6）审查施工总进度的合理性。

（十一）环境保护、水土保持、劳动安全、职业卫生、节能

（1）审查项目专项批复情况，说明主要批复意见和要求。

（2）审查环保和水土保持措施、相关监测和管理规划的合理性。

（3）审查劳动安全、职业卫生防护设施设置的合理性。

（4）审查电气设备能耗、生活用水、运维巡检设备耗油情况，审查站用电情况，审

查减排情况。

（十二）风险分析、社会效果分析

（1）审查项目主要风险因素辨识情况和防控措施合理性。

（2）审查项目建设运行对所在地经济发展、城镇建设、劳动就业、生态环境、节能减排效益等方面的影响情况。

（十三）投资估算及财务评价

（1）审查工程投资估算编制原则和编制依据是否合理。

（2）审查基础单价和取费标准是否合理。

（3）审查财务评价的原则与方法是否合理。

（4）审查财务评价的基本参数是否合理。

（5）审查财务评价测算的指标是否完备。

（6）审查工程单位造价和发电成本的市场竞争力，必要时可与同类项目横向对比分析。

十、海上风电项目评估要点

海上风电项目可行性研究报告的内容及深度应按照《海上风电场工程可行性研究报告编制规程》（NB/T 31032—2019）要求进行。建议开展评估时关注以下要点。

（一）基础资料

（1）根据可行性研究报告编制规范，评审气象、水文、地形地质、行业地区规划（特别注意海洋功能区划、生态红线保护规划、海岛保护规划等）、交通运输、可依托施工装备、周边环境［海域、岸线、海底管线、建（构）筑物、航道、锚地、沉船等］等资料的符合性和完整性。

（2）评审采纳规范、标准和规程等文件的准确性。

（二）项目必要性

（1）审查项目与国家、地方、行业、企业发展规划的匹配性，是否纳入发展规划，对企业实现发展战略的意义。

（2）审查项目对于提升企业核心竞争力、解决发展瓶颈、优化产业布局方面的作用和意义。

（3）结合电力系统规划、市场分析论证等内容审查必要性。

（三）风能资源

（1）审查风电场参证气象站选择的代表性，审查气象要素的完整性，重点关注冰冻、热带气旋等影响。

（2）审查风电场测风塔合理性和代表性，审查测风数据的合理性和完整性。

（3）审查风能资源评估的合理性和完整性，根据各代表性测站订正的风能资源数据，计算风电场风切变指数、湍流强度、轮毂高度处空气密度、代表年风能资源参数、轮毂高度处50年一遇最大风速值等，对风资源开发条件做出评价。

（四）海洋水文

（1）审查海洋水文测站设置和水文测验情况。

（2）审查风电场与相关海洋水文测站的关系。

（3）审查潮汐、海流、波浪、海冰、泥沙、海水温度和盐度等海洋水文的合理性和完整性。

（五）工程地质

（1）审查工程勘察依据、工作量和成果是否满足规范和项目要求，是否全面涵盖风电机组、海上升压站、电缆路由、陆上升压站或集控中心等各项建（构）筑物。

（2）审查工程地质条件内容的完整性，宜按风电机组、海上升压站、电缆路由、陆上升压站或集控中心分别论述。

（3）审查工程地质条件评价的完整性和合理性，应包括区域地质构造稳定性、场地地基条件分析、腐蚀性评价等结论。

（六）工程任务和规模

（1）主要从项目建设背景、产业政策、行业规划、准入条件等方面评审工程建设的符合性和合理性。

（2）根据对区域电力系统和电力市场发展规划的初步分析，审查工程电力市场消纳范围的合理性。

（3）审查工程任务和规模与各方要求、项目开发条件和拟选机组的符合性。

（七）风电机组选型与布置及发电量估算

（1）机组选型应通过技术经济比较后确定，应结合各机型业绩、认证情况、技术性能、可靠性等因素，估算年上网电量、工程投资等技术经济指标。

（2）机组推荐轮毂高度应对推荐机型的备选轮毂高度进行技术经济比选后确定。

（3）对风电场风力发电机布置情况进行评价，重点对项目上网电量、利用小时数、尾流、入流角等参数的合理性进行评价。

（4）审查发电量估算的合理性，重点对估算依据（计算方法、计算软件、地形图及精度、机组特性参数、风资源评估成果）、折减系数取值、年发电量计算成果等合理性进行评价。

（八）电气

（1）审查电气设计依据的合理性。

（2）审查项目接入系统与省级电力公司批复接入方式的符合性。

（3）审查升压变电站及输电方案的合理性，对于海上升压站应合理选择电压等级和站址位置。

（4）审查主接线方案的合理性。

（5）审查设备选型、过电压保护、绝缘配合、防雷接地及照明的合理性，宜优先选择标准型设备。

（6）审查集电线路和电气设备布置方案的合理性。

（7）审查无功补偿装置的配置情况，如接入系统批复文件中有具体要求的，应以接入系统批复文件为准。

（8）审查站用电方案的合理性，重点审查运行方式、监控方式以及升压站综合自动化设计方案。

（9）审查直流系统设计方案和 UPS 设置情况。

（10）审查电缆选型及敷设方案的合理性。

（11）审查风力发电机穿越能力是否符合电网公司的并网要求，以及落实风力发电机供货厂家是否已提供低电压穿越性能认证报告。

（九）土建工程

（1）审查项目总平面布置方案的合理性。

（2）审查项目用地和用海情况，重点审查与国土部门和海洋部门批复的符合性，并提出相应优化建议。

（3）审查微观选址的合理性，是否取得风力发电机厂家对微观选址的确认报告。

（4）审查各建（构）筑物工程安全和重要性等级、防洪（潮）水标准和抗震设计标准的合理性。

（5）审查风电机组、海上升压站、陆上升压站或集控中心基础形式及地基处理方案的合理性。

（6）审查防腐蚀、防冲刷、靠船和防撞设计、抗冰设计、输电线路设计的合理性。

（7）审查站区建筑功能和面积是否符合业主管理要求。

（十）水工、暖通、消防

（1）审查升压站生产、生活用水设计方案。

（2）审查升压站消防用水实施设置情况。

（3）审查升压站内污水处理系统情况。

（4）审查消防型式、等级、设施配置情况。

（5）审查升压站采暖通风方案的合理性。

（十一）施工组织设计

（1）审查施工总规划布置方案的合理性，机组部件临时堆存场地与拼装场地的布置方案与相关运输方案、场地条件的符合性。

（2）审查施工用电方案的合理性。

（3）审查施工用水及生产用水水源选择及用水方案的合理性。

（4）审查施工装备、交通运输方案、施工围堰与平台方案、基础施工方案的合理性。

（5）审查风力发电机吊装方案的合理性。

（6）审查施工总进度的合理性。

（十二）环境保护、水土保持、劳动安全、职业卫生、节能

（1）审查项目专项批复情况，说明主要批复意见和要求。

（2）审查环保和水土保持措施、相关监测和管理规划的合理性。

（3）审查劳动安全、职业卫生防护设施设置的合理性。

（4）审查电气设备能耗、生活用水、运维巡检设备耗油情况，审查站用电情况，审查减排情况。

（十三）风险分析、社会效果分析

（1）审查项目主要风险因素辨识情况和防控措施合理性。

（2）审查项目建设运行对所在地经济发展、城镇建设、劳动就业、海洋资源利用、节能减排效益等方面的影响情况。

（十四）投资及财务评价

（1）审查工程投资估算编制原则和编制依据是否合理。

（2）审查基础单价和取费标准是否合理。

（3）审查财务评价的原则与方法是否合理。

（4）审查财务评价的基本参数是否合理。

（5）审查财务评价测算的指标是否完备。

（6）审查工程单位造价和发电成本的市场竞争力，必要时可与同类项目横向对比分析。

十一、光伏发电项目评估要点

光伏发电工程可行性研究报告的内容及深度应按照《光伏发电工程可行性研究报告编制规程》（NB/T 32043—2018）要求进行。建议开展评估时关注以下要点。

（一）基础资料

（1）根据可行性研究报告编制规范，评审气象、水文、地形地质、工程现场测光资料、行业地区规划、交通运输、附着建（构）筑物、周边环境等资料的符合性和完整性。

（2）评审采纳规范、标准和规程等文件的准确性。

（二）项目必要性

（1）审查项目与国家、地方、行业、企业发展规划的匹配性，是否纳入发展规划，对企业实现发展战略的意义。

（2）审查项目对于提升企业核心竞争力、解决发展瓶颈、优化产业布局方面的作用和意义。

（3）结合电力系统规划、市场分析论证等内容审查必要性。

（三）太阳能资源

（1）审查太阳能辐射数据的来源和完整性，除查阅数据库数据外，还应选择场站所在地附近有太阳辐射长期观测记录的气象站作为参考气象站或采用现场观测数据进行资源分析。

（2）审查太阳能资源分析的规范性，是否进行数据修正。

（3）审查是否提供相应光伏电站形式的辐射数据，如固定安装式，应提出设计倾角的逐时倾斜面总辐射数据；采用双面电池组件，应提出正反两面的逐时总辐射数据；采用聚光形式或跟踪运行方式的，应提出逐时法向直接辐射数据。

（4）审查太阳能资源评价结论的可靠性。

（四）工程建设条件

（1）审查地质初勘是否满足工程勘察要求，是否全面涵盖站址区。

（2）审查工程地质条件评价的合理性。

（3）审查附着建（构）筑物的构造可靠性（如涉及），审查光伏发电系统附着建（构）筑物的结构型式及安全条件的合理性。

（4）审查主要气象要素情况和水文条件，山地光伏电站重点关注防洪情况，水面漂浮式光伏电站还应关注水体情况。

（五）工程任务和规模

（1）主要从项目建设背景、产业政策、行业规划、准入条件等方面评审项目建设的符合性和合理性。

（2）根据对区域电力系统和电力市场发展规划的初步分析，审查项目电力市场消纳范围的合理性。

（3）审查工程任务和规模、出力特性与各方要求和项目开发条件的符合性。

（六）光伏发电系统

（1）审查光伏组件选型的合理性，应结合站址资源特点、气象条件、光电转化效率、衰减情况、投资造价和运行可靠性等因素，通过技术经济比选确定。对于光资源丰富地区，重点关注光电转化效率和衰减情况。

（2）审查逆变器、汇流箱选型的合理性。逆变器应与光伏组件匹配，并考虑安装条件、运行可靠性等条件。汇流箱选型应结合输入输出条件、防护等级、接地等条件，并考虑安装条件、运行可靠性等条件。应重点关注山地地形、高温高湿、高海拔等环境条件对设备选型的影响。容配比可根据环境条件适当提高。

（3）审查光伏阵列运行方式的合理性，应结合运行可靠性、价格、运维费用和发电收益等因素。重点关注风荷载、雪荷载对运行可靠性的影响。农光互补、渔光互补项目需考虑农业和渔业对光照的需求，并进行光伏组件遮挡影响分析。

（4）审查光伏组串布置方式、光伏阵列行列间距、汇流箱和逆变器布置方案的合理性。较大的光伏子阵有利于减少电量损失，可结合潜在设备供货商进行布置方案设计。

光伏阵列行列间距需重点关注地形影响，特别是山地光伏项目需关注遮挡影响。

（5）审查光伏发电系统出力特性、效率、衰减率的合理性。

（七）电气

（1）审查电气设计依据的合理性。

（2）审查项目接入系统与省级电力公司批复接入方式的符合性。

（3）审查主接线方案的合理性。

（4）审查设备选型、过电压保护、绝缘配合、防雷接地及照明的合理性，宜优先选择标准型设备。

（5）审查集电线路和电气设备布置方案的合理性。

（6）审查无功补偿装置的配置情况，如接入系统批复文件中有具体要求的，应以接入系统批复文件为准。

（7）审查站用电方案的合理性，重点审查运行方式、监控方式以及升压站综合自动化设计方案。

（8）审查直流系统设计方案和 UPS 设置情况。

（9）审查电缆选型及敷设方案的合理性。

（10）审查光伏发电工程低电压穿越及防孤岛保护能力是否符合电网公司的并网要求。

（11）结合项目所在地要求，审查储能方案的合理性。

（八）总平面布置

（1）审查项目总平面布置方案的合理性。

（2）审查项目所在地的风沙、暴雨、洪水等相关危险性因素预防或治理方案的合理性。

（3）审查项目用地情况，重点审查与国土部门批复的符合性，并提出相应优化建议。

（九）土建工程

（1）审查各建（构）筑物工程安全和重要性等级、防洪（潮）水标准和抗震设计标准的合理性。

（2）审查光伏阵列支架型式的合理性，光伏发电工程与其他产业结合时，应兼顾其他产业要求。

（3）审查各建（构）筑物基础型式、结构尺寸和地基处理方案的合理性。

（4）审查站区建筑功能和面积是否符合业主管理要求。

（十）水工、消防

（1）审查光伏组件清洗用水、生活用水的供水方案和污水处理方案合理性。

（2）审查光伏阵列区、升压站或开关站消防总体设计方案的合理性。

（十一）施工组织设计

（1）审查施工总规划布置方案的合理性，审查施工用水、用电、通信、临建方案的合理性。

（2）审查交通运输和工程用地方案的合理性。

（3）审查施工总进度的合理性。

（十二）环境保护、水土保持、劳动安全、职业卫生、节能

（1）审查项目专项批复情况，说明主要批复意见和要求。

（2）审查环保和水土保持措施、相关监测和管理规划的合理性。

（3）审查劳动安全、职业卫生防护设施设置的合理性。

（4）审查电气设备能耗、生活和清洗用水、运维巡检设备耗油情况，审查站用电情况，审查减排情况。

（十三）风险分析、社会效果分析

（1）审查项目主要风险因素辨识情况和防控措施合理性。

（2）审查项目建设运行对所在地经济发展、城镇建设、劳动就业、生态环境、节能减排效益等方面的影响情况。

（十四）投资及财务评价

（1）审查工程投资估算编制原则和编制依据是否合理。

（2）审查基础单价和取费标准是否合理。

（3）审查财务评价的原则与方法是否合理。

（4）审查财务评价的基本参数是否合理。

（5）审查财务评价测算的指标是否完备。

（6）审查工程单位造价和发电成本的市场竞争力，必要时可与同类项目横向对比分析。

第四节 可行性研究评估报告模板

评估报告作为结论性的成果体现，是项目可行性研究评估工作最重要的成果文件。评估报告的编写既要具有全面性，又要抓住项目重点；深度则应根据评估目的和评估要求而定，要满足委托方的决策参考要求。总体上，评估报告应高度概括评估范围和评估目的，清晰论述、明确点评重点内容，论证其合规性、合理性、可行性、可操作性等，最大限度做到论证正确、风险揭示全面、措施建议得当。

不同类型的投资项目，对其可行性研究报告开展评估的内容及侧重点要求有所不同，此处以油气产业中常见的装备、炼化、天然气及发电类项目可行性研究评估报告模板为例，介绍评估报告的编写要求。

一、海洋油气工程装备项目可行性研究咨询评估报告的编制模板

1. 项目建设背景和必要性

1.1 项目建设背景

（1）简述项目建设单位主要职责、隶属关系、主营业务、经营业绩等基本情况。对于合资项目，补充合资各方基本情况介绍。

（2）简述项目建设提出的背景，为拟建造船舶的分析、评价奠定基础。

1.2 项目建设必要性

从以下几方面评估项目建设的必要性，并提出评估结论：

（1）从科学发展的角度，分析项目与国家产业政策的符合性。

（2）根据公司发展战略、建设单位发展规划、市场需求，说明船舶建设的必要性。

（3）从建设单位装备资源的配置、装备结构和更新换代要求等方面说明船舶建设的必要性。

2. 市场分析

（1）简述项目船舶目标市场范围、主要目标市场特点，评估项目目标市场定位是否合理。

（2）结合项目市场发展趋势和市场容量，侧重分析项目目标细分市场需求量，评估市场预测数据是否合理，市场需求是否落实。

（3）简述项目目标市场的竞争情况，结合项目单位竞争力和项目在功能、技术和价格等方面的优劣势分析，评估项目船舶投产后的市场竞争力。

（4）提出市场分析的评估结论。

3. 建设方案

（1）按照结构合理、功能互补的原则和船型系列化、标准化的发展思路，根据市场分析内容，分析评估船舶功能定位的合理性。

（2）简述项目船舶的主要性能指标、主尺度、作业方式、作业能力、推进方式、主要机电设备、专业设备论证过程及结论。

（3）对推荐方案进行总体描述，列出推荐方案主要技术参数，包括船舶主尺度、主要机电性能参数等，评估主要技术参数的齐全性，分析评估推荐方案参数与设计要求参数之间的响应性。

（4）分析评估推荐理由是否充分合理，重点分析评估推荐方案是否成熟可靠、安全适用、技术先进、经济合理，采用的新技术、新方法是否具有工程实际应用经验。

4. 环境保护、安全与职业卫生

4.1　环境保护

（1）简述项目船舶主要污染物来源及数量，分析评估主要污染物处置方式能否满足环境保护的要求。

（2）简述项目船舶所采取的主要环境保护措施，分析评估保护措施是否可行，能否达到预期效果。

4.2　安全与职业卫生

简述项目可能存在的危险因素，分析评估其采取的主要防范措施是否可行，能否达到安全、职业卫生要求的预期效果。

综合对环境保护、安全与职业卫生进行评估，如有建议，可进一步提出建议。

5. 节能分析

（1）简述项目主要用能设备、能耗种类及综合能耗。

（2）简述项目船舶采取的主要节能措施，分析评估节能措施是否可行，能否达到预期效果。

（3）与国内同类项目的能耗、水耗水平进行对比分析，评估项目能耗及水耗是否先进。

综合对节能进行评估，可进一步提出建议。

6. 项目实施计划

根据计划进度安排，列出项目实施计划进度表，评估项目实施计划安排是否合理。

7. 投资估算和融资方案

7.1　投资估算

（1）简述项目投资估算范围、原则、方法和依据。

（2）简述可行性研究报告评审会后根据专家意见投资估算修改情况，列出投资估算对比表，对投资差异进行说明，见表 5-2。

（3）购置项目应对比建造类似船舶投资和购置类似船舶投资，分析评估购置船舶投资是否合理。

（4）评估投资估算的范围是否正确，估算方法是否符合有关规定，计费依据是否符合国家及公司的有关政策和规定，评估项目投资估算的合理性。

表 5-2　××项目投资估算对比表

序号	项目名称	审查版	修改版	差额	备注
		万元	万元	万元	
一	工程费用				
1	船东采办设备费				
2	船厂建造费				
二	其他费用				
1	项目管理费				
2	前期研究费				
3	设计费（含研究试验费）				
4	接船费				
5	第三方检验费				
三	预备费				
四	建设期利息				
五	项目总投资				

7.2　融资方案

（1）简述项目资金筹措情况，列示项目资金年度使用计划表。

（2）评估项目自有资金和债务资金是否符合国家和公司规定的比例，资金来源是否落实，融资方案是否可行，资金使用计划和贷款利率是否合理。

8. 经济评价

（1）简述可行性研究报告采用的财务评价方法和主要参数选择。

（2）简述运营率（年运营天数）、年作业工作量、日租金、单位工作量价格等基础数据，分析评估项目营业收入、成本和费用估算是否合理。

（3）简述项目所得税后财务内部收益率、财务净现值、投资回收期等经济指标，并列示该项目的主要经济指标表。

（4）简述项目敏感性分析和临界值分析结果。

（5）评估评价方法和参数选择是否合理，项目是否经济可行。对于购置项目，还应对比租赁和建造同类型船舶，评估购置项目合理性。

9. 风险及建议

从建造、作业、市场等方面分析该项目面临的风险，提出防范和降低风险的措施和建议。

10. 评估结论及建议

10.1　评估结论

（1）提出对项目建设必要性的评估结论。

（2）提出对项目船舶目标市场定位合理性及市场落实情况的评估结论。

（3）提出对推荐方案参数与设计要求参数之间的响应性，技术是否成熟、可靠、适用，方案是否可行的评估结论。

（4）提出对环境保护、节能、实施计划等的评估结论。

（5）提出投资估算范围是否正确，是否满足可行性研究报告的深度要求，投资估算结果是否合理的评估结论。

（6）提出项目经济评价方法是否符合国家和行业相关要求，基础数据和基本参数选取是否合理，内容和深度是否满足投资决策要求，项目是否经济可行的评估结论。

10.2　风险、问题及建议

揭示评审过程中发现的项目可能存在的主要风险和问题，并对下一步工作中如何应对风险、化解问题提出相应的建议。

11. 附件

（1）评估人员名单。

（2）评审会会议纪要及专家组评审意见。

二、炼油、化工项目可行性研究咨询评估报告的编制模板

1. 项目建设背景和必要性

1.1　项目建设背景

简述项目提出的背景。

1.2　项目建设必要性

（1）具体分析拟建项目的建设目的、投资价值和建设时机。

（2）拟建项目是否符合国家产业政策和布局，以及地方发展规划。

（3）拟建项目是否符合公司发展规划，是否已完成立项等有关审批手续。

1.3　评审意见

对项目做简要总结，并从规划、政策符合性、对公司影响等角度做出评估，提出项目建设是否必要的结论。

2. 市场分析

2.1 原料市场分析

重点分析评估拟建项目所需原料及主要辅助材料的来源、数量、品种、质量、价格等是否符合项目要求，主要原料能否保证有效供应，是否完成了主要原料的供给协议。

2.2 产品市场分析

结合项目主要产品，从国际、国内及目标市场等方面分析相应产品的发展趋势和市场容量，评估市场预测数据是否合理，主要产品销售数量、流向（目标市场）是否落实，分析主要产品的生产成本及预测价格的优劣势，并对潜在竞争对手及项目的竞争力进行分析。

2.3 评审意见

从供需等角度对市场分析进行总结和评估，分析评估原料来源是否可靠，规格和规模是否满足项目生产需要；产品方案是否符合目标市场需求趋势，产品结构是否合理，产品质量是否符合国家或行业现行标准及发展趋势的要求，能否满足市场或下游装置需要，资源是否得到了有效利用，产品附加值是否获得了最大提升。必要时给出适当建议。

3. 建设规模和总工艺流程

3.1 建设规模

简述重要装置的建设规模，包括设计规模、年操作时间和操作弹性等。

3.2 总工艺流程

简述项目总流程和总物料平衡。

3.3 评审意见

根据资源及产品市场的评估结论，结合建设目的和建设方资金承受能力，分析评估项目确定的建设规模是否合理、是否符合国家产业政策的要求。

4. 工程技术方案

4.1 工程技术选择

简述工程技术选择方案。

4.2 主要设备选择

简述主要设备选择方案。

4.3 评审意见

（1）重点分析评估主要技术方案是否合理、安全、经济，推荐采用的工艺技术是否成熟、可靠、适用。如有引进技术，应说明技术的可获得性，说明是否已签署技术转让或合作协议。如采用新技术、新方法，应根据其鉴定情况和应用情况提出评估意见。

（2）重点分析评估项目工程范围是否合理，工程内容是否满足要求，关键设备的选取是否合适，利旧设备是否适用，主要设备、材料选型是否满足工艺功能需要。

5. 自动控制

5.1 自动控制系统

简述项目自动控制系统设计方案。

5.2 评审意见

分析评估项目自动控制系统的选择是否合理，主要控制方案及仪表设备的设置能否满足生产控制需要，其自动控制水平是否先进适用。

6. 总图运输、建筑结构和储运

6.1 总图运输

简述项目厂址及总图内容。

6.2 建筑结构

简述项目建筑结构设计。

6.3 储运系统

简述项目储运系统设计。

6.4 评审意见

（1）分析评估项目经过比选后确定的厂（站）址方案是否合理，是否符合国土规划、地区规划，以及安全、消防、环境保护等有关规定要求。说明项目建设场地的现状，说明产品的运输方案是否合理，运输条件是否满足项目要求；外部依托、配套的码头、消防等设施是否满足要求。

（2）分析评估主要建（构）筑物面积、结构型式和功能设置是否合理，是否符合有关建设标准要求。

（3）分析评估项目储运设施的设置是否合理，能否满足要求。

7. 公用工程及辅助生产设施

7.1 给排水

简述项目生产、生活、消防等用水量及排水量。

7.2 供配电

简述项目用电负荷。

7.3 电信

简述电信及信息化系统采用的技术方案。

7.4 供热

简述项目用蒸汽规格、数量。

7.5 供风、供氮

简述项目用风、用氮规格、数量。

7.6 采暖、通风及空气调节

简述项目采暖、通风及空调系统设计方案。

7.7 分析化验

评估分析化验仪器和设备的设置能否满足项目的需要。

7.8 消防

分析评估消防系统方案的合理性，能否满足规范和安全生产的需要。

7.9 其他

分析评估项目需要建设的其他公用工程及辅助生产设施工程内容是否合理。

7.10 评审意见

（1）根据供排水可依托情况评估供排水系统采用的技术方案是否合理。分析评估污水处理方案和工艺能否满足国家和当地环保部门对排放的要求。

（2）从供电来源、负荷等级、依托情况等方面评估供电电源的可靠性，分析评估供配电系统采用的技术方案是否合理。

（3）分析评估电信及信息化系统采用的技术方案是否合理。

（4）根据项目供热系统可依托情况，分析评估供热系统采用的技术方案是否合理。

（5）根据项目供风、供氮系统可依托情况，分析评估项目供风、供氮系统采用的技术方案是否合理、来源是否有保障。

（6）分析评估项目采暖、通风及空调系统设计方案是否符合规范要求，工程内容是否合理。

8. 节能节水

8.1 概述项目综合能耗指标、水耗指标，以及相应措施。

8.2 评审意见

（1）分析评估项目综合能耗是否先进，采取的节能措施是否可行。

（2）分析评估项目水耗是否先进，采取的节水措施是否可行。

9. 环境保护、安全及职业卫生

9.1 环境保护

分析项目主要污染物来源及数量，分析评估“三废”治理措施能否满足达标排放的要求。

9.2 安全

简述项目可行性研究报告对主要危险、有害因素的分析及提出的主要安全措施。

9.3 职业卫生

简述项目可行性研究报告对职业危害因素的分析及提出的安全防护和职业安全卫生措施。

9.4　评审意见

分析评估采取的主要防范措施是否可行。

10. 竞争力分析

10.1　市场竞争力

简述目标市场竞争力情况，包括但不限于运输条件、销售竞争力等。

10.2　技术竞争力

简述项目采用的工艺技术与常规技术相比的竞争力，包括但不限于操作简便性、能耗水平等。

10.3　成本竞争力

针对不同技术路线或原料价格分析成本竞争力。

10.4　产品竞争力

针对产品牌号分析其在市场中的竞争力。

10.5　评审意见

总结概括该项目的竞争优势或劣势，以及需要改进的地方。

11. 风险分析

11.1　结合风险章节内容，从市场、原料、产品、技术等方面概述项目存在的风险。

11.2　评审意见

分析评估项目存在的主要风险，对项目提出的应对和规避风险的措施是否可行提出意见。对涉及社会稳定风险的项目，要说明风险等级及有关政府部门出具的意见情况。

12. 投资估算及资金筹措

12.1　投资估算

列出可行性研究报告修改前后投资估算对比表，文字说明可行性研究报告修改前后主要投资变化情况（见表5-3）。

表5-3　可行性研究报告修改前后投资估算对比表　　单位：万元

序号	项目或费用名称	审查版	修改版	修改版－审查版
I	建设投资			
一	固定资产投资			
（一）	工程费用			
1	……			
（二）	固定资产其他费用			
1	……			

续表

序号	项目或费用名称	审查版	修改版	修改版－审查版
二	无形资产费用			
三	其他资产投资			
四	预备费			
Ⅱ	建设期利息			
Ⅲ	流动资金			
	项目总投资			

12.2　资金筹措

简述资金筹措方案。

12.3　评审意见

（1）分析评估投资估算的范围和方法是否正确，投资估算依据是否符合国家、行业及公司的有关政策和规定，投资规模及水平是否适当。

（2）分析评估方案是否符合国家、行业及公司相关规定的比例，资金来源是否落实。说明项目资本金及贷款金额，贷款是否有承诺函。

13. 财务评价

13.1　财务评价

简述项目评价方法、评价参数和评价结果。列表说明可行性研究报告修改前后主要评价指标的变化情况（见表 5-4）。

表 5-4　财务评价审查前后对比表

序号	指标名称	单位	审查版	修改版	说明
1					
2					
……					

13.2　评审意见

评估财务评价方法是否符合国家、行业及公司的相关规定，有关参数的选取是否合理，评价结果是否达到相关规定要求，项目经济上是否可行。

14. 附件

（1）评审人员名单。

（2）评审会纪要及专家组意见。

三、天然气及发电项目可行性研究咨询评估报告的编制模板

1. 项目背景和必要性

1.1 项目建设背景

简述项目提出的背景。

1.2 项目建设必要性

（1）分析项目所在区域目前的自然概貌、经济发展现状和前景、现有能源供需情况，项目的前期研究内容，能源供应可靠性和安全性，能源消费结构优化调整、环境保护、天然气市场、LNG 接收站相关产业发展的需要等方面概况，具体分析拟建项目的建设目的、投资价值和建设时机。陈述项目建设的必要性。

（2）拟建项目是否符合国家产业政策和布局，以及地方发展规划。

（3）拟建项目是否符合公司发展规划，是否已完成立项等有关审批手续。

2. 市场分析

2.1 资源

（1）对可行性研究报告资源及运输部分进行以下分析：采购的总体策略（招标、邀请谈判、其他），合同主要条款、方案建议，报批情况和实施步骤等，LNG 运输安排的总体策略、谈判过程以及合同主要条款等。

（2）重点分析评估拟建项目资源、原材料来源、数量、品种、质量、价格等是否符合项目要求，主要资源是否能保证项目有效期内的供应，是否完成主要原料供给协议。根据分析结果给出评估结论和建议。

2.2 市场

（1）对可行性研究报告中以下几个方面的论述进行评价：国内天然气市场现状、项目所在区域的天然气市场现状，需求和供给分析，LNG 气源价格与现有天然气价格、其他能源价格竞争力比较。发电用户、工业用户、城市用户和其他用户使用 LNG 价格承受能力。天然气购销协议签订情况、协议主要条款和用气市场预测分析的结论。

（2）结合项目主要产品，从国际、国内及目标市场等方面分析相应产品的发展趋势和市场容量，评估市场预测数据是否合理，主要产品销售数量、流向（目标市场）是否落实，分析主要产品的生产成本及预测价格的优劣势，并对潜在竞争对手及项目的竞争力进行分析。根据分析结果给出评估结论和建议。

3. 建设规模和产品方案

3.1 建设规模

根据资源及产品市场的评估结论，结合建设目的和建设方资金承受能力，分析评估项目确定的建设规模是否合理、是否符合国家产业政策的要求。

3.2　产品方案

分析评估产品方案是否符合目标市场需求趋势，产品结构是否合理，产品质量是否符合国家或行业现行标准及发展趋势的要求，能否满足市场或下游装置需要，资源是否得到了有效利用，产品附加值是否获得了最大提升。

4. 工艺技术方案

重点分析评估主要技术方案是否合理、安全、经济，推荐采用的工艺技术是否成熟、可靠、适用。如有引进技术，应说明技术的可获得性，说明是否已签署技术转让或合作协议。如采用新技术、新方法，应根据其鉴定情况和应用情况提出评估意见。

5. 主要工程内容和设备方案

重点分析评估项目工程范围是否合理，工程内容是否满足要求，关键设备的选取是否合适，利旧设备是否适用，主要设备、材料选型是否满足工艺功能需要。

6. 自动控制

分析评估项目自动控制系统的选择是否合理，主要控制方案及仪表设备的设置能否满足生产控制需要，其自动控制水平是否先进适用。

7. 总图运输、建筑结构和储运

7.1　总图运输

分析评估项目经过比选后确定的厂（站）址方案是否合理，是否符合国土规划、地区规划，以及安全、消防、环境保护等有关规定要求。说明项目建设场地的现状，说明产品的运输方案是否合理，运输条件是否满足项目要求；外部依托、配套的码头、消防等设施是否满足要求。

7.2　建筑结构

（1）分析评估主要建（构）筑物面积、结构型式和功能设置是否合理，是否符合有关建设标准要求。

（2）分析判断可行性研究报告中建筑部分是否符合建筑规范要求，完善各单体建筑的方案设计，完成并达到方案设计深度，是否将每个单体项目中土建投资与其他工程投资分别列出。并根据分析结果给出结论和建议。

7.3　储运

分析评估项目储运设施的设置是否合理，能否满足要求。

8. 公用工程及辅助生产设施

8.1　给排水

简述项目生产、生活、消防等用水水量及排水量，根据供排水可依托情况评估供排水系统采用的技术方案是否合理。分析评估污水处理方案和工艺能否满足国家和当地环保部门对排放的要求。

8.2　供配电

简述项目用电负荷，从供电来源、负荷等级、依托情况等方面评估供电电源的可靠性，分析评估供配电系统采用的技术方案是否合理。

8.3　电信

分析评估电信及信息化系统采用的技术方案是否合理。

8.4　供热

简述项目用蒸汽规格、数量，根据项目供热系统可依托情况，分析评估供热系统采用的技术方案是否合理。

8.5　供风、供氮

简述项目用风、用氮规格、数量，根据项目供风、供氮系统可依托情况，分析评估项目供风、供氮系统采用的技术方案是否合理、来源是否有保障。

8.6　采暖、通风及空气调节

分析评估项目采暖、通风及空调系统设计方案是否符合规范要求，工程内容是否合理。

8.7　分析化验

评估分析化验仪器和设备的设置能否满足项目的需要。

8.8　消防

分析评估消防系统方案的合理性，能否满足规范和安全生产的需要。

8.9　其他

分析评估项目需要建设的其他公用工程及辅助生产设施工程内容是否合理。

9．节能节水

列出项目综合能耗及水耗指标，分析评估项目综合能耗及水耗是否先进，采取的节能节水措施是否可行。

10．环境保护、安全及职业卫生

10.1　环境保护

分析项目主要污染物来源及数量，分析评估“三废”治理措施能否满足达标排放的要求。

10.2　安全

简述项目可行性研究报告对主要危险、有害因素的分析及提出的主要安全措施，分析评估采取的主要防范措施是否可行。

10.3　职业卫生

简述项目可行性研究报告对职业危害因素的分析及提出的安全防护和职业安全卫生措施，分析评估采取的主要防范措施是否可行。

11. 投资估算及融资方案

11.1 投资估算

分析评估投资估算的范围和方法是否正确，投资估算依据是否符合国家、行业及公司的有关政策和规定，投资规模及水平是否适当。列出可行性研究报告修改前后投资估算对比表，见表5-5，文字说明可行性研究报告修改前后主要投资变化情况。

表5-5 可行性研究报告修改前后投资估算对比表

单位：万元

序号	项目或费用名称	审查版	修改版	修改版 - 审查版
一	工程费用			
1	……			
二	其他费用			
1	……			
三	预备费			
	建设投资			
四	建设期利息			
五	流动资金			
	项目总投资			

11.2 融资方案

分析评估融资方案是否符合国家、行业及公司相关规定的比例，资金来源是否落实。说明项目资本金及贷款金额，贷款是否有承诺函。

12. 经济评价

（1）分析评估经济评价方法是否符合国家、行业及公司的相关规定，有关参数的选取是否合理，评价结果是否达到相关规定要求，项目经济上是否可行。

（2）列表说明可行性研究报告修改前后主要评价指标的变化情况。

13. 风险分析

分析评估项目存在的主要风险，对项目提出的应对和规避风险的措施是否可行提出意见。对涉及社会稳定风险的项目，要说明风险等级及有关政府部门出具的意见情况。

14. 评估结论和建议

14.1 评估结论

就以下内容提出评估结论：

（1）项目建设的必要性。

（2）项目资源与市场是否落实。

（3）项目建设规模是否合理。

（4）项目采用的技术方案是否成熟可靠和适用，主要工程内容和设备方案是否合理。

（5）项目建设条件和审批条件是否具备。

（6）投资估算和经济评价结果是否适当。

14.2　风险、问题及建议

揭示评审过程中发现的项目可能存在的主要风险和问题，并对下一步工作中如何应对风险、化解问题提出相应的建议。

15．附件

（1）评估人员名单。

（2）评审会会议纪要及专家组评审意见。

第六章
项目初步设计评审

第一节 初步设计概述

一、初步设计的概念

（一）基本概念

初步设计（或基础设计）是项目准备阶段的重要工作，是对项目进行确定、优化并由可行性研究等前期工作成果转化为工程设计的重要环节。此阶段需要确定设计参数、规范和标准，形成满足投资决策和工程实施的工程设施设计文件和投资概算文件。

（二）主要内容

初步设计文件一般由设计说明书（包括设计总说明、各专业的设计说明书、专篇和专题报告）、设计图纸、主要设备及材料表和工程概算书四部分内容组成。

（三）工作阶段

按照项目周期划分，初步设计是项目准备阶段设计工作的首要环节，项目前期阶段的可行性研究报告批准后，应对建设项目技术方案、工程方案的可靠性和投资规模的合理性进行优化和细化，开展设计工作。设计工作是整个工程实施的决定性环节，是后续组织工程建设的依据和基本建设计划的具体化，对工程质量和将来的使用效果有直接影响。

我国建设项目设计阶段的管理总体一致，大中型项目一般采用两段设计，即初步设计与施工图设计。重大项目和技术复杂的项目，可根据需要，增加技术设计，按三个阶段进行。此外，不同的行业也会结合项目复杂程度和管理需要有所细化调整，如石油化工类项目结合行业特点，其在设计阶段需开展工艺包设计、基础设计和详细设计，基础设计是在工艺包设计的基础上，进行的工程化设计工作。为适应国内建设管理体制的特点，石油化工类项目基础设计工作阶段与初步设计大致相当，覆盖了传统初步设计的内容并有一定的拓展。为便于叙述，本章将初步设计 / 基础设计统称为初步设计，将施工图设计 / 详细设计统称为施工图设计。

二、初步设计的目的和作用

（一）目的

初步设计根据批准的可行性研究报告和相关设计基础资料，对设计对象进行整体研究，目的是阐明在指定的地点、时间和投资控制数额（批复的投资估算）内，拟建工程在技术和经济上的合理性。初步设计通过对设计对象做出基本技术规定，编制项目的总概算。

（二）作用

1. 推动项目实施

经审查的初步设计和总概算，在完成投资决策程序获得批准后，是确定项目投资额、编制固定资产计划、控制施工图预算、考核设计经济合理性、竣工决算编制、工程招投标、材料设备供货、施工审查和项目设计的依据。

2. 投资风险管控

客观来说，由于可行性研究阶段还存在诸多不可预见的因素，如项目资源、市场、经济、环境等外部条件动态变化，项目本身的开发建设条件和商业模式尚未完全落实，项目技术路线、工程方案和风险分析深度不够等，有必要在初步设计阶段增加投资决策环节。很多公司在其投资管理办法中规定，建设项目设置可行性研究和初步设计两个决策点，以加强投资管控。

不同企业也可根据管理需要细化重大变更的定义和具体要求，如建设地点、建设规模、产品结构、技术方案发生重大调整，产业政策、市场环境发生重大不利变化，如初步设计提出的总概算超过可行性研究报告总投资估算 10%，或项目投资回报率发生较大降幅等。

三、初步设计与可行性研究的关系

可行性研究，是在建设项目投资决策前对有关建设方案、技术方案和生产经营方案进行的技术经济论证，需要从技术、经济、财务、商业、安全、节能多个方面进行综合论证，分析判断建设项目的必要性和可行性，为投资决策提供科学依据。可行性研究的目的是为实现项目的最佳经济效果，对项目的经济合理性、技术先进性进行全面分析和论证，为项目投资决策提供科学依据，降低和规避风险影响，保障投资经济效果。

初步设计，是为项目实施做准备，重点在于把项目计划落实到具体实施建设中，是项目实施的基础，故不再着重论述市场等情况，重点是依据相关专业标准和规范要求，对建设方案开展工程化设计。初步设计是在可行性研究报告批复后开展的，是未来施工图设计的基础。初步设计完成后，可以进行工程总承包招标、土地购置、定型设备的订货和非定型设备的预订货等。

初步设计与可行性研究联系紧密，同时又存在区别，主要体现在以下几个方面。

1. 可行性研究在前，初步设计在后

可行性研究是项目核准的依据，需要政府核准的项目，则以可行性研究报告为基础编制项目申请报告。在项目可行性研究报告获得批复，以及项目得到政府核准后，标志着项目完成了投资决策，进入项目实施阶段，方可开展初步设计工作。

2. 所处项目阶段不同

可行性研究属于项目前期阶段的重要工作，是项目投资决策的基础。而初步设计属于项目实施阶段的重要工作，是项目开展详细设计和招标采办的前置基础工作。

3. 目的、内容和深度要求不同

可行性研究是项目投资决策的基础，重点论述建设项目的必要性、可行性和经济性等。可行性研究报告以文字论述为主，附图展示为辅，内容涉及必要性、可行性、资源、市场、技术、经济、安全、节能、环保等多个方面，项目投资以投资估算形式进行。

初步设计聚焦建设方案的工程化设计，其文字说明与初步设计各专业图纸内容相对应，以文字说明和图纸并列成册，表达实施建设项目设计方案的完整论述。初步设计的图纸，各专业平、立、剖面要尽量齐全，设备管线数量、型号、尺寸、标高要尽量齐全，单位工程、分部工程及分项工程内容应分别与现行定额的项目划分相对应，以满足投资概算编制的需要。

四、评审与评估的关系

投资项目可行性研究报告的审查或咨询评估，立足于“估算指标”，突出对项目总体方案的论述，强调项目规划符合性、资源可获得性、产品竞争力、工程方案可行性和投资估算的合理性，通常称为“评估”，咨询单位出具的审查报告一般称为“×××建设项目可行性研究报告的评估报告”。

初步设计因项目已完成投资决策，不再重点论述项目建设的必要性和市场经济等情况，主要是依据设计基础资料、相关专业标准规范和专题论证情况，对各单项工程进行工程设计深化。初步设计文件的咨询意见因需聚焦具体内容的审核符合性、规范性，加之概算指标体现了对具体分项工程的编制和审查，通常称为“评审”，咨询单位出具的审查报告一般称为“××× 建设项目初步设计审查报告”或“××× 建设项目初步设计评审报告”。

第二节　初步设计的评审

一、评审的原则与重点

（一）严格执行规范、标准、科学的评审依据

初步设计审查涉及多个行业和专业的各种工程、技术规范、标准、规定、规程和工程建设、建筑指标标准体系，需要严格执行。

（二）工程（技术）方案是审查的重点

在初步设计审查中，工程或技术方案是审查的核心和重点。工程建设项目的核心内容是项目建设方案，对初步设计审查的过程就是对各种建设方案进行比选、分析、论证的过程。具体要注意推荐方案提供的数据是否确切合理，理由是否充分。另外，设计方案比选要分析论证依据。

（三）关注节水、节能、减排等分析指标

在工程建设资源利用分析中，应对节能、节水进行专题分析。通过对项目工程建设方案的能耗、水耗指标进行分析评价，审查工程建设方案是否符合节能、节地、节水政策及有关专项规划的要求，并在提高资源利用效率、降低资源消耗等方面提出相应的对策。建设方案应从选址、规划、单体建筑的设计等方面体现资源节约。在初步设计审查中，还应注重节能减排的技术、措施及投资安排。

（四）注重项目外部依托条件

国家、地方、行业、产业和项目发展规划，工程建设选址、工程规划建设条件、资源环境条件、地质及地震灾害、不可抗拒的自然灾害等，都会对项目建设带来外部影

响。初步设计要进行充分分析、论证，对外部因素可能对项目的影响和影响程度进行严格分析、确定。

（五）审查意见要明确

初步设计审查是一项科学、严谨的工作，技术审查为终身负责制，责任重大。在评审中，必须以客观、公正、科学、务实的态度，提出明确的观点和咨询意见。提出问题后必须随即提出问题的解决方案或方法及最优方案；不能提出明确解决方案的，提出建议方案或替代方案供商榷后确定。在多方案比选中，推荐方案或建议方案必须明确推荐或建议的具体方案，书面审查意见应明确观点，即同意、不同意、基本同意或原则同意，对某个具体问题明确提出采用何种方法或方案。审查意见要求提纲挈领、言简意赅、重点突出，评审报告应论据充分、数据准确、文字简练、结论明确。

（六）组织高水平的评审专家

工程建设项目在初步设计阶段专业分工详细，各个专业设计要求达到一定的专业深度，需要高水平的相关专业专家进行专业审查，部分涉及重大施工方案的需要施工专家参与审查。没有经验丰富、熟悉设计规范和项目实施的高水平专业专家，就谈不上专业水平的审查。

二、评审的基本要求

（一）设计内容

（1）应涵盖建设项目可行性研究报告批复的全部建设内容。

（2）审查初步设计与可行性研究报告及批复文件的差异情况，对主要变化内容，需在初步设计文件中进行说明，列示原因和理由。

（3）审查设计文件要件的完整性。

（二）设计深度

（1）初步设计文件编制要符合所处行业及所涉及专业对初步设计深度的规定要求。

（2）工程或技术方案要有方案比选、分析和论证，推荐方案的数据合理确切，分析论证依据充分。

（3）工艺设计要做到工艺落实、技术路线明确，突出工艺技术选择的先行性、合理性和经济性。

（4）项目规模和总体布局是否合理，主要设备选型、总体布局的合理性，工程设计的合规性和可靠性，配套设施落实情况。

（三）标准和规范的符合性评审

（1）根据建设工程初步设计及初步设计概算编制规范、标准、深度要求，遵循相关的评审技术规程。

（2）审查环境影响评价报告、安全预评价报告、职业病危害预评价报告、节能评估报告、HAZOP 分析报告、水土保持措施等报告的落实情况。

（四）概算评审

要求编制依据正确、编制方法符合规定，计列费用完整，概算表格齐全，工程量清单真实，取费基数和采用费率准确，设备仪器、建筑装修、主要材料等价格和单位工程造价、技术经济指标合理。

（五）财务分析评审

初步设计阶段一般不再重点进行财务分析的论证及编制。但不同行业和不同企业要求也有所差别，如在石油、天然气等能源行业，企业会发布初步设计阶段进行财务分析的制度要求，对于投资回报率变动达到一定程度需要重新决策等。对此，项目单位及设计方应按行业及企业要求，进行相应的财务分析，重点关注投资额、原材料及产品价格、成本参数与可行性研究阶段的对比分析，并就财务分析结果与可行性研究的财务分析结果进行评审说明。

三、评审的流程

初步设计的评审流程同项目评估流程基本一致，本书第三章提出的项目评估流程适用于初步设计评审。但初步设计的评审对专家的专业性和对标准规范的把握等方面要求更高、更加具体。初步设计评审的主要流程同样由准备阶段、开展阶段和结果应用阶段组成，但每一阶段的具体工作内容相比发展规划评估、可行性研究报告评估等又具有其特殊性。

（一）初步设计预审

1. 完整性审查

咨询单位在接到评审委托后，首先需要审查初步设计文件的完整性，判断是否具备进行审查的条件。不同行业、不同类型的项目的要件要求不完全一致，需结合行业管理规定和委托单位具体要求确定，以石油化工项目为例，一般申请材料应包括：

（1）评审合同/委托函；

（2）所属单位初审意见及设计单位落实情况；

（3）HAZOP分析报告；

（4）建设项目登记备案（核准）证明、用地规划正式许可等建设项目需办理的政府手续；

（5）可行性研究报告批复文件；

（6）环境影响评价报告、节能评估报告、安全预评价报告、职业病危害预评价报告、社会稳定风险评估报告、水土保持方案及评审结论或批复文件；

（7）用水、用电、用气（汽）、用地等外部协议。

2. 研究资料

初步设计是设计深化，需详细研究初步设计文件内容，认真查阅相关技术标准规范以及相关研究资料，把握项目的专业特点、技术关键点和难点，明确评审重点，以便后续评审实施。

（二）专家团队组建

遴选高水平的专家是评审工作成功的关键环节。在实际工作中应注意把握以下原则：

（1）注重从咨询单位专家库遴选专家，并根据专家工作情况和行业动态发展持续完善专家库。

（2）工程建设项目在初步设计阶段不同于项目建议书和可行性研究阶段，专业分工比较细，初步设计各个专业要求达到一定的专业深度。因此，一般应选择从事过同类项目设计工作、熟悉运用标准规范并具有丰富设计经验的专家参与。

（3）初步设计评审需要对采标合理性给出明确意见。可根据项目实际情况邀请相关标准规范起草或研究单位的专家。

（4）对于涉及重大施工方案的内容，一般还应邀请相关施工单位的技术专家参与，如油气长输管道穿跨越工程、大型储罐工程、复杂地质条件下的基础工程等。近年来，数字化、标准化等越发受到重视，结合项目实际情况也可邀请相关专家对数字化专篇、标准化专篇等进行审查。

（三）调研、现场踏勘

在正式召开专家评审会前，咨询单位应根据项目评审方案和具体项目情况，确定现场踏勘或调研预备会等前期调研形式。评审团队和专家组在充分研读初步设计文件的基础上，需对项目场址及周边环境现场踏勘，认证设计基础资料的真实性，对场址及周边的基础设施利用、自然地形利用、初步的建筑布局、地质灾害和防洪排水、工程实施的潜在敏感因素等进行直观认识和初步评估。对于部分技术难度较大、涉及新产品、新材料和新工艺的项目，有必要在专家评审会正式召开前组织专题讨论和调研等专项工作。

（四）编写评审报告

初步设计的评审报告，一般包括五部分内容：

（1）项目概况。简要介绍项目的基本情况，包括工程的场址选择、建设内容、建设规模、工艺方案、建设方案、设备选型、投资概算等内容。建设方案应简单介绍项目的总体设计、建筑设计、结构设计、机电安装等方案。

（2）总体评价。项目建设条件与现场现状、与上级批复的符合性。初步设计与政府部门专项批复、与可行性研究报告批复的符合性。主要技术经济指标是否满足规划设计条件批复文件的要求。

（3）主要评审意见。分专业阐述项目设计方案与现行法规、规范、强制性条文的符合性，以及设计方案的合理性。

（4）工程经济。根据工程建设和造价管理的法律、法规和方针政策，结合专家评审意见，判断设计概算是否完整准确，采用的概算定额、费率、指标是否合理，工程建设其他费用、预备费等是否准确，概算应与可行性研究报告批复估算做逐项对照，如有较大调整，应注明主要原因及内容。

（5）结论和建议。

（五）评审结果应用阶段

1. 反馈评审报告

评审报告完成编制和内审修改完善后，应按照委托要求反馈给委托单位，以供初步设计审批需要。委托单位也会根据管理要求，将评审报告或部分内容反馈给建设单位，以供初步设计进一步完善或提出建议供项目后续阶段采纳。

2. 评审报告应用

根据初步设计评审的实践经验，评审成果主要应用在以下两方面：一是推动项目设计成果进一步完善。针对评审发现的主要问题，采取针对性措施落实完善，提高初步设计成果的合理性、规范性和经济性。二是推动项目建设目标实现。结合评审结论，确定项目实施方案并识别项目实施阶段需关注的重要环节，保障项目建设目标的实现。

第三节 初步设计的评审实务

初步设计报告一般由设计说明书（包括设计总说明、各专业的设计说明书、专篇和专题报告）、设计图纸、主要设备及材料表和工程概算书四部分内容组成。不同项目因所处行业不同、具体建设内容不同、业主对设计标段划分管理要求不同，通常会开展多个单项工程的初步设计，相应评审的要点也需结合项目具体情况和相关规范要求确定。本书以油气产业的炼油化工项目、LNG 接收站项目、燃气发电项目，以及新能源产业的风电项目为例，进行评审要点的重点论述。

一、炼油化工项目

炼油化工项目按类型分为单装置基础设计和全厂基础设计。单装置基础设计评审应主要关注与单装置相关内容的完整性和合理性，全厂基础设计评审关注的重点是全厂性工作的协调性和系统性，即各单项工程之间的协调性和匹配度。

单装置基础设计可按照《石油化工装置基础工程设计内容规定》（SPMP-STD-EM2003—2016）编制，全厂基础设计可按照《石油化工工厂基础工程设计内容规定》（SPMP-STD-EM2004—2016）编制，其他单项工程可参照相应行业规范进行评审，如涉及的铁路专用线可按照《铁路建设项目预可行性研究、可行性研究和设计文件编制办法》（TB 10504）编制，码头可按照《港口工程初步设计文件编制规定》（JTS 110-4-2008）编制等。

（一）单装置基础设计

参照相应规范，单装置基础设计评审可关注以下内容。

1. 基本要求

（1）审查基础设计文件的完整性，应满足《石油化工装置基础工程设计内容规定》（SPMP-STD-EM2003—2016）的要求，设计深度应满足建设单位审查、工程物资采购准备和施工准备、开展详细工程设计以及总承包合同谈判的要求。

（2）审查设计依据的完整性和符合性，如建设项目可行性研究报告或总体设计和批准文件，建设项目的环境影响报告书（表）、安全评价报告、职业病危害预评价报告、项目节能评估意见等及其批准文件、工程建设场地地震安全性评价报告，设计合同、工艺设计包等文件的名称、文件号和审批单位的名称，含有引进技术的项目还应列出引进技术合同的名称和合同号。

2. 设计说明

（1）概述。

1）审查概述的完整性，概述是对装置基础设计做全面概括的说明，其内容应符合《石油化工装置基础工程设计内容规定》（SPMP–STD–EM2003—2016）的要求。

2）可重点审查：概述的前后一致性，保证概述内容与后文内容保持一致；由两家以上单位完成设计时，是否列出设计分工；设计工期的合理性；对改扩建项目，是否说明装置的依托条件；避免概述内容出现漏错问题；如对可行性研究或总体设计批复有较大变化的，需进行说明。

（2）工艺。

1）审查工艺设计基础和工艺说明的完整性、设计深度和合理性，其内容应符合《石油化工装置基础工程设计内容规定》（SPMP–STD–EM2003—2016）的要求。

2）可重点审查：采用的相关标准和设计原则是否统一；是否说明项目可行性研究批复后的变更是否需要重新报批或变更环境影响评价、节能评估报告等政府审批文件；原料和产品的浓度和纯度是否符合相应要求，以及副产品的回收、利用和“三废”处理方案是否合理；工艺装置能耗及能耗水平；比较基础设计工程范围、原料来源及规格、产品、技术路线及主要技术方案与可行性研究的差异。

（3）设备。

1）审查设备设计说明的完整性、设计深度和合理性，其内容应符合《石油化工装置基础工程设计内容规定》（SPMP–STD–EM2003—2016）的要求。

2）可重点审查：设备的供货范围和采用标准；设备应用的业绩及可靠性；设备使用的现场条件；设备选型和选材的适用性和经济性；设备之间的关联的协调性和适应性；特殊设备来源和现场使用的可靠性；分析与可行性研究报告及其批复意见的差异情况及原因。

（4）总图运输。

1）审查设计说明的完整性、设计深度和合理性，其内容应符合《石油化工装置基础工程设计内容规定》（SPMP–STD–EM2003—2016）的要求。

2）可重点审查：装置与周边设施之间的距离是否满足有关规范的要求；装置、建筑布置的合理性，以节省管线、电缆等的用量；交通运输情况的合理性；审查总图运输与可行性研究报告及其批复意见的差异情况及原因，分析调整内容的必要性和合理性。

（5）装置布置及配管。

1）审查设计说明，包括装置布置特点、主要考虑因素和占地面积的完整性、设计深度和合理性，其内容应符合《石油化工装置基础工程设计内容规定》（SPMP–STD–EM2003—2016）的要求。

2）可重点审查：从设备布置节省占地面积且保持安全距离等角度考虑，审查装置布置的合理性；从管道节省材料和安全间距等角度考虑，审查配管设计的合理性；管道应力、绝热、材料、涂漆等设计是否满足生产要求，是否满足技术经济性；审查装置布置及配管与可行性研究报告及其批复意见的差异情况及原因，分析调整内容的必要性和合理性。

（6）仪表。

1）审查生产装置对仪表和控制系统的要求、检测和控制方案、安全措施及方案、仪表及控制系统范围等的完整性、设计深度和合理性，其内容应符合《石油化工装置基础工程设计内容规定》（SPMP-STD-EM2003—2016）的要求。

2）可重点审查：计量仪表的数量、设置和精度是否满足要求；根据装置情况设置的安全技术措施是否满足要求；规格书与材料汇总表中仪表数量一致性，避免漏错现象；材料汇总表中应明确材料规格；审查仪表设计与可行性研究报告及其批复意见的差异情况及原因，分析调整内容的必要性和合理性。

（7）电气。

1）审查设计说明、采用的标准规范内容的完整性和合理性，其内容应符合《石油化工装置基础工程设计内容规定》（SPMP-STD-EM2003—2016）的要求。

2）可重点审查：采用的标准规范是否正确，是否为最新版本；审查电气设计与可行性研究报告及其批复意见的差异情况及原因，分析调整内容的必要性和合理性。

（8）电信。

1）审查电信设计范围和内容、依托情况以及各类电信设施的设计方案和电信用户表的完整性、设计深度和合理性，其内容应符合《石油化工装置基础工程设计内容规定》（SPMP-STD-EM2003—2016）的要求。

2）可重点审查：是否存在错漏情况；审查电信设计与可行性研究报告及其批复意见的差异情况及原因，分析调整内容的必要性和合理性。

（9）建筑及结构。

1）审查建筑和结构设计说明的完整性、设计深度和合理性，其内容应符合《石油化工装置基础工程设计内容规定》（SPMP-STD-EM2003—2016）和当地住房和城乡建设局的相关要求。

2）可重点审查：对改扩建工程，应说明对已有建（构）筑物的利用情况；审查结构设计规定，建（构）筑物的结构设计基准期及结构设计使用年限；审查建（构）筑物设计是否满足现场条件和相关国家标准、行业标准及地方标准；审查与可行性研究报告及其批复意见的差异情况及原因，分析调整内容的必要性和合理性。

（10）暖通空调。

1）审查采暖、通风、空调、采暖锅炉房、采暖换热站、制冷站、公用物料和能量消耗内容的完整性、深度和合理性，其内容应符合《石油化工装置基础工程设计内容规定》（SPMP-STD-EM2003—2016）的要求。

2）可重点审查：与项目装置、构筑物的匹配协调情况；是否存在错漏情况；审查暖通空调与可行性研究报告及其批复意见的差异情况及原因，分析调整内容的必要性和合理性。

（11）分析化验。

1）审查分析化验设计说明的完整性、深度和合理性，其内容应符合《石油化工装置基础工程设计内容规定》（SPMP-STD-EM2003—2016）的要求。

2）可重点审查：分析仪器设备的设置原则；是否满足生产使用要求；审查分析化验与可行性研究报告及其批复意见的差异情况及原因，分析调整内容的必要性和合理性。

（12）给排水及消防。

1）给排水：

①审查给排水设计说明的完整性、深度和合理性，其内容应符合《石油化工装置基础工程设计内容规定》（SPMP-STD-EM2003—2016）的要求。

②可重点审查：是否说明对外部系统匹配和依托情况；水平衡情况的合理性；审查与可行性研究报告及其批复意见的差异情况及原因，分析调整内容的必要性和合理性。

2）消防：

①审查消防设计说明的完整性、深度和合理性，其内容应符合《石油化工装置基础工程设计内容规定》（SPMP-STD-EM2003—2016）的要求。

②可重点审查：消防设施是否符合现场条件和相应标准；审查与可行性研究报告及其批复意见的差异情况及原因，分析调整内容的必要性和合理性。

3. 设计表格

结合设计说明情况，审查各专业设备表、材料表和技术规格书的完整性和规范性。建议主要关注以下内容。

（1）工艺。

审查界区条件表、管道表、工艺设备表、工艺设备数据表、安全阀与爆破片数据表的完整性和合理性。

（2）设备。

1）静设备：静设备数据表的完整性、设计深度和合理性，包括容器机械设计所必需的设计数据。

2）工业炉：审查工业炉数据表或规格书的完整性、设计深度和合理性，包括操作条件数据、燃料和燃烧数据、排管数据、耐火隔热材料数据、空气预热器数据、燃烧器和吹灰器等数据；审查材料表的完整性、设计深度和合理性，包括钢结构、炉管及其支撑件、烟风道、耐火隔热材料、保温材料、炉用配件等。

3）动设备：审查动设备一览表的完整性、设计深度和合理性，应按设备类别分别列出；审查动设备数据表的完整性、设计深度和合理性，应包括机泵、机械设计（选型）所必需的数据。

（3）总图运输。

审查运输和装卸设备表、材料表或工程量表的完整性和合理性。

（4）装置布置及配管。

审查阀门规格书、综合材料表的完整性和合理性。

（5）仪表。

审查仪表索引表、仪表规格书、仪表盘（柜）规格书、在线分析仪系统及分析小屋规格书、仪表及主要材料汇总表的完整性和合理性；审查分散控制系统、安全仪表系统、可编程序控制系统、监控及数据采集系统、可燃及有毒气体检测系统的完整性和合理性。

（6）电气。

审查电气设备规格书的完整性和合理性；审查电气负荷 / 用户表、电气设备材料表的完整性和合理性。

（7）电信。

审查电信设备规格书的完整性和合理性，包括电信系统设备的功能、技术指标、防护等级、供电要求、认证证书要求、安装方式和接口方式等。

（8）建筑。

审查建筑材料表完整性、设计深度和合理性，应按单体列出钢材（钢筋、型钢）、混凝土等的估计用量。

（9）暖通空调。

审查暖通空调设备表、材料表（工程量表）的完整性和合理性，如系统复杂，还应审查暖通空调流程图或设备平面布置图的完整性和合理性。

（10）分析化验。

审查分析项目表、分析仪器设备表、综合材料表的完整性和合理性。

（11）给排水及消防。

1）给排水：审查主要设备材料表的完整性和合理性。

2）消防：审查主要设备材料表的完整性和合理性。

4. 设计图纸

结合设计说明情况，审查各专业图纸的完整性和规范性。建议主要关注以下内容。

（1）工艺。

审查工艺流程图、公用物料流程图、工艺管道及仪表流程图、公用系统管道及仪表流程图内容的完整性和规范性。

（2）设备。

1）静设备：审查设备工程图的完整性、设计深度和合理性，设备工程图应能满足开展配管、土建设计和容器询价（预订货）要求。

2）工业炉：审查工程图完整性、设计深度和合理性，应标出总体尺寸和炉管出入口的标高和方位。

（3）总图运输。

审查装置位置图、总平面布置图、竖向布置图、场地初平图的完整性和合理性，包括审查装置和周围设施的关系的合理性。

（4）装置布置及配管。

审查装置区域划分图、设备布置图、配管研究图、界区管道接点图的完整性和合理性。

（5）仪表。

审查控制室平面布置图、气体检测器平面布置图、仪表电缆主槽板敷设图或走向图、安全仪表系统逻辑框图或文字说明、顺序控制系统逻辑框图或顺序控制系统时序框图、复杂控制回路图或文字说明的完整性和合理性。

（6）电气。

审查单线图、典型的逻辑图、变配电所布置图、爆炸危险区域划分图、电缆桥架或电缆沟路径图、接地干线平面图的完整性和合理性。

（7）电信。

审查电信主要设备布置图、电信设备材料规格表的完整性和合理性。如装置电信自成系统时，还应包括扩音对讲系统图、电视监视系统图、火灾自动报警系统图。

（8）建筑及结构。

1）审查主要建（构）筑物图的完整性、设计深度和合理性。

2）审查主要建（构）筑物平面图、剖面图的完整性、设计深度和合理性。

（9）暖通空调。

审查暖通空调流程图或设备平面布置图的完整性和合理性。

（10）分析化验。

审查分析化验室平面布置图的完整性和合理性。

（11）给排水及消防。

1）给排水：审查给排水管道平面布置图、污水预处理系统说明和图纸的完整性和合理性。

2）消防：审查消防水管道平面布置图、消防设施平面布置图、消防水管道及仪表流程图、消防水泵站布置图、其他消防设施管道及仪表流程图和布置图的完整性和合理性。

5. 工程概算

（1）审查编制依据的合理性和设计内容是否符合基础设计各专业的深度，其内容应符合《石油化工装置基础工程设计内容规定》（SPMP-STD-EM2003—2016）的要求。

（2）审查概算编制说明、总概算表（综合概算表）、单位工程概算表、进口设备材料及从属费用表等的完整性和合理性。

（3）核实工程量及费用，以及取费的合理性；是否编制基础设计概算统一规定，同类设备材料价格水平是否统一；审查基础设计概算和批准的总体设计概算或可行性研究报告估算的差异情况及原因，并提供审查前后的对比分析，并分析调整内容的必要性和合理性。

（二）全厂基础设计

全厂基础设计评审要点建议关注以下内容。

1. 基本要求

（1）审查基础设计文件的完整性，应满足《石油化工工厂基础工程设计内容规定》（SPMP-STD-EM2004—2016）的要求。设计深度应满足建设单位审查、工程物资采购准备和施工准备、开展详细工程设计以及总承包合同谈判的要求。

（2）审查设计依据的完整性和符合性，如工厂建设依据和设计依据应列出建设项目总体设计或可行性研究报告和其批准文件，建设项目的环境影响报告书（表）、安全评价报告、职业病危害预评价报告、项目节能评估意见等及其批准文件、工程建设场地地震安全性评价报告，设计合同、装置 / 系统工艺设计包等文件的名称、文件号和审批单位的名称，含有引进技术的装置 / 系统尚应列出引进技术合同的名称和合同号等。

2. 设计说明

（1）总说明。

1）审查总说明的完整性，其内容应满足《石油化工工厂基础工程设计内容规定》（SPMP-STD-EM2004—2016）的要求。

2）可重点审查：内容与后面章节的一致性；是否存在错漏现象；设计工期的合理性；是否贯彻落实国家的有关方针政策和建设项目行业主管部门的有关法规文件；是否坚持环境安全、可持续发展和绿色发展原则；是否说明产业发展和资源容量、生态环境承载能力的匹配；对总体设计或可行性研究报告的重大修改的说明。

（2）总图运输。

1）审查工厂的建设规模、建设性质和设计依据，工厂的组成、设计范围和设计分工，项目的依托条件等内容的完整性和合理性，其内容应满足《石油化工工厂基础工程设计内容规定》（SPMP-STD-EM2004—2016）的要求。

2）可重点审查：是否说明项目用地获得方式；全厂总平面布置分区是否明确，布置是否合理合规，是否满足安全距离，物流是否流畅；全厂竖向布置与平面布置的一致性，场地排雨系统是否满足现场条件；确定铁路、公路、水运等运输设施的布置是否合理；地上地下系统管线的走向和用地是否合理；遵照的标准、规范是否是最新版本；审查总图运输与可行性研究报告及其批复意见的差异情况及原因，分析调整内容的必要性和合理性。

（3）生产装置。

该部分单装置的内容执行《石油化工装置基础工程设计内容规定》（SPMP-STD-EM2003—2016）的要求，评审关注要点可参考工艺部分。

另外，还需关注相关工艺装置之间的衔接是否合理；核实全厂物料平衡；加工流程的灵活性和优化方案的合理性；核实工艺装置能耗及能耗水平，以及优化的合理性；水资源、蒸汽平衡优化利用的合理性；是否可以使用新能源技术作为项目能源的供应方案。

（4）储运系统。

1）审查储运系统总说明、储运系统和设施及其相关专业基础设计的完整性和合理性，其内容应满足《石油化工工厂基础工程设计内容规定》（SPMP-STD-EM2004—2016）和《石油化工装置基础工程设计内容规定》（SPMP-STD-EM2003—2016）的要求。

2）可重点审查：是否明确设计范围；罐、泵与生产装置之间的配套性和布局是否合理；物料进出厂的灵活性和合理性。

（5）给排水系统和设施。

1）审查概述，循环水场，净化水场，给水及消防水加压泵站，雨水、污水提升泵站，全厂给排水管网设计说明以及相关专业设计的完整性和合理性，其内容应满足《石油化工工厂基础工程设计内容规定》（SPMP-STD-EM2004—2016）和《石油化工装置基础工程设计内容规定》（SPMP-STD-EM2003—2016）的要求。

2）可重点审查：执行的标准和规范是否准确，是否为最新版本；核实说明给排水方案、设施是否能满足要求；主要的循环水水质指标；给水及消防水加压泵站的能力规格；考虑涉及爆炸的危险区域，并按统一规定进行防爆电气设备的选型安装规定。

（6）供热系统和设施。

1）审查动力中心工艺、脱盐水站工艺、冷凝水站工艺说明完整性和合理性，其内容应满足《石油化工工厂基础工程设计内容规定》（SPMP-STD-EM2004—2016）和《石油化工装置基础工程设计内容规定》（SPMP-STD-EM2003—2016）的要求。

2）可重点审查：核实全厂的蒸汽动力平衡及优化；供热系统和设施在厂区内的位置，与相邻装置、设施的相对位置的合理性；动力中心能量综合利用和水资源综合利用的合理性；设备设置数量、选型的适用性和经济性。

（7）供配电。

1）审查概述、总变电所、全厂供电外线及道路照明、全厂电力微机监控系统，及其相关专业基础设计内容的完整性和合理性，其内容应满足《石油化工工厂基础工程设计内容规定》（SPMP-STD-EM2004—2016）和《石油化工装置基础工程设计内容规定》（SPMP-STD-EM2003—2016）的要求。

2）可重点审查：是否遗漏执行的标准和规范，以及标准和规范是否为最新版本；基础设计内容是否漏项；综合各生产装置用电负荷的特点，说明全厂用电负荷的分级情况和对电源的要求；核实全厂电气负荷计算；主要电气设备、材料的选型的合理性；电气设备布置的合理性。

（8）电信。

1）审查概述、电信系统及其相关专业内容的完整性和合理性，其内容应满足《石油化工工厂基础工程设计内容规定》（SPMP-STD-EM2004—2016）和《石油化工装置基础工程设计内容规定》（SPMP-STD-EM2003—2016）的要求。

2）可重点审查：依据的标准和规范是否完整，且为最新版本；全厂电信系统与外部公网或工厂已有电信系统的设计分工界面；全厂电信系统与生产的配套性。

（9）过程控制系统和中心控制室。

1）审查概述、全厂过程控制系统和中心控制室及其相关专业内容的完整性和合理性，其内容应满足《石油化工工厂基础工程设计内容规定》（SPMP-STD-EM2004—2016）和《石油化工装置基础工程设计内容规定》（SPMP-STD-EM2003—2016）的要求。

2）可重点审查：全厂过程控制系统（PCS）的配置方案合理性；中心控制室（CCR）和现场机柜室（FAR）的设置原则的合理性；依据的标准和规范是否完整，且为最新版本。

（10）工厂信息管理系统。

1）审查概述、信息管理系统基础设施、生产执行系统、经营管理系统、综合信息管理系统设计说明及其相关专业设计内容的完整性和合理性，其内容应满足《石油化工工厂基础工程设计内容规定》（SPMP-STD-EM2004—2016）和《石油化工装置基础工程设计内容规定》（SPMP-STD-EM2003—2016）的要求。

2）可重点审查：采用的技术标准和依据是否完整，且为最新版本；全厂信息管理系统是否与其他设施相匹配。

（11）中心化验室。

1）审查概述、分析化验及其相关专业的设计内容的完整性和合理性，其内容应满足《石油化工工厂基础工程设计内容规定》（SPMP-STD-EM2004—2016）和《石油化工装置基础工程设计内容规定》（SPMP-STD-EM2003—2016）的要求。

2）可重点审查：对改扩建项目，应简要说明中心化验室的依托情况；中心化验室的总图位置和总建筑面积是否合理；分析仪器设备的优化和设置是否与厂内其他设施相匹配。

（12）消防站。

1）审查消防站及其相关专业设计内容的完整性和合理性，其内容应满足《石油化工工厂基础工程设计内容规定》（SPMP-STD-EM2004—2016）和《石油化工装置基础工程设计内容规定》（SPMP-STD-EM2003—2016）的要求。

2）可重点审查：消防站报警系统设计方案的合理性；消防站建（构）筑物布置与厂内其他设施、道路的匹配性。

（13）空压站、空分站。

1）审查空压站、空分站及其相关专业设计内容的完整性和合理性，其内容应满足《石油化工工厂基础工程设计内容规定》（SPMP-STD-EM2004—2016）和《石油化工装置基础工程设计内容规定》（SPMP-STD-EM2003—2016）的要求。

2）可重点审查：规模是否满足全厂所需的装置空气、仪表空气、氮气、氧气的规格及用量；是否与储运、自动控制、公用工程等相关系统相匹配。

（14）制冷站。

1）审查制冷站及其相关专业设计内容的完整性和合理性，其内容应满足《石油化工工厂基础工程设计内容规定》（SPMP-STD-EM2004—2016）和《石油化工装置基础工程设计内容规定》（SPMP-STD-EM2003—2016）的要求。

2）可重点审查：规模是否满足全厂所需的冷量规格及用量；是否与储运、自动控制、公用工程等相关系统相匹配。

（15）换热站。

1）审查换热站及其相关专业设计内容的完整性和合理性，其内容应满足《石油化工工厂基础工程设计内容规定》（SPMP-STD-EM2004—2016）和《石油化工装置基础工程设计内容规定》（SPMP-STD-EM2003—2016）的要求。

2）可重点审查：规模是否满足全厂所需的热量规格及用量；是否与储运、自动控制、公用工程等相关系统相匹配；选型的合理性。

（16）火炬及火炬气回收系统。

1）审查火炬系统及其相关专业设计内容的完整性和合理性，其内容应满足《石油化工工厂基础工程设计内容规定》（SPMP-STD-EM2004—2016）和《石油化工装置基础工程设计内容规定》（SPMP-STD-EM2003—2016）的要求。

2）可重点审查：火炬及火炬气回收系统设计是否满足全厂放空气体的要求；火炬和火炬气回收系统安全是否合规；是否与公用工程相匹配。

（17）污水处理场。

1）审查污水处理场及其相关专业设计内容的完整性和合理性，其内容应满足《石油化工工厂基础工程设计内容规定》（SPMP-STD-EM2004—2016）和《石油化工装置基础工程设计内容规定》（SPMP-STD-EM2003—2016）的要求。

2）可重点审查：污水处理场在厂区内的位置，与相邻装置、设施的间距和相对位置的合理性；污水处理场与公用工程、储运等相关系统的匹配性；处理能力是否满足生产需要；进出水质是否符合相关要求。

（18）工业废物填埋场。

1）审查工业废物填埋场及其相关专业设计内容的完整性和合理性，其内容应满足《石油化工工厂基础工程设计内容规定》（SPMP-STD-EM2004—2016）和《石油化工装置基础工程设计内容规定》（SPMP-STD-EM2003—2016）的要求。

2）可重点审查：填埋场与厂区、环境敏感点的间距和相对位置的合理性；填埋场与公用工程、储运等相关系统的匹配性；处理能力是否满足生产需要，且满足相关标准、规范。

（19）废物焚烧设施。

1）审查废物焚烧设施及其相关专业设计内容的完整性和合理性，其内容应满足《石油化工工厂基础工程设计内容规定》（SPMP-STD-EM2004—2016）和《石油化工装置基础工程设计内容规定》（SPMP-STD-EM2003—2016）的要求。

2）可重点审查：装置在厂区内的位置，与相邻装置、设施的间距和相对位置的合理性；装置处理能力是否满足生产需要，且满足相关标准、规范；与公用工程、储运等相关系统的匹配性。

（20）环境监测站。

1）审查环境监测站及其相关专业设计内容的完整性和合理性，其内容应满足《石油化工工厂基础工程设计内容规定》（SPMP-STD-EM2004—2016）和《石油化工装置基础工程设计内容规定》（SPMP-STD-EM2003—2016）的要求。

2）可重点审查：环境监测站与其负责监测的工艺装置、公用工程、辅助设施等的匹配性。

（21）维修。

1）审查维修及其相关专业设计内容的完整性和合理性，其内容应满足《石油化工工厂基础工程设计内容规定》(SPMP-STD-EM2004—2016)和《石油化工装置基础工程设计内容规定》(SPMP-STD-EM2003—2016)的要求。

2)可重点审查：维修设施与全厂其他相关系统、工程的匹配性。

(22)全厂性仓库。

1)审查全厂性仓库及其相关专业设计内容的完整性和合理性，其内容应满足《石油化工工厂基础工程设计内容规定》(SPMP-STD-EM2004—2016)和《石油化工装置基础工程设计内容规定》(SPMP-STD-EM2003—2016)的要求。

2)可重点审查：全厂性仓库与全厂其他相关系统、工程的匹配性；全厂性仓库位置布局的合理性；全厂危化品仓库防爆电气选型依据的完整性和合规性。

(23)行政生活设施。

1)审查行政生活设施及其相关专业设计内容的完整性和合理性，其内容应满足《石油化工工厂基础工程设计内容规定》(SPMP-STD-EM2004—2016)和《石油化工装置基础工程设计内容规定》(SPMP-STD-EM2003—2016)的要求。

2)可重点审查：与全厂其他相关系统、工程的匹配性；位置布局的合理性。

(24)厂外设施。

按其相关规定/标准需要单独编制设计专篇，按照其相应规定/标准进行审查，不作为本章节重点关注的评审内容。

3. 设计表格

结合设计说明情况，审查各专业设备表、材料表和技术规格书的完整性和规范性。建议主要关注以下内容。

(1)总说明。

审查全厂主要产品一览表，全厂物料平衡表，设备汇总表，装置规模、技术路线、技术来源一览表，用地面积一览表，土(石)方计算表，全厂运输量表，主要建筑物一览表，原料/产品进出厂方式及比例一览表，储罐一览表，公用工程系统设计规模、技术路线汇总表，全厂电信汇总表，工艺装置和系统/单元定员表，主要技术经济指标一览表的完整性、合理性和规范性。

(2)总图运输。

审查工程量表、运输装卸设备表的完整性、设计深度和合理性。

(3)储运系统。

1)储运系统和设施部分：审查储界区条件表，管道表，工艺设备表，工艺设备数据表，安全阀、爆破片数据表或规格书，管道材料等级规定，综合材料表的完整性、设计深度和规范性。

2)全厂工艺及热力管网部分：审查管道表，安全阀、爆破片、特殊阀门等数据表或规格书，管道材料等级规定，综合材料表的完整性、设计深度和规范性。

（4）给排水系统和设施。

1）循环水场：审查界区条件表、工艺设备表、主要工艺设备数据表、材料表的完整性、设计深度和规范性。

2）净化水场：审查界区条件表、工艺设备表、主要工艺设备数据表、材料表的完整性、设计深度和规范性。

3）给水及消防水加压泵站：审查界区条件表、工艺设备表、主要工艺设备数据表、材料表的完整性、设计深度和规范性。

4）雨水、污水提升泵站：审查界区条件表、工艺设备表、材料表的完整性、设计深度和规范性。

5）全厂给排水管网：审查水量表、设备表和材料表的完整性、设计深度和规范性。

（5）供热系统和设施。

1）动力中心工艺：审查界区条件表、管道表、工艺设备表、工艺设备数据表、安全阀数据表或规格书以及一览表的完整性、设计深度和规范性。

2）脱盐水站工艺：审查界区条件表、管道表、工艺设备表、工艺设备数据表、安全阀数据表或规格书以及一览表的完整性、设计深度和规范性。

3）冷凝水站工艺：审查界区条件表，管道表，工艺设备表，工艺设备数据表，安全阀、爆破片数据表或规格书以及一览表的完整性、设计深度和规范性。

（6）供配电。

1）总变电所：审查电气负荷表、电气设备材料表的完整性、设计深度和规范性。

2）全厂供电外线及道路照明：审查电气设备材料表的完整性、设计深度和规范性。

3）全厂电力微机监控系统：审查电气设备材料表的完整性、设计深度和规范性。

（7）电信系统。

审查电信设备材料规格表的完整性、设计深度和规范性。

（8）过程控制系统和中心控制室。

1）全厂过程控制系统和中心控制室：审查仪表及主要材料汇总表的完整性、设计深度和规范性。

2）总图：审查材料表的完整性、设计深度和规范性。

（9）工厂信息管理系统。

1）信息管理系统基础设施：审查设备表（或软硬件列表）、材料表的完整性、设计深度和规范性。

2）生产执行系统：审查软硬件列表的完整性、设计深度和规范性。

3）经营管理系统：审查软硬件列表的完整性、设计深度和规范性。

4）综合信息管理系统：审查软硬件列表的完整性、设计深度和规范性。

（10）分析化验。

审查分析项目表、分析仪器设备表的完整性、设计深度和规范性。

（11）消防站。

审查消防车配置表、定员表、主要的辅助器材配置表、管道器材表的完整性、设计深度和规范性。

（12）空压站、空分站。

审查工艺设备表，工艺设备数据表，管道表，界区条件表，安全阀、爆破片、特殊阀门等数据表或规格书，综合材料表的完整性、设计深度和规范性。

（13）工艺。

审查界区条件表、管道表、工艺设备表、工艺设备数据表、安全阀数据表或规格书以及一览表的完整性、设计深度和规范性。

（14）火炬系统。

审查界区条件表、管道材料等级、管道表、工艺设备表、工艺设备数据表、安全阀数据表或规格书以及一览表、综合材料表的完整性、设计深度和规范性。

（15）布置及配管。

审查综合材料表的完整性、设计深度和规范性。

（16）工业废物填埋场工艺。

审查界区条件表、工艺设备表、工艺设备数据表的完整性、设计深度和规范性。

（17）废物焚烧设施工艺。

审查界区条件表，管道表，工艺设备表，工艺设备数据表，安全阀、爆破片数据表或规格书以及一览表的完整性、设计深度和规范性。

（18）环境监测站。

审查环境监测分析项目表、环境监测仪器设备表、综合材料表的完整性、设计深度和规范性。

（19）维修。

审查维修主要设备表、综合材料表的完整性、设计深度和规范性。

（20）全厂性仓库。

审查设备一览表的完整性、设计深度和规范性。

（21）行政生活设施。

审查建筑物一览表的完整性、设计深度和规范性。

4. 设计图纸

结合设计说明情况，审查各专业图纸的完整性和规范性。建议主要关注以下内容。

（1）总说明。

审查全厂总工艺加工流程图、工厂区域位置图、工厂平面布置图、全厂供电单线图、全厂蒸汽动力平衡图、全厂水平衡图、全厂过程控制系统（PCS）网络结构图的完整性、合理性和规范性。

（2）总图运输。

审查地理位置图、区域位置图、全厂总平面布置图、全厂竖向布置图、场地初平图、各装置及设施总平面布置图、道路标准断面图、管线综合规划图的完整性、设计深度和合理性。

（3）储运系统。

1）储运系统和设施部分：审查工艺流程图（PFD）、公用物料流程图（UFD）、管道及仪表流程图（P&ID、U&ID）、设备布置图、配管研究图、界区管道接点图的完整性、设计深度和规范性。

2）全厂工艺及热力管网部分：审查管道及仪表流程图（P&ID、U&ID）、管道走向图或管道平面布置图、配管研究图的完整性、设计深度和规范性。

（4）给排水系统和设施。

1）循环水场：审查循环水系统流程图、建（构）筑物平面布置图、管道布置图/研究图和灭火器布置图的完整性、设计深度和规范性。

2）净化水场：审查净化水系统流程图、高程图、建（构）筑物平面布置图、管道布置图和灭火器布置图的完整性、设计深度和规范性。

3）给水及消防水加压泵站：审查给水及消防水加压泵站系统流程图、建（构）筑物平面布置图、管道布置图和灭火器布置图的完整性、设计深度和规范性。

4）雨水、污水提升泵站：审查雨水、污水提升泵站系统流程图、建（构）筑物平面布置图、管道布置图和灭火器布置图的完整性、设计深度和规范性。

5）全厂给排水管网：审查各个系统的平面流程图、管道平面布置图的完整性、设计深度和规范性。

（5）供热系统和设施。

1）动力中心工艺：审查工艺流程图（PFD）、管道及仪表流程图（P&ID）的完整性、设计深度和规范性。

2）脱盐水站工艺：审查工艺流程图（PFD）、管道及仪表流程图（P&ID）的完整性、设计深度和规范性。

3）冷凝水站工艺：审查工艺流程图（PFD）、管道及仪表流程图（P&ID）的完整性、设计深度和规范性。

（6）供配电。

1）总变电所：审查高（中）压单线图、变电所布置图的完整性、设计深度和规范性。

2）全厂供电外线及道路照明：审查厂区供电外线路径图和全厂接地干线平面图的完整性、设计深度和规范性。

3）全厂电力微机监控系统：审查网络拓扑结构图的完整性、设计深度和规范性。

（7）电信系统。

审查行政电话系统图、行政电话站布置图、调度电话系统图、调度电话站布置图、全厂电话配线系统图、全厂无线通信系统网络图、全厂广播及扩音对讲系统图、全厂电视监视系统图、全厂火灾自动报警系统图、出入口控制（门禁管理）系统图、入侵报警系统图、系统集成与安全管理预警指挥系统图、局域网络综合布线系统图、主干电信线路图、电信专用房间布置图的完整性、设计深度和规范性。

（8）过程控制系统和中心控制室。

1）全厂过程控制系统和中心控制室：审查全厂过程控制系统（PCS）网络结构图、中心控制室平面布置图的完整性、设计深度和规范性。

2）总图：审查位置图、总平面布置图的完整性、设计深度和规范性。

（9）信息管理系统基础设施。

审查系统图和初步布置图的完整性、设计深度和规范性。

（10）分析化验。

审查综合材料表和中心化验室平面布置图的完整性、设计深度和规范性。

（11）消防站。

审查建（构）筑物平面布置图、室外给排水管道布置图、灭火器布置图的完整性、设计深度和规范性。

（12）空压站、空分站。

审查工艺流程图（PFD）、公用物料流程图（UFD）、管道及仪表流程图（P&ID、U&ID）、设备布置图、配管研究图、界区管道接点图的完整性、设计深度和规范性。

（13）工艺。

审查工艺流程图（PFD）、公用物料流程图（UFD）、管道及仪表流程图（P&ID、U&ID）的完整性、设计深度和规范性。

（14）火炬系统。

审查工艺流程图（PFD）、公用物料流程图（UFD）、管道及仪表流程图（P&ID、U&ID）、设备布置图、配管研究图、界区管道接点图的完整性、设计深度和规范性。

（15）布置及配管。

审查区域划分图、设备布置图、主要配管走向图、界区管道接点图的完整性、设计深度和规范性。

（16）工业废物填埋场工艺。

审查工艺流程图、工艺平面布置图、填埋区平面布置图、填埋区断面图的完整性、设计深度和规范性。

（17）废物焚烧设施工艺。

审查工艺流程图（PFD）、公用物料流程图（UFD）、管道及仪表流程图（P&ID、U&ID）的完整性、设计深度和规范性。

（18）环境监测站。

审查环境监测站平面布置图的完整性、设计深度和规范性。

（19）维修。

审查平面布置图的完整性、设计深度和规范性。

（20）全厂性仓库。

审查仓库布置图的完整性、设计深度和规范性。

（21）行政生活设施。

审查主要建筑物平面图、立面图、剖面图的完整性、设计深度和规范性。

5. 工程概算

（1）审查编制依据的合理性和设计内容是否符合基础设计各专业的深度，其内容应满足《石油化工工厂基础工程设计内容规定》（SPMP-STD-EM2004—2016）的要求。

（2）审查概算编制说明、总概算表、单项工程综合概算表和单位工程概算表、进口设备材料及从属费用表的完整性和合理性。

（3）核实单项工程工程量及费用，以及取费的合理性；同类设备材料价格水平是否统一；审查基础设计概算和批准的总体设计概算或可行性研究报告估算的差异情况及原因，提供审查前后的对比分析，并分析调整内容的必要性和合理性。

（4）按照相关行业规定的定额、指标和费用标准，审查与石油化工建设项目配套的铁路、码头、邮电、电站、长输管道等独立性工程。

二、LNG 接收站项目

LNG 接收站项目应分别开展相应单项工程的初步设计，一般除 LNG 接收站工程、码头工程、输气管道工程等主要生产单元外，还会根据业主的管理需要和不同项目实际情况，细化或增加陆域形成工程、取排水工程、厂前区工程、厂外工程等。

本节重点论述 LNG 接收站工程、码头工程、输气管道工程，其中 LNG 接收站工程初步设计可按照《液化天然气接收站工程初步设计内容规范》（SY/T 6935—2019）编制，码头工程可按照《港口工程初步设计文件编制规定》（JTS 110-4-2008）编制，输气管道工程可按照《石油天然气工程初步设计内容规范 第2部分：管道工程》（SY/T 0082.2—2006）编制。

其他单项工程可参照相应行业规范进行评审，在本章第二节基础上进行细化评审，并重点关注各单项工程之间的界面衔接。

（一）LNG接收站工程

LNG接收站工程初步设计评审要点如下。

1. 基本要求

（1）审查初步设计的完整性，应至少包括设计说明、设计规定或规格书、表格、图纸、计算书、专项报告、专篇和概算。

（2）审查设计依据的完整性，如设计合同、可行性研究报告及批复文件、项目申请报告及核准意见、设计基础资料、各专项报告书及批复意见、外部依托协议、征地协议文件等，关注审批意见和相关协议文件的情况。

（3）审查各专业设计遵循标准、规范的规范性和适用性，对采标是否合理提出意见。

（4）审查各专业设计范围的完整性和衔接情况，关注各单位工程之间设计界面是否准确、无遗漏，审查设计原则的合理性。

2. 设计说明

（1）总论。

1）审查站址概况、接收站组成、接收站建设规模和外输能力、原料和产品规格、工艺技术、辅助生产设施、公用工程设施、自动控制、总图与运输、建筑与结构、设备、节能节水及综合利用、安全、消防、环境保护、职业卫生、组织机构和定员、进口设备材料清单及说明、主要经济技术指标、项目总体进度计划、概算的完整性和合理性。

2）审查初步设计与可行性研究报告及其批复意见的差异情况。

（2）工艺。

1）审查接收站设计能力、工艺单元组成、主力船型、槽车 / 槽船参数、原料规格和处理量、产品及副产品规格和产量、化学品规格和消耗量、危险物料特性、公用工程规格及消耗量、“三废”排放量等设计基础的完整性和合理性。

2）审查工艺技术路线、设备配置和分期建设等设计原则的合理性。

3）审查工艺技术路线比选、工艺技术特点、工艺控制过程说明等设计方案的完整性和合理性。

4）审查工艺设计压力、温度、流速等通用规定和安全泄放规定的合理性。

5）审查物料和热量平衡计算、BOG 计算的合理性，应按照不同工况分别列表；审查储存能力及储罐数量计算、储罐 BOG 蒸发率计算、主要管线尺寸确定及阻力降计算、火炬系统计算的完整性和合理性。

（3）设备布置与管道。

1）审查设备布置原则及方案、管道设计原则及要求、管道材料选择、设备和管道的绝热、防腐的合理性。

2）审查设备布置设计、配管设计、管道材料等级、管道应力分析设计、设备和管道绝热设计、设备和管道涂漆设计、管架设计规定的完整性和合理性。

（4）总图与运输。

1）审查设计内容、项目位置、交通运输条件、自然条件、占用土地和建设规模的合理性。

2）审查总平面布置、竖向布置、道路与交通设计、管架及地下管网布置原则、接收站运输、绿化及指标的完整性和合理性。

3）审查场地坐标系统、高程系统、道路技术条件和室外保护性工程的完整性和合理性。

（5）设备。

1）审查静设备设计原则的合理性，设计内容、关键设备和特殊设备说明的完整性和合理性。

2）审查动设备选型、成套机组供货范围、进口设备及材料原因的合理性。

3）审查设备设计规定或技术规格书内容的完整性和合理性。

4）审查动设备机械数据表（含输送介质、操作条件、安装环境及现场条件、设备性能、结构特性、结构材料和驱动机数据等）的完整性和合理性。

（6）自动控制。

1）审查主要控制系统选用原则、环境特征及仪表选型原则、控制室、仪表配管及电缆敷设原则、安装材料选用原则的合理性。

2）审查生产过程控制要求和自动化水平、主要生产过程检测及控制方案、控制室、成套设备仪表及控制系统、安全仪表系统、仪表安全措施、仪表供气供电伴热及接地系统、进口情况的完整性和合理性。

（7）电气。

1）审查用电负荷及负荷等级、电源情况、供配电原则及方案、爆炸危险区域划分、节能措施的完整性和合理性。

2）审查供配电系统、配电设计、照明设计、防雷接地设计的完整性和合理性。

3）审查接收站用电负荷、各变电所（站）用电负荷、无功补偿、短路电流、电动机正常启动或再启动电压水平、高中压设备材料选择、电缆截面、电容电流计算书。

（8）通信。

1）审查设计原则、设备材料选用原则、通信各系统的设计分工原则、防护要求和防护措施的合理性。

2）审查电话（含无线电话）、局域网、火灾报警系统、广播系统、工业电视系统、门禁系统、周界报警及周界监视系统、通信线路方案的合理性。

（9）建筑结构。

审查各建（构）筑物布置、建筑做法、噪声控制、防火防爆、防腐蚀、防渗、地基和基础、结构设计、结构防腐蚀、结构表面涂装等设计方案的完整性和合理性。

（10）供暖、通风与空调。

1）审查暖通空调设计用气象参数、室内空气计算参数、围护结构热工性能的合理性，审查供暖系统、通风系统、空调系统、防排烟系统设计方案的完整性和合理性。

2）审查供配电系统、配电设计、照明设计、防雷接地设计的完整性和合理性。

（11）分析、化验。

审查化验室设置及主要分析化验项目等设计方案的合理性。

（12）给排水。

1）审查给排水水量、给水水源及输水管道、给水排水系统划分原则、排水体制、污水处理、消防系统的完整性和合理性。

2）审查给水管道、排水管道、排水构筑物等设计的完整性和合理性。

（13）维修车间及仓库。

1）审查维修原则、维修任务的合理性。

2）审查维修车间总体布置、定员、主要维修设备和车辆情况。

3）审查备品备件库设置原则及重要的备品备件清单，审查化学品库储存化学品的情况。

（14）LNG 储罐。

1）审查储罐罐型及基础型式的合理性。

2）审查储罐设计、材料选择、施工和安装、试验和检验、性能保证要求。

（15）节能专篇。

1）审查能耗指标计算和节能措施的完整性和合理性。

2）重点审查节能评估报告及审查意见的落实情况，关注存在的差异性及是否进行必要的说明。

（16）消防设计专篇。

审查火灾危险分析、防火安全措施、消防系统设计、消防站设计、消防设施专项投资概算的完整性和合理性。

（17）环境保护专篇。

审查主要污染源和污染物、环境保护工程措施和预期效果、建设项目引起生态变化所采取的防范措施、绿化设计、环境监测设施、环境保护投资概算的完整性和合理性，重点审查环境影响报告书及批复意见的落实情况，对于差异项应关注是否构成重大变更需要重新报批环境影响评价报告。

（18）职业病防护设施设计专篇。

1）审查职业卫生危害因素分析、防护措施、职业病防治管理和职业卫生投资概算的完整性和合理性。

2）重点审查职业病危害预评价报告及审查意见的落实情况。

（19）安全设施设计专篇。

1）审查主要危险和有害因素分析、主要安全防护措施、安全设施投资概算的完整性和合理性。

2）重点审查安全预评价报告及审查意见的落实情况。

3. 主要设备与材料

结合设计说明情况，审查各专业设备表、材料表和技术规格书的完整性和规范性。建议关注重点如下。

（1）工艺。

审查设备数据表、管道数据表、安全阀数据表、界区条件表、公用工程表、储罐工艺数据表、因果联锁表等表格的完整性和规范性。

（2）设备布置与管道。

审查管道综合材料表、设备和管道绝热材料表、设备和管道涂漆材料表、阀门数据表的完整性和规范性。

（3）设备。

审查设备一览表的完整性和规范性。

（4）自动控制。

审查仪表索引表、仪表数据表、仪表盘（柜、箱）数据表、仪表与主要材料汇总表的完整性和规范性。审查分散控制系统（DCS）、安全仪表系统（SIS）、可编程序控制系统（PLC）规格书的完整性和合理性。

（5）电气。

审查电气设备数据表/规格书、电气负荷/用户表、电气设备材料表的完整性和规范性。

（6）通信。

审查主要设备材料表的完整性和规范性。

（7）建筑结构。

审查建筑物、构筑物一览表的完整性和规范性。

（8）供暖、通风与空调。

审查暖通设备一览表和暖通材料表的完整性和规范性。

（9）分析、化验。

审查分析项目一览表、分析设备一览表、分析家具一览表的完整性和合理性。

（10）给排水。

审查设备数据表及一览表、管道数据表、综合材料表的完整性和规范性。

（11）维修车间及仓库。

审查维修设备一览表的完整性和规范性。

（12）LNG 储罐。

审查储罐的工艺数据表、罐内低温泵机械数据表、安全阀和真空安全阀数据表、仪表数据表、各专业主要工程量表等表格的完整性和规范性。

（13）消防设计专篇。

审查消防设备一览表的完整性和规范性。

（14）安全设施设计专篇。

审查安全设施一览表的完整性和规范性。

4. 设计图纸

结合设计说明情况，审查各专业图纸的完整性和规范性。建议关注要点如下。

（1）总论。

审查地理位置图、区域位置图、港区形势图、水域布置图、接收站总平面布置图、码头总平面布置图、工艺流程图、控制系统配置图、接收站配电系统单线图和爆炸危险区域划分图等图纸的完整性和规范性。

（2）设备与布置。

审查设备布置图、管道研究图等图纸的完整性和规范性。

（3）总图与运输。

审查接收站区域位置图、总平面布置图、竖向设计图、场地初平图等图纸的完整性和规范性。

（4）自动控制。

审查控制系统配置图、控制室平面布置图、气体检测器平面布置图、仪表电缆主桥架敷设图或走向图、安全仪表系统逻辑框图、复杂控制回路图等图纸的完整性和规范性。

（5）电气。

审查主单线图、典型逻辑图或典型控制原理图、电气典型安装图、变电所（站）变配电所布置图、爆炸危险区域划分图、电气电缆主桥架/埋地电缆路径图、接地干线平面图等图纸的完整性和规范性。

（6）通信。

审查广播系统图、工业电视系统图、局域网系统图、火灾报警系统图、周界报警及周界监视系统图、门禁系统图、通信设备布置图、通信电缆路由图、通信间设备布置图等图纸的完整性和规范性。

（7）建筑结构。

审查主要建（构）筑物平面图、立面图、剖面图、结构布置图等图纸的完整性和规范性。

（8）供暖、通风与空调。

审查通风、空调系统流程图等图纸的完整性和规范性。

（9）分析、化验。

审查化验室平面布置图等图纸的完整性和规范性。

（10）给排水。

审查管道及仪表流程图、设备布置图、管道平面布置图、输配水和全厂给排水管线平面图等图纸的完整性和规范性。

（11）维修车间及仓库。

审查维修车间及仓库、化学品仓库总平面布置等图纸的完整性和规范性。

（12）LNG 储罐。

审查总平面布置图、储罐部分的管道及仪表流程图、储罐桩位布置图、储罐承台模板图和剖面图、储罐基础布置图和剖面图、混凝土外罐罐体剖面图、储罐部分的设备和管道布置图、储罐防雷接地布置图等图纸的完整性和规范性。

（13）消防设计专篇。

审查区域位置图、总平面布置图、爆炸危险区域划分图、消防设施平面布置图、消防系统流程图、气体检测器平面布置图、火灾报警系统图、主要建筑物平面图和立剖面图、码头平面布置图等图纸的完整性和规范性。

（14）环境保护专篇。

审查区域位置图、带“三废”排放点和废水外排点的总平面布置图、带“三废”排放点的主要工艺装置的工艺流程图、环保处理设施的流程图的完整性和规范性。

（15）安全设施设计专篇。

审查爆炸危险区域划分图、火灾报警系统图、可燃（有毒）气体监测报警仪平面布置图的完整性和规范性。

5. 工程概算

（1）审查概算编制依据、深度及方法、概算的工程量、设备及材料价格、概算定额/

指标套用及各类费用计取的准确性和合理性。

（2）审查概算中工程量与技术文件中各专业提供的工程量是否一致，有无漏计、重计和错计。

（3）审查设备、材料价格取定的准确性和时效性。价格的选取原则：设备、材料价格参考询价及当地造价管理机构发布的信息价、参考同类项目相同材质、规格型号设备的订货价或历史经验价格进行核实审查。

（4）审查各分部分项工程子目套用定额是否准确。

（5）审查取费是否符合规定，有无遗漏或在规定之外的取费。

（6）审查建设项目固定资产其他费用及其他（无形资产费用、预备费、建设期利息、增值税）的准确性。

（二）码头工程

码头工程初步设计评审要点如下。

1. 基本要求

（1）审查初步设计的完整性，应由设计说明书、主要设备与材料、设计图纸和工程概算四部分组成。

（2）审查设计依据的完整性，如设计合同、可行性研究报告及批复文件、项目申请报告及核准意见、港口总体规划及批复文件、岸线使用批复文件、自然条件勘测报告和模型试验报告等设计基础资料、关注审批意见和相关协议文件的情况。

2. 设计说明

（1）总论。

1）审查设计范围的完整性和衔接情况，审查设计遵循标准、规范的规范性和适用性。

2）审查工程建设地点与规模、设计方案、推荐方案与主要技术经济指标、工程建设外部条件的完整性和合理性，关注与接收站工程、取排水工程衔接的一致性，关注与港区衔接情况。

3）审查各专业设计遵循标准、规范的规范性和适用性，对采标是否合理提出意见。

4）审查各专业设计范围的完整性和衔接情况，关注各单位工程之间设计界面是否准确、无遗漏，审查设计原则的合理性。

（2）自然条件。

审查工程地理位置、气象、水文、波浪、海流、冰况、地形、地貌、泥沙、工程地质和地震的完整性和规范性。关注相关波浪、流场、泥沙淤积、冷排水等数学模型和物理模型分析报告结论情况，关注不良地质情况和地震安全性评价结论情况。

（3）货运量与船型。

1）审查 LNG 周转量预测情况和 LNG 运输流向情况，结合码头功能，区分装船量和卸船量。

2）审查集疏运方式和集疏运量，应与接收站工程保持一致。

3）审查设计船型与兼顾船型数据的完整性，结合周转量预测情况和技术经济论证，重点关注小型 LNG 运输船的兼顾船型范围。

（4）总平面布置。

1）审查总平面布置原则的合理性；审查总平面布置与规划和批复文件的符合性；审查泊位作业标准的规范性，关注不同船型的差异性。

2）审查水域主尺度、水域平面布置的完整性和合理性，关注泊稳、防波堤模型试验和操船模拟试验等试验结论情况。

3）审查陆域平面布置和高程系统的完整性和合理性。

4）审查总平面布置方案技术经济比选的合理性。

5）审查主干管线综合布置、港作车船配备情况的合理性。

（5）航道、锚地与导助航设施。

1）审查航道选线原则的合理性，选线和尺度的完整性和合理性。

2）审查航道可挖性和稳定性分析的合理性。

3）审查疏浚工程量与抛泥区、导助航设施、锚地方案的完整性和合理性。

（6）装卸工艺。

审查主要设计参数、工艺方案与工艺流程、泊位通过能力等方案的完整性和合理性，关注具有装船功能的 LNG 码头需兼顾装卸工艺要求。

（7）水工建筑物。

1）审查水工建筑物的种类的完整性，安全等级确定的合理性。

2）审查水工建筑物主要尺度、工艺荷载、水文和气象条件、工程地质条件、抗震设防标准的合理性。

3）审查结构方案比选的合理性，主要水工建筑物应提出两个或两个以上结构型式方案。

4）审查主要外力计算内容的完整性和规范性，关注相关试验结论情况。

5）审查结构计算和方案比选、地基加固处理、耐久性设计的完整性和合理性。

6）审查各方案主要工程量的完整性和合理性。

（8）陆域形成方案。

审查陆域形成、场地地基处理方案的完整性和合理性，明确挖、填土方量，明确地基承载力、沉降量和工程量；关注栈桥、取排水、储罐工程等与陆域形成方案的施工衔接关系和对其工程要求。

（9）生产与辅助建筑物。

1）审查设计范围内的建（构）筑物情况的完整性。

2）审查重要建筑物设计方案的完整性和合理性。

（10）供电、照明。

1）审查供电电源情况，应明确电源接引点、回路数、电压和配电电压等级，审查电源接引情况和设计范围衔接情况的符合性。

2）审查总降压站、变（配）电所的布置方案、负荷与电气设备、港口照度与室外照明方案、防雷与接地方案、维修设施的完整性和合理性。

（11）控制。

1）审查控制系统组成与主要设备、操作方式与功能的完整性和合理性，关注控制电缆与接收站工程的衔接情况。

2）审查管理功能及设备配置的合理性。

（12）信息与通信。

1）审查各系统与接收站工程的衔接情况。

2）审查自动电话、有线生产调度电话、无线集群通信、宽带网络接入与电子数据交换、海岸电台、船舶电子导助航、消防专用通信、工业电视系统、安全防护、港口综合信息传输及辅助设施的完整性和合理性。

（13）给排水。

1）审查给水用水量和水质、水源和输水管道、与接收站给水管网衔接情况的完整性和合理性。

2）审查排水条件、排水制度和排水量、雨水污水管网情况，审查排水外部依托协议情况。

（14）采暖、通风、供热与动力。

1）审查建筑物采暖、通风和空调方案的完整性和合理性。

2）审查氮气站和空压站方案的完整性和合理性。

（15）消防设计。

1）审查设计范围的完整性和衔接情况，关注消防依托、协作条件情况。

2）审查火灾危险分析、防火措施、消防工程设计、消防设施专项投资概算的完整性和合理性。

（16）环境保护。

审查主要污染源和污染物、环境保护工程措施和预期效果、建设项目引起生态变化所采取的防范措施、绿化设计、环境监测设施、环境保护投资概算的完整性和合理性，重点审查环境影响报告书及批复意见的落实情况，对于差异项应关注是否构成重大变更需要重新报批环境评价报告。

（17）安全设施设计。

审查主要危险和有害因素分析、主要安全防护措施、安全设施投资概算的完整性和合理性，重点审查安全预评价报告及审查意见的落实情况。

（18）职业病防护设施设计。

审查职业卫生危害因素分析、防护措施、职业病防治管理和职业卫生投资概算的完整性和合理性，重点审查职业病危害预评价报告及审查意见的落实情况。

（19）节能。

审查工程能耗量、能耗分析和节能技术措施的完整性和合理性，重点审查节能评估报告及审查意见的落实情况，关注存在的差异性及是否进行必要的说明。

（20）施工条件、方法和进度。

审查施工条件依托、施工方法、施工总体布置、施工进度安排的完整性和合理性，重点关注工期约束条件下码头工程与相邻工程施工组织的合理性和经济性。

3. 主要设备与材料

结合设计说明情况，审查各专业设备表、材料表和技术规格书的完整性和规范性。建议主要关注以下内容：

（1）审查室外主要设备材料的完整性和规范性，室外主要设备和材料应按专业分别列出。

（2）审查室内主要设备材料的完整性和规范性，室内主要设备和材料应按单体建筑物和专业分别列出。

4. 工程概算

（1）审查概算编制依据、深度及方法、概算的工程量、设备及材料价格、概算定额/指标套用及各类费用计取的准确性和合理性。

（2）审查概算中工程量与技术文件中各专业提供的工程量是否一致，有无漏计、重计和错计。

（3）审查设备、材料价格取定的准确性和时效性。价格的选取原则：设备、材料价格参考询价及当地造价管理机构发布的信息价、参考同类项目相同材质、规格型号设备的订货价或历史经验价格进行核实审查。

（4）审查各分部分项工程子目套用定额是否准确。

（5）审查取费是否符合规定，有无遗漏或在规定之外的取费。

（6）审查建设项目固定资产其他费用及其他（无形资产费用、预备费、建设期利息、增值税）的准确性。

5. 设计图纸

结合设计说明情况，审查各专业图纸的完整性和规范性。建议主要关注以下内容：

（1）审查港区形势图、总平面布置图、航道平面布置图、管线综合布置图、港池和航道疏浚图等图纸的完整性和规范性。

（2）审查装卸工艺流程图、装卸工艺平面布置图、装卸工艺断面布置图、码头工艺管道系统图等图纸的完整性和规范性。

（3）审查水工建筑物的平面图、立面图、横断面图、地基处理图、桩位图等图纸的完整性和规范性。

（4）审查陆域形成的平面图、剖面图、地基处理图、吹填围埝平面图、吹填围埝和护岸断面图等图纸的完整性和规范性。

（5）审查生产与辅助建筑物的平面图、立面图、剖面图和结构图等图纸的完整性和规范性。

（6）审查变配电所工艺平面布置图、单线系统图、供电照明平面布置图等图纸的完整性和规范性。

（7）审查控制系统结构图、码头控制室平面布置图、各类信息通信系统结构图等图纸的完整性和规范性。

（8）审查消防系统图、消防平面布置图等图纸的完整性和规范性。

（9）审查施工设施及施工场地布置图等图纸的完整性和规范性。

（10）审查各类图纸与设计说明的对应情况。

（三）输气管道工程

输气管道工程初步设计评审要点如下。

1. 基本要求

（1）审查初步设计的完整性，应至少包括设计说明、图纸、表格、工艺操作原理、专篇、技术规格书、专题报告和概算。

（2）审查设计依据的完整性，如设计合同、可行性研究报告及批复文件、项目申请报告及核准意见、设计基础资料、各专项报告书及批复意见、外部依托协议、规划选址及用地审批意见、征地协议文件等，关注审批意见和相关协议文件的情况。

（3）审查各专业设计遵循标准、规范的规范性和适用性，对采标是否合理提出意见。

（4）审查各专业设计范围的完整性和衔接情况，关注各单位工程之间设计界面是否准确、无遗漏，审查设计原则的合理性。

2. 设计说明

（1）总论。

1）审查资源和市场、工程概况、总体技术水平、主要工程量及技术经济指标的完整性和合理性。

2）审查初步设计与可行性研究报告及其批复意见的差异情况，审查各专项评价的落实和采取措施情况。

（2）线路。

1）审查线路走向方案比选、推荐线路工程概况、分段推荐线路走向及工程概况的完整性和合理性。

2）审查线路沿线地区等级划分及强度设计系数、管材选用、管道敷设、管道焊接与检验、小型穿（跨）越、清管、试压和干燥、线路附属工程、主要工程量、对各专项的响应情况的完整性和合理性。

（3）大中型穿（跨）越。

审查每处水域大中型穿（跨）越方案、每处山岭隧道和定向钻穿越的完整性和合理性。

（4）输气工艺。

审查输气工艺系统计算分析、输送工艺系统方案、管道的适应性分析的完整性和合理性。

（5）站场工艺。

1）审查站场工艺及工艺流程、工艺操作原理、站内管道设计等工艺内容的完整性和合理性。

2）审查站场主要设备选型和站场施工安装技术要求的完整性和合理性。

（6）防腐、保温和阴极保护。

1）审查管道线路外防腐层选用原则、外防腐层选择、防腐保温方案及材料比选、水平定向钻穿越段管道的防腐防护方案、内减阻涂层方案的完整性和合理性。

2）审查管道阴极保护方案及系统构成、阴极保护设计工艺计算、阴极保护测试系统、阴极保护竣工调试维护基本要求、交直流干扰防护措施的完整性和合理性。

3）审查站场及阀室的防腐与保温方案的完整性和合理性，包括管道、站内设备、站场区域阴极保护、外防腐层完整性及阴保系统有效性测试评价、防腐主要工程量的完整性和合理性。

（7）自动控制。

1）审查站控制系统及阀室监控系统设计、安全仪表系统设计、仪表系统设计、计量系统设计、调压系统设计、控制回路设置、顺序控制、站控室及监控阀室设计、辅助系统设计的完整性和合理性。

2）审查动力供应和安全技术措施的完整性和合理性。

3）审查主要工程量的完整性和合理性。

（8）通信。

审查系统设计、安全防范系统、会议电视系统、局域网及综合布线、电源及供电系统、有线 / 卫星电视系统、应急及巡线通信设计、站内光 / 电缆敷设设计、通信机房的环境要求和防护要求、通信仪器仪表、通信主要工程量的完整性和合理性。

（9）供配电。

1）审查近远期电力系统参数和自然环境等设计基础资料的完整性。

2）审查用电负荷统计及变压器容量选择、各站场 / 阀室电源概况及电源方案、变 / 配电所方案、配电系统设计、动机调速方案、防雷防静电接地设计、变 / 配电工程主要工程量的完整性和合理性，关注防雷专篇情况。

（10）非标设备。

审查容器类非标设备、管件及管道附件、加热炉设计方案的完整性和合理性。

（11）总图及运输。

审查站场的总平面及竖向布置设计、道路交通设计、管线综合、主要技术指标和工程量、用地指标对比、构筑物的完整性和合理性。

（12）建筑。

审查建筑设计方案技术经济比选、推荐方案概况、建筑设计说明、建筑物一览表、建筑工程做法一览表的完整性和合理性。

（13）结构。

审查结构设计方案技术经济比选、推荐方案概况、建（构）筑物一览表、构筑物主要工程量的完整性和合理性。

（14）给排水。

1）审查给水工程的各项用水水量及水质、供水方式、给水处理方案、站内给水系统、主要给水工程量的完整性和合理性，关注供水协议签署情况。

2）审查排水工程的排水量及水质、污水处理方案、站内排水方式、排水去向、主要排水工程量的完整性和合理性。

（15）供暖、通风与空调。

审查采暖、通风、空调、防烟及排烟设计、主要工程量的完整性和合理性。

（16）供热。

审查供热负荷统计、供热推荐方案、供热工程主要工程量的完整性和合理性。

（17）伴行道路。

1）审查道路等级、建设标准及技术参数的完整性和合理性。

2）审查伴行道路设计、环境保护、主要工程量的完整性和合理性。

（18）分析化验。

审查化验室设置及主要分析化验项目等设计方案的合理性。

（19）维（抢）修。

审查维（抢）修机构方案是否满足业主管理要求，视新建或依托分别评价方案的完整性和合理性。

（20）节能专篇。

审查能耗指标计算和节能措施的完整性和合理性。重点审查节能评估报告及审查意见的落实情况，关注存在的差异性及是否进行必要的说明。

（21）消防设计专篇。

审查火灾危险分析、相关专业防火措施、消防系统设计、消防站设计、消防设施专项投资概算的完整性和合理性。

（22）环境保护专篇。

审查主要污染源和污染物及其治理措施、建设项目对生态环境的影响、绿化设计、事故风险防范及应急措施、环境管理及环境监测、环境保护投资概算的完整性和合理性。重点审查环境影响报告书及批复意见的落实情况，对于差异项应关注是否构成重大变更需要重新报批环境影响评价报告。

（23）职业病防护设施专篇。

审查职业卫生危害因素分析、防护措施、职业病防治管理和职业卫生投资概算的完整性和合理性。重点审查职业病危害预评价报告及审查意见的落实情况。

（24）安全设施设计专篇。

审查主要危险和有害因素分析、主要安全防护措施、安全设施设计后的风险状况、安全管理机构和设施、安全设施投资概算的完整性和合理性。重点审查安全预评价报告及审查意见的落实情况。

3. 主要设备与材料

结合设计说明情况，审查各专业设备表、材料表和技术规格书的完整性和规范性。主要建议关注线路截断阀、压缩机、燃机、调压计量橇、输送钢管的情况。

4. 设计图纸

结合设计说明情况，审查各专业图纸的完整性和规范性。建议主要关注以下内容：

（1）总体。

审查总体线路走向图、工艺系统图等图纸的完整性和合理性。

（2）线路。

审查总体线路走向图、线路走向方案比选图、各标段线路走向图、各种典型图等图纸的完整性和合理性。

（3）大中型穿（跨）越。

审查每处穿（跨）越平面图、纵断面图等图纸的完整性和合理性，应按开挖、定向钻、隧道、盾构、顶管、桥梁跨越等细化区分。

（4）输气工艺。

审查总系统工艺流程图的完整性和合理性。

（5）站场工艺。

审查各类站场工艺流程图、主要单体设备及管线平面布置图、站内工艺管网布置图等图纸的完整性和合理性。

（6）防腐、保温和阴极保护。

审查阴极保护站分布图、阴极保护系统图、典型阴极保护站接线图、典型牺牲阳极组安装图、阴极保护桩典型安装图、交流干扰防护典型图等图纸的完整性和合理性。

（7）自动控制。

审查工艺及仪表控制流程图、站/阀室控制系统配置框图、站控式平面布置图、火灾及可燃气体探测和报警系统框图、可燃气体探测器及报警点位置分布图、因果图、I/O清单的完整性和规范性。

（8）通信。

审查各类通信系统图、光缆线路走向图、光缆穿（跨）越设计图、光缆与管道相对敷设位置图等图纸的完整性和规范性。

（9）供配电。

审查电气主接线及继电保护配置图、低压系统图、变电所设备布置平面图/立面图、电气总平面图、爆炸和火灾危险场所划分示意图等图纸的完整性和规范性。

（10）非标设备。

审查非标设备简化总图、清管器接收筒和发送筒简化总图、加热炉系统流程图、加热炉系统布置图等图纸的完整性和规范性。

（11）总图及运输。

审查区域位置图、总平面布置图、竖向布置图、土方计算图、管线综合图等图纸的完整性和规范性。

（12）建筑。

审查主要单体的建筑平面图、立面图、剖面图等图纸的完整性和规范性。

（13）结构。

审查主要建（构）筑物基础布置图和结构布置图、地基处理图等图纸的完整性和规范性。

（14）给排水。

审查给水处理工艺流程图、污水处理工艺流程图、主要站场给排水管道平面布置图、主要设备平面布置图等图纸的完整性和规范性。

（15）供暖、通风与空调。

审查主要单体采暖平面图、通风及空调平面图、机房平面布置图、空调系统原理图、空调水路系统图等图纸的完整性和规范性。

（16）供热。

审查热力系统流程图、室外动力管道平面走向图、锅炉房和换热站设备布置平面图。

（17）伴行道路。

审查全线平面图、全线纵断面图、横断面典型图、路面结构图、错车道示意图、桥梁结构布置图、涵洞结构布置图、过水路面结构布置图、交通标志典型图等图纸的完整性和规范性。

（18）维（抢）修。

审查维（抢）修队区域位置图、维（抢）修队总平面图、维（抢）修队平面及设备布置图、维修间平面及设备布置图、车库平面图等图纸的完整性和规范性。

（19）消防设计专篇。

审查典型工艺流程图、线路走向图、站场总平面图、消防系统工艺流程图、站场消防平面布置图、主要建筑物平面布置图、主要建筑物消防平面布置图、可燃气体及火灾检测报警系统图及消防控制图、电气总平面图、消防设备平面布置图。

（20）环境保护专篇。

审查管道线路总体走向图、带“三废”排放点的工艺流程图、环保处理设施的流程图的完整性和合理性。

（21）安全设施设计专篇。

审查爆炸危险区域划分图、火灾报警系统图、可燃（有毒）气体监测报警仪平面布置图等图纸的完整性和合理性。

5. 工程概算

（1）审查概算编制依据、深度及方法、概算的工程量、设备及材料价格、概算定额 / 指标套用及各类费用计取的准确性和合理性。

（2）审查概算中工程量与技术文件中各专业提供的工程量是否一致，有无漏计、重计和错计。

（3）审查设备、材料价格取定的准确性和时效性。价格的选取原则：设备、材料价格参考询价及当地造价管理机构发布的信息价、参考同类项目相同材质、规格型号设备的订货价或历史经验价格进行核实审查。

（4）审查各分部分项工程子目套用定额是否准确。

（5）审查取费是否符合规定，有无遗漏或在规定之外的取费。

（6）审查建设项目固定资产其他费用及其他（无形资产费用、预备费、建设期利息、增值税）的准确性。

三、燃气发电项目

燃气发电项目初步设计可按照《火力发电厂初步设计文件内容深度规定》（DL/T 5427—2009）编制。

初步设计评审要点建议关注以下内容。

（一）基本要求

（1）审查初步设计的完整性，应至少包括说明书、图纸、专题报告。

（2）审查设计依据的完整性，如设计合同、可行性研究报告及批复文件、项目申请报告及核准意见、电厂接入系统设计、设计基础资料、各专项报告书及批复意见、外部依托协议、征地协议文件等，关注审批意见和相关协议文件的情况，涉及热电联产的还需提供城市供热规划和热电联产规划的批复文件。

（3）审查各专业设计遵循标准、规范的规范性和适用性，对采标是否合理提出意见。

（4）审查各专业设计范围的完整性和衔接情况，关注各单位工程之间设计界面是否准确、无遗漏，审查设计原则的合理性。

（二）设计说明

1. 总的部分

（1）审查厂址、电力负荷、热力负荷、装机容量、设计方案、节约资源措施、环境保护措施、水土保持措施、劳动安全与职业卫生、运行组织及设计定员、主要技术经济指标、工程标识系统编码说明、附件的完整性和合理性。

（2）审查初步设计与可行性研究报告及其批复意见的差异情况。

2. 电力系统部分

（1）审查电厂在电力系统中的作用和地位。

（2）审查电力需求预测、电力电量平衡分析和设计年利用小时数的合理性。

（3）审查电厂接入系统方案的合理性，关注接入系统设计的评审意见及电网公司审批意见的落实情况。

（4）审查电气主接线、系统继电保护及安全自动装置、系统调度自动化、系统通信及厂内通信方案的完整性和合理性。

3. 总图运输部分

（1）审查厂区总平面布置的合理性，应结合电厂规划容量、本期装机容量和机组配置形式统一规划。

（2）审查全厂总体规划、厂区总平面布置、施工生产及施工生活区规划、厂区竖向布置、交通运输、厂区管线及沟道规划、厂区绿化规划、总平面布置的安全设计、总平面布置的防护设计的完整性和合理性。

4. 热机部分

（1）审查燃料系统的供应来源、供应量、供气压力、气质的情况。

（2）审查燃烧系统和余热锅炉选择的合理性。

（3）审查热力系统、主要管道的管径和壁厚计算、主要辅助设备的完整性和合理性。

（4）审查机组启动条件及启动系统、主辅机的可控性、机组启动、机组运行、机组停用及事故处理、机组安全保护及运行注意事项的完整性和合理性。

（5）审查主厂房布置、压缩空气系统、天然气调压站、氮气系统、保温和防腐、节能节水方案、劳动安全和职业卫生的完整性和合理性。

5. 电厂化学部分

（1）审查锅炉补给水处理系统的选择、出水水质、出力、主要设备的选择、系统连接及操作方式、辅助系统设计、设备布置的完整性和合理性。

（2）审查凝结水处理系统、循环冷却水处理系统、热力系统加药、汽水取样系统、工业废水处理系统、供氢站系统的完整性和合理性。

（3）审查启动锅炉房补水及加药、取样系统、零排放处理系统、化学实验室及仪器设备配置、锅炉酸洗、制氮系统、劳动安全和职业卫生的完整性和合理性。

6. 烟气脱硝系统部分

（1）审查脱硝系统工艺流程、工艺系统、系统布置、主要设备的完整性和合理性。

（2）审查性能保证的完整性和合理性。

7. 电气部分

（1）审查电气主接线、短路电流计算、导体及设备选择的完整性和合理性。

（2）审查厂用电接线布置，包括高压厂用电接线、电压调整计算、低压厂用电接线、厂用电气设备选择及布置、厂用电率的完整性和合理性。

（3）审查交流保安电源、电气设备布置、直流系统及不间断电源系统的完整性和合理性。

（4）审查二次线、继电保护、自动装置及远动部分、过电压保护及接地的完整性和合理性。

（5）审查照明和检修网络、电缆设施、厂内通信的完整性和合理性。

8. 热工自动化部分

（1）审查热工自动化水平的完整性和合理性。

（2）审查控制方式及控制室布置、热工自动化系统及装置功能、仪表及控制系统及设备布置、控制系统的可靠性及实时性的完整性和合理性。

（3）审查电源和气源、主要热工自动化设备选型、热工自动化试验室的完整性和合理性。

9. 信息系统及安全防护部分

（1）审查网络规划、接口、厂级信息系统的完整性和合理性。

（2）审查智能工程管理、智慧安防、信息安全防护的完整性和合理性。

10. 建筑结构部分

（1）审查主要建（构）筑物的设计基本要求，包括设计使用年限、安全等级和抗震设防等级的完整性和合理性。

（2）审查地基处理与基础选型方案的完整性和合理性。

（3）审查建筑设计、结构设计、地下结构防水及防腐的完整性和合理性。

11. 供暖通风及空调部分

（1）审查暖通空调设计用气象参数、室内空气计算参数、围护结构热工性能的合理性。

（2）审查供暖系统、通风系统、空调系统、防排烟系统设计方案的完整性和合理性。

12. 水工部分

（1）审查生产用水和生活用水水量的合理性，关注取水许可批复情况，审查水量平衡的完整性和合理性。

（2）审查循环水系统选择及布置、补充水系统、生产给排水、生活给排水的完整性和合理性。

（3）审查循环水系统、给排水系统的主要水工建（构）筑物方案的完整性和合理性。

（4）审查水工建（构）筑物防腐、防渗及地基处理方案的完整性和合理性。

13. 环境保护部分

（1）审查烟气污染防治、生活污水处理系统及工业废水处理系统、噪声处理、水的总平衡及计量、绿化及生态保护措施、环境管理及监测、环境保护投资概算的完整性和合理性。

（2）重点审查环境影响报告书及批复意见的落实情况，对于差异项应关注是否构成重大变更需要重新报批环境影响评价报告。

14. 水土保持部分

（1）审查水土流失防治工程措施、水土流失防治植物措施、水土流失防治临时措施、固体废物综合利用、水土保持管理和监测、水土保持投资概算及防治效果的完整性和合理性。

（2）重点审查水土保持方案报告书及批复意见的落实情况，对于差异项应关注是否构成重大变更需要重新报批水土保持方案报告。

15. 消防部分

审查总平面布置及交通要求、建（构）筑物防火设计要求、电厂各系统的消防措施、消防给水和灭火设施、火灾报警及控制系统、消防供电、采暖通风与空气调节系统的防火措施、消防设施专项投资概算的完整性和合理性。

16. 劳动安全部分

（1）审查厂址安全工程、总平面布置及建筑物的安全设计、工艺系统安全防护设计、安全机构设置及安全设施投资概算的完整性和合理性。

（2）重点审查安全预评价报告及审查意见的落实情况。

17. 职业卫生部分

（1）审查自然危害因素分析及防护设计、总平面布置的防护设计、生产工艺系统职业卫生防护设计、职业卫生辅助设施设计、职业卫生检测机构及职业卫生专项投资概算的完整性和合理性。

（2）重点审查职业病危害预评价报告及审查意见的落实情况。

18. 节约资源部分

（1）审查节约及合理利用能源的措施的完整性和合理性。

（2）审查节约用水、节约原材料、节约用地的措施和效果的完整性和合理性。

（3）重点审查节能评估报告及审查意见的落实情况，关注存在的差异性及是否进行必要的说明。

19. 施工组织大纲部分

（1）审查施工总平面布置、施工生产生活区竖向布置、施工道路、施工力能布置的完整性和合理性。

（2）审查主要施工方案与大型机具配备、施工轮廓控制进度、交通运输条件及大件设备运输的完整性和合理性。

20. 运行组织及电厂设计定员部分

（1）审查组织机构、人员编制及指标的完整性和合理性。

（2）审查机组启动、运行方式及系统启动条件的完整性和合理性。

（三）主要设备与材料

结合设计说明情况，审查各专业设备材料清册的完整性和规范性。建议主要关注以下内容：

（1）主要设备材料清册是否列出专业所有的设备和主要材料，并标注所有设备的编码。

（2）产品的规格是否与相应的说明书和图纸相符。

（3）是否存在不属本单位设计范围的设备和材料。

（四）工程概算

（1）审查概算编制依据、深度及方法、概算的工程量、设备及材料价格、概算定额/指标套用及各类费用计取的准确性和合理性。

（2）审查概算中工程量与技术文件中各专业提供的工程量是否一致，有无漏计、重计和错计。

（3）审查设备、材料价格取定的准确性和时效性。价格的选取原则：设备、材料价格参考询价及当地造价管理机构发布的信息价、参考同类项目相同材质、规格型号设备的订货价或历史经验价格进行核实审查。

（4）审查各分部分项工程子目套用定额是否准确。

（5）审查取费是否符合规定，有无遗漏或在规定之外的取费。

（6）审查建设项目固定资产其他费用及其他（无形资产费用、预备费、建设期利息、增值税）的准确性。

（五）设计图纸

结合设计说明情况，审查各专业图纸的完整性和规范性。建议关注重点如下：

1. 总图运输部分

审查厂区地理位置图、厂区总体规划图、厂区总平面及竖向布置图、厂区管线及沟道规划布置图、厂区绿化规划图、厂区危险区域划分图等图纸的完整性和规范性。

2. 电力系统部分

审查电力系统现状地理接线图、电力系统设计年份地理接线图、电厂原则主接线图、系统继电保护配置方案及配置图、系统安全自动装置配置图、远动信息配置图、调度通信系统图等图纸的完整性和规范性。

3. 热机系统部分

审查原则性热力系统图、各系统 P&I 图（天然气供应、余热锅炉给水、余热锅炉排污、蒸汽、辅助蒸汽、凝结水、循环水、凝汽器、压缩空气)、主厂房零米层布置图、主厂房运转层布置图、主厂房规划断面布置图等图纸的完整性和规范性。

4. 电厂化学部分

审查锅炉补给水处理预处理系统图、锅炉补给水处理除盐系统图、工业废水处理系统图、热力系统加药系统图、汽水取样系统图、凝结水除铁过滤系统图、供氢系统图等图纸的完整性和规范性。

5. 烟气脱硝系统部分

审查烟气脱硝工艺系统流程图等图纸的完整性和规范性。

6. 电气部分

审查电气主接线图、厂用电原理接线图、屋内 GIS 平断面布置图、发电机封闭母线平断面布置图、配电室平断面布置图、厂区电缆通道布置图、发变组保护及测量仪表配置图、单元机组 UPS 系统图、网络继电器室 UPS 系统图、电气二次房间平面布置图等图纸的完整性和规范性。

7. 热工自动化部分

审查集中控制室及工程师站平面布置图、主厂房仪控电子设备间平面布置图等图纸的完整性和规范性。

8. 建筑结构部分

审查主厂房平面图、主厂房立面图、主厂房剖面图、主厂房主要承重结构基础方案图、主厂房结构布置总图等图纸的完整性和规范性。

9. 供暖通风及空调部分

审查通风、空调系统流程图等图纸的完整性和规范性。

10. 水工部分

审查供水系统图、水量平衡图、原水预处理布置图、循环水泵房布置图等图纸的完整性和规范性。

11. 环境保护部分

审查全厂噪声等值线分布图等图纸的完整性和规范性。

12. 水土保持部分

审查水土保持防治措施体系图、水土保持防治措施总体布局图、土石方调配流向图、水土保持监测布点图等图纸的完整性和规范性。

13. 审查全厂消防系统图等图纸的完整性和规范性

四、风电项目

风力发电场初步设计阶段主要开展招标设计工作，按照《风电场工程招标设计技术规定》（NB/T 31112—2017）编制。不同企业根据自身投资管理需要，也需要编制初步设计文件，重点论述微观选址、风机基础方案、升压站及综合控制楼方案、集电线路系统的设计方案、风机吊装方案、场内道路方案、防洪防雷防火等设施方案、施工组织设计和重要方案比选论证等内容，履行投资决策程序。

风力发电场项目一般由风场部分和升压变电站部分组成，参考相关要求，评审要点建议可关注如下：

（一）风场部分

1. 基本要求

（1）审查初步设计的完整性，应至少包括设计说明、主要设备材料清册、图纸、概算书、专题报告等。

（2）审查设计依据的完整性，如设计合同、可行性研究报告及批复文件、项目申请报告及核准意见、风电场接入系统设计的批准意见、设计基础资料（工程地质勘察报告和不超过 1：2,000 的地形测量图）、各专项报告书及批复意见、外部依托协议等，关注审批意见和相关协议文件的情况。

（3）审查各专业设计遵循标准、规范的规范性和适用性，对采标是否合理提出意见。

（4）审查各专业设计范围的完整性和衔接情况，关注各单位工程之间设计界面是否准确、无遗漏，审查设计原则的合理性。

2. 设计说明

（1）总的部分。

1）审查概述、厂址、风能资源评价结论、微观选址结果、主要技术经济指标的完整性和合理性。

2）审查主要设计方案、待招标确定的风力发电机组及主要辅机情况的完整性和合理性。

3）审查初步设计与可行性研究报告及其批复意见的差异情况。

（2）风资源部分。

1）审查风电场参证气象站选择的代表性，审查气象要素的完整性，重点关注冰冻、热带气旋等影响。

2）审查风电场测风塔的合理性和代表性，审查测风数据的完整性和合理性，观测持续时间一般应在 1 年以上，测风塔不应少于 1 座，高度不应低于预装风电机组轮毂高度。

3）审查风能资源评估的合理性和完整性，根据各代表性测站订正的风能资源数据，计算风电场风切变指数、湍流强度、轮毂高度处空气密度、代表年风能资源参数、轮毂高度处 50 年一遇最大风速值等，对风资源开发条件做出评价。

4）审查可选风机等级的合理性。

（3）海上风电场海洋水文部分。

1）审查海洋水文观测要素的完整性，主要包括水文、波浪、海流、泥沙、水温、盐度、海冰、水深、底质、风速、风向等情况，水位、海流、波浪应进行至少连续 1 年的观测，全潮水文观测应在夏、冬两季各连续观测 1 个完整的大、中、小潮潮期。

2）审查海洋水文测站数量和布设原则的合理性。

3）审查水位、海流、波浪长期测站的观测期与风电场风能资源测量的同步性。

（4）工程地质部分。

1）审查区域地质构造稳定性、地震情况。

2）审查地形地貌、地层岩性、水文地质、水文气象、地质灾害评估、地基土物理力学、土壤电阻率。

3）审查不良地基作用、场地稳定性评价、抗震性能评价、地下水的腐蚀性、场地土的腐蚀性、地基承载力特征值的完整性和合理性。

4）审查地基处理方案、推荐基础设计的型式和基础持力层的完整性和合理性。

5）关注钻孔布置情况，采用单桩基础的风机，每个机位不少于 1 个勘探孔，采用群桩基础的机位，勘探孔宜按基础中心对称布置，每个机位不少于 2 个勘探孔，工程地质条件复杂时应增加勘探孔。

（5）风电机组布置及发电量计算部分。

1）审查选定机型的技术参数、机组功率曲线、推力系数曲线的完整性和合理性。

2）审查微观选址的过程完整性和计算合理性。

3）审查折减系数、风电场年上网电量的完整性和合理性。

4）关注地形图测图比例尺情况，可行性研究阶段宜提供 1：2,000 的地形图测量，初步设计宜提供（1：500）~（1：1,000）的地形图、风电机组机位宜为（1：200）~（1：500）。

（6）风电场电气部分。

1）审查电气一次的风电场电气主接线方案，包含变电单元的接线方式、电压等级和机组变的容量，变压器台数、容量、布置方式，集电线路的回路数、各回路连接风机台数、集电线路的布置和路径、电缆敷设方法和措施等。

2）审查电气一次的短路电流计算、升压变压器等选择的完整性和合理性，大型风电场升压变压器宜采用监控系统。

3）审查电气一次的绝缘配合及过电压保护和接地方案的完整性和合理性，设备选型应考虑低温、覆冰等情况，海拔超过1,000m时电气设备外绝缘应考虑实际海拔的修正影响。

4）审查电气二次的风机监控系统、风机保护系统、升压变压器的监控系统、升压变压器的保护系统的完整性和合理性。

（7）土建部分。

1）审查风机基础型式、基础承载力和变形计算的完整性和合理性。

2）审查风机、升压变压器基础设计方案的完整性和合理性，陆上风电项目还需审查吊装平台设计方案的完整性和合理性。

（8）集电线路部分。

1）采用架空线路的，审查进站线布置、线路路径、导线和地线方案、绝缘配合、防雷和接地、绝缘子串和金具、导线对地和交叉跨越距离、杆塔和基础的完整性和合理性。

2）采用电缆敷设的，审查电缆路径、电缆截面、电缆施工方法及措施的完整性和合理性。

3）海上风电项目审查集电线路走向、长度、敷设方式、海缆穿（跨）越方案的完整性和合理性。

（9）场内道路部分。

1）审查路线平面、纵断面图、路基路面标准、排水及防护工程设计的完整性和合理性。

2）审查不良地质路段的处理、错车道设置、沿线筑路材料、施工注意事项的完整性和合理性。

（10）环境保护和水土保持。

1）审查工程建设对环境的影响和效益、生产和生活废水处理措施及达到的排放标准、固定废弃物处理措施及达到的排放标准、电磁辐射的具体控制和监测措施、环境保护投资的完整性和合理性。

2）审查水土保持监测内容、水土流失危害及防治措施、水土保持工程及投资概算的完整性和合理性。

3）重点审查环境影响报告书、水土保持方案报告书及批复意见的落实情况，对于差异项应关注是否构成重大变更需要重新报批环境影响评价报告、水土保持方案报告书。

（11）劳动安全和职业卫生。

1）审查主要危险和有害因素分析、主要安全防护措施、安全设施投资概算的完整性和合理性。

2）审查职业卫生危害因素分析、防护措施、职业病防治管理和职业卫生投资概算的完整性和合理性。

3）重点审查安全预评价报告、职业病危害预评价报告及批复意见的落实情况。

（12）施工组织设计。

1）审查施工总平面布置方案、施工用电、施工用水、场地平整情况、工程征用地方案的完整性和合理性。

2）审查机组、箱变、集电线路、场区道路施工方案的完整性和合理性。

3）审查施工交通运输方案、场区内交通线路方案的完整性和合理性。

4）审查施工进度计划的合理性。

3. 主要设备与材料

结合设计说明情况，审查各专业设备材料清册的完整性和规范性。建议主要关注以下内容：

（1）主要设备材料清册是否列出专业所有的设备和主要材料。

（2）产品的规格是否与相应的说明书和图纸相符。

（3）是否存在不属本单位设计范围的设备和材料。

4. 工程概算

（1）审查概算编制依据、深度及方法、概算的工程量、设备及材料价格、概算定额 / 指标套用及各类费用计取的准确性和合理性。

（2）审查概算中工程量与技术文件中各专业提供的工程量是否一致，有无漏计、重计和错计。

（3）审查设备、材料价格取定的准确性和时效性。价格的选取原则：设备、材料价格参考询价及当地造价管理机构发布的信息价、参考同类项目相同材质、规格型号设备的订货价或历史经验价格进行核实审查。

（4）审查各分部分项工程子目套用定额是否准确。

（5）审查取费是否符合规定，有无遗漏或在规定之外的取费。

（6）审查建设项目固定资产其他费用及其他（无形资产费用、预备费、建设期利息、增值税）的准确性。

5. 图纸

结合设计说明情况，审查各专业图纸的完整性和规范性。建议主要关注以下内容：

（1）总的部分。

审查风电场地理位置示意图、风电场规划图的规范性和完整性。

（2）风电机组布置部分。

审查风电场机位布置图的规范性和完整性。

（3）电气部分。

审查风电场电气主接线图的规范性和完整性。

（4）土建部分。

审查风机基础平面图、风机基础剖面图、升压变压器基础图等图纸的规范性和完整性。

（5）场内道路部分。

审查道路平面布置图、纵断面设计图、路基标准横截面图、路基防护工程设计图等图纸的规范性和完整性。

（6）施工组织设计部分。

审查施工总平面布置图的规范性和完整性。

（二）升压变电站部分

1. 基本要求

（1）审查初步设计的完整性，应至少包括设计说明、主要设备材料清册、图纸、概算书、专题报告等。

（2）审查设计依据的完整性，如设计合同、可行性研究报告及批复文件、项目申请报告及核准意见、风电场接入系统设计的批准意见、设计基础资料（工程地质勘察报告和不超过 1：2,000 的地形测量图）、各专项报告书及批复意见、外部依托协议等，关注审批意见和相关协议文件的情况。

（3）审查各专业设计遵循标准、规范的规范性和适用性，对采标是否合理提出意见。

（4）审查各专业设计范围的完整性和衔接情况，关注各单位工程之间设计界面是否准确、无遗漏，审查设计原则的合理性。

2. 设计说明

（1）总的部分。

1）审查概述、站址概况、进出线走廊条件、征地拆迁及设施移改方案、工程地质条件、主要技术方案和技术经济指标的完整性和合理性。

2）审查区域地形地质及气象条件，关注积雪、覆冰、土壤冻结深度和防涝等情况。

3）审查工程地质勘察情况，海上风电场的升压站可参照风电机组机位勘察要求，陆上集控中心和陆上风电场的升压站应结合变电所勘察设计相关规范要求，集电线路、场内道路、施工用水和生活用水水源地勘察或调查应按相应规范开展。

4）审查初步设计与可行性研究报告及其批复意见的差异情况。

（2）电力系统部分。

1）审查升压站电压等级、出线回路数、导线截面积、线路长度等的完整性和合理性。

2）审查主变压器规模、无功补偿设备情况，若初步设计与可行性研究确定的规模和设备参数发生较大变化，如站址调整、送出方案调整等，应审查合理性。

3）审查接入系统和可行性研究报告审查意见，若本阶段出现变更，应审查合理性。

4）审查远期、近期归算至升压变电站高压侧母线的系统阻抗、变压器低压侧电容电流计算的规范性和合理性。

（3）电气一次部分。

1）审查电气主接线方案完整性和合理性，确定各级电压母线接线方式。

2）审查短路电流计算的完整性和合理性，包括计算接线、运行方式及系统容量等。

3）审查站用电负荷计算情况，审查主要设备布置方案和选型情况，改扩建工程需进一步校验原设备。

4）审查绝缘配合及过电压保护方案，海拔超过 1,000m 时电气设备外绝缘应考虑实际海拔的修正影响，并需审查电气外绝缘防污秽措施的合理性。

5）审查升压站的布置、集电线路配电装置布置、无功补偿布置、站用电布置等方案的合理性。

6）审查站用电及照明、防雷接地、电缆敷设方案的完整性和合理性。

（4）电气二次部分。

1）审查系统继电保护配置、保护及故障信息管理系统子站、安全自动装置等方案的完整性和合理性。

2）审查各类调度管理系统配置方案、站内通信系统和自动化系统的完整性和合理性。

3）审查元件保护及自动装置、直流电源及 UPS 系统、设备状态监测系统、全站时钟同步系统等方案的合理性。

4）审查二次设备室设计方案、二次设备组柜方案、接地、防雷、抗干扰设计方案的完整性和合理性。

（5）土建部分。

1）审查站区总平面图布置、竖向布置、交通运输、管线及沟通布置、站区绿化方案的完整性和合理性。

2）审查生产楼、辅助建筑、防火要求、屋面防水及保温、建筑装修的完整性和合理性。

3）审查升压站内主要建（构）筑物的结构形式及地基处理方式的完整性和合理性。

4）审查给水系统、排水系统、防洪排涝方案的完整性和合理性。

5）审查采暖、通风和空调方案和设备选型的完整性和合理性。

6）关注地形图测图比例尺情况，可行性研究阶段宜提供1：2,000的地形图测量，初步设计阶段海上风电场的升压站部分宜提供1：500的地形图，海上风电场的陆上集控中心和陆上风电场的升压站宜提供（1：500）~（1：1,000）的地形图。

（6）消防部分。

1）审查各建（构）筑物之间的防火间距、耐火等级、火灾危险性分类、消防车道布置的方案的完整性和合理性。

2）审查消防给水、化学灭火设施及器材、通风空调系统的防火排烟设计、火灾报警系统、电气设备消防的完整性和合理性。

（7）环境保护、水土保持和节能减排。

1）审查工程建设对环境的影响和效益、生产和生活废水处理措施及达到的排放标准、固定废弃物处理措施及达到的排放标准、电磁辐射的具体控制和监测措施、环境保护投资的完整性和合理性。

2）审查水土保持监测内容、水土流失危害及防治措施、水土保持工程及投资概算的完整性和合理性。

3）审查建筑节能措施、电气节能措施、运行管理节能措施的完整性和合理性。

4）重点审查环境影响报告书、水土保持方案报告书及批复意见的落实情况，对于差异项应关注是否构成重大变更需要重新报批环境影响评价报告、水土保持方案报告书。

（8）劳动安全和职业卫生。

1）审查主要危险和有害因素分析、主要安全防护措施、安全设施投资概算的完整性和合理性。

2）审查职业卫生危害因素分析、防护措施、职业病防治管理和职业卫生投资概算的完整性和合理性。

3）重点审查安全预评价报告、职业病危害预评价报告及批复意见的落实情况。

（9）施工组织设计。

1）审查施工条件、大件设备运输方案、大件设备运输所需主要机具的完整性和合理性。

2）海上风电场的变压站施工组织设计参照风电机组施工组织设计，并需审查上部组块安装施工方案的合理性。

3）审查海上风电场的海缆敷设施工组织设计的完整性和合理性。

3. 主要设备与材料

结合设计说明情况，审查各专业设备材料清册的完整性和规范性。建议主要关注以下内容：

（1）主要设备材料清册是否列出专业所有的设备和主要材料。

（2）产品的规格是否与相应的说明书和图纸相符。

（3）是否存在不属本单位设计范围的设备和材料。

（4）非标准产品的技术协议或设备规范书情况。

4. 工程概算

（1）审查概算编制依据、深度及方法、概算的工程量、设备及材料价格、概算定额/指标套用及各类费用计取的准确性和合理性。

（2）审查概算中工程量与技术文件中各专业提供的工程量是否一致，有无漏计、重计和错计。

（3）审查设备、材料价格取定的准确性和时效性。价格的选取原则：设备、材料价格参考询价及当地造价管理机构发布的信息价、参考同类项目相同材质、规格型号设备的订货价或历史经验价格进行核实审查。

（4）审查各分部分项工程子目套用定额是否准确。

（5）审查取费是否符合规定，有无遗漏或在规定之外的取费。

（6）审查建设项目固定资产其他费用及其他（无形资产费用、预备费、建设期利息、增值税）的准确性。

5. 图纸

结合设计说明情况，审查各专业图纸的完整性和规范性。建议主要关注以下内容：

（1）电力及电气一次部分。

审查电力系统地理接线图、升压变电站电气主接线图、电气总平面布置图、各级电压配电装置平断面图、无功补偿装置室平面布置图、无功补偿装置户外设备平面布置图、全站防雷保护范围图等图纸的规范性和完整性。

（2）电气二次部分。

审查系统继电保护配置图、风电场接入系统前通信系统现状图、风电场接入系统后通信组织图、电力线载波通道组织图、升压站自动化系统方案图、通信机房设备布置图、主变压器保护配置图、高压并联电抗器保护配置图、静止补偿装置保护配置图、直流系统图、二次设备室布置图等图纸的规范性和完整性。

（3）土建部分。

审查升压站总平面图，升压站竖向布置图，升压站场地土石方及场地平整图，主要建筑的平面图、立面图、剖面图，站区给排水及消防管线总平面图，给水系统图，排洪设施方案图等图纸的规范性和完整性。

第四节　初步设计评审报告模板

1. 项目概况

包括项目建设时间、地址、规模、建设目的、建设进度安排，主要建设内容。可行性研究批复情况、投融资安排。

2. 初步设计审查情况

按照项目委托函的要求，组织初设专家评审会的时间、地点；邀请专家数量、姓名，参会有关部门和人员；专家组提出修改意见数量。

项目单位根据会议纪要要求和专家组评审意见和建议，对初步设计内容进行修改、完善，提交书面答复的时间。审核报告编写人员复核回复意见，并提出相关意见和要求。

（1）初步设计与可行性研究主要变化情况。

1）初步设计与可行性研究相比主要工程方案变化情况，简要说明并填写修改后的初步设计报告与可行性研究报告相比主要工程、设计方案变化对比表，说明变化原因，简要评价变化的合理性。

2）修改后的概算与可行性研究估算对比变化情况，简要说明并填写初步设计与可行性研究相比投资变化对比表，说明变化原因，简要评价变化的合理性。

（2）初步设计评审前后主要变化情况。

1）初步设计评审前后主要工程方案变化情况，简要说明并填写初步设计报告评审前后主要工程、设计方案变化对比表，说明变化原因，简要评价变化的合理性。综合对比情况，针对主要问题提出相关建议。

2）初步设计评审前后设计概算变化情况，简要说明并填写初步设计评审前后设计概算变化对比表，说明变化原因，简要评价变化的合理性。综合对比情况，针对主要问题提出相关建议。

（3）各专业详细评审情况。

不同项目因所处行业、具体建设内容、业主对设计标段划分管理要求不同，通常会开展多个单项工程的初步设计，每个单项工程的初步设计均需按照该工程对应的设计规范进行初步设计。因此，初步设计的评审可借鉴本章第三节内容，严格按照设计规范和业主管理要求分专业逐项进行详细评审。

各专业详细评审情况一般包括设计方案情况、审查建议和审查结论三部分。

3. 结论及建议

简单评价项目单位对会议纪要和专家意见进行了逐条答复的情况，修改内容是否合理，说明概算修改版总投资及较审查版增加或减少金额。简单评价修改后的初步设计文件内容是否全面，选用的规范及标准是否恰当，工程建设方案是否合理，报告是否符合相关行业关于初步设计编制的基本要求。

针对不同项目，提出相关工作建议，包括以下几个方面：

（1）在详细设计阶段按照初步设计文件和对会议纪要及专家意见的答复认真落实有关内容，进一步优化工程方案设计，论证相关设计的合理性与可靠性，确保安全、可靠。

（2）对项目建设实施进度和方案提出建议。

（3）提醒项目在下阶段应进行不同工况条件下的 HAZOP 模拟分析，确保项目安全建设与运行。

（4）补充完善政府审批文件和落实项目实施的配套条件。

4. 附件

（1）评审人员名单。

（2）评审会纪要及专家组意见。

（3）项目单位对会议纪要及专家组意见的回复。

第七章
资产评估报告的评估

一个企业的发展，除了以固定资产投资形式进行项目建设外，资本市场的发展也为其提供了其他途径。企业可以通过收并购进行产业扩张与整合，也可以通过资产出售进一步优化资产组合，聚焦发展方向。以油气产业为例，资产交易是现代石油工业诞生160年来最重要的经营活动，也是油气公司进行资产优化配置并不断提升自身竞争力的主要手段。据统计，2021年油气行业共达成740亿美元的资产交易，而这背后的每一项具体交易，都要以买卖双方认可的以公允、法定的准则和方法评估出的交易价格为基础进行，凸显了资产评估工作的重要性。咨询评估机构在开展项目咨询评估工作时，常涉及收并购项目的可行性研究报告评估等内容，因此需要对资产评估的概念、方法与评审要点进行系统论述。

第一节 资产评估概述

一、资产评估的概念

资产评估是指专业评估机构和人员，按照国家法律、法规和资产评估准则，根据特定目的，遵循评估原则，依照相关程序，选择适当的价值类型，运用科学方法，对资产价值进行评定、估算并发表专业意见的行为和过程。我国2016年7月2日颁布的《中华人民共和国资产评估法》中，对资产评估的概念界定如下：资产评估是指评估机构及其评估专业人员根据委托对不动产、动产、无形资产、企业价值、资产损失或者其他经济权益进行评定、估算，并出具评估报告的专业服务行为。

资产评估作为一种价值评定、估算行为，所涉及的基本要素包括：

（1）评估主体，表明由谁来进行评估，评估主体既可以是自然人，也可以是合伙人或法人，是资产评估工作的主导者。

（2）评估客体，即被评估的资产，又称评估对象，是对评估内容的界定。

（3）评估目的，即资产业务引发的经济行为对资产评估结果的要求，或资产评估结果的具体用途，它在很大程度上决定了评估过程中价值类型的选择。

（4）评估原则，即资产评估的行为规范，是协调评估当事人各方关系、处理评估业务的行为准则。

（5）评估程序，即资产评估工作从开始准备到最后结束所应遵循的工作顺序。

（6）评估价值类型，即对资产评估价值的质的规定，对评估参数的选择具有约束性。

（7）评估方法，即资产评估所运用的特定技术，是确定资产价值的具体手段和途径。

（8）资产评估的假设，即资产评估前针对资产业务的前提假设条件。

二、资产评估的特点

与财务会计等资产计价业务相比，资产评估具有现实性、市场性、预测性、公正性和咨询性的特点。充分理解和把握资产评估的特点，有利于进一步理解资产评估实质，并且对提高资产评估质量与正确发挥资产评估的作用具有重要意义。

1. 现实性

现实性是指以评估基准期为时间参照，按这一时点的资产实际状况对资产进行评定估算。

资产评估基准期是指确定资产评估价值的基准时间。由于各种资产都是处在不断运动和变化中，资产的数量、结构、状态和价格也就不可能固定不变。因此，资产评估只能评估某一时点的资产，不能反映评估基准期以外时期的资产状况。为了科学地进行资产评估，使评估结果具有可解释性，同时也为了便于客户和公众对其合理利用，评估时必须确定评估基准期。评估基准期一般以“日”为基准时点，选择与资产业务或评估时间较接近的时期。

2. 市场性

市场性是资产评估区别于财务会计活动的显著特征。财务会计既反映市场交易，又反映企业内部的资源变换，企业内部资源变换在时空上与市场是相分离的。资产评估则是在模拟市场条件下，对资产进行确认、估价和报告，并且通常受市场直接检验。

首先，市场性表现在评估资产的市场价值时，一切评估要素均需源于市场；即使是非市场交易类业务，其评估也要采用由市场所决定的参数。

其次，评估结果的有效性要接受市场标准检验。市场交易类资产业务评估结论的有效性直接受市场检验，若评估值与成交价大相径庭，在没有特殊原因的情况下，即可判为低质量的评估。非市场交易类资产业务虽没有市场成交价来进行检验，但检验评估结果的有效性尺度仍以市场为基础。例如，以计算税基为目的的评估、以保险理赔为目的的评估。

3. 预测性

预测性是指通过预测资产在未来时空的潜能来说明其价值。这是由资产自身的性质决定的，因为资产是指能够在未来为其控制主体带来经济利益、具有稀缺性的资源。资产的确认与计价都需要预测。例如，通过预期房屋、机器设备的尚可使用年限来评估其重置成本价值等。

4. 公正性

公正性是指资产评估行为对于评估当事人具有独立性，它服务于资产业务的需要，而不是服务于资产业务当事人中任何一方。公正性表现在两方面：一是资产评估是按公允、法定的准则和规程进行的，具有公允的行为规范和业务规范，这是公正性的技术保证；二是评估人员或机构通常是与资产业务没有利害关系的第三者，这是公正性的组织保证。公正性使资产评估结论常用于企业上市、财产诉讼和政府对财产的征用等方面，从而使资产评估具有鉴证作用。

5. 咨询性

咨询性是指资产评估是为资产业务提供的专业化估价意见，这个意见本身并无强制执行的效力，评估者只对结论本身合乎职业规范要求负责，而不对资产业务定价决策负责。此外，咨询性还有另一层含义，由于资产评估是社会分工的一个专业，是由一定知识结构的专家组成的专业评估机构进行的，因此在资产评估过程中积累了大量资产信息，能够为社会各方面优化资产业务提供咨询，从而使资产评估具有咨询作用。

三、资产评估的业务类型

《资产评估法》第三条规定：自然人、法人或者其他组织需要确定评估对象价值的，可以自愿委托评估机构评估。涉及国有资产或者公共利益等事项，法律、行政法规规定需要评估的（以下简称“法定评估”），应当依法委托评估机构评估。由此看出，资产评估业务可以分为两类：一类是必须进行的法定评估，另一类是自愿进行的评估。

1. 法定评估

涉及国有资产或者公共利益等事项，以及法律、行政法规规定需要评估的，应当依法委托评估机构评估，此类评估业务称为法定评估业务。

法定评估业务具有以下几个特点：一是涉及国有资产或者公共利益等事项；二是法律、行政法规规定需要评估，如《证券法》《企业国有资产法》等都有这方面的规定；三是应当依法选择评估机构评估；四是至少两名相应专业类别的评估师承办业务，并且评估报告必须由至少两名评估师签署；五是法定评估档案保存期限为不少于 30 年，其他非法定评估档案保存期限为不少于 15 年。

2. 自愿进行的评估

自然人、法人或者其他组织需要确定评估对象价值的，除法律法规另有规定，可以自愿委托评估机构进行评估。这里的“自然人”包括中国公民和外国人。“法人或者其他组织”则是包括除了“自然人”以外的各类组织，如国家机关、企业、事业单位、社会团体等。自然人、法人或者其他组织如果需要确定评估对象价值的，可以自愿委托评估机构进行评估。应当指出的是，根据《资产评估法》规定，评估专业人员必须加入评估机构才能开展业务，评估专业人员不能脱离所在评估机构去承揽业务。所以，作为委托人，只能委托评估机构来进行评估业务，不能直接委托评估专业人员进行评估。

四、资产评估的制度体系

我国资产评估准则制定工作，是在总结研究我国评估理论和实践经验的同时，系统地借鉴国际评估准则和其他国家评估准则，对国际评估准则和各国评估准则赖以存在的理论基础和实践经验进行比较研究，了解各国评估准则制定的经验教训的基础上逐步发展起来的。

2016 年 7 月 2 日，第十二届全国人大常委会第二十一次会议审议通过了《中华人民共和国资产评估法》，并于 2016 年 12 月 1 日起施行。资产评估法的颁布实施，具有十分重要的意义：一是有利于维护社会主义市场经济秩序。市场经济以生产要素有效配置为根基，资产评估是生产要素实现有效配置过程中的一个重要支撑。资产评估法的颁布，有利于更好地发挥资产评估的专业作用，为规范交易行为、提高交易效率、维护市场秩序提供重要的专业服务。二是有利于保护国有资产和公共利益。国有经济在中国经济体系中占有十分重要的地位，涉及国有资产和公共利益的评估属于法定评估，是评估行业的一项重要业务。资产评估法明确，只有评估师才能从事法定评估业务，并对法定评估的程序予以规范，有利于保障法定评估业务依法规范进行，从而保障国有资产的安全，保障公共利益不受非法侵害。三是有利于保障评估当事人的合法权益。委托人、评估机构及其评估专业人员等是评估活动的当事人，资产评估法统一规范了评估当事人的权利、义务和责任，既保障了委托人能够获得优质的评估专业服务，又明确了评估机构及评估专业人员依法执业的法律地位，评估当事人的合法权益能够得到保障。四是有利于促进评估行业健康发展。资产评估是现代高端专业服务行业，为我国社会经济发展做出了重要贡献。但是，资产评估行业也存在着评估行为不规范、机构和人员良莠不齐、法律责任不清晰等突出问题，资产评估法通过规范评估从业人员和从业机构的行为，提高行业专业水准，增强社会公信力，有利于促进评估行业健康持续发展。

资产评估法颁布施行后，相关部门和评估行业协会积极推进相关配套制度建设，我国形成了以资产评估法为统领，由相关法律、行政法规、部门规章、规范性文件以及自律管理制度共同组成的全面、系统、完备的资产评估法律制度体系。

1. 法律及行政法规

目前，除资产评估法外，其他相关法律也从不同角度对资产评估进行了规范。资产评估相关法律制度如表 7–1 所示。

表 7-1　资产评估相关法律及行政法规

类型	文件	内容
法律	《公司法》《证券法》《企业国有资产法》《城市房地产管理法》《拍卖法》《政府采购法》《刑法》《合伙企业法》《保险法》	国有资产产权转让、抵押、股东出资、股票和债券发行、房地产交易等业务
行政法规	《国有土地上房屋征收与补偿条例》 《国有资产评估管理办法》 《社会救助暂行办法》 《全民所有制工业企业转换经营机制条例》 《土地增值税暂行条例》 《森林防火条例》 《证券公司监督管理条例》 《民办教育促进法实施条例》 《金融机构撤销条例》 《矿产资源勘查区块登记管理办法》 《矿产资源开采登记管理办法》 《探矿权采矿权转让管理办法》 《国务院关于股份有限公司境内上市外资股的规定》 《中外合作经营企业法实施细则》 《股权发行与交易管理暂行条例》 《全民所有制小型工业企业租赁经营暂行条例》 《企业国有产权无偿划转管理暂行办法》 《企业国有资产交易监督管理办法》	涉及国有资产产权变动、房屋征收补偿、矿产资源开采、金融机构抵押贷款、金融机构撤销

2. 财政部门规章、规范性文件

按照资产评估法要求，财政部门出台了系列管理办法，如表 7–2 所示。

表 7-2 财政部门规章、规范性文件

时间	机构	文件	内容
2017 年 4 月	财政部	《资产评估行业财政监督管理办法》（财政部令第 86 号）	明确了行业监管的对象和内容，规定了行业监管的手段（措施）和法律责任
2017 年 5 月	人力资源和社会保障部、财政部	《资产评估师职业资格制度暂行规定》和《资产评估师职业资格考试实施办法》（人社部规〔2017〕7 号）	规定中国资产评估协会负责资产评估师职业资格考试组织和实施工作，同时放宽（调整）了报考条件，优化了考试科目，建立了适合行业发展和行业特点的资产评估师考试制度
2017 年 7 月	财政部	《关于做好资产评估机构备案管理工作的通知》	细化了资产评估机构的备案管理
2017 年 8 月	财政部	《资产评估基本准则》	对资产评估的基本要求、基本遵循以及资产评估程序、资产评估报告、资产评估档案等做出了明确规定

3. 资产评估行业自律管理制度

2016 年 12 月，经资产评估行业第五次会员代表大会审议通过，并报财政部审查同意、民政部核准，新版《中国资产评估协会章程》正式生效，进一步完善了协会的职责定位，优化了协会的组织体系，规范了会员管理和理事会的运作机制。随后，中国资产评估协会修订发布了会员管理办法，组织修订发布了 25 项执业准则和职业道德准则等一系列自律管理制度。截至 2021 年 12 月 31 日，共有各类资产评估准则 31 项。体系构架如图 7–1 所示。

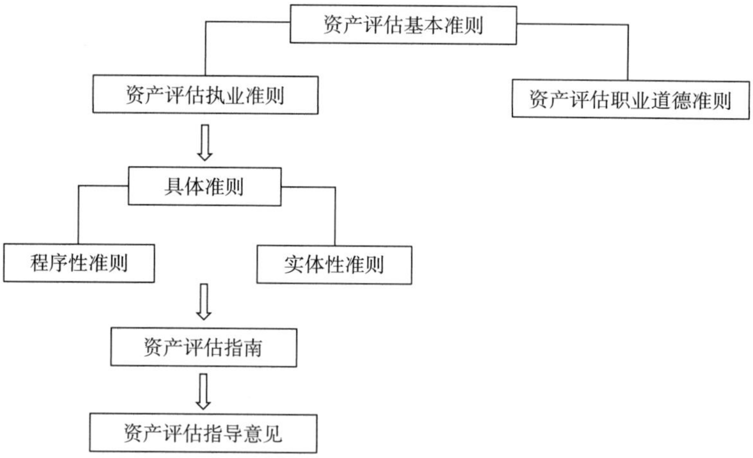

图 7–1 我国资产评估准则体系构架

五、资产评估与估值

资产评估是指评估机构和评估人员依据法律法规和资产评估准则，根据委托对相关资产、企业价值等进行评定估算，具有咨询性、公正性、社会性及动态性特征。估值是指估值人员按照有关技术方法和方案等对一项资产的价值进行估算，它更强调反映价格发现，如上市公司发行股份定价的核心就是估值。目前，估值报告已在创投企业、境外并购和上市公司开展应用。

资产评估与估值没有明确的区分，二者所使用的理论基础并无差别，采用的技术方法也均是国际通用的市场法、收益法和成本法三种基本方法及其衍生方法，只是在技术方法选择方面的要求有所区别：资产评估需要根据资产评估法和资产评估准则的要求，除因评估对象符合法律法规的要求，满足只使用一种评估方法的情况外，原则上需要选择两种或两种以上评估方法。而估值在技术方法的选择上没有明确的规范要求，只要所采用的技术方法与评估目的相关性强、有充足的理论依据、符合评估项目特点即可，对于采用几种技术方法进行估值无明确要求。

依据资产评估法第三条的规定，法定评估业务应当具备涉及国有资产、公共利益和法律法规规定需要评估的条件。非法定评估业务是否需要编制评估报告，目前尚无明确规定，通常是资产评估机构和委托人根据委托人及其上级主管单位部门的管理要求进行协商确定，并在业务委托合同中明确约定选择的报告类型，包括评估报告、估值报告、鉴证意见、复核报告等不同类型。本书主要以资产评估为重点展开论述，估值报告作为非法定评估，即自愿进行的评估的一部分。资产评估与估值的区别见表 7–3。

表 7–3　资产评估与估值的对比

类型	资产评估	估值
发挥作用	资产评估发挥着咨询、服务国有资产管理和鉴证等作用	估值承担着咨询作用
报告内容	对披露内容、报告封面格式、声明、组成报告正文的翔实程度都做了明确规定；关注资产评估机构是否按照资产评估相关准则和规范开展执业活动	披露内容方面无规范性文件明确要求；通常特别关注估值假设前提的合理性、估值方法与估值目的的相关性以及重大特殊事项的披露等
法律责任方面	资产评估报告承担的法律责任更大，因而其法律效力更强	估值报告目前只有机构盖章，未要求估值人员必须签字，通常其法律责任由出具单位承担
使用方式方面	评估报告除委托人可以使用外，评估报告中载明的其他报告使用人也可以用于报告载明的评估目的（监管机构），有效期限制	估值报告通常仅供委托人使用，且无使用有效期的限制

第二节 资产评估方法

资产评估方法是指评定估算资产价值的途径和手段，是在多种学科的技术方法基础上，按照资产评估自身的运作规律和行业特点形成的一整套方法体系，主要包括市场法、收益法和成本法三种基本方法及其衍生方法。

一、市场法

（一）市场法的概念

市场法也称比较法、市场比较法，是指通过将评估对象与可比参照物进行比较，以可比参照物的市场价格为基础确定评估对象价值的评估方法的总称，市场法是一种相对估值方法，其理论基础是在市场公开、交易活跃的情况下，相同或相似资产的价值也是相同或相似的。

市场法要求充分利用类似资产成交价格信息，并以此为基础判断和估测评估对象的价值。运用市场法评估资产的价值，直观明了，较容易被资产评估业务各当事人理解和接受。因此，市场法是资产评估中常用的评估方法之一。

但应用市场法进行资产评估需要满足两个基本的前提条件：一是评估对象的可比参照物具有公开的市场，存在活跃的交易；二是可以获得必要的有关交易信息。

（二）市场法的基本步骤

1. 选择参照物

不论评估对象是单项资产还是整体资产，运用市场法评估时首先需要选择参照物。参照物的选取关键是资产的可比性问题，包括功能、市场条件及成交时间等。另外，与评估对象相同或相类似的参照物越多，越能充分和全面反映资产的市场价值。按市场行情估测评估对象价值，评估结果会更贴近市场。评估实践中，评估专业人员通常是在众多与评估对象相似的交易实例中选择具有可比性的交易实例作为比较、测算的参照物。为了避免某个参照物个别交易中的特殊因素和偶然因素对成交价及评估值的影响，运用市场法评估资产时应尽可能选择多个参照物。

2. 在评估对象与参照物之间选择比较因素

资产评估中，需要对搜集到的信息资料进行筛选，确定具有可比性的交易实例作为与评估对象对比分析、评估量化的参照物。从理论上讲，影响资产价值的基本因素大致相同，如资产性质、功能、规模、市场条件等。但具体到每一种资产时，影响资产价值的因素又各有侧重。如影响房地产价值的主要因素是地理位置、环境状况等；而技术水平则在机器设备评估中起主导作用；收入状况、盈利水平、企业规模等因素在企业价值评估中相对更突出。所以，运用市场法时应根据不同种类资产价值形成的特点和影响价值的主要因素，选择对资产价值形成影响较大的因素作为对比指标，形成综合反映参照物与评估对象之间价值对照关系的比较参数体系，从多方面形成对比，使影响价值的主要因素能够得以全面反映。

3. 指标对比和量化差异

根据前面所选定的对比指标体系，评估专业人员在参照物及评估对象之间进行参数指标的比较，并将两者的差异进行量化。对比主要体现在交易价格的真实性、正常交易情形、参照物与评估对象可替代性的差异等方面。例如，在不动产评估中要求参照物与评估对象应在同一供需圈内、处于相同区域或近邻地区等，但其交易情形、交易时间、建筑特征等方面可能存在差异；在机器设备评估中尽管要求资产功能指标，包括规格型号、出厂日期等相同或相似，但在生产能力、产品质量以及在资产运营过程中的能耗、料耗和工耗等方面可能有不同程度的差异。运用市场法的一个重要环节就是将参照物与评估对象对比指标之间的上述差异数量化和货币化。

4. 分析确定已经量化的对比指标之间的差异

市场法以参照物的成交价格作为评定、估算评估对象价值的基础，对所选定的对比参数体系中的各差异因素进行分析比较，通过多形式的量化途径，形成对价值的调整结果。

5. 综合分析确定评估结果

运用市场法进行评估时，如果选择多个参照物，对参照物进行指标对比和差异量化后，对应各参照物，会形成多个初步评估结果。但是，对于一项资产，通常应以一个结果来表示，最终的评估结果为一个确定数值，这就需要评估专业人员对若干评估初步结果进行综合分析，以确定最终的评估值。确定最终的评估值，主要取决于评估专业人员对参照物的把握和对评估对象的认识。如果参照物与评估对象可比性都很好，评估过程中没有明显的遗漏或疏忽，评估专业人员可以采用算术平均法或加权平均法等方法将初步结果转换成最终评估结果。

（三）市场法的可比因素

运用市场法评估单项资产应考虑的可比因素主要有：

（1）资产的功能。资产评估强调资产的使用价值或功能，并不是从纯粹抽象意义上去讲，而是从资产的功能并结合社会需求，从资产实际发挥效用的角度来考虑。也就是说，在社会需要的前提下，资产的功能越好，其价值越高，反之亦然。

（2）资产的实体特征和质量。资产的实体特征主要是指资产的外观、结构、役龄和规格型号等。资产的质量主要是指资产本身的建造或制造工艺水平以及使用状态。

（3）市场条件。主要是要考虑参照物成交时与评估时的市场条件及供求关系的变化情形。市场条件包含宏观的经济政策、金融政策、行业经济状况、产品竞争情况等。

（4）交易条件。交易条件主要包括交易批量、交易动机、交易时间等。在具体运用市场法进行评估时，评估专业人员还要视评估对象的具体情形考虑其具体的可比因素，如房地产评估中的区位因素，机器设备评估中的制造厂家、资产规格型号等。

（四）市场法常用的评估方法

市场法中的具体方法可以根据不同的划分标准进行分类。这些分类并不是严格意义上的方法分类，大多是尊重某种习惯的分类。分类仅仅是为了叙述的便利和便于学习。按照参照物与评估对象的相近相似程度，市场法中的具体方法可以分为直接比较法和间接比较法两大类。如图 7–2 所示。

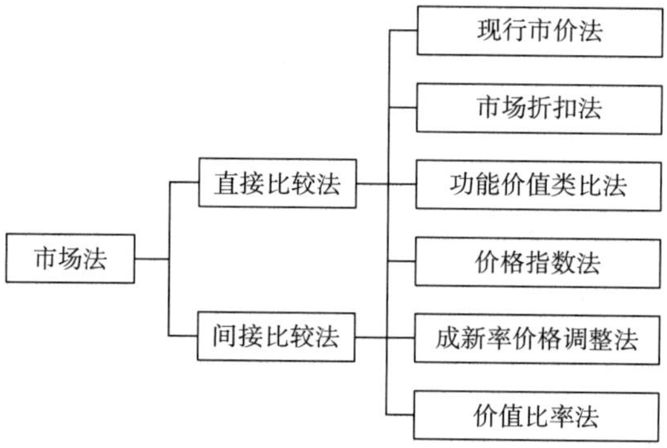

图 7–2　市场法具体方法

直接比较法是指利用参照物的交易价格，以评估对象的某一或若干特征与参照物的同一及若干特征直接进行比较，得到两者的特征修正系数或特征差额，在参照物交易价格的基础上进行修正从而得到评估对象价值的方法。其基本计算公式为：

评估对象价值 = 参照物成交价格 × 修正系数 1× 修正系数 2×⋯× 修正系数 n

或：

评估对象价值 = 参照物成交价格 ± 特征差额 1± 特征差额 2±⋯± 特征差额 n

直接比较法直观简洁、便于操作，但通常对参照物与评估对象之间的可比性要求较高。参照物与评估对象要达到相同或基本相同的程度，或参照物与评估对象的差异主要体现在某几项明显的因素上，如新旧程度、交易时间、功能、交易条件等。根据存在差异因素的不同，直接比较法的具体技术方法也不相同。

间接比较法是利用资产的国家标准、行业标准或市场标准（标准可以是综合标准，也可以是分项标准）作为基准，分别将评估对象和参照物整体或分项对比打分从而得到评估对象和参照物各自的分值。再利用参照物的市场交易价格以及评估对象的分值与参照物的分值的比值（系数）求得评估对象价值的一类评估方法。该方法并不要求参照物与评估对象必须一样或者基本一样。只要参照物与评估对象在大的方面基本相同或相似，通过评估对象和参照物与国家、行业或市场标准的对比分析，掌握参照物与评估对象之间的差异，在参照物成交价格的基础上调整估算评估对象的价值。

（五）市场法应用案例——以N市J区某科研办公房地产市场价值评估为例

该房地产项目位于N市J区江岛F座，性质为科研办公房地产，建筑面积合计为4,899.22平方米，土地面积为分摊土地面积，《不动产权证》证载用途为科教用地，实际用途为科研办公。估价对象范围包含证载面积房地产，包含附着在建筑物上的、与估价对象功能相匹配的、不可移动的设施设备。选择市场法对该项目进行估值。

运用市场比较法求取估价对象的比较价值，基本公式如下：

市场比较价值＝可比实例成交价格 × 交易情况修正系数 × 市场状况调整系数 × 房地产状况调整系数

三个可比实例分别为实例1：N市J区江岛D座；实例2：N市J区江岛H座；实例3：N市J区江岛E、G座。三个可比实例的成交价格及因素比较修正系数如表7-4所示。

表7-4　可比实例的因素比较修正系数

<table>
<tr><th colspan="3" rowspan="2">项目名称</th><th rowspan="2">估价对象</th><th>可比实例1</th><th>可比实例2</th><th>可比实例3</th></tr>
<tr><th>D座</th><th>H座</th><th>E、G座</th></tr>
<tr><td colspan="3">标准化处理后的成交价格（万元）</td><td>待估</td><td>23,943.74</td><td>20,565</td><td>23,300</td></tr>
<tr><td colspan="3">交易情况</td><td>100</td><td>100/100</td><td>100/100</td><td>100/100</td></tr>
<tr><td colspan="2">市场状况</td><td>成交日期</td><td>100</td><td>100/100</td><td>100/100</td><td>100/100</td></tr>
<tr><td rowspan="11">区位状况</td><td rowspan="5">位置状况</td><td>距区域中心的距离</td><td>100</td><td>100/100</td><td>100/100</td><td>100/100</td></tr>
<tr><td>办公聚集度</td><td>100</td><td>100/100</td><td>100/100</td><td>100/100</td></tr>
<tr><td>临街状况</td><td>100</td><td>100/100</td><td>100/100</td><td>100/100</td></tr>
<tr><td>人流量及密度</td><td>100</td><td>100/100</td><td>100/100</td><td>100/100</td></tr>
<tr><td>楼层</td><td>100</td><td>100/98</td><td>100/99</td><td>100/99</td></tr>
<tr><td rowspan="3">交通状况</td><td>道路等级</td><td>100</td><td>100/100</td><td>100/100</td><td>100/100</td></tr>
<tr><td>公共交通便捷度</td><td>100</td><td>100/100</td><td>100/100</td><td>100/100</td></tr>
<tr><td>交通管制情况</td><td>100</td><td>100/100</td><td>100/100</td><td>100/100</td></tr>
<tr><td rowspan="2">外部配套设施状况</td><td>基础设施</td><td>100</td><td>100/100</td><td>100/100</td><td>100/100</td></tr>
<tr><td>外部配套设施</td><td>100</td><td>100/100</td><td>100/100</td><td>100/100</td></tr>
<tr><td>环境状况</td><td>周边环境和景观</td><td>100</td><td>100/100</td><td>100/100</td><td>100/100</td></tr>
</table>

续表

项目名称			估价对象	可比实例 1 D 座	可比实例 2 H 座	可比实例 3 E、G 座
实物状况	土地实物状况	形状	100	100/100	100/100	100/100
		地势	100	100/100	100/100	100/100
		地质条件	100	100/100	100/100	100/100
		开发程度	100	100/100	100/100	100/100
	建筑物实物状况	外观设计	100	100/100	100/100	100/100
		建筑结构形式	100	100/100	100/100	100/100
		设备设施	100	100/100	100/100	100/100
		工程质量	100	100/100	100/100	100/100
		装饰装修	100	100/100	100/100	100/100
		层高	100	100/100	100/100	100/100
		空间布局	100	100/100	100/100	100/100
		建筑面积	100	100/102	100/96	100/96
		临街宽度深度比	100	100/100	100/100	100/100
		建筑功能	100	100/100	100/100	100/100
		成新率	100	100/100	100/100	100/100
		停车便捷度	100	100/100	100/100	100/100
权益状况（1） 规划条件 共有情况 权属清晰情况		土地使用权类型	100	100/100	100/100	100/100
		100	100/100	100/100	100/100	
		100	100/100	100/100	100/100	
		100	100/100	100/100	100/100	
调整幅度			—	0.04%	5.22%	5.22%
可比实例比较价值（万元）			—	23,953．32	21,638．49	24,516．26
比较价值（万元）			23,369			

由表 7–4 可分别计算出各可比实例的调整幅度为：0.04%、5.22% 和 5.22%。

采用各因素修正系数连乘法，求取各可比实例经因素修正后达到估价对象条件时的比准价格。

实例 1 为：23,943.74 ×（100/100）× … ×（100/98）× … ×（100/102）=23,943.74 × 1.0004=23,953.32

实例 2 为：20,565 ×（100/100）× … ×（100/99）× … ×（100/96）=20,565 × 1.0522=21,638.49

实例 3 为：23,300 ×（100/100）× … ×（100/99）× … ×（100/96）=23,300 ×

1.0522=24,516.26

经过比较分析，可比实例的各项房地产状况与估价对象较相似，经过测算以上三个可比实例的比较价格差异在正常范围内，考虑到估价对象所在区域的实际状况并结合房地产市场价格水平，本次估价确定取以上三个可比实例比较价格的算术平均值作为估价对象的比较价值。

房地产单价 =（23,953.32 + 21,638.49 + 24,516.26）÷ 3 ≈ 23,369.36 元 / 平方米。

二、收益法

（一）收益法的概念及基本理论公式

收益法是指通过将评估对象的预期收益资本化或者折现，来确定其价值的各种评估方法的总称。用数学式可表示为：

$$P=\sum_{i=1}^{n}\frac{R_i}{\prod_{i=1}^{n}(1+r_i)}$$

式中 P——评估价值；

R_i——未来第 i 年的预期收益；

r_i——第 i 年的折现率；

n——收益年限；

i——年序号。

当各年的折现率相等，均为 r 时，上述公式可表示为：

$$P=\sum_{i=1}^{n}\frac{R_i}{(1+r)^i}$$

该评估技术的假定前提是，任何一个理智的投资者在购置或投资某一资产时，所愿意支付或投资的货币数额不会高于所购置或投资的资产在未来能给其带来的回报，即收益额。收益法利用投资回报和收益折现等技术手段，把评估对象的预期获利能力和获利风险作为两个相辅相成的关键指标来估测评估对象的价值。

（二）收益法的基本步骤

从收益法的概念可以看到，资产未来的预期收益和风险的量化是收益法应用的主要工作。因此，采用收益法进行评估，其基本步骤如下：

（1）搜集或验证与评估对象未来预期收益有关的数据资料，包括资产配置、生产能力、资金条件、经营前景、产品结构、销售状况、历史和未来的财务状况、市场形势与产品竞争、行业水平、所在地区收益状况以及经营风险等。

（2）分析测算评估对象的未来预期收益。

（3）分析测算评估对象预期收益持续的时间。

（4）分析测算折现率。

（5）用折现率将评估对象的未来预期收益折算成现值。

（6）分析确定评估结果。

（三）收益法的主要技术方法

收益法实际上是在预期收益还原思路下若干具体方法的集合。收益法中的具体方法可以分为若干类：1）针对评估对象未来预期收益有无限期的情形，可分为有限期和无限期的评估方法；2）针对评估对象预期收益额的情形，又可分为等额收益评估方法、非等额收益评估方法等。收益法的具体方法中所用的字符含义及定义如下：

P——评估值；

i——年序号；

P_n——未来第 n 年的预计现值；

R_i——未来第 i 年的预期收益；

r——折现率；

n——收益年限；

t——收益年期；

A——年金。

1. 净收益不变

（1）在收益永续、各因素不变的条件下，计算公式为：

$$P=\frac{A}{r}$$

其成立条件是：净收益每年不变；资本化率固定且大于零；收益年期无限。

（2）在收益年期有限，折现率大于零的条件下，计算公式为：

$$P=\frac{A}{r}\left[1-\frac{1}{(1+r)^n}\right]$$

其成立条件是：净收益每年不变；折现率固定且大于零；收益年期有限为 n。

（3）在收益年期有限，折现率等于零的条件下，计算公式为：

$$P=A\times n$$

其成立条件是：净收益每年不变；收益年期有限为 n；折现率为零。

2. 净收益在若干年后保持不变

（1）无限年期收益计算公式为：

$$P=\sum_{i=1}^{t}\frac{R_i}{(1+r)^i}+\frac{A}{r(1+r)^t}$$

其成立条件是：净收益在 t 年（含第 t 年）以前有变化；净收益在 t 年（不含第 t 年）以后保持不变；收益年期无限；r 大于零。

（2）有限年期收益计算公式为：

$$P=\sum_{i=1}^{t}\frac{R_i}{(1+r)^i}+\frac{A}{r(1+r)^t}\left[1-\frac{1}{(1+r)^{n-t}}\right]$$

其成立条件是：净收益在 t 年（含第 t 年）以前有变化；净收益在 t 年（不含第 t 年）以后保持不变；收益年期有限为 n；r 大于零。

3. 净收益按等差级数变化

（1）在净收益按等差级数递增，收益年期无限的条件下，计算公式为：

$$P=\frac{A}{r}+\frac{B}{r^2}$$

其成立条件是：净收益按等差级数递增；净收益逐年递增额为 B；收益年期无限；r 大于零。

（2）在净收益按等差级数递增，收益年期有限的条件下，计算公式为：

$$P=\left(\frac{A}{r}+\frac{B}{r^2}\right)\left[1-\frac{1}{(1+r)^n}\right]-\frac{B}{r}\times\frac{n}{(1+r)^n}$$

其成立条件是：净收益按等差级数递增；净收益逐年递增额为 B；收益年期有限为 n；r 大于零。

（3）在净收益按等差级数递减，收益年期无限的条件下，计算公式为：

$$P=\frac{A}{r}-\frac{B}{r^2}$$

其成立条件是：净收益按等差级数递减；净收益逐年递减额为 B；收益年期有限为 n；r 大于零。

（4）在净收益按等差级数递减，收益年期有限的条件下，计算公式为：

$$P=\left(\frac{A}{r}-\frac{B}{r^2}\right)\left[1-\frac{1}{(1+r)^n}\right]+\frac{B}{r}\times\frac{n}{(1+r)^n}$$

其成立条件是：净收益按等差级数递减；净收益逐年递减额为 B；收益年期有限为 n；r 大于零。

4. 净收益按等比级数变化

（1）在净收益按等比级数递增，收益年期无限的条件下，计算公式为：

$$P=\frac{A}{r-s}$$

其成立条件是：净收益按等比级数递增；净收益逐年递增比率为 s；收益年期无限；r 大于零；$r>s>0$。

（2）在净收益按等比级数递增，收益年期有限的条件下，计算公式为：

$$P=\frac{A}{r-s}\left[1-\left(\frac{1+s}{1+r}\right)^{n}\right]$$

其成立条件是：净收益按等比级数递增；净收益逐年递增比率为 s；收益年期有限；r 大于零；$r>s>0$。

（3）在净收益按等比级数递减，收益年期无限的条件下，计算公式为：

$$P=\frac{A}{r+s}$$

其成立条件是：净收益按等比级数递减；净收益逐年递减比率为 s；收益年期无限；r 大于零；$r>s>0$。

（4）在净收益按等比级数递减，收益年期有限的条件下，计算公式为：

$$P=\frac{A}{r+s}\left[1-\left(\frac{1-s}{1+r}\right)^{n}\right]$$

其成立条件是：净收益按等比级数递减；净收益逐年递减比率为 s；收益年期有限为 n；r 大于零；$0<s\leqslant 1$。

5. 已知未来若干年后资产价格

其计算公式为：

$$P=\frac{A}{r}\left[1-\frac{1}{(1+r)^{n}}\right]+\frac{P_n}{(1+r)^{n}}$$

其成立条件是：净收益在第 n 年（含 n 年）前保持不变；预知资产在第 n 年的价格为 P_n；r 大于零。

6. 资产未来收益有期限，且不等值

其计算公式为：

$$P=\sum_{i=1}^{n}\frac{R_i}{(1+r)^{i}}$$

其成立条件是：每年预期收益不等额；预期收益有期限 n；r 大于零，且固定。

（四）收益法应用案例——以 ××× 加油站收购为例

1. ××× 加油站案例基本情况及收益法计算模型

（1）收益法模型选择。

股东全部权益价值 = 企业整体价值 – 有息负债

企业整体价值是指股东全部权益价值和付息债务价值之和。根据被评估单位的资产配置和使用情况，企业整体价值的计算公式如下：

企业整体价值 = 经营性资产价值 + 溢余资产价值 + 非经营性资产负债价值 + 单独评估的长期股权投资价值

其中：经营性资产价值的计算公式如下：

$$P=\sum_{i=1}^{n}\frac{F_i}{(1+r)^1}+\frac{F_n\times(1+g)}{(r-g)\times(1+r)^n}$$

式中 P——评估基准日的企业经营性资产价值；

F_i——评估基准日后第 i 年预期的企业自由现金流量；

F_n——详细预测期末年预期的企业自由现金流量；

r——折现率（此处为加权平均资本成本，WACC）；

n——详细预测期；

i——详细预测期第 i 年；

g——永续期增长率。

其中，企业自由现金流量计算公式如下：

企业自由现金流量 = 息前税后净利润 + 折旧与摊销 – 资本性支出 – 营运资金增加额

（2）预测期。

由于企业近期的收益可以相对合理地预测，而远期收益预测的合理性相对较差，按照惯例，可将企业的收益期划分为详细预测期和预测期后两个阶段。××× 加油服务有限公司是一家成品油零售企业，主要销售汽油和柴油。根据企业的未来发展规划及其所处行业的特点，以 2021 年 7 月 31 日为基准日，管理层对企业未来收益进行了 5 年的预测，并预计在 2026 年及以后年度企业进入稳定期。

（3）收益期。

本次评估假设被评估单位评估基准日后永续经营，相应的收益期为无限期。

（4）净现金流的确定。

本次收益法评估模型选用企业自由现金流，自由现金流量的计算公式如下：

自由现金流量 = 息税前利润 ×（1– 所得税率）+ 折旧及摊销 – 资本性支出 – 营运资金追加额 = 营业收入 – 营业成本 – 税金及附加 – 管理费用 – 销售费用 – 所得税 + 折旧及摊销 – 资本性支出 – 营运资金追加额

（5）终值的确定。

收益期为永续，终值公式如下：

终值 = 永续期年预期自由现金流量 / 折现率

永续期年预期自由现金流量按预测末年自由现金流调整确定。具体调整事项主要包括折旧、资本性支出等。其中资本性支出的调整原则是按永续年在不扩大规模的条件下能够持续经营所必需的费用作为资本性支出。

（6）折现率的确定。

按照收益额与折现率口径一致的原则，本次评估收益额口径为企业净现金流量，则折现率选取加权平均资本成本 WACC。

公式：

$$\mathrm{WACC}=K_{\mathrm{e}}\times\frac{E}{E+D}+K_{\mathrm{d}}\times(1-t)\times\frac{D}{E+D}$$

权益资本成本按国际通常使用的 CAPM 模型进行求取，公式如下：

$$K_{\mathrm{e}}=r_{\mathrm{f}}+\mathrm{MRP}\times\beta+r_{\mathrm{c}}$$

式中 r_{f}——无风险利率；

MRP——市场风险溢价；

β——权益的系统风险系数；

r_{c}——企业特定风险调整系数。

（7）溢余资产价值的确定。

溢余资产是指与企业收益无直接关系的，超过企业经营所需的多余资产，主要包括溢余现金等。

（8）非经营性资产、负债价值。

非经营性资产、负债是指与被评估单位生产经营无关的，评估基准日后企业自由现金流量预测不涉及的资产与负债。

（9）单独评估的投资类资产。

被投资单位的股东全部权益价值乘以所持股权比例确定评估价值。

（10）付息债务价值。

付息债务是指评估基准日被评估单位需要支付利息的负债，被评估单位无有息负债。

2. 收益法评估计算与分析过程

（1）企业净自由现金流量的预测。

企业经营性自由现金流量 = 净利润 + 折旧及摊销 – 资本性支出 – 营运资金追加额

= 主营业务收入 – 主营业务成本 – 税金及附加 – 所得税 + 折旧及摊销 – 资本性支出 – 营运资金追加额

根据预测，该企业的净自由现金流量如表 7–5 所示。

表 7–5 可比实例的因素比较修正系数

单位：万元

项目	2021 年 8 ~ 12 月	2022 年	2023 年	2024 年	2025 年	2026 年	永续期
一、营业收入	1,230.32	3,079.95	3,159.90	3,193.77	3,257.64	3,297.49	3,297.49
减：营业成本	1,014.13	2,487.86	2,552.33	2,604.81	2,656.91	2,689.22	2,689.22
营业税金及附加	4.50	11.72	11.27	11.53	11.69	11.95	11.72
二、主营业务利润	211.69	580.37	596.30	577.43	589.04	596.33	596.56
减：销售费用	62.86	170.79	174.15	180.09	181.87	186.72	184.03
其他业务利润	0.27	0.64	0.64	0.64	0.64	0.64	0.64
三、营业利润	149.09	410.22	422.79	397.98	407.81	410.25	413.17
加：补贴收入	0	0	0	0	0	0	0
四、利润总额	145.94	402.32	414.69	389.79	399.46	401.79	404.71
减：所得税费用	37.28	100.58	103.67	97.45	99.86	100.45	101.18
五、净利润	108.66	301.74	311.02	292.34	299.59	301.35	303.53
加：折旧及摊销	18.77	41.61	41.60	44.05	42.23	43.36	40.67
减：资本性支出	0	0.05	44.00	8.24	9.37	0	37.82
追加营运资金	–26.40	15.07	4.00	1.69	3.19	1.99	0
六、净现金流量	153.83	328.23	304.61	326.45	329.26	342.71	306.38

（2）无风险收益率的确定。

国债收益率通常被认为是无风险的，因为持有该债权到期不能兑付的风险很小，可以忽略不计。根据 WIND 资讯系统所披露的信息，2021 年 7 月 31 日 10 年期国债在评估基准日的到期年收益率为 2.84%，本评估报告以 2.84% 作为无风险收益率。

（3）权益系统风险系数的确定。

被评估单位的权益系统风险系数计算公式如下：

$$\beta_L=[1+(1-t)\times D/E]\times\beta_U$$

式中 β_L——有财务杠杆的权益的系统风险系数；

t——被评估单位的所得税税率；

D/E——被评估单位的目标资本结构；

β_U——无财务杠杆的权益的系统风险系数。

根据被评估单位的业务特点，评估人员通过 WIND 资讯系统查询了油品经营行业中主要从事成品油零售的可比公司于评估基准日的原始 β，并根据上市公司的资本结构、适用的所得税税率等数据将原始 β 换算成剔除财务杠杆后的 β_U，取其平均值作为被评估单位的 β_U 值，具体数据见表（7-6）。

表 7-6　可比实例的因素比较修正系数

序号	股票代码	公司简称	D/E	β_U
1	000554.SZ	泰山石油	0.01	0.76
2	600387.SH	ST 海越	0.11	0.83
3	603353.SH	和顺石油	0	1.06
平均值			0.04	88.08%

根据企业的经营特点分析，本次评估目标资本结构取可比上市公司资本结构平均 D/E 为 3.80%，企业所得税税率按照预测期内各公司每年预测所得税测算。

经计算，β_L=90.59%。

（4）市场风险溢价的确定。

市场风险溢价是对于一个充分风险分散的市场投资组合，投资者所要求的高于无风险利率的回报率，根据中企华研发部公布的数据，本次评估市场风险溢价取 7.23%。

（5）企业特定风险调整系数的确定。

企业个别风险调整系数是根据待估企业与所选择的对比企业在企业特殊经营环境、企业成立时间、企业规模、经营管理、抗风险能力、特殊因素所形成的优劣势等方面的差异进行的调整系数。综合考虑现有的治理结构、管理水平和抗行业风险等方面的情况，确定被评估公司特有的风险调整系数为 1.00%。

（6）详细预测期折现率的确定。

计算权益资本成本：

将上述确定的参数代入权益资本成本计算公式，计算得出被评估单位的权益资本成本，由于采用合并口径测算，企业实际所得税率每年稍有不同，则 K_e 为：

$$\begin{aligned}K_e &= r_f + \text{MRP} \times \beta + r_c \\ &= 10.39\%\end{aligned}$$

计算加权平均资本成本：

根据企业经营特点和发展规划，本次评估 K_d 按照参照评估基准日执行的有效贷款利率 4.65%（LPR）确定，将上述确定的参数代入加权平均资本成本计算公式，计算得出被评估单位的加权平均资本成本。

WACC 为：

$$\begin{aligned}\text{WACC} &= K_e \times \frac{E}{D+E} + K_d \times (1-t) \times \frac{D}{D+E} \\ &= 10.14\%\end{aligned}$$

测算过程和结果如表 7-7 所示。

表 7-7　可比实例的因素比较修正系数　　单位：万元

项目	2021 年 8～12 月	2022 年	2023 年	2024 年	2025 年	2026 年	永续期
一、自由现金净流量	153.83	328.23	304.61	326.45	329.26	342.71	306.38
折现率年限	0.13	0.75	1.75	2.75	3.75	4.75	0
二、折现率	10.14%	10.14%	10.14%	10.14%	10.14%	10.14%	10.14%
折现系数	0.9801	0.9153	0.8310	0.7545	0.6850	0.6220	6.1338
三、各年净现金流量折现值	150.76	300.42	253.14	246.31	225.56	213.16	1,879.30
四、预测期经营价值	3,268.65						

（7）非经营性资产和负债的评估。

经分析，本次评估中非经营性资产主要包括其他应收款；非经营性负债主要包括应交税费的增值税、其他应付款及其他非流动负债等。经测算：

非经营性资产 – 非经营性负债 =8.16 万元。

（8）溢余资产。

溢余资产主要为货币资金减最低现金保有量，最低现金保有量主要考虑企业经营所必须的人员工资、扣除折旧摊销后的销售费用及财务费用等，经测算溢余资产为 0.00 万元。

（9）单独评估的投资类资产。

××× 加油服务有限公司有 1 项其他权益工具投资，以被投资单位的股东全部权益价值乘以所持股权比例，确定评估价值为 115.51 万元。

3. 收益法评估结果的确定

（1）企业整体价值 = 经营性资产价值 + 非经营性资产价值 + 溢余资产价值 + 长期股权投资价值

=3,268.65+8.16+0.00+115.51=3,392.32（万元）

（2）付息债务价值的确定。

评估基准日，被评估单位无付息债务。

（3）股东全部权益价值的计算。

根据以上评估过程，××× 加油服务有限公司的股东全部权益价值为：

股东全部权益价值 = 企业整体价值 – 付息债务价值

=3,392.32–0.00=3,392.32（万元）

三、成本法

（一）成本法的概念

成本法是指按照重建或者重置被评估对象的思路，将重建或者重置成本作为确定评估对象价值的基础，扣除相关贬值，以此确定评估对象价值的评估方法的总称。从被评估资产重建或重置的角度考虑是成本法的基本思路，因为在条件允许的情形下，任何潜在的投资者在决定投资某项资产时，所愿意支付的价格不会超过该项资产的现行购建成本。如果该投资对象并非全新，投资者所愿支付的价格会在投资对象全新的现行购建成本的基础上再扣除各种贬值。上述评估思路可用公式表述为：

评估价值 = 重置成本 − 实体性贬值 − 功能性贬值 − 经济性贬值

成本法是以评估对象的重置成本为基础的评估方法。由于评估对象的再取得成本的有关数据和信息来源较广泛，并且资产的重置成本与资产的现行市价及收益现值也存在着内在联系和替代关系，因此成本法也是一种被广泛应用的评估方法。

（二）成本法的应用前提

成本法从再取得资产的角度反映资产价值，即通过资产的重置成本扣减各种贬值来反映资产价值。只有当评估对象处于继续使用状态下，再取得评估对象的全部费用才能构成其价值的内容。资产的继续使用不仅仅是一个物理上的概念，还包含着有效使用资产的经济意义。只有当资产能够继续使用并且在持续使用中为潜在所有者或控制者带来经济利益时，资产的重置成本才能为潜在投资者和市场所承认和接受。从这个意义上讲，成本法主要适用于继续使用前提下的资产评估。对于非继续使用前提下的资产，如果运用成本法进行评估，需对成本法的基本要素做必要的调整。采用成本法评估资产的前提条件是：

（1）评估对象能正常使用或者在用。即评估对象处于持续使用状态或被假定处于继续使用状态。持续使用假设又分为现状续用、转用续用和移地续用假设。

（2）评估对象能够通过重置途径获得。否则，从重置或者重建的角度计算其成本就不具有理论上和现实上的意义。

（3）评估对象的重置成本以及相关贬值能够合理估算。

（三）成本法的基本步骤

资产评估专业人员运用成本法对评估对象进行评估时，应当遵循以下步骤：

（1）确定评估对象，并估算重置成本。

（2）确定评估对象的使用年限。

（3）测算评估对象的各项损耗或贬值额。

（4）测算评估对象的价值。

（四）成本法的主要参数

运用成本法涉及四个基本要素，即资产的重置成本、资产的实体性贬值、资产的功能性贬值和资产的经济性贬值。在评估实践中，或者说在具体运用成本法评估资产的项目中，不是所有的评估项目都存在三种贬值，需要根据评估项目的具体情形来定。

1. 资产的重置成本

资产的重置成本就是资产的现行再取得成本。重置成本的构成要素一般包括建造或者购置评估对象的直接成本、间接成本、资金成本、税费及合理的利润。重置成本应当是社会一般生产力水平的客观必要成本，而不是个别成本。具体来说，重置成本可区分为复原重置成本和更新重置成本。

复原重置成本是指采用与评估对象相同的材料、建筑或制造标准、设计、规格及技术等，以现时价格水平重新购建与评估对象相同的全新资产所发生的费用。复原重置成本适用于评估对象的效用只能通过按原条件重新复制评估对象的方式提供。

更新重置成本是指采用与评估对象并不完全相同的材料、建筑或制造标准、设计、规格和技术等，以现时价格水平购建与评估对象具有同等功能的全新资产所需的费用。更新重置成本通常适用于使用当前条件所重置的资产可以提供与评估对象相似或者相同的功能，并且更新重置成本通常低于其复原重置成本。

2. 资产的实体性贬值

资产的实体性贬值，也称有形损耗，是指资产由于使用和自然力的作用导致资产的物理性能损耗或下降引起的资产价值损失。资产的实体性贬值通常采用相对数计量，即资产实体性贬值率。

3. 资产的功能性贬值

功能性贬值是指由于技术进步引起的资产功能相对落后而造成的资产价值损失。功能性贬值主要体现为新工艺、新材料和新技术的采用使被评估资产在原有方式下的建造成本超过了现行建造成本，也称超额投资成本；或者被评估资产继续运营会出现超过现有技术进步的同类资产的运营成本，也称超额运营成本。

从功能性贬值的定义可以得出，功能性贬值主要体现在资产的市场价值中，因此，在采用重置成本法评估资产市场价值时是否需要考虑功能性贬值，应该主要看重置成本的确定中是否已经包含功能性贬值的因素，如果重置成本中已经包含了功能性贬值因素，则在评估中就不需要另行扣除功能性贬值；如果在重置成本中没有考虑或者没有充分考虑功能性贬值因素，则需要另行扣除功能性贬值。

估算功能性贬值时，主要根据资产的效用、生产加工能力、工耗、物耗、能耗水平等功能方面的差异造成的成本增加或效益降低，相应确定功能性贬值额。同时，还要重视技术进步因素，注意替代设备、替代技术、替代产品的影响以及行业技术装备水平现状和资产更新换代速度。

4. 资产的经济性贬值

经济性贬值是指由于外部条件的变化引起资产收益、资产利用率发生持续减少、下降或者闲置等而造成的资产价值损失。主要有市场竞争性因素引起的经济性贬值和政策因素引起的经济性贬值。

经济性贬值实质就是由于某一种产品供过于求，造成该产品价格降低，或者由于政策因素的影响，如税收政策、环保政策的改变，造成该产品生产经营成本上涨，但是该成本上涨因素又无法转嫁给消费者，因此，生产经营该产品的企业投资收益降低，社会上该领域的投资减少，最终造成生产该产品的企业资产价格降低。

（五）成本法各个参数的估算方法

通过成本法评估资产的价值不可避免地要涉及评估对象的重置成本、实体性贬值、功能性贬值和经济性贬值四大因素。成本法中的各种具体方法实际上都是在成本法总的评估思路基础上，围绕着上述因素采用不同的方式方法测算形成的（见图 7–3）。在评估实务中，人们可能会采用不同的具体方式估算成本法中的各个参数，以及根据采用不同具体方式估算的各个参数的性质、特点来考虑与成本法中其他参数的相互关系。

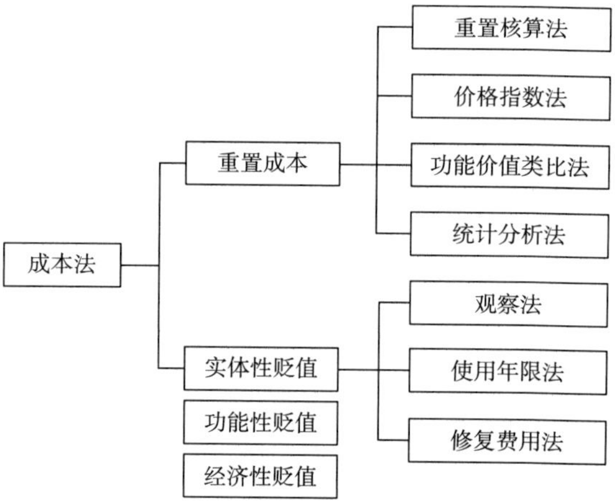

图 7–3　成本法中各参数测算的具体办法

1. 资产的重置成本的估算

资产的重置成本可以通过若干种方法进行估算，这里对在评估实务中应用较为广泛的几种方法介绍如下。

（1）重置核算法。

重置核算法也称细节分析法、核算法等，是利用成本核算的原理，根据重新取得资产所需的费用项目，逐项计算然后累加得到资产的重置成本。其实际测算过程又具体划分为两种类型，即购买型和自建型。购买型是以购买资产的方式作为资产的重置过程，购买型的结果一般是资产的购置价，如果评估对象属于不需要运输、安装的资产，购置价就是资产的重置成本。如果评估对象属于需要运输、安装的资产，资产的重置成本由资产的现行购买价格、运杂费、安装调试费以及其他必要费用构成，将上述取得资产的必需费用累加起来，便可计算出资产的重置成本。自建型是把自建资产作为资产重置方式，根据重新建造资产所需的料、工、费及必要的资金成本和开发者的合理收益等分析和计算出资产的重置成本。

资产的重置成本应包括开发者的合理收益。一是重置成本是按在现行市场条件下重新购建一项全新资产所支付的全部货币总额，应该包括资产开发和制造商的合理收益。二是资产评估旨在了解评估对象在模拟条件下的交易价格，一般情形下，价格都应该含有开发者或制造者的合理收益部分。资产重置成本中的收益部分的确定，应以开发者或制造者所在行业平均资产收益水平为依据。

（2）价格指数法。

价格指数法也称物价指数法，是利用与资产有关的价格变动指数，将评估对象的历史成本调整为重置成本的一种方法。既无法获得处于全新状态的评估对象的现行市价，也无法获得与评估对象相类似的参照物的现行市价时，可以利用与资产有关的价格变动指数计算评估对象的重置价值。其计算公式为：

重置成本 = 资产的历史成本 × 价格指数

或：

重置成本 = 资产的历史成本 ×（1+ 价格变动指数）

（3）功能价值类比法。

功能价值类比法，是指利用某些资产的功能（生产能力）的变化与其价格或重置成本的变化呈某种指数关系或线性关系，通过参照物的价格或重置成本以及功能价值关系估测被评估对象价格或重置成本的技术方法（该方法亦称为类比估价法——指数估价法）。当资产的功能变化与其价格或重置成本的变化呈线性关系时，人们习惯把线性关系条件下的功能价值类比法称为生产能力比例法，而把非线性关系条件下的功能价值类比法称为规模经济效益指数法。

生产能力比例法是寻找一个与评估对象相同或相似的资产作为参照物，根据参照资产的重置成本及参照物与评估对象生产能力的比例，估算评估对象的重置成本。计算公式为：

评估对象重置成本 = 评估对象年产量 / 参照物年产量 × 参照物重置成本

规模经济效益指数法：通过不同资产的生产能力与其成本之间关系的分析我们可以发现，许多资产的成本与其生产能力之间不存在线性关系。当资产 A 的生产能力比资产 B 的生产能力大 1 倍时，其成本却不一定大 1 倍。也就是说，资产生产能力和成本之间只呈同方向变化，而不是等比例变化，这是规模经济效益作用的结果。两项资产的重置成本和生产能力相比较，其关系可用下列公式来表示：

$$\frac{\text{评估对象重置成本}}{\text{参照物资产重置成本}}=\left(\frac{\text{评估对象的产量}}{\text{参照物资产的产量}}\right)^x$$

推导可得：

$$\text{评估对象重置成本}=\text{参照物资产重置成本}\times\left(\frac{\text{评估对象的产量}}{\text{参照物资产的产量}}\right)^x$$

公式中的 x 被称为规模经济效益指数，它是靠统计分析得到的。目前在我国，这样的统计分析并不多见，实践中通常采用的是一个经验数据。在美国，这个经验数据一般为 0.4 ~ 1.2，这些数据也会随着社会经济的发展和行业发展等而发生变化。我国到目前为止尚未有统一的经验数据，评估过程要谨慎使用这种方法。公式中参照物一般可选择同类资产中的标准资产。

上述三种方法均可用于确定成本法中的重置成本的测算（估测资产重置成本的具体方法并不局限于上述几种方法）。至于选用哪种方法，应根据具体的评估对象和可以收集到的资料来确定。这些方法，对某项资产可能同时都可用，有的则不然，应用时必须注意分析方法运用的前提条件，否则将得出错误的结论。

2. 资产实体性贬值的估算

资产的实体性贬值亦称有形损耗，是指资产由于使用及自然力的作用导致的资产的物理性能的损耗或下降而引起的资产的价值损失。资产的实体性贬值通常采用相对数计量，即资产实体性贬值率，用公式表示为：

资产实体性贬值率 = 资产实体性贬值 / 资产重置价值 × 100%

3. 资产功能性贬值的估算

资产的功能性贬值是由于技术相对落后造成的贬值。估算功能性贬值时，主要根据资产的效用、生产加工能力、工耗、物耗、能耗水平等功能方面的差异造成的成本增加或效益降低，相应确定功能性贬值额。同时，还要重视技术进步因素，注意替代设备、替代技术、替代产品的影响以及行业技术装备水平现状和资产更新换代速度。

通常情形下，功能性贬值的估算可以按下列步骤进行：

一是将评估对象的年运营成本与功能相同但性能更好的新资产的年运营成本进行比较。

二是计算二者的差异，确定净超额运营成本。由于企业支付的运营成本是在税前扣除的，因此，企业支付的超额运营成本会引致税前利润额下降。所得税额降低，使得企业负担的运营成本低于其实际支付额。因此，净超额运营成本是超额运营成本扣除其抵减的所得税以后的余额。

三是估计评估对象的剩余寿命。

四是以适当的折现率将评估对象在剩余寿命内每年的净超额运营成本折现，这些折现值之和就是评估对象的功能性贬值。其计算公式为：

评估对象功能性贬值额 = Σ（评估对象年净超额运营成本 × 折现系数）

4. 资产经济性贬值的估算

就表现形式而言，资产的经济性贬值主要表现为运营中的资产利用率下降，甚至闲置，并由此引起资产的运营收益减少。资产的经济性贬值有两种：一是资产利用率下降，甚至闲置等；二是资产的运营收益减少。因此，经济性贬值的计算也存在两个途径。当有确切证据表明资产已经存在经济性贬值时，可参考下面两种方法估测其经济性贬值率或经济性贬值额。

（1）间接计算法。

该方法主要测算的是因资产利用率下降所导致的经济性贬值。

$$经济性贬值率=\left[1-\left(\frac{资产预计可被利用的生产能力}{资产原设计生产能力}\right)^{x}\right]\times 100\%$$

式中，x 为规模经济效益指数，实践中多采用经验数据，数值一般为 0.6 ~ 0.7。

经济性贬值额的计算应以评估对象的重置成本或重置成本减去实体性贬值和功能性贬值后的结果为基数，按确定的经济性贬值率估测。

（2）直接计算法。

该方法主要测算的是因收益额减少所导致的经济性贬值。

经济性贬值额 = 资产年收益损失额 ×（1－所得税税率）×（P/A，r，n）

式中，（P/A，r，n）为年金现值系数。

5. 综合成新率的估算

年限成新率的确定考虑了资产的经济寿命。在使用过程中资产的价值随着使用年限的消耗降低。

勘察成新率是评估专业人员通过现场勘察、查阅资产的历史资料，向操作人员询问资产的使用情形、维修保养情形等，对所获得信息进行分析后综合确定的成新率。

在资产评估实践中，综合成新率可以通过将年限成新率和勘察成新率加权平均得到。

（六）成本法应用案例——以收购 ZL 有限责任公司的部分资产为例

收购的 ZL 有限责任公司的部分资产中包括房屋建筑 1 项，建筑总面积 20,591.50 平方米，该建筑物尚未办理房屋所有权证，ZL 有限责任公司就此出具了权属证明文件。

该建筑不含税购建成本为：104,501,761.64 元，经估价人员查询 wind 数据，测算获得房屋建成日至评估基准日的房屋竣工造价变化为 1.04，建安工程造价税率为 9%。前期及其他费用含税费率为6.43%，不含税费率为6.14%。本次评估采用1年期与5年期的综合LPR 4.25%作为贷款利率，合理建设期为2年，假设工程建设资金在建设期内均匀投入。参考《房地产估价规范》，利润应以开发成本为基础，根据开发、建造类似房地产相应的平均利润率水平来求取。因本次评估是以资产对全资子公司出资，委估房屋建筑物的开发利润无法实现，故本次评估开发利润按零计算。该建筑物主体结构截至评估基准日已经使用1.25年，经现场勘察认为该建筑物使用正常，能满足使用要求，尚可使用年限为59年。

根据委估房屋建筑物的特点，本次对房屋建筑物的评估采用重置成本法。计算公式如下：

评估值 = 重置全价 × 成新率

房屋建筑物重置全价 = 建安工程造价（不含税）+ 前期费（不含税）+ 资金成本 + 开发利润

评估过程具体如下：

（1）建安工程造价。

不含税购建成本为：104,501,761.64元

建安工程造价（不含税）= 不含税购建成本 × 调整系数

=104,501,761.64 × 1.04

=108,681,832.11元

建安工程造价（含税）= 建安工程造价（不含税）×1.09

=108,681,832.11 × 1.09

=118,463,197.00元

（2）前期费。

前期及其他费用（含税价）= 建安工程总造价（含税）× 费率（含税）

=118,463,197.00 × 6.43%

=7,617,184.00元

前期及其他费用（不含税价）= 建安工程总造价（含税）× 费率（不含税）

=118,463,197.00 × 6.14%

=7,273,640.00元

（3）资金成本。

资金成本 = [建安工程造价（含税）+ 前期及其他费用（含税）] × 合理工期 × 贷款利率 ×50%

=（118,463,197.00 +7,617,184.00）× 2 × 4.25% × 50%

=5,358,416.00元

（4）重置全价。

重置全价 = 建安工程造价（不含税）+ 前期及其他费用（不含税）+ 资金成本 + 开发利润

= 108,681,832.11 +7,273,640.00 +5,358,416.00 +0

=121,313,900.00 元（取整）

（5）成新率。

成新率 = 尚可使用年限 /（已使用年限 + 尚可使用年限）× 100%

=59/（1.25+59）× 100%

=98%

（6）重置净值的确定。

重置净值 = 重置全价 × 成新率

=121,313,900.00 × 98%

= 118,887,622.00 元

四、资产评估方法的选择

《资产评估法》第二十六条规定：评估专业人员应当恰当选择评估方法，除依据评估执业准则只能选择一种评估方法的外，应当选择两种以上评估方法，经综合分析，形成评估结论，编制评估报告。由此可见，评估专业人员恰当选择资产评估方法已上升为法律的要求，恰当选择评估方法是资产评估程序中必不可少的关键步骤。

资产评估方法的选择和运用是从事资产评估业务的重要环节，也是影响资产评估结论和资产评估报告质量的重要因素。规范资产评估方法的选择、运用和披露，有利于促进资产评估机构和资产评估专业人员在资产评估执业实践中合理使用资产评估方法，提高资产评估执业质量。

（一）评估方法选择的要求

资产评估专业人员在选择资产评估方法时，应当充分考虑影响评估方法选择的因素。所考虑的因素主要包括：评估目的和价值类型、评估对象、评估方法的适用条件、评估方法应用所依据数据的质量和数量、影响评估方法选择的其他因素。

当满足采用不同评估方法的条件时，资产评估专业人员应当选择两种以上评估方法，通过综合分析形成评估结论。

1. 评估方法应当与评估目的和评估价值类型相适应

评估价值类型的确定首先取决于评估目的，评估目的是根本，资产评估方法作为获得特定资产价值的技术方法，需要与价值类型相适应。

2. 评估方法的选取应当与评估对象的类型和现实状态相适应

不同的评估方法有不同的条件要求和程序要求，比如，收益法主要适用于持续使用前提下的资产评估，并且评估对象具有预期获利能力，而市场法要求在公开市场上有可比的交易案例，并且评估对象与案例的价值影响因素差异可以合理比较和量化。这就要求资产评估专业人员充分分析评估对象的类型和现实状态，考虑各种评估方法的适用性和局限性，恰当选择评估方法，避免在评估对象不具备合理条件的情况下滥用评估方法。

3. 评估方法的选取应当与资料收集情况相适应

评估方法的应用会涉及特定的数据、参数，只有评估过程中所收集的资料和确定的依据可靠、合理、有效、充分，才能保证评估结果的合理性。在评估实践中，由于条件的制约往往会导致某种评估方法所需资料的数量和质量达不到要求，那么评估专业人员应当考虑采用其他替代的评估方法进行评估。

（二）可以采用一种评估方法的情形

根据《资产评估执业准则——资产评估方法》规定，资产评估专业人员在评估实践中，当存在下列情形时，可以采用一种评估方法：

（1）基于相关法律、行政法规和财政部部门规章的规定可以采用一种评估方法。

（2）由于评估对象仅满足一种评估方法的适用条件而采用一种评估方法。

（3）因操作条件限制而采用一种评估方法。操作条件限制应当是资产评估行业通常的执业方式普遍无法排除的，而不得以个别资产评估机构或者个别资产评估专业人员的操作能力和条件作为判断标准。

（三）不同评估方法的适用范围及局限

以上介绍了三种资产评估的基本方法，它们各自从不同途径评估资产的价值。市场法是从被评估资产替代物品的市场成交价的角度评估资产价值，收益法是从资产产出能力（或者说效用）的途径评估资产的价值，成本法是从资产购建或者说成本耗费的途径评估资产的价值。

与资产评估标准不同，资产评估方法存在多样性和可选择性。从理论上讲，在相对完善的市场经济中，如果不存在资产的购建成本与效用严重不对称的情况，运用三种方法评估同一资产的公允市价，其评估结果不应存在太大差异。因此，评估机构在对一些价值较高的资产如企业整体进行评估时，往往会采用两种或三种评估方法从不同途径评估资产价值，根据不同途径的评估结果结合资产估价原则确定评估值。例如，国外评估机构在采用收益法评估企业整体价值的同时，采用市场法来检验收益法的评估结果是否合理。我国则通常在进行企业整体评估时，同时采用收益法和成本法。

尽管从理论上讲，不同的评估方法不应对评估值产生太大的影响，并且在必要时需同时采用几种方法评估一项资产。但是在现实情况中，由于市场总是存在一定的缺陷，同时，不同的评估对象自身具有不同的特点，因此为了使评估值更具合理性，不同的资产业务还是存在最佳评估方法的选择问题。具体分类来看：

1. 市场法的适用范围及局限

市场法通常被用于评估具有活跃公开市场且具有可比成交案例的资产。比如，二手机器设备和房地产以及部分软件著作权等。通常二手设备市场可以成为机器设备评估的重要参照物选取市场；房地产评估则更多地选取其所在区域范围内的类似资产。

市场法被用于评估整体资产价值时，通常是用来评估企业价值。其中，最常用的是价值比率法，以参照企业的价值比率作为调整手段，以此比率与被评估企业的相关的财务指标（如利润、息税前利润、销售收入）相乘估算被评估企业价值。

除了经常使用的市盈率外，用来评估企业价值的乘数还有很多种类。在实务中，评估专业人员通常根据被评估企业自身和所在行业特征综合判断采用一种或几种价值比率进行评估。

市场法作为目前资产评估的重要方法之一，有其重要的意义和优势。它是相对来说具有客观性的方法，也比较容易被交易双方所理解和接受。因而，如果不存在资产的成本和效用以及市场对其价值的认知严重偏离的情形下，市场法通常是资产评估三种方法中较为有效、可理解、客观的方法。

在经济较为发达、市场认知较为稳定的国家，市场法是运用较为广泛的方法。它不仅仅被用于包括设备和房地产在内的单项资产的评估，还被用于企业整体资产评估中。

然而，目前我国市场对诸如企业价值等资产的认知和反映仍会受到非理性因素的影响，评估专业人员在使用市场法进行资产评估的过程中就需要特别关注可比案例和评估对象在风险、收益方面的差异，深刻把握当前市场价格和资产价值之间的差异性，避免用价格取代价值；在充分分析市场认知与价值内在差异性的基础上，合理调整价值乘数等相关因子，得到评估对象的评估价值。

2. 收益法的适用范围及局限

在单项资产评估中，收益法通常被用于以下类型资产的评估：1）无形资产，包括专利及专有技术、商标、著作权、客户关系、特许经营权等。2）房地产。通常是具有收益性的房产类别，如商铺、酒店、写字楼等。3）机器设备。一般情形下，单台机器设备很难独立产生收益，因此该类型资产不宜采用收益法进行评估。对于可出租的机器设备或可独立产生现金流的生产线、成套设备，可以采用收益法进行评估。4）其他资产。如非上市交易的股票、债券、长期应收款、长期股权投资等。

收益法在整体资产评估中的应用通常是对企业价值进行评估。企业经营的本质是获得收益，因此，收益法与其他评估方法相比更能体现企业存在和运营的本质特征，也是其价值更为直观的体现。较为真实和准确地体现了企业的资本化价值，也能够为所有者或者潜在投资者提供较为合理的预期，有助于投资决策的正确性，因此，容易被买卖双方接受。

对于企业价值评估尤其是轻资产类型的企业价值评估，收益法通常具有很强的适用性。与传统生产性企业相比，轻资产企业所拥有的固定资产、有形资产较少，其获利的主要来源是无法体现在企业财务报表中的大量无形资产。因而，如果采用资产基础法对其进行评估，则其作为盈利主体而具有的价值可能无法全面体现出来，企业价值或被严重低估。在此状况下，收益法就成为更合理的方法。

但是收益法也具有一定的局限性。首先，收益法的应用需具备一定的前提条件，对于没有收益或收益无法用货币计量以及风险报酬率无法计算的资产，该方法将无法使用。其次，收益法的操作含有较大成分的主观性，如对未来收益的预测，对风险报酬率的确定等，从而使评估结果较难把握。

虽然从理论上讲收益法的计算公式较完美，但是如果所使用的假设条件和基于假设条件选取的数据存在问题，那么由此进行的预测也不可能准确，评估结果也就没有意义。它既需要评估专业人员具有科学的态度，又需要其掌握预测收益和确定风险报酬率的正确方法。此外，收益法的运用也需要一定的市场条件，否则一些数据的选取就会存在困难。

3. *成本法的适用范围及局限*

成本法之所以能够从一定层面上反映资产的价值，是因为资产的成本反映了资产在购建过程中的必要花费，也体现了取得该项资产所需要付出的代价。成本法适用于资产的功能作用具有可替代性、资产重置没有法律和技术障碍、重置资产所需要的物化劳动易于计量的评估对象。

单项资产的价值不仅可以由成本部分反映，在使用过程中的消耗、磨损以及由于市场情形的变化而产生的价值减损都会影响单项资产的价值。因而，评估专业人员在使用成本法评估单项资产时，既要考虑重置成本，也要将由使用和其他因素所造成的实体性贬值、由技术落后带来的功能性贬值以及由市场状况、政治因素等外部因素造成的经济性贬值考虑在内。

成本法运用于企业价值评估中，是将各项可以确认的资产、负债的现实价值逐项评估出来，最终确定企业价值。单项资产作为企业的一部分而存在，其发挥作用的价值与它作为一项单独的资产发挥作用，这两者的价值可能有所不同。比如，在一条生产线中，某单项设备对整个生产线产能的贡献程度很高，那么若将其放在该生产线中进行评估，则其价值有可能会高于单独对其进行评估时候的价值。因此，要特别明晰这两种假设条件下的价值差异。

在采用成本法对企业价值进行评估时，可以根据不同资产的实际状态、使用方式等特殊性选用合适的评估方法进行评估。比如，对于某些二手办公设备，可采用市场法评估；对于自主研发的专利，则可以采用收益法评估等。因此，成本法作为企业价值评估的一种方法，更多地体现为一种加和的理念和方式，并不一定要求对其中各单项资产和负债均采用成本法进行评估。

成本法是资产评估中最为基础的评估方法。它充分考虑了资产的损耗，使得评估结果更能反映市场对于获得某单项资产愿意付出的平均价格，有利于评估单项资产和具有特定用途的资产；另外，在无法预测资产未来收益和市场交易活动不频繁的情形下，成本法给出了比较客观和可行的测算思路和方法。

但是，由于成本法的理论基础是成本价值论，使用该方法所测算出的企业价值无法从未来收益的角度反映企业真实能为其投资者或所有者带来的收益。尤其是对于轻资产的企业而言，如果使用成本法进行评估，则通常很难将账面没有记载的各类无形资产算入评估资产的价值之中，因此，其成本法评估值与使用收益法或市场法得出的结果可能差异极大。

（四）评估方法选择的披露

资产评估专业人员应该在资产评估报告中对资产评估方法的选择及其理由进行披露。因适用性受限而选择一种评估方法的，应当在资产评估报告中披露其他基本评估方法不适用的原因；因操作条件受限而选择一种评估方法的，应当对所受的操作条件限制进行分析、说明和披露。

第三节 资产评估报告的编制

资产评估报告是反映和体现资产评估工作情况，明确委托方、受托方及有关方面责任的依据，是建立评估档案、归集评估档案资料的重要信息来源。对资产报告进行审核的前提是要了解资产评估报告的编制内容及要求，也是管理部门完善资产评估管理的重要手段。因此，有必要对报告的编制进行介绍，从而更好地对机构出具的报告进行评估审核。

依据国有资产评估管理有关规定，如《资产评估执业准则——资产评估报告》（中评协〔2018〕35号）及《企业国有资产评估报告指南》（中评协〔2017〕42号）等，资产评估报告一般由标题及文号、目录、声明、摘要、正文、附件、评估明细表和评估说明构成。

一、标题及文号、目录、声明和摘要

资产评估报告标题应当简明清晰，一般采用“企业名称 + 经济行为关键词 + 评估对象 + 资产评估报告”的形式。资产评估报告文号包括资产评估机构特征字、种类特征字、年份、报告序号。

目录应当包括每一部分的标题和相应页码。

资产评估报告声明通常包括以下内容：

（1）本资产评估报告依据财政部发布的资产评估基本准则和中国资产评估协会发布的资产评估执业准则和职业道德准则编制。

（2）委托人或者其他资产评估报告使用人应当按照法律、行政法规规定和资产评估报告载明的使用范围使用资产评估报告；委托人或者其他资产评估报告使用人违反前述规定使用资产评估报告的，资产评估机构及其资产评估师不承担责任。

（3）资产评估报告仅供委托人、资产评估委托合同中约定的其他资产评估报告使用人和法律、行政法规规定的资产评估报告使用人使用；除此之外，其他任何机构和个人不能成为资产评估报告的使用人。

（4）资产评估报告使用人应当正确理解评估结论，评估结论不等同于评估对象可实现价格，评估结论不应当被认为是对评估对象可实现价格的保证。

（5）资产评估机构及其资产评估师遵守法律、行政法规和资产评估准则，坚持独立、客观、公正的原则，并对所出具的资产评估报告依法承担责任。

（6）资产评估报告使用人应当关注评估结论成立的假设前提、资产评估报告特别事项说明和使用限制。

（7）其他需要声明的内容。

资产评估报告摘要应当简明扼要地反映经济行为、评估目的、评估对象和评估范围、价值类型、评估基准日、评估方法、评估结论及其使用有效期、对评估结论产生影响的特别事项等关键内容。

资产评估报告摘要应当采用下述文字提醒资产评估报告使用人阅读全文：“以上内容摘自资产评估报告正文，欲了解本评估业务的详细情况和正确理解评估结论，应当阅读资产评估报告正文。”

二、正文

资产评估报告正文应当包括：

（一）绪言

绪言一般采用包含下列内容的表述格式：

“×××（委托人全称）：

×××（资产评估机构全称）接受贵单位（公司）的委托，按照法律、行政法规和资产评估准则的规定，坚持独立、客观和公正的原则，采用×××评估方法（评估方法名称），按照必要的评估程序，对×××（委托人全称）拟实施×××行为（事宜）涉及的×××（资产——单项资产或者资产组合、企业整体价值、股东全部权益、股东部分权益）在××××年××月××日的××价值（价值类型）进行了评估。现将资产评估情况报告如下。”

（二）委托人、被评估单位和资产评估委托合同约定的其他资产评估报告使用人概况

（1）委托人和资产评估委托合同约定的其他资产评估报告使用人概况一般包括名称、法定住所及经营场所、法定代表人、注册资本及主要经营范围等。

（2）企业价值评估中，被评估单位概况一般包括：

1）名称、法定住所及经营场所、法定代表人、主要经营范围、注册资本、公司股东及持股比例、股权变更情况及必要的公司产权和经营管理结构、历史情况等；

2）近三年资产、财务、经营状况；

3）委托人和被评估单位之间的关系（如产权关系、交易关系）。

（3）单项资产或者资产组合评估，被评估单位概况一般包括名称、法定住所及经营场所、法定代表人、注册资本及主要经营范围等。

（4）委托人与被评估单位为同一企业，按对被评估单位的要求编写。

（5）存在交叉持股的，应当列示交叉持股图并简述交叉持股关系及是否属于同一控制的情形。

（6）存在关联交易的，应当说明关联方、交易方式等基本情况。

（三）评估目的

资产评估报告应当说明本次资产评估的目的及其所对应的经济行为，并说明该经济行为获得批准的相关情况或者其他经济行为依据。

（四）评估对象和评估范围

资产评估报告应当对评估对象进行具体描述，以文字、表格的方式说明评估范围。

企业价值评估中，应当说明下列内容：

（1）委托评估对象和评估范围与经济行为涉及的评估对象和评估范围是否一致，不一致的应当说明原因，并说明是否经过审计；

（2）企业申报的表外资产的类型、数量；

（3）引用其他机构出具的报告结论所涉及的资产类型、数量和账面金额（或者评估值）。单项资产或者资产组合评估，应当说明委托评估资产的数量（如土地面积、建筑物面积、设备数量、无形资产数量等）、法律权属状况、经济状况和物理状况等。

（五）价值类型

资产评估报告应当明确价值类型及其定义。选择市场价值以外的价值类型，还应当说明价值类型选择理由。

（六）评估基准日

资产评估报告应当说明评估基准日及确定评估基准日所考虑的主要因素，包括下列主要内容：

（1）本项目评估基准日是××××年××月××日；

（2）确定评估基准日所考虑的主要因素（如经济行为的实现、会计期末、利率和汇率变化等）。

（七）评估依据

资产评估报告应当说明本次评估业务所对应的经济行为、法律法规、评估准则、权属、取价等依据。

（1）经济行为依据应当为有效批复文件以及可以说明经济行为及其所涉及的评估对象与评估范围的其他文件资料；

（2）法律法规依据通常包括与国有资产评估有关的法律法规等；

（3）评估准则依据包括本评估业务中依据的相关资产评估准则和相关规范；

（4）权属依据通常包括国有资产产权登记证书、基准日股份持有证明、出资证明、国有土地使用证（或者国有土地使用权出让合同）、房屋所有权证、房地产权证（或者不动产权证书）、采矿许可证、勘查许可证、林权证、专利证（发明专利证书、实用新型专利证书、外观设计专利证书）、商标注册证、著作权（版权）相关权属证明、船舶所有权登记证书、船舶国籍证书、机动车行驶证、有关产权转让合同、其他权属证明文件等；

（5）取价依据通常包括企业提供的财务会计、经营方面的资料，国家有关部门发布的统计资料、技术标准和政策文件，以及评估机构收集的有关询价资料、参数资料等；

（6）其他参考依据。

（八）评估方法

资产评估报告应当说明所选用的评估方法及其理由。未采用两种以上评估方法进行评估，资产评估报告应当披露其他基本评估方法不适用的原因或者所受的操作限制。采用两种以上方法进行评估的，还应当说明评估结论确定的方法。

（九）评估程序实施过程和情况

资产评估报告应当说明自接受资产评估业务委托起至出具资产评估报告的主要评估工作过程，一般包括以下内容：

（1）接受项目委托，确定评估目的、评估对象与评估范围、评估基准日，拟定评估计划等过程；

（2）指导被评估单位清查资产、准备评估资料，核实资产与验证资料等过程；

（3）选择评估方法、收集市场信息和估算等过程；

（5）评估结果汇总、评估结论分析、撰写报告和内部审核等过程。

（十）评估假设

（十一）评估结论

资产评估报告应当以文字和数字形式清晰说明评估结论，并明确评估结论的使用有效期。评估结论通常是确定的数值。境外企业国有资产评估报告的评估结论可以用区间值表达。

（1）采用资产基础法进行企业价值评估，应当以文字形式说明资产、负债、所有者权益（净资产）的账面价值、评估价值及其增减幅度，并同时采用评估结果汇总表反映评估结论；

（2）单项资产或者资产组合评估，应当以文字形式说明账面价值、评估价值及其增减幅度；

（3）采用两种以上方法进行企业价值评估，除单独说明评估价值和增减变动幅度外，还应当说明两种以上评估方法结果的差异及其原因和最终确定评估结论的理由；

（4）存在多家被评估单位的项目，应当分别说明评估价值；

（5）评估结论为区间值的，应当在区间之内确定一个最大可能值，并说明确定依据。

（十二）特别事项说明

资产评估报告应当说明评估程序受到的限制、评估特殊处理、评估结论瑕疵等特别事项，以及期后事项，通常包括下列内容：

（1）引用其他机构出具报告结论的情况，并说明承担引用不当的相关责任；

（2）权属资料不全面或者存在瑕疵的情形；

（3）评估程序受到限制的情形；

（4）评估资料不完整的情形；

（5）评估基准日存在的法律、经济等未决事项；

（6）担保、租赁及其或有负债（或有资产）等事项的性质、金额及与评估对象的关系；

（7）评估基准日至资产评估报告日之间可能对评估结论产生影响的事项；

（8）本次资产评估对应的经济行为中，可能对评估结论产生重大影响的瑕疵情形。

资产评估报告应当说明对特别事项的处理方式、特别事项对评估结论可能产生的影响，并提示资产评估报告使用人关注其对经济行为的影响。

（十三）资产评估报告使用限制说明

资产评估报告使用限制应当载明：

（1）使用范围；

（2）委托人或者其他资产评估报告使用人未按照法律、行政法规规定和资产评估报告载明的使用范围使用资产评估报告的，资产评估机构及其资产评估师不承担责任；

（3）除委托人、资产评估委托合同中约定的其他资产评估报告使用人和法律、行政法规规定的资产评估报告使用人之外，其他任何机构和个人不能成为资产评估报告的使用人；

（4）资产评估报告使用人应当正确理解评估结论，评估结论不等同于评估对象可实现价格，评估结论不应当被认为是对评估对象可实现价格的保证。

（十四）资产评估报告日

资产评估报告应当载明资产评估报告日。资产评估报告日通常为评估结论形成的日期，可以不同于资产评估报告的签发日。

（十五）签名盖章

资产评估报告正文应当由至少两名承办该评估业务的资产评估师签名，并加盖资产评估机构印章。声明、摘要和评估明细表上通常不需要另行签名盖章。

三、附件

资产评估报告附件内容应当与评估目的、评估方法、评估结论相关联，通常包括下列内容：

（1）与评估目的相对应的经济行为文件；

（2）被评估单位专项审计报告；

（3）委托人和被评估单位法人营业执照；

（4）委托人和被评估单位产权登记证；

（5）评估对象涉及的主要权属证明资料；

（6）委托人和其他相关当事人的承诺函；

（7）签名资产评估师的承诺函；

（8）资产评估机构备案文件或者资格证明文件；

（9）资产评估机构法人营业执照副本；

（10）负责该评估业务的资产评估师资格证明文件；

（11）资产评估委托合同；

（12）其他重要文件。

资产评估报告附件内容及其所涉及的签章应当清晰、完整，相关内容应当与资产评估报告摘要、正文一致。资产评估报告附件为复印件的，应当与原件一致。

按照法律、行政法规规定需要进行专项审计的，应当将企业提供的与经济行为相对应的评估基准日专项审计报告（含会计报表和附注）作为资产评估报告附件。按有关规定无须进行专项审计的，应当将企业确认的与经济行为相对应的评估基准日企业财务报表作为资产评估报告附件。

如果引用其他机构出具的报告结论，根据现行有关规定，所引用的报告应当经相应主管部门批准（备案）的，应当将相应主管部门的相关批准（备案）文件作为资产评估报告的附件。

四、评估明细表

评估明细表可以根据本书的基本要求和企业会计核算所设置的会计科目，结合评估方法特点进行编制。

（1）单项资产或者资产组合评估、采用资产基础法进行企业价值评估，评估明细表包括按会计科目设置的资产、负债评估明细表和各级汇总表。

资产、负债会计科目的评估明细表格式和内容基本要求如下：

1）表头应当含有资产或负债类型（会计科目）名称、被评估单位、评估基准日、表号、金额单位、页码。

2）表中应当含有资产负债的名称（明细）、经营业务或者事项内容、技术参数、发生（购、建、创）日期、账面价值、评估价值、评估增减幅度等基本内容。必要时，在备注栏对技术参数或者经营业务、事项情况进行注释。

3）表尾应当标明被评估单位填表人员、填表日期和评估人员。

4）评估明细表按会计明细科目、一级科目逐级汇总，并编制资产负债表（方式）的评估汇总表及以人民币万元为金额单位的评估结果汇总表。

5）会计计提的减值准备在相应会计科目（资产负债类型）合计项下和相关科目汇总表中列示。

6）评估结果汇总表应当按以下顺序和项目内容列示：流动资产、非流动资产、资产总计、流动负债、非流动负债、负债总计、净资产等类别和项目。

（2）采用收益法进行企业价值评估，可以根据收益法评估参数和盈利预测项目的构成等具体情况设计评估明细表的格式和内容。

评估明细表通常包括以下内容：

1）资产负债、利润调整表（如果有调整时）；

2）现金流量测算表；

3）营业收入预测表；

4）营业成本预测表；

5）营业税金及附加预测表；

6）销售费用预测表；

7）管理费用预测表；

8）财务费用预测表；

9）营运资金预测表；

10）折旧摊销预测表；

11）资本性支出预测表；

12）折现率计算表；

13）溢余资产和非经营性资产分析表。

收益法评估明细表表头应当含有评估参数或者预测项目名称、被评估单位、评估基准日、表号、金额单位等。

被评估单位为两家以上的，评估明细表应当按被评估单位分别归集，自成体系。

（3）采用市场法进行企业价值评估，可以根据评估技术说明的详略程度决定是否单独编制符合市场法特点的评估明细表。

五、评估说明

评估说明包括评估说明使用范围声明、委托人和被评估单位编写的《企业关于进行资产评估有关事项的说明》和资产评估师编写的《资产评估说明》。

关于评估说明使用范围的声明，应当写明评估说明使用单位或部门的范围及限制条款。

委托人和被评估单位可以共同编写或者分别编写《企业关于进行资产评估有关事项的说明》。委托人单位负责人和被评估单位负责人应当对所编写的说明签名，加盖相应单位公章并签署日期。

《企业关于进行资产评估有关事项的说明》包括以下内容：

（1）委托人、被评估单位各自概况；

（2）关于经济行为的说明；

（3）关于评估对象与评估范围的说明；

（4）关于评估基准日的说明；

（5）可能影响评估工作的重大事项说明；

（6）资产负债情况、未来经营和收益状况预测说明；

（7）资料清单。

《资产评估说明》是对评估对象进行核实、评定估算的详细说明，应当包括以下内容：

（一）评估对象与评估范围说明

评估对象与评估范围说明应当根据企业价值评估、单项资产或者资产组合评估的不同情况确定内容的详略程度。

（二）资产核实总体情况说明

资产核实总体情况说明通常包括人员组织、实施时间、核实过程、影响事项及处理方法、核实结论。

（三）评估技术说明

评估技术说明应当考虑不同经济行为和不同评估方法的特点介绍评定估算的思路及过程。采用成本法评估单项资产或者资产组合、采用资产基础法评估企业价值，应当根据评估业务的具体情况以及资产负债类型编写评估技术说明。各项资产负债评估技术说明应当包含资产负债的内容和金额、核实方法、评估值确定的方法和结论等基本内容。

采用收益法或者市场法评估企业价值，评估技术说明通常包括以下内容：

（1）影响企业经营的宏观、区域经济因素；

（2）所在行业现状与发展前景；

（3）企业的业务情况；

（4）企业的资产、财务分析和调整情况；

（5）评估方法的运用过程。

采用收益法进行企业价值评估，应当根据行业特点、企业经营方式和所确定的预期收益口径以及评估的其他具体情况等编写评估技术说明。企业的资产、财务分析和调整情况以及评估方法运用过程说明通常包括以下内容：

（1）收益法的应用前提及选择理由和依据；

（2）收益预测的假设条件；

（3）企业经营、资产、财务分析；

（4）收益模型选择理由及基本参数说明；

（5）收益期限及预测期的说明；

（6）收益预测的说明；

（7）折现率的确定说明；

（8）预测期后价值确定说明；

（9）其他资产和负债评估说明；

（10）评估价值。

采用市场法进行企业价值评估，应当根据行业特点、被评估单位实际情况以及上市公司比较法或者交易案例比较法的特点等编写评估技术说明。企业的资产、财务分析和调整情况以及评估方法运用过程说明通常包括以下内容：

（1）具体方法、应用前提及选择理由；

（2）企业经营、资产、财务分析；

（3）分析选取确定可比企业或者交易案例的说明；

（4）价值比率的选择及因素修正说明；

（5）评估对象价值比率的测算说明；

（6）评估价值。

（四）评估结论及分析

评估结论及分析通常包括以下内容：

（1）评估结论，采用两种或两种以上方法进行企业价值评估，应当说明不同评估方法结果的差异及其原因和最终确定评估结论的理由；

（2）评估价值与账面价值比较变动情况及说明；

（3）折价或者溢价情况（如有）。

第四节　资产评估报告的评估实务

一、资产评估报告的评估流程

对资产评估报告进行审核，是管理机构完善资产评估管理流程的重要手段。资产评估的管理机构和行业自律组织（如政府相关行政主管部门、评估行业协会等）通过对资产评估报告的检查和审核，可以有效地对资产评估机构和评估人员的业务开展情况以及评估人员的职业情况等进行动态的监督和管理。

对于国有资产评估，核准备案管理单位需严格按照《企业国有资产评估管理暂行办法》（国资委令第 12 号）、《企业国有资产评估报告指南》（中评协〔2017〕42 号）等国有资产评估管理法规和评估准则，对核准备案的资产评估报告进行审核。在核准备案管理单位审核之前，企业通常需要遵循相关法规、评估准则及企业内部管理要求，对资产评估报告先行开展自审工作。管理单位对资产评估报告的审核流程如图 7-4 所示。

本节主要介绍企业对项目资产评估报告进行自审时的流程及评审重点。

二、企业内部评估流程

企业在收到评估机构出具的资产评估报告后，报送相关部门申请核准或备案之前，应当按照投资管理规定进行内部审核。

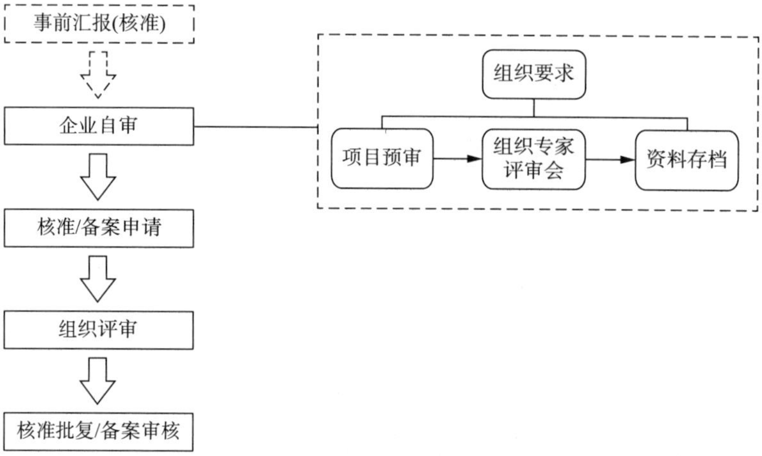

图 7–4　资产评估审核流程

（一）内部评估组织要求

企业应落实特定部门和人员负责资产评估报告的审核和转报工作，原则上应由参加过资产评估业务培训的人员进行。各级单位要认真组织资产评估报告的审核工作，并于审核完成后形成资产评估报告审核工作小结。

在具体操作中，企业可以根据实际情况，整合内部资产管理、财务、审计、法务等部门的专业力量，共同进行资产评估报告的审核。对于重大项目、金额较大的项目，或涉及范围较广、较为复杂、确有疑难的项目，企业可以委托第三方咨询机构独立开展资产评估报告的评审工作。

（二）内部评估流程

由企业自身组织或委托第三方咨询机构独立开展资产评估报告的评审，可参照本书第三章介绍的项目评估流程开展，需注意在专家遴选过程中需要选择对拟评项目类型熟悉的资产评估专家参与。在实际工作中，除单独审查资产评估报告外，资产评估报告还常常作为收并购项目可行性研究报告的组成部分进行整体评审，这种形式将在第八章进行论述。

三、资产评估报告的评估要点

（一）报告合规性评估要点

在对报告合规性进行审查时，首先应关注评估机构选用的合规性。其次，应关注在评估过程中是否履行了必要的评估程序，评估过程是否完整，是否存在未履行评估准则规定的必要评估步骤的行为。再次，应当重点关注评估方法选择是否合理，是否符合相关评估准则的规定要求。最后，应当对照《企业国有资产评估报告指南》等规定，关注评估报告签字盖章是否齐全、规范、清晰。

对境外项目资产评估报告进行审查，还需关注境外评估及估值机构出具的评估或估值报告是否明示了所依据的评估准则，是否合理参考了有关评估准则及要求等。

（二）资产评估报告内容的评估要点

资产评估报告格式与内容应符合《资产评估准则——评估报告》（中评协〔2017〕32号）、《企业国有资产评估报告指南》（中评协〔2017〕42号）的要求。结合本章第三节资产评估报告编制的相关内容，重点关注以下方面：

1. 委托人、报告使用人概况的评估要点

关注相关报告使用人介绍是否全面，是否包含了委托人、被评估单位和资产评估合同约定的其他资产评估报告使用人。

企业价值评估中，应当关注是否对被评估单位的历史沿革、股权结构（图）、经营管理、股权交易及评估、股权变更等情况进行了必要说明，是否反映了近三年的资产负债和经营状况。涉及协议交易的，应介绍受让方及其基本情况。存在交叉持股的，应列示交叉持股图并简述交叉持股关系及是否属于同一控制的情形。存在关联交易的，应披露关联方、交易方式等基本情况。

2. 评估目的评估要点

应清晰、明确地说明本次资产评估的经济行为目的，以及评估所对应的经济行为获得批准的情况或者其他经济行为依据。涉及协议交易的，应声明评估结果仅适用于本次交易，如交易方式转变为其他方式的，则评估报告不适用。

3. 评估对象和评估范围的评估要点

应当关注评估对象的基本情况，包括法律权属状况、经济状况和物理状况等。

针对评估报告中对评估范围的描述及资产清查情况的说明，结合经济行为批文、审计报告、特别事项说明、明细表、权证附件等对评估范围进行审核：

（1）关注评估范围是否与经济行为批准文件、评估业务委托合同等确定的资产范围一致。

（2）企业价值评估中，评估范围是否包括了企业拥有的实物资产和无形资产，以及明确的未来权利、义务（负债）。重点关注土地使用权、探矿权、采矿权等无形资产，以及房地产、长期投资等重大资产是否有隐匿或遗漏。

（3）企业价值评估时，一般应包括企业全部无形资产。要根据企业实际情况关注是否存在商标、专利、专有技术、专利权、特许经营权、销售网络、客户关系、合同权益、域名、商誉等单项无形资产或无形资产组合。

（4）关注是否存在权利人与实际使用人不一致等情形（如房地产、车辆等）。

关注实际存在但未入账或已摊销完毕的无形资产、未来义务及或有事项等是否纳入评估范围并在《企业关于进行资产评估有关事项的说明》中进行了详细说明。

涉及企业改制或重组时，若方案设计中并非全部资产、负债进行改制或重组，存在如土地使用权、房屋、无形资产等租赁使用而不纳入评估范围、部分长期投资划出等情形的，评估范围应与经批准的改制或重组方案的资产负债范围保持一致，并在特别事项中予以披露。委托评估的资产是经剥离部分资产后的整体资产时，应说明被剥离资产的明细、剥离原因及处置方案。

对于经营租入资产、特许使用的资产，应当特别说明是否纳入评估范围及其理由。

4. 价值类型和定义的评估要点

应当关注评估报告是否列明所选择的价值类型及其定义。选择市场价值以外的价值类型，应当关注其选择理由和选取的合理性。

5. 评估基准日的评估要点

应关注评估基准日的选择是否妥当，评估结果的使用有效期是否明示。重点关注评估基准日选择的合理性，是否符合有关评估准则的规定要求。

（1）基准日后是否有对评估结果产生重大影响使评估结果无法有效地服务于评估目的的事项，如汇率、利率等的变动、国家重大政策调整、企业资产权属、数量及价值发生重大变化等，如有，应重新选择评估基准日或调整评估结果。

（2）建筑施工类企业的评估基准日一般应选择 12 月 31 日（如选择其他评估基准日，应能对建筑施工类企业的收入、成本等进行准确划分和配比）。

（3）涉及国有股东所持上市公司股份间接转让项目时，应当关注所选择的评估基准日是否符合《上市公司国有股权监督管理办法》（国资委 财政部 证监会令第 36 号）规定。上市公司股份价值确定的基准日应与国有股东资产评估的基准日一致，且与国有股东产权直接持有单位对该产权变动决策的日期相差不得超过一个月。

（4）涉及上市公司的资产置换、发行股份收购资产等产权变动，评估基准日应为上市公司公告（停牌日）前后一个月内；如停牌期限较长，也可选择停牌期间的某月末为基准日。

6. 评估依据的评估要点

重点关注经济行为依据的合规性和完整性，评估工作过程中所引用的法律法规和技术参数资料等依据是否适当。

（1）评估依据应当明确、规范、具体，便于查阅和理解；评估依据应当具有代表性，且在评估基准日有效。

（2）评估依据应当完整，相关法律法规、规章、国资管理规范和制度是否列示完整。

（3）收集的价格信息、工程定额标准等应当与评估对象具有较强的关联性。结合评估目的、业务性质和行业特点等，重点关注取价依据、法律法规依据的相关性及其对资产评估结果的影响。

（4）应当关注土地、房屋建筑物及无形资产等特殊资产的权属和使用状况。被评估资产应当权属清晰、权属证明文件齐备，房地产应获取交易中心的产权信息。对重要资产权属资料不全面或存在瑕疵的，企业应当妥善解决，并在特别事项中予以披露，提请报告使用者关注。

7. 评估方法的评估要点

重点审核评估方法、过程是否符合相关准则和规范规定，对于价值量较大、增减值较大的资产、负债应重点审核，同时应分析其评估结果的合理性。

以持续经营为前提进行企业价值评估时，对企业及其拥有实际控制权的长期股权投资企业，是否采用了两种或两种以上方法进行评估；采用两种以上方法评估的应分别说明选取每种评估方法的理由及确定评估结果的依据；未采用两种或两种以上评估方法进行评估的，应在报告中分析并披露其他基本评估方法不适用的原因或所受的操作限制；重大资产如房地产是否采用两种以上评估方法评估。

评估机构是否选取有代表性、价值量大的资产、负债作为评估案例进行评估分析说明。评估机构是否在评估报告中对企业拥有的全部土地、无形资产进行分析说明。对企业拥有的房屋建筑物是否进行分类，并将每一类中有代表性、价值量大的房屋建筑物作为评估案例进行分析说明。

8. 评估程序的评估要点

关注评估程序是否符合评估准则的要求，重点审查评估机构在评估过程中是否履行了必要评估程序，评估过程是否完整，是否存在未履行评估准则规定的必要程序等。关注评估受限的情形以及对评估结果的影响，如果程序受限对评估结果产生重大影响或者无法判断其影响程度的，不得出具资产评估报告。

9. 评估假设的评估要点

评估假设是评估结果成立的前提条件，审核应关注评估假设的科学性、合理性和相关性，以及评估假设对评估结果的影响。评估假设不可取代必要的评估分析判断。

10. 评估结果的评估要点

关注评估结果是否与评估范围一致，及其与评估目的和经济行为的一致性和适用性。采用两种或两种以上方法进行企业价值评估时，应当关注不同评估方法结果的差异及其原因和最终确定评估结果的理由。

11. 特别事项说明的评估要点

（1）重点关注评估程序受到限制、评估特殊处理、评估结果瑕疵等特别事项及期后事项的真实性及其评估处理的合理性。

（2）评估报告应当说明上述事项的形成原因、性质、处理方式和对评估结果可能产生的影响，并提示评估报告使用者关注其对经济行为的影响。

（3）对权属资料不全面、评估资料不完整、经济行为有瑕疵的，应关注企业是否已补充完善、中介机构是否履行了必要程序，是否已妥善解决。

（4）对引用其他机构出具评估结果的情况，是否说明承担引用不当的责任。

（5）期后事项（评估基准日至评估报告日期间发生的相关事项）可能对评估结果产生影响的，评估处理原则：期后事项对评估结果有重大影响的，应调整评估基准日；期后事项对评估结果有一定影响，且影响是确定的，应在评估结果中考虑，并在报告中披露；期后事项对评估结果有一定影响，但影响不确定的，应在报告中披露。

（6）评估对应的经济行为中，可能对评估结果产生重大影响的瑕疵情形，有条件的应披露影响的具体数值。

（7）对评估中已查明的盘盈、盘亏、毁损、报废、资金挂账、呆坏账、无须支付的负债等原因造成的资产价值变化，评估结果中应做增减值处理，如因企业尚未报经有关部门批准而未对上述资产进行会计处理，评估机构应在评估报告中提示企业按现行规定程序报批后进行处理。

（8）披露企业未纳入评估范围的相关资产和负债账面情况，以及剥离资产的处置方案。

（9）对企业实收资本不实或注册资本尚在认缴期内等情况，资产评估报告应做相应披露。

12. 签字盖章及评估报告日的评估要点

关注资产评估报告签字盖章是否齐全、规范、清晰。资产评估报告应当由至少两名承办该评估业务的资产评估师签字，并加盖评估机构公章（不包括分支机构公章）。资产评估师必须签字并盖章，不得使用签字章。关注《企业关于进行资产评估有关事项的说明》是否已经由委托人单位负责人和被评估单位（产权持有单位）负责人签字，加盖相应单位公章并签署日期。

资产评估报告应当载明评估报告日，通常为评估结果形成的日期，可以不同于资产评估报告签发日。评估审核中如有修改完善事项，应视为评估结果尚未形成。审核人员还应关注评估报告日至审核期间是否有对价值重大影响的事项。

13. 附件的评估要点

（1）应当关注附件是否齐全，评估报告附件内容及其所涉及的签章是否清晰、完整，相关内容是否与评估报告摘要、正文一致。

（2）关注是否存在未在评估报告中披露的重大事项；是否存在应予评估或披露而未予评估、披露的情况；相关承诺函是否齐备等。

（3）附件不得缺少与评估目的相对应的经济行为文件。

（4）企业价值评估中，应提供标的企业及其控股二级子企业两年又一期审计报告，包括合并及母公司报表（含企业资产负债表、损益表、现金流量表、所有者权益变动表及附注）。三级及以下控股子企业至少应提供经审计机构盖章的两年又一期审定财务报表。

评估基准日后发生重大资产变动的，应出具模拟资产变动后的审计报告，但模拟事项需在评估备案前完成，模拟事项的审计报告原则上追溯两年又一期。

涉及国有参股股权转让不具备单独进行专项审计条件的，国有参股方至少应当取得转让标的企业最近一期年度审计报告。

审计报告为非标准意见的，企业应对该审计意见涉及的事项进行整改方可予以受理。如有关事项无法进行整改，且非标准意见不构成对企业改制或一般股权变动的重大影响的，企业应提供相关说明，并经国有产权持有单位同意，该审计报告可作为企业改制或一般股权变动的评估依据。

（5）审核《资产评估委托合同》，应当关注资产评估项目的委托人是否合规，签署内容是否完整，委托经济行为和范围是否与评估报告披露内容一致等。

（6）引用其他机构出具的报告结果，所引用的报告如需经相应主管部门批准（备案）的，应当将相应主管部门相关批准（备案）文件作为评估报告附件。

（7）附件应当归类并编制目录及序号，并按序号装订，必要时应单独装订成册。

（8）评估报告附件为复印件的，应当与原件一致；提供的相关问题证明材料是复印件的，原则上应有该证明材料的提供方盖章；有些证明材料需要由发证机关盖章证明的，原则上需要由发证机关盖章。提交核准备案的评估报告，评估机构应在提供相关问题的证明材料的复印件上，加盖评估机构公章。

14. 评估说明的评估要点

评估说明是评估报告申请核准备案材料的必备部分，评估说明应当做到内容完整、表述清晰，并充分考虑不同经济行为和不同评估方法的特点，其内容应同评估报告所阐述的内容一致。

15. 资产评估明细表的评估要点

（1）资产评估明细表包括目录、资产评估结果汇总表（表一）、资产评估结果分类汇总表（表二）、评估明细表。表一、表二应加盖评估机构公章。表格内容应填写完整，原则上不得有缺项。

（2）企业价值评估采用市场法、收益法评估的，一般情况下应报送资产负债清查明细表。收益法应提供收入、成本及费用、折旧和摊销、营运资金、资本性支出等预测表格。市场法应提供相关测算表格。

（三）其他报告评估要点

1. 审计报告中应关注的内容

（1）审计报告与评估报告之间数据勾稽关系是否合理一致；审计范围是否与经济行为批准文件、审计业务委托约定书等确定的资产范围一致，以及合并报表的合并范围是否合理。

（2）审计报告报表与报表附注之间勾稽关系是否一致；主要会计政策是否合理，包括收入确认原则、成本核算原则等。

（3）企业整体改制涉及资产剥离时，剥离原则是否与改制方案一致，以及模拟的时点是否合理。

（4）涉及计提减值准备时，各项资产计提减值准备的依据和比例是否合理。

（5）应当充分关注审计披露情况以及评估师引用审计结果的合理性。资产评估师应当对引用的审计结果进行核实并做出相应的职业判断，不得以审计结果替代评估判断。对审计报告提示的重要重大事项，资产评估师应在核实的基础上在评估报告中予以披露。

2. 土地使用权估价报告中应关注的内容

（1）土地估价范围、权属、土地资产处置审批与土地估价报告备案情况。如果评估基准日存在划拨土地，应当重点关注划拨土地的处置情况。

1）关注是否有划拨土地处置审批文件，审批文件是否合法有效、审批内容是否与实际评估土地一致等；

2）如果是未经处置的划拨土地，应当关注其未处置理由的合规性以及评估中处理方式的合理性等。

（2）土地地价定义是否符合相关准则要求。关注估价方法选取的合理性；相关参数选取依据是否充分、计算过程是否完整及评估结果选取是否合理等。

3. 矿业权评估报告中应关注的内容

（1）矿业权评估范围、权属、矿产资源储量评审备案情况、有偿处置情况。

对于有偿取得的矿业权，应当关注有偿取得时矿业权价款对应的开采深度、范围、矿种等是否与本次评估一致；是否存在分期缴纳矿业权价款情形；本次评估矿业权对应的资源储量是否为有偿取得时对应的资源储量，是否经过评审，是否属于企业法人资产；对于无偿取得的矿业权，应当关注矿业权价款对评估结果的影响。

如矿业权评估确定的收益期长于矿产资源勘查许可证、采矿许可证载有效期，应当关注到期续展是否涉及矿业权价款及相关费用的缴纳，以及对资产评估结果的影响。

（2）应当关注矿业权评估报告是否符合相关准则要求。关注评估方法选取是否合理；相关参数选取依据是否充分、计算过程是否完整，及确定的结果是否合理、是否与资产评估相矛盾等。

如依据企业财务报表确定矿业权评估参数，应当关注企业财务报表是否经过审计、是否与企业经营状况相符；如依据矿山设计文件等确定矿业权评估参数，应关注有关文件是否经过审核、是否与市场状况相符。

对采用收益途径评估的矿业权，应当重点关注矿产品价格、无风险收益率等参数与其他估值报告的一致性；关注利用固定资产评估结果作为矿业权评估固定资产投资额时，口径的一致性、取值的合理性；关注利用土地估价结果作为矿业权评估无形资产投资额时，口径的一致性、取值的合理性。

4. 资产评估结果引用土地使用权、矿业权或者其他相关专业评估报告评估结果的，应当关注的内容

（1）资产评估师是否对所引用报告进行了必要的专业判断，并声明其了解所引用报告结果的取得过程，承担引用报告结果的相关责任。

（2）所引用报告评估基准日、结果使用有效期是否一致；评估假设是否一致，资产评估引用结果是否与所引用报告披露的结果一致，所引用报告披露的相关事项说明是否与资产评估报告一致。

第五节　评估报告模板

1. 项目概况

介绍评估对象的基本情况，包括评估对象地点、规模、范围、历史沿革、经营状况等，此次评估时点、金额，收购方计划注资形式及额度等。

2. 评估结论

对资产评估报告内容进行审核，提出评审建议和要求，主要包括以下内容：

（1）占有单位申请核准和备案国有资产监督管理机构的有关材料是否齐全。

（2）进行资产评估的经济行为是否合法并经批准；该评估项目是否属于现行法规法定的评估项目；委托评估的资产范围与评估目的是否相匹配；评估基准日的选取是否恰当。

（3）委托评估的资产权属是否清晰，有关法律文件是否齐全，委托评估资产中有产

权瑕疵情况时，是否做了必要的核实并取得了确权依据；涉及土地处置的，是否按现行有关规定履行了审批手续。

（4）聘请的有关中介机构是否符合规定的资质条件，在报告中签字的有关人员是否具有执业资格；评估报告引用其他机构的评估结论的，是否已声明对引用行为负责，评估基准日、评估结果是否相匹配。

（5）评估报告的备查文件是否齐全；评估报告的格式及内容是否符合有关规定；各项资产评估选取的评估过程、评估方法、评估依据是否合理规范；评估报告摘要、正文及委托方、资产占有方及评估机构、评估人员出具的承诺函、签字是否完整。

（6）对于评估报告中披露的可能影响评估结论的特别事项说明、瑕疵事项和评估基准日后重大事项等内容，企业是否做出说明和承诺。

（7）评估报告中有关数据与备查文件中的相关会计资料是否相符，评估人员对账面值的调整是否合理；评估报告有关数据与审计报告数据是否一致或匹配。

（8）评估结论及分析是否准确、合理、完整。

（9）参与评审的专家是否达成一致意见。

（10）综合以上分析，提出结论性的评审意见。

3. 风险及建议

根据上述评估结论，从报告合规性，报告内容、方法选取、评估依据等的合理性方面进行总结，揭示项目风险；针对风险提出建议及要求。

4. 附件

（1）评审会纪要及专家组意见。

（2）会议纪要及专家组意见的回复。

第八章

并购项目评估

近年来，随着各行各业的发展，固定资产投资不再是开展项目建设的唯一途径，并购也成为建设项目的有效方式，而并购项目评估也逐步成为咨询评估机构的重要业务领域。并购、重组、收购、兼并、杠杆收购、股权投资等术语，都是用来描述从根本上改变一个公司的性质或方针、控制权的大型战略交易，我们平时说得最多的就是并购重组。事实上，并购和重组是两个相对的概念：并购是指收购和兼并，重组是指对企业资产进行分拆、剥离、出售、整合等；在实务操作中，并购、重组是密不可分的。

企业并购作为一项重要的投资活动，产生的动力主要来源于企业追求资本最大增值的动机及竞争压力等因素。通过实施并购，企业快速优化资源配置，与并购标的实现协同效应，进而实现企业核心竞争力的提升。

与新建项目可行性研究及其评估不同，收并购项目一般是指收购既有项目，在完成尽职调查、资产评估等基础上进行可行性研究及其评估工作。

第一节 并购概述

一、并购的概念

我们常说的并购，实际上是兼并与收购的合称。从法律角度来看，并购通常是指一家公司为获得另一家公司（目标公司）的部分或全部控制权，利用自身可支配的现金、证券及有形资产、无形资产或以承担债务的形式为对价，购买目标公司的股权或有形资产、无形资产等，使目标公司经营性资产发生实质性变化，或其控制性股东发生变化甚或丧失法人资格等的行为。

在投资项目领域，我们常说的并购更多是狭义的并购概念，往往指公司扩张性的重组行为，譬如公司合并、股权收购、资产收购等，而不包括公司分立、股权回购、资产剥离等“公司收缩”型的公司重组行为。

二、并购的类型

并购的形式多种多样，证监会按照并购双方所属行业关系、并购后双方法人地位的变化、并购形式、并购是否取得目标公司同意等，将并购分为 12 种不同的类型，如表 8–1 所示。

表 8–1　并购的分类

分类依据	类型	特点
按并购双方所属行业关系	横向并购	行业相同
	纵向并购	同类产品不同阶段
	混合并购	行业无关
按并购后双方法人地位的变化	吸收合并	被收购对象解散
	收购控股	并购双方不解散
	新设合并	原来双方解散
按收购是否取得目标公司同意	恶意收购	管理层反对收购
	善意收购	友好协商达成一致
按收购形式	间接收购	收购上市公司大股东
	要约收购	对目标公司所有股东发出收购要约
	股权拍卖	通过司法拍卖程序
	二级市场购买	二级市场举牌

（一）按照并购双方所属行业关系划分

按照并购双方所属行业关系可将并购划分为横向并购、纵向并购、混合并购三类。

（1）横向并购。指为快速占领市场、扩大市场份额、增强市场竞争力或提升技术管理水平，生产或经营相同或相似产品的企业之间发生的并购行为，以谋求规模经济或垄断收益为目的。

（2）纵向并购。指为了业务的前向或后向的扩展，产业链上下游公司之间发生的并购行为，通常以节约交易费用或保障原料供应为目的。

（3）混合并购。并购双方既不属于同一行业，也没有上下游关系。这种并购行为有利于实行多元化战略，降低主业的经营风险，弊端在于多元化的经营资源利用率相对较低，在管理不善的情况下容易产生财务风险。

（二）按照并购后双方法人地位的变化划分

按照并购后双方法人地位的变化可将并购划分为间接收购、收购控股、新设合并三类。

（1）间接收购。指在交易完成后只有并购方存续，而被并购方失去法人地位，不再是独立的商业实体。

（2）收购控股。指在交易完成后并购双方都保留有独立的法人地位，并购方控股目标公司。

（3）新设合并。指在交易完成后并购双方都解散公司，重新成立一个新的法人实体，这种形式在国内较为少见。

（三）按照并购形式划分

按照并购形式可将并购划分为协议并购、要约并购、集中竞价并购、股权拍卖四类。

（1）协议并购。是指并购方依照法律、行政法规的规定同被并购公司的股东以协议方式进行股权转让的行为。并购双方可以是上市公司，也可以是非上市公司。

（2）要约并购。要约并购是各国证券市场最主要的并购形式，是指并购方通过向目标公司的股东发出购买其所持该公司股份的书面意见表示，并按照依法公告的收购要约中所规定的事项，收购目标公司股份的并购方式。目标公司只能是上市公司。

（3）股权拍卖。指通过司法拍卖程序获得目标公司股份。

（4）二级市场购买。又称二级市场举牌并购，是指并购方通过在二级市场上购买目标公司流通股股票的方式进行收购的行为，优点是通过公开的方式竞价，具有一定的高效便捷性，但需要雄厚的并购资金进行支撑，如若监管不力十分容易出现杠杆倍率过高引发金融危机。目标公司只能是上市公司。股权拍卖指通过司法拍卖程序获得目标公司股份。

此外，按照并购是否取得目标公司同意，还可将并购划分为善意并购和恶意并购。虽然证监会将并购划分为 12 种不同的类型，但这些类型并不是独立存在，实际上内容有很多交叉，只是按照不同标准进行了划分。而且在实际操作中，并购案例往往不是相互独立的，一个案例中常包含多种不同的并购类型。

三、并购的管理制度

随着并购重组形式的不断发展，国家也配套制定了一系列的法律法规，加大对资本市场的监管力度，并从不同角度、多个层面对企业的并购重组活动进行规范和指引，使其逐步走向健康、快速、良性发展的新阶段。

我国现行的有关企业并购重组的基本法律有《公司法》和《证券法》；行政规章有《上市公司监督管理条例》；部门规章有证监会制定的《上市公司收购管理办法》《非上市公众公司收购管理办法》《上市公司重大资产重组管理办法》《非上市公众公司重大资产管理办法》《财务顾问管理办法》《回购社会公众股份管理办法》及其配套披露准则；另外，还包括上交所和深交所制定的各种交易结算规则及自律制度，同时外商投资相关法规、国有资产相关法规，如《关于规范中央企业并购的意见》、特殊行业监管法规也会涉及企业的并购重组（见图 8–1）。

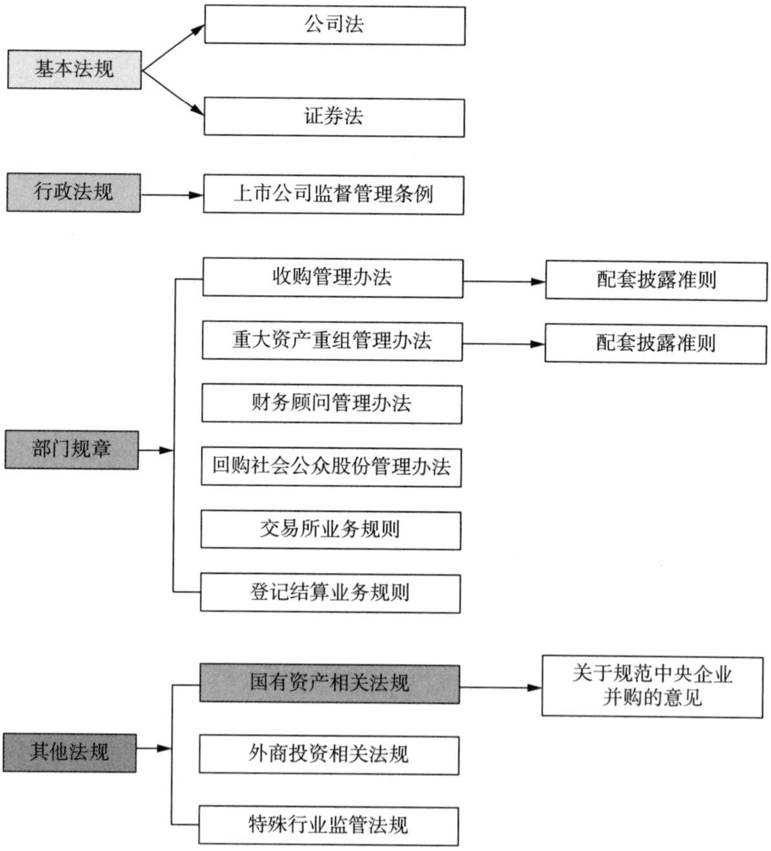

图 8–1　并购重组法律体系

（一）上市公司并购

上市公司收购的标的是上市公司股权而非资产。主要通过证监会的相关规章制度进行约束。在《上市公司收购管理办法》中，对收购方资质、权益变动披露及要约收购等进行了规定。

1. 收购方资质要求

收购方资质审查主要分为以下三个方面。

首先，作为收购方得具备充足的资金实力。负有较大债务，到期未清偿，且处于持续状态的不符合资质要求。

其次，收购方应是合规的市场主体。最近3年内有或者涉嫌重大违法行为、严重的市场失信行为的也不能进行收购。

最后，如果收购主体为自然人，则需要满足《中华人民共和国公司法》第一百四十六条中公司董事、监事、高级管理人员的任职资格要求。主要包括有民事行为能力，不在贪污贿赂、侵占财产等执行期，名下无破产清算、吊销营业执照未逾3年的公司、个人没有较大金额的债务逾期未偿的情况。

2. 权益变动披露及要约收购要求

信息披露是证券市场监管中十分重要的方面。投资者做出的决策建立在分析现期信息的基础之上，而市场信息天生处于不对称的状态，只有对重要信息要求强制披露，才能更好地保护投资者的利益，优化市场的资源配置。

同样，在要约收购中对权益变动的信息披露要求，也是为了保证所有股东在平等获取信息的基础上自主做出选择，避免内部交易，保障所有股东尤其是中小股东的权益。

所以在进行上市公司收购时，注意信息披露及要约收购相关的法律法规要求，是保证并购顺利进行的关键点。表8–2所示的是并购中权益变动披露及要约收购的监管要求。

表8–2 权益变动披露及要约收购的监管要求

拥有权益股份比例	5%~20%	20%~30%	30%以上
需要进行披露的内容	1. 投资者及其一致行动人的姓名、住所；投资者及其一致行动人为法人的，其名称、注册地及法定代表人	1. 投资者及其一致行动人的控股股东、实际控制人及其股权控制关系结构图	1. 中国公民的身份证明，或者在中国境内登记注册的法人、其他组织的证明文件
	2. 持股目的，是否有意在未来12个月内继续增加其在上市公司中拥有的权益	2. 取得相关股份的价格、所需资金额、资金来源，或者其他支付安排	2. 基于收购人的实力和从业经验对上市公司后续发展计划可行性的说明，收购人拟修改公司章程、改选公司董事会、改变或者调整公司主营业务的，还应当补充其具备规范运作上市公司的管理能力的说明

续表

拥有权益股份比例	5%~20%	20%~30%	30% 以上
需要进行披露的内容	3. 上市公司的名称、股票的种类、数量、比例	3. 投资者、一致行动人及其控股股东、实际控制人所从事的业务是否存在同业竞争或者潜在的同业竞争，是否存在持续关联交易；存在同业竞争或者持续关联交易的，是否已做出相应的安排，确保投资者、一致行动人及其关联方与上市公司之间避免同业竞争以及保持上市公司的独立性	3. 收购人及其关联方与被收购公司存在同业竞争、关联交易的，应提供避免同业竞争等利益冲突、保持被收购公司经营独立性的说明
	4. 在上市公司中拥有权益的股份达到或者超过上市公司已发行股份的 5% 或者拥有权益的股份增减变化达到 5% 的时间及方式	4. 未来 12 个月内对上市公司资产、业务、人员、组织结构、公司章程等进行调整的后续计划	4. 收购人为法人或者其他组织的，其控股股东、实际控制人最近 2 年未变更的说明
	5. 权益变动事实发生之日前 6 个月内通过证券交易所的证券交易买卖该公司股票的简要情况	5. 前 24 个月内投资者及其一致行动人与上市公司之间的重大交易	5. 收购人及其控股股东或实际控制人的核心企业和核心业务、关联企业及主营业务的说明；收购人或其实际控制人为两个或两个以上的上市公司控股股东或实际控制人的，还应当提供其持股 5% 以上的上市公司以及银行、信托公司、证券公司、保险公司等其他金融机构的情况说明
	6. 中国证监会、证券交易所要求披露的其他内容	6. 不存在禁止收购上市公司的情形	6. 财务顾问关于收购人最近 3 年的诚信记录、收购资金来源合法性、收购人具备履行相关承诺的能力以及相关信息披露内容真实性、准确性、完整性的核查意见；收购人成立未满 3 年的，财务顾问还应当提供其控股股东或者实际控制人最近 3 年诚信记录的核查意见
	—	7. 能够提供证监会规定的相关文件	—
权益变动披露及要约收购要求	1. 投资者及其一致行动人不是上市公司第一大股东的编制简式权益变动报告书，提交相关机构，并予公告	1. 编制详式权益变动报告书	1. 继续增持触发要约收购义务，应当依法向该上市公司的股东发出全面要约或者部分要约
	2. 投资者及其一致行动人是上市公司第一大股东的，按照详式权益变动报告书要求予以公告	2. 聘请财务顾问出具审核意见，以下情形除外：①国有行政划转或者变更；②股份转让在同一实际控制人控制的不同主体之间进行的；③因继承获得的股份；④投资者及其一致行动人承诺至少 3 年放弃行使表决权	2. 可以向证监会申请豁免要约收购的情形：①上市公司实际控制人未发生变更；②为挽救上市公司而进行的重组；③国有资产无偿划转、变更、合并；④上市公司回购；⑤经证监会认定的其他情形

续表

拥有权益股份比例	5%~20%	20%~30%	30% 以上
权益变动披露及要约收购要求	—	—	3. 免于提交直接豁免的情形：①因定向发行股份而导致的上市公司收购；②已经取得上市公司控制权的少量增持股份；③绝对控股股东的增持行为；④金融机构阶段性持股；⑤继承；⑥购回式证券交易且表决权未发生转移；⑦因所持有的优先表决权依法恢复导致拥有权益超过 30%

（二）国有资产并购

国有资产并购从最初的方案制定开始，就需要国有资产监督管理机构的审核及国企的内部决策。相关的法律法规有《中华人民共和国企业国有资产法》《企业国有资产监督管理暂行条例》《企业国有产权转让管理暂行办法》《关于规范中央企业并购的意见》《国务院国有资产监督管理委员会、财政部关于企业国有产权转让有关事项的通知》。

与上市公司并购有区别，国有资产并购方案的主体部分应该包含表 8–3 所示的内容。

表 8–3　国有资产并购方案的内容

转让标的的企业国有产权的基本情况	生产经营情况	主营业务及产品、市场竞争、行业地位、盈利水平等
	资产构成及主要财务指标	可以通过资产负债表、损益表、现金流量表等予以体现。 对于土地、房屋、主要设备等重要财产应根据需要详细描述（包括资产评估情况）；主要财务指标方面可以结合实际需要对偿债能力指标（资产负债率、流动比率、速动比率）、营运能力指标（应收账款周转率、存货周转率）、盈利能力指标（资本金利润率、销售利润率、成本费用利润率）等进行适当分析
	技术情况	企业掌握的核心技术，应就其内容与形式（配方、工艺等）、技术优势及可持续性、知识产权保护情况、可控程度、可持续性等方面内容进行描述
转让的合理性论证	①企业国有产权转让的原因； ②可以考虑的企业国有产权转让方案及可行性分析、比较； ③首选方案的优势及对企业发展或国有产权价值实现的作用； ④受让方条件的设置及理由	
职工安置方案	基本情况	包括职工人数、男女比例、年龄分段、离退休人员情况、安置意见及方案等方面内容
	劳动关系的调整	国有资产并购方案中涉及国有企业改制的，需结合改制后是否仍为国有绝对控股企业与职工重新签订劳动合同，符合签订无固定期限劳动合同或支付经济补偿金条件的应依法履行相应义务，安置方案中对此应予以考虑
	职工安置费	国有资产并购方案中涉及国有企业改制为国有股不控股或参股的，应向解除原劳动合同选择自谋职业的职工支付一次性的安置费，安置方案中对职工安置费的计算、资金来源、支付方式等予以考虑

续表

职工安置方案	特殊人员安置	对于国有企业的内部退养人员、工伤或职业病患者人员、职工遗属人员、离退休人员等特殊人员的安置亦应在安置方案中予以考虑
	债务处理	包括对于历史遗留的拖欠工资、医药费等债务情况及偿还计划，以及职工社保接续手续的办理等方面内容
	职工意见	企业职工代表大会、工会、企业所在地人力资源和社会保障部门意见，在提交国有资产监督管理机构批准决定的并购方案中应对此予以体现
债权债务处理方案	基本情况	对于转让标的国有企业的全部债权债务应当进行无遗漏的清理与核实，不得故意隐瞒。在可能的情况下建议与债权债务的相对方进行逐一核实
	债权处理方案	转让标的国有企业应与债务人协商还款安排并及时催收，对于不适宜并入国有资产并购方案的部分应当制订剥离方案，涉及担保的债权还应及时通知担保方
	债务处理方案	应充分考虑债务类型制订不同的落实解决办法，尽可能就债务处理与债权人达成书面协议。涉及担保的债务应按担保法、物权法等规定与债权人、担保方协商并制订合理方案。涉及金融机构债权的应及时进行协商并取得债权金融机构同意的相关处理协议或方案等书面文件
	保障清偿措施	对于前述处理方案的落实应考虑相应保障措施以确保得以执行
	公告与审批	债权债务的处理涉及公告、审批等的，在提交国有资产监督管理机构批准决定的并购方案中应对相关情况予以体现
并购收益处置	国有企业并购所产生的收益应当优先用于职工安置，方案应按此原则对企业国有产权转让等形成收益的用途及相关情况进行说明	

四、并购程序

（一）并购的一般阶段

通常情况下，企业的并购行为从仅有一个模糊的并购意向到成功地完成并购，需要经历以下四个阶段。

1. 前期准备阶段

企业根据自身发展战略的要求制定并购策略，初步勾画出拟并购的目标企业的轮廓，制定出对目标企业的预期标准，如所属的行业、规模大小、市场占有率等。据此在产权交易市场搜寻捕捉并购对象，或通过产权交易市场发布并购意向，征集企业出售方，再对各个目标企业进行初步比较，筛选出一个或少数几个候选目标，并进一步就目标企业的资产、财务、税务、技术、管理和人员等关键信息深入调查。一个成功的并购，特别是大型并购方案，往往需要企业结合自身发展战略与规划，对并购标的进行长期的跟踪研究。

2. 并购策略设计阶段

基于上一阶段调查所得的一手资料，设计出针对目标企业的并购模式和相应的融资、支付、财税、法律等方面的事务安排。在此阶段，并购方应开展全面的尽职调查（技术、法律、财务、HSE）、审计、资产评估、商务谈判和并购项目可行性研究工作。

3. 谈判签约阶段

确定并购方案之后以此为基础制定并购意向书，作为双方谈判的基础，并就并购价格和方式等核心内容展开协商与谈判，最后签订并购合同。

4. 交割和整合阶段

双方签约后，进行产权交割，并在业务、人员、技术等方面对企业进行整合，整合时要充分考虑原目标企业的组织文化和适应性。整合是整个并购程序的最后环节，也是决定并购能否成功的关键环节。

（二）我国主要并购程序

我国现阶段企业的并购分为上市公司的并购和非上市公司即一般企业的并购，所依据的法律法规有很大不同。其中，上市公司收购和出售资产受到《证券法》《上市公司收购管理办法》等更严格的法律限制，其并购程序也更加复杂。

国有资产的并购涉及两个方面：一是国有资产作为标的被收购，需要按国有企业产权转让管理的有关规定进行内部审议及外部审批程序；二是国有资产作为收购方，主要履行内部的审议流程即可。

并购的方案首先要通过企业的内部审议，《企业国有产权转让管理暂行办法》第十一条规定："企业国有产权转让应当做好可行性研究按照内部决策程序进行审议，并形成书面决议。国有独资企业的产权转让应当由总经理办公会议审议。国有独资公司的产权转让，应当由董事会审议；没有设立董事会的，由总经理办公会议审议。涉及职工合法权益的，应当听取转让标的企业职工代表大会的意见，对职工安置等事项应当经职工代表大会讨论通过。"

《中共中央办公厅、国务院办公厅关于在国有企业、集体企业及其控股企业深入实行厂务公开制度的通知》中亦明确了"重大决策（包括企业中长期发展规划，投资和生产经营重大决策方案，企业改革、改制方案，兼并、破产方案，重大技术改造方案，职工裁员、分流、安置方案等重大事项）并提交职工代表大会审议，未经职工代表大会审议的不应实施"的相关要求（见图 8-2）。

除此之外，对于国有独资企业、国有独资公司、国有资本控股公司的合并、分立、解散、申请破产以及法律、行政法规和本级人民政府规定应当由履行出资人职责的机构报经本级人民政府批准的重大事项，在内部决策程序之前还应当报请本级人民政府批准。

在并购方案通过内部审议之后，还需要根据国资控股的情况，向有关的政府监管部门提请审批，具体的审批流程如图 8-3 所示。

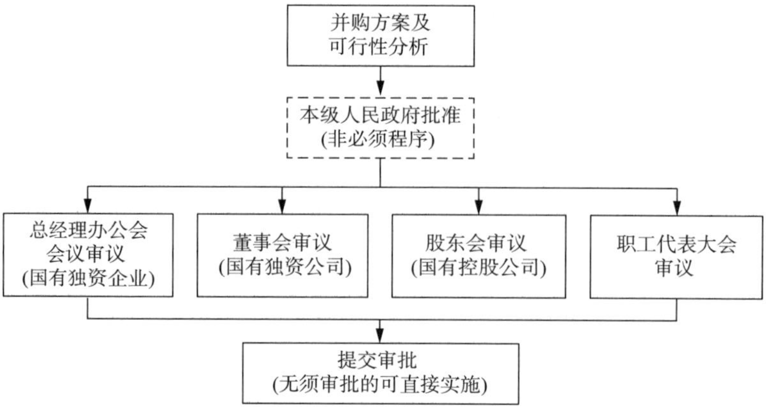

图 8-2　企业国有产权转让的内部决策程序

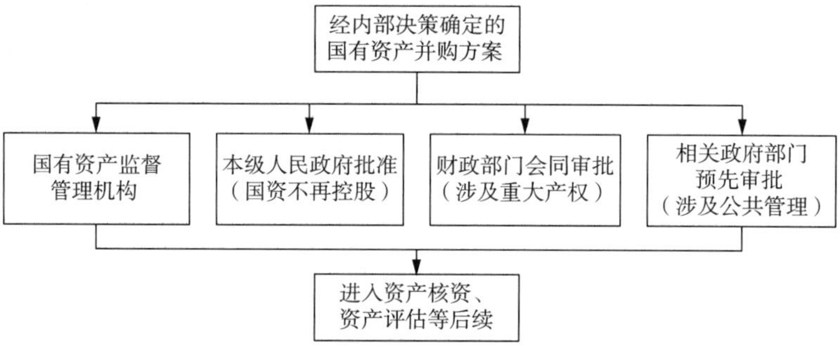

图 8-3　企业国有产权的外部审批流程

涉及职工安置的需要向所在地人力资源和社会保障部门申请核准；涉及转让上市公司或非上市股份有限公司国有股权的应当按照国有资产监督管理机构以及证券监督管理机构的相关规定办理相应手续。

第二节　并购可行性研究报告概述

一、并购可行性研究报告的基本概念

企业并购是一个政策性、技术性和科学性很强的综合经济行为，涉及范围广，比如企业产权问题、市场需求状况、企业财务状况、技术潜力、预计的并购效益如何等。这些问题必须事先进行调查、分析，否则企业的并购行为就会失去可靠的科学依据。可行性分析做得客观、仔细，有利于完善并购企业的信息对称性，减少并购的盲目性，从而

实现预期的效果。

与建设项目可行性研究报告不同，收并购项目可行性研究报告应在完成资产评估、财务审计、法律尽职调查以及 HSE 尽职调查的基础上进行编制，并侧重于对并购的必要性、并购方案、改造方案和投融资及财务评价进行研究论述。一般来说，并购可行性研究报告应包括以下内容：

一是说明项目收并购的必要性，包括资源市场条件分析；从经济发展趋势上说明收并购的必要性；从收并购优势及效益上分析收并购的有利条件及必要性等。对发展环境和资源市场等进行分析论述。

二是对收并购对象情况及收并购方案进行介绍，并对改造方案进行分析，说明收并购之后的组织机构、经营策略和项目实施计划等，说明改造后满足功能需求的技术可行性。

三是说明投资计划与融资方案，对财务评价、风险与竞争力等进行分析，说明财务效益的可行性，揭示存在的风险。此外，对于有较大社会影响的收并购项目，应根据国家有关政策要求单独编制社会稳定风险分析章节或独立报告，进行社会影响评估，并以政府部门批复的社会稳定风险评估报告作为项目报审、报批的前置条件之一。

最后，根据上述分析，给出综合评价结论，说明项目存在的主要问题，并提出相关解决建议。

二、并购必要性

企业并购作为一项重要的投资活动，产生的动力主要来源于企业追求资本最大增值的动机及竞争压力等因素。通过实施并购，企业快速优化资源配置，与并购标的实现协同效应，进而实现企业核心竞争力的提升。主要的投资并购动因应包括谋求更长远发展、多元化经营、实现规模经营、减少竞争、缩短投入产出时间、确保原材料和半成品供应、提高生产能力、提高科研水平、获得科技优势、提高市场占有率、开发新市场、提高资金利用效率、减少财务风险、降低经营及投资风险、获得专门资产、高价出售资产、低价收购资产、上市、享受优惠政策、避税和减税等。

投资并购项目的必要性是投资并购动因的具体深化，应着重论述项目的实施对于增强收购方核心竞争力，产业链优化和取得协同效应，或者避免损失等方面的重要作用。主要有以下几方面：

（1）实施并购项目对收购方企业战略的作用和意义。

（2）提升收购方核心竞争力的意义。需要必要的定量计算支撑。

（3）对于优化企业或其区域产业链、解决企业或区域发展瓶颈等方面的作用。

（4）带来的经营协同效应。主要指收购后因经营活动效率提高所产生的效益。包括收购产生的规模经济、成本降低、优势互补、市场份额扩大、更全面的服务等。

（5）带来的管理协同效应。主要指收购后因管理效率的提高而带来的收益。包括收购后引进先进技术及管理方法和培养人才等。

三、并购方案

在确定并购必要性后，开展并购项目需要对目标企业进行详细的尽职调查，在此基础上形成价值评估和并购方案。

1. 尽职调查主要内容

（1）法律部门出具的法律意见书。股权投资项目要由企业法律部门组织对项目的法律环境、投资方式、合作程序、法律风险等重大事项进行法律论证，并出具法律意见书。

（2）目标公司主要债权、债务资料及资产抵押情况说明。

（3）有关主管部门对环境保护、消防、劳动安全卫生设施和地震防范的许可证书和评价等报告。

（4）生产许可证和安全生产许可证，质量、安全、环境等方面的管理体系认证证书。

（5）有关市场需求及销售分配资料文件。

（6）有关主管部门对项目征用土地的审批或签署的意见。

（7）资金筹措意向书或意见书。

（8）目标公司的有关重要文件，包括营业执照、法人代码证、税务登记证、国有土地使用证、房屋所有权证、建筑工程规划许可证、建筑工程施工许可证、消防安全许可证、经营许可证等。

2. 目标公司价值评估

在选定目标公司，分析目标公司财务状况、风险状况的基础上，进行价值评估。价值评估方法有折现现金流量法、市场法和重置成本法等。根据不同收购需要，选择不同评估方法，一般应使用两种以上评估方法综合比较。综合考虑两种以上价值评估方法对目标公司股权价值的评估，确定最低谈判价格与最高谈判价格区间。

3. 股权收购方案比选

根据收购参考价，拟定几种可能的收购（现金、置换或换股）方案，分析比较后确定推荐方案。

四、改造方案

并购项目在交割完成后，为达到收购企业的预定管理要求，需要进行一定程度的改造建设。对于改造方案的项目建设规模及产品方案、场址选择、技术与设备、工程方案、主要原材料及燃料供应、总图、运输、公用及辅助工程、节能节水、环境影响评价、劳动安全卫生与消防、项目实施进度、项目招标、投资估算等内容，参照关于工程建设项目的进行研究论证。

在并购项目中的改造方案，仅指为满足主要功能需要、满足安全生产、环保要求及收购后尽快投入正常运营需要，而进行的局部、必要的维护性改造，改造方案的研究深度应以满足可行性研究阶段的深度要求为原则。

五、投融资及财务评价

作为并购方，需要考虑三个方面的投资成本支出：一是交易价格，即并购方在交易环节直接向对方支付的交易对价，需在资产评估结果上进行判断确定，一般会受交易双方在并购中处于的地位、对同一投资额下机会成本的比较以及资产稀缺及供求状况等因素影响；二是间接成本，包括并购过程中各类中介机构咨询服务费、交易税金等；三是为达到预定使用状态所付出的后续技术改造、设备更新和合规性整改等投资费用。

对并购前后项目的现金流折现分析是可行性研究的重点内容，并购方对项目的赋能和投后管控是并购项目实现投资预期的关键，因此并购前后项目的现金流会呈现显著差异，应能体现出并购方进入后给项目带来的正向经营业绩提振。

第三节　并购项目评估实务

咨询评估机构受委托开展并购项目的评估工作，是为了委托方对并购事项进行决策而服务的。作为项目咨询评估的一种类型，本书第三章介绍的项目评估流程同样适用于开展并购项目评估，但在项目预审、专家遴选等方面，应突出并购项目特点。如对待评材料的完整性进行预审时，除了并购可行性研究报告外，还需提供资产评估、财务审计、法律尽职调查以及 HSE 尽职调查等前置专项成果。在专家遴选环节，也应突出此类项目特点，除邀请对行业、项目具有丰富经验的专家外，还应邀请在并购领域具有专业背景的专家进行把关。

在开展并购项目可行性研究报告的评估时，依据可行性研究报告的内容，除关注此类项目的共性评审要点外，还需要格外关注以下内容。

一、必要性评估

评估并购必要性时，主要关注以下方面：包括对外并购项目是否符合国家产业政策和宏观调控政策；是否有利于突出主业，完善业务链条，提高核心竞争能力；是否符合集团公司发展战略；是否在战略指导下开展对外并购活动；是否存在投机性对外并购事项；经济发展趋势及资源、市场环境和具备的条件是否必要；从合资优势及企业效益上的有利条件及可行性等。

对于买方来讲，如何挑选合适的标的公司，标的确定后如何选择并购方式，收购股权还是收购资产，在评估时可以参考以下标准：如表 8-4 展示的行业吸引力和业务实力组合对于投资决策的影响，并购决策也受同样的影响。对于业务实力强、行业吸引力大的标的，买方应该优先并购；对于业务实力弱、行业吸引力小的标的，买方应该放弃并购。如果买方有这样的业务，甚至可以考虑出售相关资产或项目股权。从这个角度讲，买方和卖方并不对立。如果以行业吸引力和业务实力为标准，那么企业就要并购两者皆强的标的，出售两者较弱的业务。如果是收购股权，还要考虑股份比例的问题。

表 8-4　行业吸引力－业务实力矩阵对投资决策的影响

行业吸引力／业务实力	业务实力强	业务实力中	业务实力弱
行业吸引力大	①优先投资。即大力投资发展，需求行业支配地位	②择优投资。增强竞争能力，力争行业领先地位	③投资发展以增强竞争力，或退出
行业吸引力中	②择优投资：保持行业领先地位	③识别有前途的业务进行投资	④减少投资，逐步退出
行业吸引力小	③尽量回收现金，适度投资以维持竞争地位	④减少投资，逐步退出	⑤回收投资，及时退出

表 8-5 从经营难度和投资风险两个角度，分析适用哪种投资方式和比例。对于并购决策来说，也是相同的道理。对于并购风险小、整合与经营难度小的标的公司，买方要 100% 收购，使其成为全资子公司来合并报表，为买方提供稳定的业绩支撑。而随着并购风险的加大、整合与经营难度的上升，买方并购入股的比例可相应地减小。此时买方可以用超过 50% 的比例绝对控股标的公司，部分并购、整合与经营风险由其他股东来分担；也可以直接成为战略投资者或财务投资者，仅获取投资收益。

表 8-5　经营难度——投资风险矩阵对投资比例的影响

经营难度 / 投资风险	投资风险小	投资风险大
经营难度小	全资子公司	参股
经营难度大	控股，引入战略投资者	财务投资

上面只是并购买方寻找标的公司的大方向，在实务操作中，并购还需要遵循具体的行业选择标准和公司选择标准。

图 8-4 是行业和公司选择标准的框架，每条的具体内容如表 8-6 和表 8-7 所示，并购买方在寻找标的时，可以对照以下的清单，考虑潜在标的符合哪些行业和公司标准。

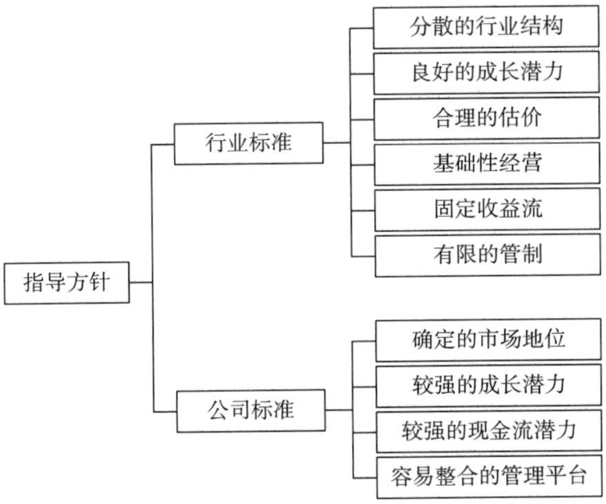

图 8-4　行业和公司选择标准的框架

表 8-6　并购指导方针：行业政策

行业标准	具体内容
分散的行业结构	在分散行业内，有利于收购方搜寻标的公司；有利于收购后公司的发展；行业内的联合趋势会增加并购退出的机会
良好的成长潜力	将目标锁定为正在发展、具有多个增长点、可以提升公司成长基础的行业
合理的估价	将精力集中于处于休眠期、刚刚出现的，或是还没有被大家认识到的行业机会，避免接触大众化的行业和已经处于风口的行业
基础性经营	简单的产品或生产过程，便于并购后的整合与改进；较长的产品生命周期和较低的产品过时性，能够提供经营的稳定性
固定收益流	定期的、周期性的收益，有利于融资的财务稳定性，有利于将销售资源集中于新项目
有限的管制	管制约束会限制投资者的潜在回报，将目标公司锁定在拥有最少政府管制的行业和国家

表 8-7　并购指导方针：公司标准

公司标准	具体内容
确定的市场	将目标锁定为有独特潜力的公司，目标公司的确定的市场地位可以降低并购的风险
较强的成长潜力	通过人力资源的重新分配、强化的资金运用计划和内部激励计划可以激发目标公司的成长潜力
较强的现金流潜力	目标公司的现金流如何？毛利润是否充足？净利润是否充足？营收是否稳定？控制支出的能力如何？目标公司的现金流潜力好就可以支持收购杠杆的设计
容易整合的管理平台	现有管理模式是否容易整合？现有管理者能否留用

二、程序合规性评估

在经济结构调整及国有企业深化改革过程中，投资并购也是国有企业经常发生的重要经济行为，在投资并购事项中，程序的合法合规性，也是投资并购活动能够安全、顺利进行的重要保障。

程序合规性主要包括企业有关投资管理制度建设情况；企业对外并购对象的选择与确定过程；可行性研究报告论证的充分性，是否开展详尽的尽职调查；清产核资和财务审计的合法合规性；收购行为所涉及资产是否进行评估备案；是否按国家有关投资管理规定履行相关报批程序，尤其关注非主业并购和境外并购活动是否按规定报国资委审核或备案；对外并购合同或协议的完整性和合法合规性等。

1. 可能发生的违规行为

（1）国有企业作为投资方时。

在国有企业投资并购方面，国有企业经营管理有关人员违反国家法律法规和企业内部管理规定，未履行或未正确履行职责致使发生下列情形造成国有资产损失以及其他严重不良后果的，应当追究责任：

1）投资并购未按规定开展尽职调查，或尽职调查未进行风险分析等，存在重大疏漏；

2）财务审计、资产评估或估值违反相关规定，或投资并购过程中授意、指使中介机构或有关单位出具虚假报告；

3）未按规定履行决策和审批程序，决策未充分考虑重大风险因素，未制定风险防范预案；

4）违规以各种形式为其他合资合作方提供垫资，或通过高溢价并购等手段向关联方输送利益；

5）投资合同、协议及标的企业公司章程中国有权益保护条款缺失，对标的企业管理失控；

6）投资参股后未行使股东权利，发生重大变化未及时采取止损措施；违反合同约定提前支付并购价款等。

（2）国有企业作为接受投资或转让方时。

另外，针对投资并购交易各方都是国有企业的情况，作为转出方的国有企业或上市公司存在以下行为的，须承担相应的法律后果：

1）未按规定履行决策和审批程序或超越授权范围转让；

2）财务审计和资产评估违反相关规定；

3）组织提供和披露虚假信息，操纵中介机构出具虚假财务审计、资产评估鉴证结果；

4）未按相关规定执行回避制度，造成资产损失；

5）违反相关规定和公开公平交易原则，低价转让企业产权、上市公司股权和资产等行为的。

程序方面，做好上述要点工作，还应对照各国有企业的对外投资管理办法、"三重一大"制度等内部规章制度，履行相应的企业内部决策程序，确保程序合规性。

2. 决策程序

针对决策合规，国有企业投资并购项目中，一般需要公司党委会、董事会等"三重一大"决策程序及相关文件，把好程序风险关；并结合中国特色现代国有企业制度，把党的领导融入公司治理重大决策的过程，充分发挥党组织的政治核心作用，将党的决策作为前置程序，把好政治正确关。

根据《公司法》及《关于进一步推进国有企业贯彻落实"三重一大"决策制度的意见》，由股东大会（股东会）、董事会、未设董事会的经理班子、职工代表大会和党委（党组）决策。本着加强国有企业反腐倡廉建设，提高决策水平、防范决策风险的宗旨，发挥民主集中制优势，应当由领导班子集体严格按照以下程序做出决定：

（1）首先，涉及"三重一大"的事项提交决策前应当认真调查研究，经过必要的研究论证程序，充分听取有关专家的意见。

（2）决策事项应当提前告知所有参与决策人员，并为所有参与决策人员提供相关材料。必要时，可事先听取反馈意见。

（3）党委（党组）、董事会、未设董事会的经理班子应当以会议的形式做出决策。

（4）决策会议符合规定人数方可召开。与会人员要充分讨论并分别发表意见，主要负责人应当最后发表结论性意见。

（5）会议决定的事项、过程、参与人及其意见、结论等内容，应当完整、详细记录并存档备查。

（6）决策做出后，企业应当及时向履行国有资产出资人职责的机构报告有关决策情况；企业负责人应当按照分工组织实施，并明确落实部门和责任人。

（7）董事会、未设董事会的经理班子研究“三重一大”事项时，应事先与党委（党组）沟通，听取党委（党组）的意见。

（8）建立“三重一大”事项决策的回避制度；建立对决策的考核评价和后评估制度，逐步健全决策失误纠错改正机制和责任追究制度。

因此，决策程序作为项目合规审查的重要一环，对于国有企业减少经营决策失误及对于国有企业领导人员规范用权行为有着举足轻重的地位。国有企业经营项目决策若违反“三重一大”决策制度造成国有资产流失、企业运营受损，将面临行政处罚甚至刑事犯罪的风险。

三、尽职调查评估要点

尽职调查是决定并购交易成败的关键因素之一。在确定了并购标的企业后，就需要通过尽职调查来确认标的公司的投资价值、评估并购交易中可能存在的风险。尽职调查主要包括法律尽职调查、财务尽职调查和业务尽职调查。

1. *法律尽职调查要点*

法律尽职调查是指公司在并购、证券发行等重大公司行为中，由律师进行的对目标公司或者发行人的主体合法性存续、企业资质、资产和负债、对外担保、重大合同、关联关系、纳税、环保、劳动关系等一系列法律问题的调查。

法律尽职调查一般建议聘请专业的律师团队来调查，并购方从旁进行配合与协助，其中税务的合法合规性调查可以寻求专业税务师进行调查筹划。图 8–5 所示的是法律尽职调查的重点内容。

在对法律尽职调查进行审核时，要关注以下要点（见表 8–8）。

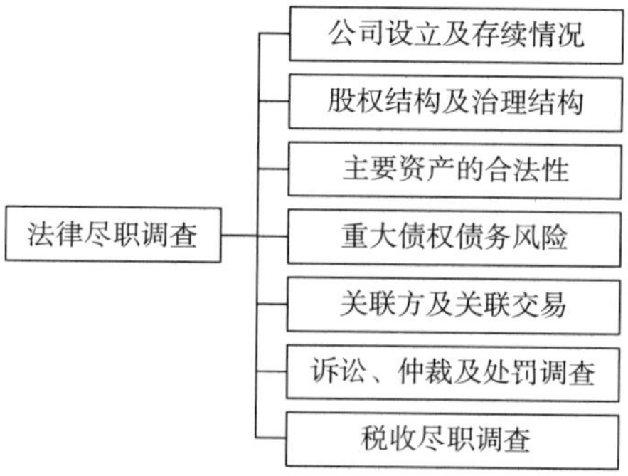

图 8–5　法律尽职调查的主要内容

表 8-8　法律尽职调查审核要求

要点	具体内容
公司主体	关注其成立情况、注册登记情况、股东情况、注册资本缴纳情况、年审情况、公司的变更情况、有无被吊销或注销等情况
公司的董事会决议、股东大会决议、纪要等	审查有关的董事会与股东大会决议是否依法做出，有无达到法定的或章程中规定的同意票数，投票权是否有效等，以确保程序上无瑕疵
公司资产	关注目标公司的土地及房产设备等有形资产：调查土地房产的用途如何，能不能转让，使用权或所有权期限多久，权利是否完整受限，有无瑕疵，有无可能影响该权利的事件（如政府征用、强制搬迁等）在短期内发生，取得该权利时的对价是否已付清，有关权利的证书是否已取得，有无出租或抵押，出租或抵押的条件如何，等等；调查机械设备的来源、性质、转让限制和有关转让手续的办理
知识产权	关注目标公司拥有的知识产权存在的形式及风险，有无侵权诉讼
关键合同与合同承诺	关注目标公司控制权变化对关键合同的影响，特别注意贷款合同、抵押合同、担保合同、代理合同、特许权使用合同中是否有在目标公司控制权发生变化时需要提前履行支付义务，或终止使用权或相关权利等的规定，以防使并购人丧失某些预期利益或权利
公司的职工安置	关注目标公司所提供的福利水平以及终止合同前所需要的通知时间以及可能的赔偿
公司的债权债务情况	关注目标公司潜在的债务和已有的债务。包括有无欠缴税款、有关目标公司方面的税收政策国家是否有调整性、优惠性规定等，以避免并购方将因承担补税和罚款而增大的负担；对环保进行调查，了解公司对有关环保许可证和许可的遵守、有毒危险物质对场地和地下水的污染等，环保部门有无发出整改制裁通知等，以避免因环保问题产生的罚款、限期整改、停产等责任
公司的重大诉讼或仲裁	关注是否有诉讼或仲裁程序影响到目标公司，包括实际进行的、即将开始的或者有可能产生的程序
必要的批准文件	涉及国有股权转让、专营、许可经营的并购，需要事先审查目标公司有无批准的批文，及该批文的真实合法有效性

2. 财务尽职调查要点

财务尽职调查的基础与审计是一样的，那就是财务数据。审计确保这些数据真实可信即可，而尽职调查却不能止步于此，还应从这些数据中分析出有用的财务信息，最后再利用财务信息对标的公司未来的发展前景与协同效应做出评价和预测。

财务尽职调查一般由专业的会计师团队及本公司的财务人员配合完成。因为在这个环节不仅要对标的公司的财务状况做出审计和评估，也需要考虑到在未来整合环节中，标的公司的财务系统如何同本公司进行融合。图 8-6 所示的是财务尽职调查的主要内容。

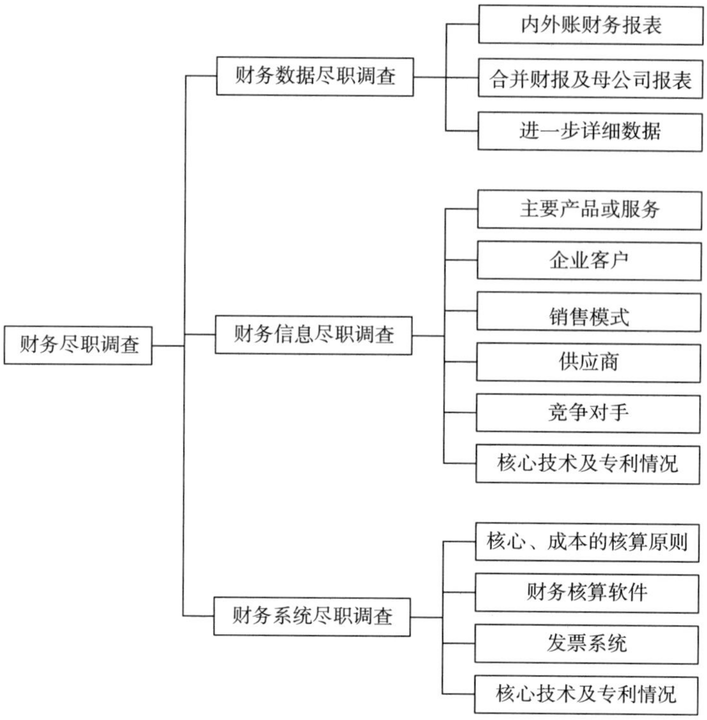

图 8-6　财务尽职调查的主要内容

其评估要点总结如表 8-9 所示。

表 8-9　财务尽职调查审核要求

要点	主要内容
财务组织	财务组织结构图及财务团队整体工作能力，年度经营计划及预算编制情况，财务分析体系，财务管理模式
会计核算报告	会计报告体系，采用的会计政策，企业薪酬、税费政策，内部交易及关联交易会计政策
货币资金	分析前三年货币平均余额，判断余额水平是否正常；了解可用资金余额，分析冻结资金现象
应收票据	确认票据种类、期限，分析商业承兑汇票出票人的信用程度，票据是否贴现
应收账款	应收账款趋势分析，周转指标分析，逾期账款及坏账分析，应收账款回款情况分析，应收账款账龄分析
其他应收款	其他应收款账龄分析及坏账分析，是否存在对外投资和大额对外借款等情况，核对大额款项的合同、协议
存货	存货周转率变化趋势，关注发出商品、分期付款发出商品情况，判断存货被高估或低估的可能性

续表

要点	主要内容
固定资产	对重要资产查验发票，确认其所有权；实地查验固定资产，了解使用期限和残值；设备生产能力与实际生产能力的比较；了解有无更新生产设备的需求
无形资产	判断无形资产价值的合理性，了解无形资产的取得方式及使用期限
借款	是否存在大额借款，借款利息是否按期支付；分析债务重组的可能性
应付账款	分析大额应付账款账龄、原因，判断企业的偿债能力；比较业务趋势与应付账款趋势，了解是否具有足够的买方信用；是否存在未入账应付账款
其他应付款	核对大额应付款的合同、协议，账龄分析；分析长期挂账应付款的原因，判断企业是否隐瞒利润
预收账款	了解预收原因，分析销售回款制度的合理性
应交税金、其他应交款	了解企业适用的税种、税率，有无税收优惠政策等；判断有关税收减免项目是否真实，手续是否完备；关联交易的税收计算和缴纳是否正确
预提费用	了解预提原因、用途，判断预提是否正确
其他负债	应付工资及福利、应付股利、长期应付款
或有负债	有无担保、诉讼、贴现等情况，有无未执行完毕的合同
实收资本	股东名称、投资金融、持股了解，理念资本变动情况
资本公积	资本公积历年增减变动内容及原因
销售收入	销售收入、毛利润变动趋势，产品销售结构变化趋势，关联交易对利润的影响，造成销售重大波动的原因
销售成本	成本核算的合理性，成本变动对利润的影响
期间费用	费用总额、费用水平趋势变化，主要费用项目变化趋势，收入与各项费用的相关程度
现金流量	特别关注经营净现金流量，经营净现金流是否满足融资活动的利息支出净额，是否存在销售以外的其他经营收入来源

3. 业务尽职调查的要点

业务尽职调查的过程是自上而下、由表及里的。如图 8-7 所示，业务尽职调查主要是对目标企业的销售、市场、供应、生产管理等体系进行调查，内容包括行业背景、公司情况和股东及管理团队三部分。针对企业发展阶段与所处行业的不同，业务尽调应该有所侧重。例如，并购的公司如果是初创型企业，那么管理团队的调查就应该格外重要；如果并购的公司身处科技密集型产业，则需要着重关注专利资质方面的问题。

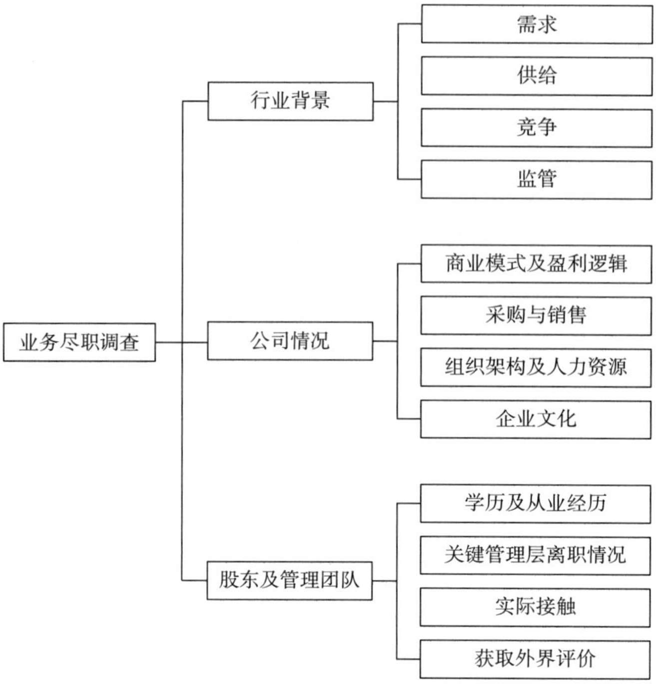

图 8-7　业务尽职调查的主要内容

业务尽职调查的评估要点总结如表 8-10 所示。

表 8-10　业务尽职调查审核要求

要点	具体内容
供应情况	关注公司业务中所需的原材料种类及其他辅料，各原材料占需求的比重；公司原材料主要供应商的情况，各供应商所提供的原材料在公司总采购中所占的比例及供货周期，公司有无与有关供应商签订长期供货合同；公司有无进口原材料，该进口原材料的比重，国家对进口该原材料有无政策上的限制；公司与原材料供应商交易的结算方式、有无信用交易；公司对主要能源的消耗情况
业务及产品情况	关注公司的主营业务，主营业务在整个业务收入中所占的比重；主营业务所处行业背景、发展前景；主营业务增长情况，包括销量、收入、市场份额、销售价格走势，各类产品在公司销售收入及利润中所占的比重；公司产品系列、产品结构、产品需求状况
销售状况	关注公司主要客户情况，及主要客户在公司销售总额中所占的比重；公司产品国内主要销售地域、销售管理及销售网络分布情况；公司产品国内外销售比例，外销的主要国家和地区分布结构及比例；公司在国内外市场上的主要竞争对手名单及其资料，公司和主要竞争对手在国内外市场上各自所占的市场比例；公司对售后服务的安排；公司的赊销期限、赊销部分占销售总额的比例
研究与开发能力	关注公司研发组织结构，主要研发人员履历、研发能力，新产品研发周期；与公司合作的主要研发机构名单及合作开发情况；公司自主拥有的主要专利技术、自主知识产权、专利情况；公司每年投入的研究开发费用及其占公司营业收入的比例；公司目前正在研究开发的新技术及新产品，未来计划研究开发的新技术和新产品；对比市场上的新产品，探究公司是否具有强大的创新能力

四、收购股权／资产后改扩建方案的合理性

有时企业并购资产后，需要进行一定的更新改造。对改造扩建方案及其建设计划进行评估时，主要关注以下方面：

（1）通过资源与市场的综合分析、预测，确定资源供应和产品方案规模，根据产品方案规模，明确改造或扩建规模。

（2）改造或扩建技术方案内容，包括：工程内容、工艺流程、主要设备及用地情况、设备设施利旧情况等。

（3）根据总体进度安排，说明收购实施计划进度。

五、企业资产评估的规范性和收购价格的合理性

本书第七章介绍的资产评估方面的理论与实务，适用于对企业资产评估的规范性和收购价格的合理性进行审查，应重点关注：

（1）并购标的产权归属是否清晰；

（2）评估方法、程序是否科学合规；

（3）是否按国资委核准范围进行评估；

（4）评估引用的资料、数据是否真实、合理、可靠；

（5）确认评估结果的合理性；

（6）是否存在高估、低估、漏评现象；

（7）是否存在仅评估有形资产而对无形资产不计价的现象；

（8）评价最终并购价格确定的合理性；

（9）对并购价格高于评估价格的情况予以重点关注，是否存在违规操作行为。

六、被并购企业并购后运行状况

对被并购企业在并购后的运营型情况进行评估，应重点关注：

（1）是否因大量低价无效资产致使企业存在资产质量差、资产严重不实等问题；

（2）是否存在资产负债率居高不下，甚至严重资不抵债等情况；

（3）是否存在盈利水平低下，甚至经营亏损严重、持续发展无望等问题；

（4）是否存在会计核算混乱、虚构交易、成本费用不实、账实不符、会计凭证不完整等问题。

七、企业对外并购风险

企业实施并购行为，常伴随着企业文化、资金、经营、管理等风险，应重点关注：

（1）分析并购企业与拟并购标的在企业文化等方面的符合性，避免出现文化等方面不匹配导致的经营管理风险；

（2）分析企业并购资金来源及实施并购前后资产负债变动情况，企业对外并购规模是否与企业资产经营规模、资产负债水平和实际筹资能力相适应，重点关注是否存在因举债并购、对被并购企业注入资金、为被并购企业提供贷款担保等增大企业财务风险情况；

（3）是否存在因对外并购资产质量较差增大企业经营风险情况；

（4）是否因对外并购增加企业管理链条，致使集团管控能力下降；

（5）是否有胜任的专业管理团队实施对外并购过程及实现并购后的有效整合。

八、其他关注要点

1. 债券债务处置

（1）独立财务顾问和律师是否已对上市公司重组中债权、债务的处理的全过程和结果的合法性明确发表专业意见，包括但不限于是否已及时通知债权人、是否已有效地提前偿还债务、是否提供了充分的担保、银行等特殊债权人出具的同意函、是否取得相应层级或上级主管部门的有效批准或授权。

（2）申请材料是否已经详细披露本次交易拟转移的债务总金额及债权人的总数目，在此基础上，是否披露已经同意本次重组的债权人对应的债务金额占债务总金额的比例。

（3）如确实存在无法联系到债权人或债权人对本次重组债权处理方式不发表意见的，是否明确披露其对应的债权债务数量。

（4）如果存在明确表示不同意本次重组的债权人，则其对应的债务是否在合理期限内（例如，提交并购重组委审核之前）已经偿还完毕，独立财务顾问和律师是否就此事项对本次重组的影响明确发表专业意见。

（5）上市公司、重组交易对方，原有控股股东或实际控制人等，是否对没有取得债权人明确意见的占比较小的债务处理提出明确的、切实可行的方案，独立财务顾问和律师是否就方案的合法性和可行性明确发表意见，律师是否就以上方案是否存在潜在的法律纠纷发表明确意见，如存在，相关方是否提供了担保等保障措施，确保上市公司、股东和相关债权人的利益不受损害。

（6）部分债权人因前期无法联系或发表意见不及时，但在后续审核过程中又明确发表同意或不同意意见的，是否已经按以上的原则进行处理，上市公司和相关中介机构是否及时充分披露了债权债务处置的最新进展和影响。

2. 股权转让和权益变动

（1）注入（置出）存续上市公司的标的公司股权。

1）标的公司在重组前增减资或发生股权转让的，是否详细说明历次增减资及股权转让的原因和必要性，增减资或转让股权的作价依据及其合理性，每次增减资或转让涉及的价款来源是否合法、支付是否到位；是否详细披露股权变动相关各方的关联关系；标的公司存在出资不实或变更出资方式的，关注相关股东是否已补足未到位资金或资产，消除了出资不到位的法律风险，对出资不实或未及时到位对上市公司的影响是否已充分披露。

2）结合相关内部决策文件和股权转让协议，说明股权转让是否履行必要的审议和批准程序，是否符合相关法律法规及公司章程的规定，是否存在违反限制或禁止性规定而转让的情形；属于有限责任公司的，还需关注相关股权转让是否已取得其他股东的同意或符合公司章程的规定，是否取得其他股东放弃优先购买权的承诺。相关政府部门对产权的确认是否具备足够的法律效力；是否引致诉讼、仲裁或其他形式的纠纷。

3）历次增减资及股权转让是否存在"利益输送"问题。向上市公司转让标的公司股权时，是否存在做高估价的情形；上市公司转让标的公司股权时，是否存在做低估价的情形。

4）上市公司在交易完成后将成为持股型公司的，关注上市公司在交易完成后直接和间接持有的企业股权是否为控股权。

（2）上市公司股份转让、权益变动。

上市公司重组或收购涉及的上市公司股份转让、权益安排（包括股份转让、实质权益托管或让渡等）是否已充分披露；是否取得相关部门批准；是否违反特定主体的股份锁定规则或承诺；是否可能导致不正当的利益输送；是否可能导致控制权不稳定或因控制权恶性争夺致使公司陷入僵局；是否可能产生规避信息披露和要约义务等法定义务的效果；是否存在侵害上市公司和公众股东利益的其他情形；对于上述权益变动的风险，是否已充分披露并采取必要的应对措施。

（3）其他关注事项。

1）增资及股权转让过程中是否存在非法募资行为。

2）股权或股份代持情况是否充分披露，相关报告期内的代持情况是否发生过变化，相关变动是否可能引发法律争议。

3）相关报告期内是否存在股东超过法定人数限制的情形。

4）标的公司股东及实际控制人是否涉及由工会或职工持股会持有主要权益的问题，相关问题是否已有效整改。

5）标的公司股权在相关报告期内涉及债转股的，相关债权债务是否真实有效，相关转股程序是否完备、合法、有效。

6）独立财务顾问和律师是否在充分核查相关交易事实的基础上发表明确专业意见。

3. 过渡期间权益安排

上市公司拟发行股份购买资产，对于以收益现值法、假设开发法等基于未来收益预期的估值方法作为主要评估方法的，关注拟购买资产的在过渡期间（从评估基准日至资产交割日）等相关期间的损益承担安排是否可能损害上市公司和公众股东利益，期间盈利是否归上市公司所有。如期间盈利按约定非由上市公司享有，则关注是否影响标的资产估值作价的合理性，关注交易双方是否做出了其他对等性安排（例如，双方约定资产出售方不享受上市公司在过渡期间的收益，并采取具体措施确保资产出售方不能享有上市公司该项收益）。

上市公司拟发行股份购买资产，标的资产作价自始确定不变的，关注标的资产在过渡期间如发生亏损，资产出售方是否向上市公司以现金等合理方式补足亏损部分。

4. 协议收购应关注的重点

协议收购常常涉及国有企业产权的转移，因此，协议收购过程中对国有企业产权的界定至关重要。

根据《企业国有产权转让管理暂行办法》，企业国有产权是指国家对企业以各种形式投入形成的权益、国有及国有控股企业各种投资所形成的应享有的权益，以及依法认定为国家所有的其他权益。

企业国有产权的转让包括：企业国有产权整体或部分转让；公司制企业中的国有股权转让；与出资人所有权相关的财产权的转让；法律、法规规定的其他企业国有产权转让。

按照规定，企业国有产权转让可以采取拍卖、招投标、协议转让以及国家法律、行政法规规定的其他方式进行，但对协议收购的适用条件做出了限制：经公开征集只产生一个受让方或者按照有关规定经国有资产监督管理机构批准的，可以采取协议转让的方式。即在各种媒体上公开披露有关企业国有产权转让信息，广泛征集受让方后，如果只产生一个受让方或经国有资产监督管理机构批准，才可以采取协议转让方式。

除此之外，以下两点也是协议收购中要额外注意的。

（1）上市公司进行管理层收购的，公司董事会成员中独立董事的比例应当达到或者超过 1/2。就本次收购应当经董事会非关联董事做出决议，且取得 2/3 以上的独立董事同意后，提交公司股东大会审议，经出席股东大会的非关联股东所持表决权过半数通过。

（2）自签订收购协议起至相关股份完成过户的过渡期内，收购人不得通过控股股东提议改选上市公司董事会，确有充分理由改选董事会的，来自收购人的董事不得超过董事会成员的 1/3；被收购公司不得为收购人及其关联方提供担保；被收购公司不得公开发行股份募集资金，不得进行重大购买、出售资产及重大投资行为或者与收购人及其关联方进行其他关联交易，但收购人为挽救陷入危机或者面临严重财务困难的上市公司的情形除外。

5. 并购协议中的特殊条款

为了防范并购后可能会出现的各种风险，并购协议中还会约定一系列特殊条款，比如业绩补偿条款、对赌条款、反摊薄条款、肯定性条款、回购条款等（见图 8–8）。

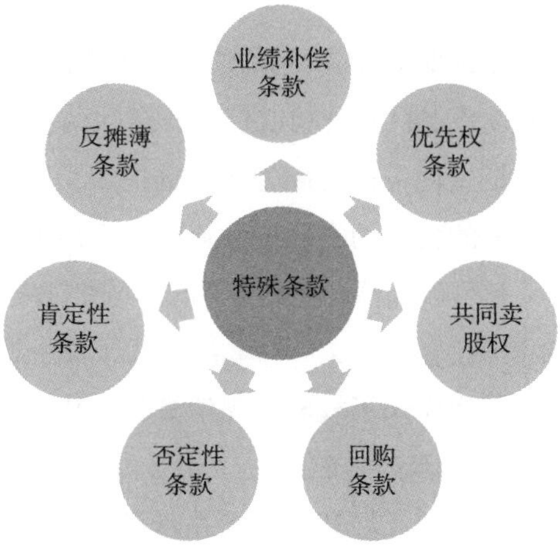

图 8–8　并购协议中的特殊条款

（1）业绩补偿条款。

并购过程中，并购方和目标企业的信息很难对等，目标企业往往强调自身的优势和长处，证明未来前景乐观，但并购方则主要着眼于企业的弱点和面临的困难。为了双方达成共识，就产生了用业绩来证明企业前景的业绩补偿条款：若承诺期满标的公司实际经营业绩未达到承诺业绩标准，则由承诺人向收购方进行补偿；若承诺期满标的公司实际经营业绩达到或超过承诺业绩标准，则收购方向标的公司特定股东或员工发放一定奖励。

业绩补偿条款涉及的主要因素包括：承诺人、补偿义务人、补偿对象、盈利预测、承诺期限、承诺业绩、实际经营业绩考核时点、补偿方式以及奖励方式。

（2）反摊薄条款。

反摊薄条款也称反稀释条款，是一种用来保障原始投资人利益的协定。按照该条款，目标公司在进行后续项目融资或者定向增发的过程中，新进入的投资者所拥有的权益不能超过原始投资人。

（3）肯定性条款。

肯定性条款是指目标企业管理层在并购期间可以从事哪些行为的约定。比如提供经营管理记录、财务报表、预算计划、批准手续；确保企业财产完整，公司运营状况良好，按正常要求支付债务与应交税款；遵守法律与协议，采取合理的措施保护企业专利权、商标权、版权和商业秘密；按约定用途使用资金等。

（4）否定性条款。

否定性条款是指目标企业管理层在并购期内不能从事哪些行为的约定。例如，不得转移财产，不得恶意抛售股票，不得在任期内转让股票，不得有质押、抵押资产等其他不利于并购方的行为。

（5）回购条款。

回购条款是指当目标企业预期的经营目标或上市安排不能实现，或出现其他事先约定的回购事由时，投资者可以要求目标公司或控股股东回购投资机构持有的股权。

通常情况下，股权回购是一种不得已而为之的选择，只有在收购方认为标的公司不可能完成剩余业绩承诺，或标的公司的实际经营业绩与承诺业绩相差甚远，又或是补偿义务人无法完全履行补偿义务等极端情况下，收购方才会选择行使股权回购的权利。

（6）优先权条款。

优先权包括优先分红权、优先购买权和优先清算权，优先权条款是为保障并购者的股东利益、控制公司治理风险而制定的条款。

优先分红权是指在公司宣告分派红利时，优先股股东有权优先于普通股股东取得红利。优先分红权可以较好地抑制创始股东分红，最大限度地保障投资者的收益。

优先购买权是指目标企业原有股东向第三方转让股份时，投资者在同等条件下享有优先购买这些拟转让股份的权利。在具体操作中，拟出售股份的股东在向第三方转让股份前，应先向投资者发出拟转让通知，投资者则须在规定期限内进行交割。

优先清算权是指被投资企业在破产清算或结束业务时，享有优先权的股东先于普通股东获得清偿。优先清算权的设立，可以保证投资者先行收回投资，不至于血本无归。

（7）共同卖股权。

共同卖股权是指当目标企业原有股东向第三方转让股份时，投资者有权按照转让股份的股东与第三方达成的价格和协议参与到这项交易中，按原有股东和投资者在投资企业中所占股份比例向第三方转让股份。比如，企业原有股东和投资者在投资企业中的股份比例分别是 60% 和 40%，那么当原有股东向第三方转让 240,000 股时，投资者也可以以同样的价格向第三方转让 16,000 股。

共同卖股权和优先购买权实际上是通过对目标企业原有股东转让股份的限制，来确保原有股东对被投资企业的长期投入，避免不理想和不必要的股东进入，使投资者承担风险。

第四节　并购项目评估报告模板

1. 项目背景及收购必要性

（1）项目背景。

简述项目的背景，说明被收购或合资、合作企业的意向和企业现状；说明地方政府的意向和态度。

（2）收购必要性。

从以下方面分析论证收并购的必要性：

1）收购的理由和目的；

2）资源、市场环境和具备的条件；

3）从经济发展趋势及是否符合集团公司发展战略角度，分析说明收购的必要性；

4）从合资优势及企业效益上分析项目的有利条件及可行性。

2. 目标公司资信情况

综合以下情况，对目标公司资信情况进行分析评估。

（1）目标公司基本情况。

对目标公司登记注册情况、法定代表人、目前经营项目、注册资本金等情况进行描述。

（2）目标公司财务状况。

对目标公司近三年来的资产负债情况、经营损益情况等进行描述，并列出其近三年来的负债总额、资产总额、资产负债率明细表。

（3）目标公司资信情况。

以目标公司出具的相关银行资信证明书为标准，说明其信誉情况。

（4）发展潜力。

通过对目标公司业务开展情况及其发展预测，说明其发展潜力和前景。

3. 目标公司的主要资产状况

说明目标公司的主要资产、主要装置规模；说明目标公司的主要资产、主要装置的完好状态及可利用情况。

4. 尽职调查

说明项目法律尽职调查、资产评估、财务审计、HSE尽职调查、专项检测、人力资源、知识产权、商誉、信息化水平等尽职调查完成情况，并说明报告的主要结论和集团公司有关职能部门的审核意见。

5. 资源与市场

（1）资源。

简述项目寿命期限内所利用资源供应情况，包括资源供应量、可靠程度以及相关资源供应意向、协议或批复情况。分析评估项目资源保证程度及可靠性。

（2）市场。

从以下方面对合资方案进行分析评估：

1）简述项目目标市场范围。

2）目标市场5～10年需求量预测。

3）各类用户可承受价格的判断分析。

4）项目产品进入目标市场的可行性、竞争力。

6. 收购方案

从以下方面对收并购方案进行分析评估。

（1）收并购方案描述。

对可行性研究报告推荐的收并购方式、注册资本金、出资比例、经营期限等进行描述。

（2）公司经营范围与经营发展目标。

1）对收并购后的整合及未来的经营策略、业务种类、范围的变化情况进行说明。

2）明确公司的经营计划及发展目标。

7. 收购股权/资产后改扩建方案

（1）改扩建方案。

1）通过资源与市场的综合分析、预测，确定资源供应和产品方案规模，根据产品方案规模，明确改造或扩建规模。

2）简述改造或扩建技术方案，内容包括：工程内容、工艺流程、主要设备及用地情况、设备设施利旧情况等。

3）对改造、扩建方案提出评估意见。

（2）实施计划。

1）根据总体进度安排，说明收购实施计划进度。

2）对涉及改、扩建项目的计划提出评估意见。

8. 投资与经济评价

（1）投资。

项目的投资包括收购投资和必要的改扩建投资。应简述项目的收购股权 / 资产投资及改扩建投资估算结果，说明专家评审会前后投资估算的主要变化及其原因，对可行性研究报告投资估算编制的依据、投资额的合理性提出评估意见。

说明项目资金的来源，需要贷款的，说明是否有贷款承诺函。对资金筹措方案的合理性提出评估意见。

（2）经济评价。

说明项目所得税后财务内部收益率、财务净现值、税后投资回收期等经济指标，评估说明经济评价方法和评价参数的选取是否合理，目标公司 / 资产是否具有投资价值。

9. 主要风险及应对措施

（1）主要风险。

从资源、市场、技术、工程、资金、政策、社会等方面分析该项收购实施的风险。

（2）避险措施。

1）简述针对以上主要风险提出的应对措施。

2）对提出的规避风险措施进行评价。

（3）对风险评估流程、方法、风险识别的全面性提出评估意见。

10. 评估结论及建议

（1）结论。

简要说明以下内容：

1）股权 / 资产收购的理由和必要性。

2）资源和市场落实情况。

3）改、扩建工程规模和主要工程量。

4）项目总投资估算、经济评价结果或投资效果说明。

综合以上分析，明确提出收并购项目的结论性评估意见。

（2）建议。

对目标公司 / 资产存在的问题及项目存在的问题进行说明，并提出下一步工作的建议。

11. 附件

（1）评估人员名单。

（2）评审会纪要及专家组意见。

第九章

油气储量评估

矿产资源是指由地质作用形成的，具有利用价值，呈固态、液态和气态的自然资源。矿产资源按属性和用途可分为能源矿产、金属矿产、非金属矿产和水气矿产。石油和天然气属于能源矿产，油气资源储量是石油公司对油气田全生命周期管理的重要资产，是企业向市场披露信息的重要内容，是政府评审备案后纳入国家矿产资源实物账目管理的重要战略资源。

第一节 储量评估概述

一、储量概述

油气储量是石油公司的核心资产，由于世界各国对油气储量管理理念和方式的不同，对储量的定义也各不相同。目前比较通用和国际公认的的概念来源于世界石油大会（WPC）、国际石油工程师学会（SPE）和美国证券委员会（SEC）使用的标准，即储量（Reserves）通常指在现行的经济与技术条件和政府法规下，预期指定日期之后能从地下的油气藏中采出的油气数量。其相当于我国储量中的“剩余经济可采储量”。我国储量通常指地质储量和可采储量的统称，“剩余经济可采储量”附属于地质储量，因此我国的储量概念相对比较宏观。

（一）储量分类

我国石油公司使用的储量标准主要有三套，分别为国家标准、SPE-PRMS（石油资源管理系统）标准和 SEC 标准。国家标准用于国家层面探明储量与矿权管理，SPE-

PRMS 标准主要用于给定条件下价值评估，因充分考虑不确定性，有利于投资风险的识别和控制，SEC 标准主要用于上市公司进行市场信息披露。

我国储量分类标准演变主要经历了 5 个阶段：

第一阶段，1966 ~ 1976 年。首次制定储量分类标准，将石油资源储量分为三级，即一级地质储量（探明储量）、二级地质储量（基本探明储量）、三级地质储量（待探明储量）。三个级别储量估算精度分别为 90%、70%、50%。

第二阶段，1977 ~ 1987 年。采用了苏联一、二、三级储量分类标准，即开发储量、探明储量、概算储量。三个级别储量估算精度分别为 90%、70%、50%。

第三阶段，1988 ~ 2003 年。1988 年国家标准局颁布《石油储量规范》和《天然气储量规范》。将石油储量划分为探明储量、控制储量和预测储量三级，并将探明储量细分为探明已开发储量（Ⅰ类）、探明未开发储量（Ⅱ类）、基本探明储量（Ⅲ类）。

第四阶段，2004 ~ 2019 年。2004 年新颁布的《石油天然气资源 / 储量分类》国家标准。在 1988 年规范的基础上，取消了基本探明储量（Ⅲ类）。

第五阶段，2020 年至今。2020 年《油气矿产资源储量分类》代替原《石油天然气资源 / 储量分类》（GB/T 19492—2004），成为我国现行的油气矿产储量分类标准。依据油气藏的地质可靠程度和开采技术经济条件，对油气矿产的资源量和储量进行分类，其中，资源量不再分级，地质储量分为预测地质储量、控制地质储量和探明地质储量三级（见图 9–1）。

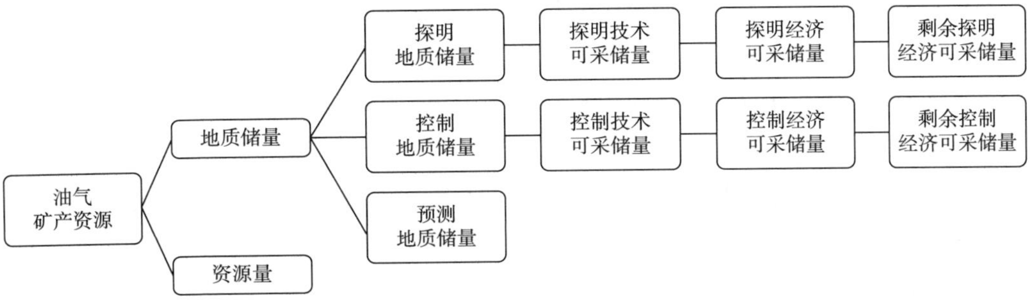

图 9–1　油气矿产资源量和地质储量类型及估算流程图

（二）储量释义

2020 年之后执行的储量分类标准中，对资源量、地质储量及技术可采储量等进行了明确的定义。

1. 资源量

资源量是指待发现的未经钻井验证的，通过油气综合地质条件、地质规律研究和地质调查，推算的油气数量。

2. 地质储量

地质储量是指在钻井发现油气后，根据地震、钻井、录井、测井和测试等资料估算的油气数量，包括预测地质储量、控制地质储量和探明地质储量，这三级地质储量按勘探开发程度和地质认识程度依次由低到高。

（1）预测地质储量是指钻井获得油气流或综合解释有油气层存在，对有进一步勘探价值的油气藏所估算的油气数量，其确定性低。估算预测地质储量，应初步查明构造形态、储层状况，已获得油气流或钻遇油气层，或紧邻探明地质储量或控制地质储量区，并预测有油气层存在，综合分析有进一步勘探的价值，地质可靠程度低。

（2）控制地质储量是指钻井获得工业油气流，经进一步钻探初步评价，对可供开采的油气藏所估算的油气数量，其确定性中等。估算控制地质储量，应基本查明构造形态、储层变化、油气层分布、油气藏类型、驱动类型、流体性质及产能等，或紧邻探明地质储量区，地质可靠程度中等，可作为油气藏评价和开发概念设计（开发方案）编制的依据。

（3）探明地质储量是指钻井获得工业油气流，并经钻探评价证实，对可供开采的油气藏所估算的油气数量，其确定性高。估算探明地质储量，应查明构造形态、油气层分布、储集空间类型、油气藏类型、驱动类型、流体性质及产能等；流体界面或最低油气层底界经钻井、测井、测试或压力资料证实；应有合理的钻井控制程度或一次开发井网部署方案，地质可靠程度高。

3. 技术可采储量

技术可采储量是指在地质储量中按开采技术条件估算的最终可采出的油气数量，包括探明技术可采储量和控制技术可采储量。

（1）控制技术可采储量是指在控制地质储量中，依据预设开采技术条件估算的、最终可采出的油气数量。

（2）探明技术可采储量是指在探明地质储量中，按当前实施或计划实施的开采技术条件估算的、最终可采出的油气数量。

4. 经济可采储量

经济可采储量是指在技术可采储量中按经济条件估算的可商业采出的油气数量，包括探明经济可采储量和控制经济可采储量。

（1）控制经济可采储量是指在控制技术可采储量中，按合理预测的经济条件（如价格、配产、成本等）估算求得的、可商业采出的油气数量。

（2）探明经济可采储量是指在探明技术可采储量中，按合理预测的经济条件（如价格、配产、成本等）估算求得的、可商业采出的油气数量。

5. 剩余经济可采储量

剩余经济可采储量是指经济可采储量减去油气累计产量。

（三）储量估算情形

按照《油气矿产资源储量分类》标准，油气田从发现直至废弃的全生命周期中，需要进行多次储量评估，储量评估工作贯穿了油气田勘探、开发和生产全过程。根据地质资料、工程技术以及技术经济条件的变化，共有五种储量估算情形，分别为新增、复算、核算、标定和结算。

1. 新增

在油气田、区块或层系中首次估算的储量为新增。其中，首次估算的新增探明地质储量中，新增探明可采储量和采收率应与开发概念设计的开发方式及井网条件相匹配。

2. 复算

在新增探明储量后又新增工作量，或开发生产井完钻后进行的再次储量估算为复算。油气田投入开发后，应结合开发生产过程对探明储量实施动态估算。储量复算后，在复算核减区如果再次估算探明储量，须投入相应实物工作量并达到探明储量要求。

凡属下列情况之一者，需要进行储量复算，复算结果计入当年净增储量中：

（1）当独立开发单元或油气田主体部位开发方案全面实施后。

（2）油气藏地质认识发生变化。

（3）储量估算参数发生明显变化。

（4）地质储量和可采储量与生产动态资料有明显矛盾。

（5）探明储量尚未投入开发，新增工作量及评价资料，证实油气藏地质认识发生变化。

3. 核算

储量复算后在开发生产过程中的各次储量估算为核算。随着油气田开发调整工作的深入和对油气田认识程度的提高，应对复算后的投入开发储量进行多次核算，直至油气枯竭。进行核算时，应充分利用开发生产动态资料。估算方法以动态法为主，容积法为辅，提高储量估算精度。

凡属下列情况之一者，需要进行储量核算：

（1）生产动态资料反映出所计算的地质储量和可采储量与生产动态资料有明显矛盾。

（2）对储层进一步的深入研究及生产实践中表明，原储量估算参数需要做大的修改。

（3）油气田钻了成批的加密井、调整井，进行了三维地震或采取重大开发技术措施等之后，或者工艺技术手段有新的突破，地质储量参数发生重大变化。

4. 标定

在开发生产过程中，依据开发动态资料和经济条件，对截至上年末及以前的探明技术可采储量和探明经济可采储量进行重新估算的情形为可采储量标定，简称标定。

当年新增储量、复算、核算储量不参与本年度的可采储量标定。

油气田或区块开发调整措施实施两年后及生产动态资料表明可采储量与产量有明显矛盾时，应对可采储量进行标定。

以开发单元为标定单元，计算单元如部分已开发，应划分为已开发和未开发两个单元，经标定已开发单元可采储量发生变化的，未开发单元的可采储量须重新估算。

可采储量标定方法执行行业标准，现行标准不适应的特殊油气藏，可采用经生产实践证实为有效的新方法。

标定前后探明技术可采储量的变化量符合以下情形之一者，应单独编制标定报告：

（1）大型及以上油气田的探明技术可采储量变化量大于 ±1%。

（2）中型油气田的探明技术可采储量变化量大于 ±2%。

（3）小型及以下油气田的探明技术可采储量变化量大于 ±5%。

（4）石油探明技术可采储量变化量大于 $\pm 50\times10^4m^3$。

（5）天然气探明技术可采储量变化量大于 $\pm 50\times10^8m^3$。

5. 结算

油气田废弃或暂时封闭而进行的储量估算为结算。包括对废弃或暂时封闭前的储量与产量清算和剩余未采出储量的核销。

凡属下列情况之一者，需要进行储量结算：

（1）因油气田或区块的油气已经枯竭、无社会效益和经济效益等原因无法继续开采而废弃或暂时封闭的储量。

（2）因油气平台寿命期限到期、设施老化等原因无法继续开采而废弃或暂时封闭的储量。

（3）因油气田被列入禁止勘查开采区、城市规划区、军事禁区等原因无法继续开采而废弃或暂时封闭的储量。

（4）因其他不可抗拒的原因，无法继续开采而废弃或暂时封闭的储量。

二、储量的特点

1. 多学科多专业

储量应用多学科、多专业构建地下地质及油藏模式，涉及沉积学、地层学、石油地质学、储层地质学等学科，涉及地质、物探、测井、开发、经济五大专业。主要研究构造形态及断层分布、储集类型、储层物性、储层厚度、油气田（藏）类型、流体特征等。

2. 立体表征

储量需用数量、质量、结构和空间分布来表征：数量包括地质储量、技术可采储量、经济可采储量、剩余经济可采储量；质量包括储集层渗透率、储量丰度、埋藏深度、原油性质等指标；结构包括常规油气、致密油、页岩油、页岩气等；空间分布指三维立体展示不同埋藏深度不同地质层位的流体系统。储量研究成果通过大量图表进行表征，包括含油气面积图、有效厚度图、井位部署图、储量参数表、储量数据表等。

3. 序列性

储量是一个序列，可分为地质储量、技术可采储量、经济可采储量、剩余经济可采储量。

4. 分级性

储量按照地质认识程度的不同，可分为探明 / 证实储量、控制 / 概算储量以及预测 / 可能储量。

5. 规范性

采用不同评估的标准 / 规范会得到不同的储量结果。国家 / 行业与证券市场执行的标准 / 规范不同，对于同一目标油气田，储量结果会存在一定差别。

6. 可变性

随着资料不断丰富，地质认识程度不断加深，未开发储量可以变成已开发储量，低级别储量可以变成高级别储量，潜在资源量可以变成储量。

三、储量评估概述

矿产资源储量评估，是指具有矿产资源储量评估能力的机构接受委托人的委托，组织矿产资源储量评估专业人员，对委托人提交的矿产资源储量报告及其所估算的资源储量或储量，进行合规性、合理性审查、复核和评论，并给出独立、客观、真实、规范的评估结果或咨询意见，出具《矿产资源储量评估意见书》等专业行为。

油气储量评估的目的，是依据委托关系，组织专业人员对委托人提供的油气矿产资源储量报告进行评估，核定油气矿产资源类型、数量、质量、空间位置及勘察程度，评价资源量或储量的客观、真实、规范、合理性，为委托人掌握油气矿产资源储量家底、企业生产经营以及资本市场需求，维护相关合法权益等提供技术服务。

从我国政府对油气储量的管理要求及石油企业的经营管理模式看，油气储量评估贯穿油气田整个生命周期，即一个油气田从发现到最终废弃会历经多次储量评估。不同阶段的储量评估须遵循相应标准及规范开展工作。某种程度而言，油气储量评估是一项专业性和综合性非常强的工作，需要评估人员具有丰富的油气储量估算经验，掌握储量相关法律法规、标准及规范，熟悉油气地质学、地球物理学、油藏工程、经济与法律等多门专业学科。

四、储量估算方法

（一）地质储量估算

陆上和海上油气地质储量估算主要采用容积法和动态法；页岩气地质储量估算主要采用静态法（体积法和容积法）和动态法；煤层气地质储量估算主要采用体积法和类比法。

1. 容积法

容积法适用于以静态资料为主、油气藏未开发或开发时间短且动态资料少的情况下的储量评估。

容积法涉及计算储层的体积、储层体积内的油气地质储量以及最终被采出的油气量。利用容积法计算油藏和气藏储量的重要参数包括岩石体积、孔隙度和流体饱和度等，其中岩石体积可用面积和厚度求取。

（1）油田（藏）地质储量。

原油地质储量估算公式为：

$$N=100A_o h\varphi S_{oi}/B_{oi} \tag{9-1}$$

或

$$N=A_o\times h\times S_{oi} \tag{9-2}$$

当原油中溶解气地质储量大于 $0.1\times10^8m^3$ 并可用时，估算公式为：

$$G_s=10^{-4}NR_{si} \tag{9-3}$$

若用质量单位表示原油地质储量时，计算公式为：

$$N_z=N\rho_o \tag{9-4}$$

当油藏有气顶时，气顶天然气地质储量按气藏或凝析气藏地质储量估算公式估算。

式中，N—— 原油地质储量，10^4m^3；N_z—— 原油地质储量，10^4t；A_o—— 含油面积，km^2；h—— 有效厚度，m；φ—— 有效孔隙度，f；S_{oi}—— 原始含油饱和度，f；B_{oi}—— 原始原油体积系数，f；G_s—— 溶解气地质储量，10^8m^3；R_{si}—— 原始溶解气油比，m^3/m^3；ρ_o— 原油密度，t/m^3。

（2）气田（藏）地质储量。

天然气地质储量估算公式为：

$$G=0.01A_g h\varphi S_{gi}/B_{gi} \tag{9-5}$$

式中，G——天然气地质储量，10^8m^3；A_g——含气面积，km^2；h——有效厚度，m；φ——有效孔隙度，f；S_{gi}——原始含气饱和度，f；B_{gi}——原始天然气体积系数，f。

（3）凝析气田（藏）地质储量。

当凝析气藏中凝析油含量大于 $100cm^3/m^3$ 或凝析油地质储量大于等于 $1\times10^4m^3$ 时，应分别估算干气和凝析油地质储量。

干气估算公式为：

$$G_d=G_c f_d \tag{9-6}$$

凝析油估算公式为：

$$N_c=0.01G_c\sigma \tag{9-7}$$

其中 f_d 和 σ 求得公式为：

$$f_d=GOR/(GE_c+GOR) \tag{9-8}$$

$$\sigma=10^6/(GE_c+GOR) \tag{9-9}$$

GE_c 求得公式为：

$$GE_c=543.15\times(1.03-\gamma_c) \tag{9-10}$$

若用质量单位表示凝析油地质储量时：

$$N_{cz}=N_c\rho_c \tag{9-11}$$

式中，G_d——干气地质储量，10^8m^3；G_c——凝析气总地质储量，10^8m^3；f_d——干气摩尔分量，f；N_c——凝析油地质储量，10^4m^3；σ——凝析油含量，cm^3/m^3；GOR——凝析气油比，m^3/m^3；GE_c——凝析油的气体当量体积，m^3/m^3；γ_c——凝析油相对密度；N_{cz}——凝析油原始地质储量，10^4t；N_c——凝析油原始地质储量，10^4m^3；ρ_c——凝析油密度，t/m^3。

2. *动态法*

动态法主要适用于油气藏开发时间长且动态资料丰富情况的储量评估，以及无法用容积法估算的特殊情形（如裂缝油气藏等）。

动态法主要基于长期的油气田开发实践，利用油气田生产历史连续、井控程度较高、生产资料齐全规范等特点，研究分析在不同驱动类型与开发方式下，油气产量、地层压力与储量的规律性关系，为动态法估算地质储量提供了基础。

对于油藏，评估地质储量可根据驱动类型和开发方式等选择合理的计算方法，计算可采储量和选取采收率，由此求得油藏地质储量。常用方法有递减曲线法和水驱曲线法。

对于气藏，评估地质储量的动态法主要指物质平衡法和弹性二相法。物质平衡法的压降图（视地层压力与累积产量关系图）直线外推，废弃视地层压力为零时的累积产量即为天然气地质储量。弹性二相法是采用井底流动压力与开井生产时间的压降曲线图直线段外推法，废弃相对压力为零时可计算单井控制的天然气地质储量。

递减曲线法和物质平衡法是最为常用的两种动态储量评估方法。

（1）递减曲线法。

利用递减曲线法计算地质储量要分析产量随储层流体流出的变化特征。为了可靠地应用递减曲线法，要求油气井建立起泄油气范围后有足够长的稳定的开采条件。进行地质储量评估时，评估人员需考虑储层岩石和流体性质、不稳定流动和稳定流动、开采条件（过去和未来）的变化以及衰竭机理等影响产量递减特点的因素。

当产量数据足够多时，可以根据递减分析法评估储量并对其进行分类。预测产量时所用的递减关系应得到所有可用数据的支持。

除上述因素外，在应用递减曲线法时，评估人员应充分考虑递减率的选取原则：

1）优先使用最近的有效递减趋势。

2）没有出现新 / 明显递减率趋势前，沿用上一个（上年度）递减趋势。

3）当产量递减趋势存在多解时，可结合含油率分析确定递减率。

4）没有递减趋势时，按照井→开发单元→区块→油田→相似油田的顺序由近及远的原则借用。

（2）物质平衡法。

利用物质平衡法评估地质储量需要分析地层压力随储层流体流出的变化特征，这种方法得到的储量评估一般比容积法得到的储量值更可靠。当产量和压力数据足够多时，就可以采用物质平衡法计算地质储量。为了可靠地利用物质平衡法，需要了解岩石和流体性质、水体特征以及准确的平均地层压力。在复杂情况下，如发生水侵、存在多相流、油气藏为多层或低渗透时，需要用多种方法综合验证。

数值模拟法可视作一种复杂形式的物质平衡分析。尽管数值模拟能够可靠地预测油气藏的动态特征，但输入的岩石性质、油气藏几何形态以及流体性质等参数是否准确，起着决定性作用。评估人员必须认识到预测模型在使用这些参数进行地质储量评估时的局限性。

3. 体积法

体积法主要适用于煤层气及页岩气中的吸附气地质储量估算。体积法是煤层气地质储量估算的基本方法，适用于各个级别煤层气地质储量估算。

（二）技术可采储量估算

根据国家油气储量估算规范，需对探明和控制地质储量所对应的技术可采储量进行估算，分别为探明技术可采储量、控制技术可采储量。不同的油气田（藏）开发状态采用不同的技术可采储量估算方法。

1. 未开发状态

未开发状态和油气田开发初期的探明技术可采储量一般由估算的地质储量与采收率的乘积求得。未开发状态的探明技术可采储量估算的关键是求取油气藏采收率，一般是指在目前确定成熟的可实施的技术条件下的最终采收率。采收率确定方法如下：

（1）油藏原油采收率，根据油藏类型、驱动类型、储层特性、流体性质和开发方式、井网等情况，选择经验公式法、经验取值法、类比法和数值模拟法求取。油藏溶解气采收率，根据油藏的饱和情况和开发方式等情况，选择合理的方法求取，或依据溶解气、原油采收率统计规律求取。

（2）气藏天然气采收率，根据气藏类型、地层水活跃程度、储层特性和开发方式、废弃压力等情况，选择经验公式法、经验取值法、类比法和数值模拟法求取。凝析气藏凝析油采收率，根据气藏特征、气油比和开发方式等情况，选择经验公式法和类比法等求取。

（3）页岩气采收率，根据气藏类型、储层特性和开发方式、废弃压力等情况，应用水平井（组）动态生产资料和储层资料与开发成熟地区相似条件页岩气田类比，选择经验公式法、经验取值法、类比法和数值模拟法求取。

（4）煤层气采收率确定方法主要为类比法、数值模拟法、等温吸附曲线法和产量递减法。

2. 已开发状态

油气田投入开发生产一段时间后，已开发状态的探明技术可采储量一般直接用开发井的生产数据估算。油气田投入开发生产一段时间后，探明技术可采储量主要估算方法为产量递减法、物质平衡法、数值模拟法和水驱特征曲线法。

（1）产量递减法是在油气田（藏）开采后产量明显递减时，产量与生产时间服从一定的变化规律，如指数递减、双曲线递减和调和递减等，利用这些规律预测到人为给定（经验）的极限产量，求得技术可采储量。

（2）物质平衡法是在气田（藏）地层压力降低明显和达到一定采出程度时，根据定期的地层压力和气、水累积产量等资料，通过采出量随压力下降的变化关系求得与废弃压力相对应的技术可采储量。

（3）数值模拟法是根据油气藏特征及开发概念设计等条件，建立油气藏模型，并经历史拟合证实模型有效后，进行模拟估算，求得技术可采储量。

（4）水驱特征曲线法是在油气田（藏）开采中后期，水驱特征曲线出现明显直线段时，根据累积产量和含水率等变量的统计关系，估算到人为给定（经验）的极限含水时所求得的累计产量，即为技术可采储量。

控制技术可采储量的估算方法与探明技术可采储量估算方法相同。

（三）经济可采储量估算

根据国家油气储量估算规范，需对探明和控制地质储量所对应的技术可采储量、经济可采储量进行估算。分别为探明技术可采储量下的探明经济可采储量、控制技术可采储量下的控制经济可采储量。

探明经济可采储量和控制经济可采储量主要估算方法为现金流量法和经济极限法。一般情况下在未开发和开发初期的油气田或区块的储量，宜采用现金流量法进行经济评价并估算经济可采储量。投入开发生产一段时间后的油气田或区块的储量，以及用动态法估算技术可采储量的，可采用经济极限法进行经济评价并估算经济可采储量。

（1）现金流量法。

现金流量法是依据油气田勘探开发过程中发生的现金流，对经济可采储量进行估算的方法。该方法根据开发方案或概念设计预测的油气产量及其他开发指标，依据目前经济条件，预测未来发生的投资、成本、收入和税费等，编制现金流量表，估算财务内部收益率、净现值等经济评价指标，符合判别条件后求得的储量寿命期内的累计产量即为经济可采储量。

现金流量法的基本方法和步骤是：

1）确定经济评价单元。

2）预测未来各年产量。

3）预测未来各年的开发投资、经营成本（操作费）。

4）选取经济评价参数，包括评价基准年、油气产品价格、税率/费率、汇率等。

5）测算经济生产年限，并估算从评价基准年至经济生产年限内未来各年的现金流入、现金流出及净现金流量。

6）测算经济评价指标（主要指标是内部收益率和净现值）。

7）估算经济可采储量。

（2）经济极限法。

经济极限法是依据油气田开发过程中预测的生产经济极限，对经济可采储量进行估算的方法。该方法通过研究生产历史数据中产量与时间、含水率等变化趋势，根据极限含水率、极限产量、废弃压力等生产极限指标，推算到经济极限点时求得的累计油气产量即为经济可采储量。

经济极限产量法的基本方法和步骤是：

1）预测未来年度或月度油气产量。

2）预测未来年度或月度经营成本（操作费）。

3）选取油气产品价格、税率 / 费率和汇率等经济评价参数。

4）测算经济极限产量。

5）估算经济可采储量。

值得说明的是，经济可采储量减去油气累计产量为剩余经济可采储量（相当于国际较通用的储量，即 Reserves）。其中，探明经济可采储量减去油气累计产量为探明剩余经济可采储量；控制经济可采储量减去油气累计产量为控制剩余经济可采储量。

五、储量评估制度体系及技术标准

（一）储量评估制度体系

《中华人民共和国矿产资源法》于 1986 年颁布实施，并于 1996 年、2009 年做了部分修改，与《中华人民共和国矿产资源法实施细则》等行政法规，共同构建了我国矿产资源管理的法律法规体系。随着社会主义市场经济体制的不断完善和生态文明建设的深入推进，矿产资源管理面临新的形势和新的任务，《中华人民共和国矿产资源法》根据矿产资源管理改革要求和实践需要开启了全面修订工作。

多年来，国家有关部门对矿产资源储量管理进行了多次改革，建立了评审备案制度。2019 年，自然资源部印发的《自然资源关于推进矿产资源管理改革若干事项的意见（试行）》（自然资规〔2019〕7 号）进一步完善了油气矿产资源管理制度，随后的《自然资源部办公厅关于矿产资源储量评审备案管理若干事项的通知》（自然资办发〔2020〕26 号）和《自然资源部办公厅关于进一步规范矿产资源储量评审备案工作的通知》（自然资办函〔2020〕966 号）两个文件进一步明确了矿产资源储量评审备案管理若干事项，规范了矿产资源储量评审备案工作要求，与《自然资源关于推进矿产资源管理改革若干事项的意见（试行）》（自然资规〔2019〕7 号）共同构成了目前油气矿产资源储量管理制度的主要政策。

（二）储量评估技术标准

目前，石油天然气储量评估遵循的技术标准是 2020 年正式实施的 1 项国家标准和 10 项地质行业标准，分别为：

《油气矿产资源储量分类》（GB/T 19492—2020）

《石油天然气储量估算规范》（DZ/T 0217—2020）

《海上石油天然气储量估算规范》（DZ/T 0252—2020）

《页岩气资源量和储量估算规范》（DZ/T 0254—2020）

《煤层气储量估算规范》（DZ/T 0216—2020）

《致密油储量估算规范》（DZ/T 0335—2020）

《碳酸盐岩油气藏缝洞体雕刻法资源储量估算规范》（DZ/T 0332—2020）

《石油天然气探明储量报告编写规范》（DZ/T 0334—2020）

《页岩气探明储量报告编写规范》（DZ/T 0333—2020）

《煤层气探明储量报告编写规范》（DZ/T 0343—2020）

《石油天然气地质勘查总则》（DZ/T 0344—2020）

第二节 储量评估流程

油气储量评估主要分三个阶段，即评估准备阶段、评估开展阶段和评估结果形成阶段，评估流程见图 9–2。

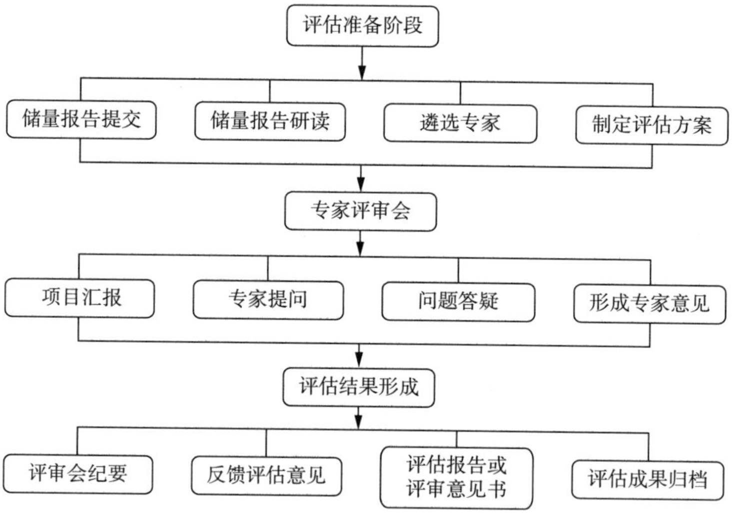

图 9–2 油气储量评估流程图

一、评估准备阶段

（一）储量报告提交

储量研究单位（或通过公司储量管理部门）向储量评估人员提交储量报告，委托对储量报告进行评估。

（二）储量报告研读

储量评估人员首先应研读储量报告，对报告的规范性进行初审，并梳理地质油藏认识、方法可靠性及储量结果的合理性，形成内审意见。全面梳理地质、地震、测井、开发及经济五个专业领域的关键问题，必要时应与储量研究单位相关人员进行沟通交流。

（三）遴选专家

针对油气田储量涉及的关键问题，邀请相关领域的专家召开专家评审会。明确专家审查遵循的依据和原则，确保评审公平公正。评审专家应恪守职业道德和行为规范，独立提出署名意见，对其客观性、真实性和完整性负责，具有保留个人不同意见的权利。专家组长还应负责组织专家组开展评审和复核，综合专家个人意见形成专家组意见。评审专家徇私舞弊、弄虚作假、玩忽职守以及违反回避原则的，应承担相关责任。

大型以上的油气田储量评审有必要组织专家开展现场核查。

（四）制定评估方案

根据内审结果，制定专家评审方案。与储量研究单位、评审专家以及储量管理职能部门协商，确定评审时间、地点及方式，下发评审会议通知，明确会议议程。

二、评估开展阶段

按照评估方案，召开专家评审会。储量研究单位按会议要求进行汇报，并就评审目的、内审意见进行详细说明。评审专家针对储量报告存在问题进行质询，根据储量研究单位会上答复情况，形成专家组意见和专家个人意见。储量研究单位针对专家提出的问题进行解答，专家组根据答复情况在会上形成专家组意见并签字确认。必要时可组织多次评审。

三、评估结果形成阶段

（一）评审会议纪要

评审会纪要是对评审会的系统总结，是评审流程中重要的要件。评审会组织者依据评审会情况于会后及时形成会议纪要。

（二）反馈评估意见

专家组评审意见及专家个人意见反馈至储量研究单位，储量研究单位根据意见进行储量报告修改，对专家意见进行逐条回复，并提交最终储量报告。专家组对意见回复进行审阅复核，根据回复情况决定是否通过评审。

（三）评估成果形成

评估人员根据评审会结果，形成储量评估报告或评审意见书。目前，国家储量评审备案以评审意见书为要件，内部储量管理不将其作为必要备案依据，储量评估人员可根据具体情况灵活掌握，但若作为独立第三方评估机构进行储量报告评估时，建议以储量评审意见书作为最终评估成果。

（四）评估成果归档

评估资料归档整理是储量评估工作的重要一环。需要对评估过程中收集到的各类资料，包括储量报告、专家组意见、专家个人意见、专家意见回复、会议纪要、评估报告或评审意见书等材料进行归档，以便后期使用。

第三节 储量评估实务

油气储量评估重点是针对油气田的探明地质储量、探明技术可采储量和探明经济可采储量进行评估。探明储量是国家油气储量评审备案，纳入国家油气资源管理的重点，同时也是公司对外披露资产的基础；控制和预测储量由于估算精度相对较低，由公司自行管理，部分控制储量可纳入开发方案。

储量评估的要点主要包括储量起算标准、资料及地质认识程度、储量估算参数以及储量报告编写等是否满足现行规范要求。

一、储量起算标准

评估油气储量，首先应判断是否达到储量起算标准。

（一）陆上石油天然气储量起算标准

陆上石油天然气储量起算标准是指油气田（藏）不同埋藏深度下石油天然气的单井日产量下限，是进行储量估算应达到的最低经济条件（见表 9-1）。各地区可根据当地价格和成本等测算求得只回收开发井投资的单井日产量下限；也可用平均的操作费和油价求得平均井深的单井日产量下限，再根据实际井深求得不同井深的单井日产量下限。

表 9-1　陆上石油天然气储量起算标准

油气藏埋藏深度 /m	石油单井日产量下限 /（m^3/d）	天然气单井日产量下限 /（$10^4m^3/d$）
≤ 500	0. 3	0. 05
>500 ~ 1,000	0. 5	0. 1
>1,000 ~ 2,000	1.0	0. 3
>2,000 ~ 3,000	3.0	0. 5
>3,000 ~ 4,000	5.0	1.0
>4,000	10.0	2.0

（二）海上石油天然气储量起算标准

海上石油天然气储量起算标准为油气田（藏）不同埋藏深度下石油天然气的单井日产量下限，是进行储量估算应达到的最低经济条件。表 9-2 是根据中国近海海域开发井平均成本，在油价 30 美元 / 桶、气价 0.6 元 /m^3 等条件下测算的单井日产量下限，可在水深不大于 500m 的海域内参照应用。

当水深大于 500m 时，允许结合储量估算区情况，另行计算起算标准。另行估算的起算标准应不低于表 9-2 的起算标准。

表 9-2　中国近海海域储量起算标准（适用于 500m 以内水深）

油气田（藏）埋藏深度 /m	石油单井日产量下限 /（m^3/d）	天然气单井日产量下限 /（$10^4m^3/d$）
≤ 500	2.5	0.3
>500 ~ 1,000	4.0	0.5
>1,000 ~ 2,000	7.5	1.0
>2,000 ~ 3,000	12. 5	2.0
>3,000 ~ 4,000	17.5	2.5
>4,000	25.0	3.5

（三）页岩气储量起算标准

页岩气储量起算标准包括：试采 3 个月的单井平均产气量下限、含气量下限、总有机碳含量（TOC）下限（TOC ≥ 1%）、镜质体反射率（Ro）下限（Ro ≥ 0.7%）、页岩中脆性矿物含量下限（脆性矿物含量≥ 30%）、勘探程度和地质认识程度要求等有关起算标准。

允许结合储量估算区情况，另行估算起算标准，另行估算的起算标准应不低于本规范的起算标准。

（四）煤层气储量起算标准

煤层气储量起算标准为煤层气藏不同埋藏深度下的单井日产量下限，是进行储量估算应达到的最低经济条件。煤层埋藏深度 <500m、500~<1,000m 和 ≥ 1,000m 对应的煤层气单井日产量下限分别为 $0.5 \times 10^3 m^3/d$、$1.0 \times 10^3 m^3/d$、$2.0 \times 10^3 m^3/d$。

各地区可根据当地价格和成本等测算求得只回收开发井投资的单井日产量下限；也可用平均的操作费和气价求得平均井深的单井日产量下限，再根据实际井深求得不同井深的单井日产量下限。

二、基础资料

油气田进行必要的基础资料录取是进行储量估算的基础，石油天然气各级别地质储量评估的前提应是对油气田的地震、钻井、测井、录井和分析化验资料进行分析，研判是否达到储量估算要求。

（一）探明地质储量

1. *石油天然气*

为保证探明地质储量具有高可靠程度，其对油气田的基础资料要求比其他级别地质储量高。海上油气勘探开发高成本性质决定无法在油气田中进行大规模钻井，因此，有别陆上油气田对探明储量评估所需的基础资料，如地震资料的充分应用、小型油气田可进行产能类比等。陆上和海上油气田探明地质储量评估对基础资料要求应符合表 9-3 所列示。

表 9-3　石油天然气探明地质储量评估的基础资料要求

基础资料	陆上油气田	海上油气田
地震	已完成二维地震测网不大于 1km × 1km，或有三维地震，复杂条件除外	已完成三维地震，特殊条件除外（如海上养殖区、军事区等情况）
钻井	1. 已完成评价井钻探，满足编制开发概念设计的要求，能控制含油气边界或油气水界面。 2. 小型及以上油气藏的油气层段应有岩芯资料，中型及以上油气藏的油气层段至少有一个完整的取芯剖面，岩芯收获率应能满足对测井资料进行标定的需求。 3. 大型及以上油气田的主力油气层，应有合格的油基泥浆或密闭取芯井。 4. 疏松油气层采用冷冻方式钻取分析化验样品	1. 已完成探井、评价井钻探，满足编制开发概念设计的要求，能控制含油气边界或油气水界面。 2. 小型及以上油气藏的主力油气层，应有岩芯资料或井壁取芯资料（当该油气层与邻近油气田可类比时）；中型及以上油气藏的主力油气层应有完整的取芯剖面，岩芯收获率应能满足对测井资料进行标定的需求。 3. 大型及以上油气田（藏）的主力油气层，宜有合格的油基泥浆或密闭取芯井。 4. 疏松油气层采用冷冻方式钻取分析化验样品

续表

基础资料	陆上油气田	海上油气田
测井	1. 应有合适的测井系列，能满足解释储量估算参数的需要。 2. 对裂缝、孔洞型储层进行了特殊项目测井，能有效地划分渗透层、裂缝段或其他特殊岩层	1. 应有合适的测井系列，能满足解释储量计算参数的需要。 2. 对裂缝、孔洞型储层进行了特殊项目测井，能有效地划分渗透层、裂缝段或其他特殊岩层
测试	1. 所有预探井及评价井已完井测试，关键部位井已进行了油气层分层测试；取全、取准产能、流体性质、温度和压力资料。 2. 中型及以上油气藏，已获得有效厚度下限层单层试油资料。 3. 中型及以上油气藏进行了试采或系统试井，稠油油藏进行了热采试验，低渗透储层采取了改造措施，取得了产能资料。 4. 单井稳定日产量达到储量起算标准	1. 小型油气田（藏）的主力油气层，邻近类似油气藏已取得可靠的产能资料，可进行产能类比，应取全、取准流体性质、温度和压力资料；邻近没有类似油气田（藏）的可靠产能资料，在关键部位井已进行测试，取全、取准产能、流体性质、温度和压力资料。 2. 中型及以上油气田（藏），主力油气层在关键部位井已进行了测试，取全、取准产能、流体性质、温度和压力资料；非主力油气层，应有证实其流体性质的资料，且其储层与邻近储层有可类比性。 3. 对特殊层，如低阻油气层、火成岩油气层等应进行测试，取全、取准产能、流体性质、温度和压力资料
分析化验	1. 已取得孔隙度、渗透率、毛管压力、相渗透率和饱和度等岩芯分析资料。 2. 取得了流体分析及合格的高压物性分析资料。 3. 中型及以上油藏进行了确定采收率的岩芯分析试验，中型及以上气藏宜进行氦气法分析孔隙度。 4. 稠油油藏已取得黏温曲线	1. 中型及以上油气藏已取得孔隙度、渗透率、毛管压力、相渗透率等岩芯分析资料。 2. 取得了流体分析及合格的高压物性分析资料。 3. 中型及以上油田（藏）进行了确定采收率的岩芯分析试验，中型以上气田（藏）宜进行氦气法分析孔隙度。 4. 稠油油藏已取得黏温曲线

2. 页岩气

页岩气探明地质储量估算需要有一定数量的满足储量估算要求的参数井，且参数井页岩目的层段全部取芯，收获率为 80% 以上，在钻井资料控制下，精确解释储层含气量、TOC、地应力方向等参数。通过实验和测试获得分析化验资料，TOC、矿物成分、物性、含水饱和度等关键参数分析化验资料 1 块 /m。页岩气层已进行了小型直井井网和水平井组开发实验，通过试采 3 个月以上已经取得了关于气井压力、产气量等动态资料。应有一定数量的试采井，气藏地质条件相似的条件下，可以借用试采或生产成果。

3. 煤层气

煤层气探明地质储量估算需要采用排采井单井或井组，勘查目的层全部取心，煤心和顶底板收获率达到相关规程要求；取全、取准排采参数；获得了煤层、煤质、含气量、气水性质、储层物性、压力、可采性及排采等资料。

（二）控制地质储量

1. 石油天然气

鉴于控制地质储量具有中等可靠程度，其对油气田的基础资料要求较探明级别地质储量宽松。陆上和海上油气田控制地质储量评估对基础资料要求应符合表 9-4 所列示。

表 9-4　石油天然气控制地质储量评估的基础资料要求

基础资料	陆上油气田	海上油气田
地震	已完成地震详查，主测线距一般 1~2km	已完成地震详查，主测线距一般 1~2km
钻井	1. 已有预探井或评价井或紧邻探明储量区。 2. 主要含油气层段有代表性岩芯	1. 有探井、评价井，或紧邻探明储量区。 2. 主要含油气层段宜有代表性岩芯，有井壁取芯
测井	采用适合本探区特点的测井系列，解释了油、气、水层及其他特殊岩性段	采用适合本探区特点的测井系列，解释了油、气、水层及其特殊岩性段
测试	1. 已进行油气层完井测试，取得了产能、流体性质、温度和压力资料。 2. 单井日产量达到或低于储量起算标准	油气层宜有完井测试，取得了产能、流体性质、温度和压力资料
分析化验	1. 进行了常规岩芯分析及必要特殊岩芯分析。 2. 取得了油、气、水性质及高压物性等分析资料	1. 已有常规岩芯分析及必要的特殊岩芯分析。 2. 已有油、气、水性质及高压物性等分析资料

2. 页岩气

页岩气控制地质储量估算需要已钻页岩气参数井，根据需要进行了页岩气层取芯和测井，并获得了关于地应力方向、岩性、含气量、气水性质、页岩气层物性、压力等资料。

3. 煤层气

煤层气控制地质储量估算需要采用参数井或少量参数井 + 排气井，勘查目的层全部取芯，煤芯和顶（底）板收获率达到相关规定要求；取全、取准并获得了煤层、煤质、含气量、气水性质、储层物性、压力及试井等资料。

（三）预测地质储量

1. 石油天然气

预测地质储量可靠程度较低，其对油气田的基础资料要求较控制级别地质储量宽松，不作为储量评估的重点。陆上和海上油气田预测地质储量评估对基础资料要求应符合表 9-5 所示。

表 9-5　石油天然气预测地质储量评估的基础资料要求

基础资料	陆上油气田	海上油气田
地震	已完成地震普查，主测线距一般 2~4km	已完成地震普查，主测线距一般 2~4km
钻井	1. 已有预探井或评价井，或紧邻探明储量或控制储量区内。 2. 主要目的层有取芯或井壁取芯	1. 有预探井，或紧邻探明储量或控制储量区内。 2. 主要目的层可有取芯或井壁取芯

续表

基础资料	陆上油气田	海上油气田
测井	采用本探区合适的测井系列，初步解释了油、气、水层	采用本探区合适的测井系列，初步解释了油、气、水层
测试	1. 油气显示层段及解释的油气层可有中途测试或完井测试。 2. 单井日产量达到或低于储量起算标准，或钻遇油气层	油气显示层段及解释的油气层可有中途测试或完井测试
分析化验	进行了常规的岩芯分析	可有常规的岩芯分析

2. *页岩气*

页岩气预测地质储量估算需要在关键部位有参数井，页岩气层获得取芯资料，进行了岩芯分析、地化分析、含气量、气水性质、压力等分析，并获得了相关资料。

3. *煤层气*

煤层气预测地质储量估算需要在关键部位有探井控制，煤层有取芯资料，并获得了煤层、煤质、含气量、气水性质、储层物性等资料。

三、地质认识程度

（一）探明地质储量

1. *石油天然气*

对于陆上油气田，探明地质储量应查明油气田的构造形态、储集空间类型、油气层分布、油气藏类型、驱动类型、流体性质及产能等。其中，油气层分布中的流体界面（如油水界面、气水界面）或最低油气层底界需经过钻井、测井、测试或压力资料证实。此外，探明地质储量所对应的含油气范围内应有合理的钻井控制程度和一次开发井网部署方案。对探明地质储量地质认识程度具体要求如下：

（1）构造形态及主要断层分布落实清楚，提交了由钻井资料校正的（1：10,000）~（1：25,000）的油气层或储集体顶（底）面构造图。对于大型气田，目的层构造图的比例尺可为 1：50,000；对于小型断块油藏，目的层构造图的比例尺可为 1：5,000。

（2）已查明储集类型、储层物性、储层厚度、非均质程度；对裂缝 – 孔洞型储层，已基本查明裂缝系统。

（3）油气藏类型、驱动类型、温度及压力系统、流体性质及其分布、产能等清楚。

（4）有效厚度下限标准和储量估算参数可靠程度高。

（5）已有以开发概念设计为依据的经济评价。

对于海上油气田，探明地质储量应查明油气田的构造形态、储集类型、油气藏类型、驱动类型、流体性质及分布、油气藏产能等，具有较好的地质可靠程度。其中，流体分布中的流体界面（如油水界面、气水界面）或油气层底界应由钻井、测井、测试、可靠压力资料或本区带类似油气藏已经钻井验证的可靠地震信息等证实。此外，油气田的含油气面积在合理的井控条件下，主要以评估确定的油气藏边界或计算边界为圈定依据，所估算的油气田探明地质储量可靠程度高。对探明地质储量地质认识程度具体要求如下：

（1）构造形态及主要断层分布落实清楚，提交了由钻井资料校正的油气层或储集体顶（底）面构造图。

（2）已查明储集类型、储层物性、储层厚度、非均质程度；对裂缝－孔洞型储层，已基本查明裂缝系统。

（3）油气田（藏）类型、驱动类型、温度及压力系统、流体性质及其分布、产能等清楚。

（4）有效厚度下限标准和储量计算参数可靠程度高。

（5）已有以开发概念设计或开发方案等为依据的经济评价，可采储量应具有经济性。

2. 页岩气

页岩气探明地质储量应对储层的构造形态认识清楚，查明断层发育情况，顶底地层岩性和水层分布、储层厚度、TOC、压力系数、Ro、孔隙度、渗透率、含水饱和度、脆性矿物、岩石力学参数、地应力分布、矿物成分等分布变化情况清楚，储量参数研究深入，选值可靠；经过试采取得了生产曲线，获得了气井产能认识；完成了开发概念设计或开发方案，确定了合理的开发井型、井距、适用的钻井压裂工艺技术和单井合理产量，有五年开发计划，经济可采储量经济评价后开发是经济的。

3. 煤层气

煤层气探明地质储量应在控制的基础上，对煤层构造形态认识清楚，煤层厚度、埋深、变质程度、含气量、渗透率、含气饱和度等分布变化清楚，提交相应比例尺储量估算图件；储量参数研究深入，可靠程度高；经过排采取得了生产曲线，获得了气井产能认识；进行了开发概念设计和数值模拟，经济评价，开发是经济的。

（二）控制地质储量

1. 石油天然气

对于陆上油气田，控制地质储量应基本查明构造形态、储层变化、油气层分布、油气藏类型、流体性质及产能等，或紧邻探明地质储量区，地质可靠程度中等。对控制地质储量地质认识程度具体要求如下：

（1）已基本查明圈闭形态，提交了由钻井资料校正的（1：25,000）~（1：50,000）的油气层或储集体顶（底）面构造图。

（2）已初步了解储层储集类型、岩性、物性及厚度变化趋势。

（3）综合确定了储量估算参数，可靠程度中等。

（4）已初步确定油气藏类型、流体性质及分布，并了解了产能。

对于海上油气田，控制地质储量应初步查明构造形态、储层变化、油气层分布、油气藏类型、流体性质及产能等，或同一油气田内探明区（层）以外具有中等的地质可靠程度的可能含油气范围。对控制地质储量地质认识程度具体要求如下：

（1）已基本查明圈闭形态，提交了由钻井资料校正的油气层或储集体顶（底）面构造图。

（2）已初步了解储层储集类型、岩性、物性及厚度变化趋势。

（3）综合确定了储量计算参数，可靠程度中等。

（4）已初步确定油气藏类型、流体性质及分布，并了解了产能。

2. 页岩气

页岩气控制地质储量应对气层构造形态、厚度、TOC、Ro、产层物性、脆性矿物含量等情况基本认识清楚；进行了储量参数研究，选值基本可靠；经过试采取得了生产曲线，基本了解了气井产能；进行了初步经济评价或开发评价，完成了开发概念设计。

3. 煤层气

煤层气控制地质储量应在预测的基础上，对煤层构造形态、煤层厚度、变质程度、含气量、含气饱和度等情况基本认识清楚，提交相应比例尺储量估算图件；进行了储量参数研究，可靠程度中等。

（三）预测地质储量

1. 石油天然气

对于陆上油气田，预测地质储量应初步查明构造形态、储层情况，已获得油气流或钻遇油气层，或紧邻探明地质储量或控制地质储量区，并预测有油气层存在，经综合分析有进一步勘探的价值。对预测地质储量地质认识程度具体要求如下：

（1）证实圈闭存在，提交了（1：50,000）~（1：100,000）的构造图。

（2）深入研究了构造部位的地震信息异常，并获得了与油气相关的结论。

（3）已明确目的层层位及岩性。

（4）可采用类比法确定储量估算参数，可靠程度低。

对于海上油气田，预测地质储量分以下两种情况：第一种为初步查明了构造形态、储层情况，预探井产量达到储量起算标准或已获得油气流，或钻遇了油气层，经综合分析有进一步勘探评价的价值；第二种为同一油气田内探明或控制区（层）以外预测可能有油气层存在，经综合分析有进一步评价价值的可能含油气范围。对预测地质储量地质认识程度具体要求如下：

（1）证实圈闭存在，提交了构造图。

（2）已初步了解了构造部位的地震信息异常，并获得了与油气相关的结论。

（3）已明确目的层层位及岩性。

（4）可采用类比法确定储量计算参数，可靠程度低。

2. 页岩气

页岩气预测地质储量应初步查明气层构造形态、厚度、TOC、R_O、产层物性、脆性矿物含量等分布变化；由气田钻井合理推测或少数参数井初步确定了储量参数；未进行试采，通过类比求得气井产能；只进行了地质评价。

3. 煤层气

煤层气预测地质储量应初步了解煤层构造形态、地层层序、厚度、煤岩煤质、变质程度、含气量等分布变化，提交相应比例尺储量估算图件；初步确定了储量参数，结合区域资料初步开展了地质评价，可靠程度低。

四、储量估算参数

储量估算最常用的方法是容积法，本节主要以容积法为例详细描述陆上和海上石油天然气储量参数估算要求，页岩气和煤层气按其规范要求执行。

采用容积法进行地质储量评估时，应对储量估算涉及的主要参数取值依据和合理性进行重点评估。主要参数包括：含油气面积、有效厚度、有效孔隙度、空气渗透率、原始含油气饱和度、原始体积系数、气油比、原油（凝析油）密度。对探明地质储量估算参数是评估关注的重点，评估结果准确与否直接影响到后续的开发方案编制及油气田生产，其评估关注度远高于控制地质储量和预测地质储量。

（一）含油气面积

充分利用地震、钻井、测井和测试（含试油，下同）等资料，综合研究油、气、水分布规律和油气藏类型，确定流体界面（即气油界面、油水界面、气水界面）以及油气遮挡（如断层、岩性、地层）边界，编制反映油气层（储集体）顶（底）面形态的海拔等值线图或油气层有效厚度等值线图，圈定含油气面积。不同类别的地质储量，含油气面积圈定要求不同。

其中以下两种特殊情形，应分开圈定含油气面积：

（1）含油气范围跨两个及以上的矿业权证或省份（海域）的，应以矿业权证或省份（海域）为界分开圈定。

（2）含油气范围与自然保护区等禁止勘查开采区域有重叠的，按重叠区和非重叠区分开圈定。

1. 探明地质储量的含油气面积

评估时应区分已投入开发的探明地质储量和未投入开发的探明地质储量，评估的重点有所不同。

已投入开发的探明地质储量，应为在油气藏或区块中，按照开发方案，完成配套设施建设，开发井网已实施 70% 及以上的探明地质储量，含油气面积以油气开发井外推 1.0～1.5 倍开发井距圈定。

未投入开发的探明地质储量，含油气面积各种边界的确定需达到以下条件：

（1）用以圈定含油气面积的流体界面，应经测井或测试资料，或钻井取芯资料证实，或可靠的压力测试资料确定。

（2）未查明流体界面的油气藏，以测试证实或测井解释确定的最低的出油气层（或井段）底界，或有效厚度累计值或集中段高度外推，圈定含油气面积；在本区邻近类似油气田或油气藏证实利用地震资料确定含油气范围有高置信度时，也可用地震信息圈定含油气面积。

（3）油气藏断层（或地层）遮挡边界，以油气层顶（底）面与断层（或地层不整合）面相交的外含油气边界，圈定含油气面积。

（4）油气藏储层岩性（或物性）遮挡边界，用有效厚度零线或渗透储层一定厚度线，圈定含油气面积；当本区邻近类似油气田或油气藏证实利用地震资料确定含油气范围有较高的可靠性，可类比合理取值；未查明边界时，以油气流外推 1.5～2.0 倍开发井距划计算线。

（5）在确定的含油气边界内，边部油气井到含油气边界的距离过大时，可按照油气井外推 1.0～1.5 倍开发井距划计算线。

（6）在储层厚度和埋藏深度等适当条件下，高分辨率地震解释预测的流体界面和岩性边界，经钻井资料约束解释并有高置信度时，可作为圈定含油气面积的依据。

2. 控制地质储量的含油气面积

控制地质储量的含油气面积边界圈定原则如下：

（1）依据测井解释的油气层底界面、钻遇或预测的流体界面，圈定含油气面积。

（2）在探明含油气边界到预测含油气边界之间，圈定含油气面积。

（3）依据多种方法对储层进行综合分析，结合油气层分布规律，确定的可能含油气边界圈定含油气面积。

（4）探明区（层）外的含油气面积可按以下几种情况圈定。

1）探明油气藏外延，可根据其流体性质、压力推测的流体界面、地震信息、油柱高度等合理外推圈定含油气面积；

2）探明油气藏相邻层，测井资料解释是油气层，可按井钻遇的流体界面、油气底界深度、压力推测的流体界面、地震信息或合理井控范围等圈定含油气面积；

3）探明区块相邻高部位可能连通的未钻井断块或高点根据断层边界、溢出点深度等合理圈定含油气面积。

3. 预测地质储量的含油气面积

预测地质储量的含油气面积边界圈定原则如下：

（1）依据推测的油气水界面或圈闭溢出点，圈定含油气面积。

（2）依据油气藏综合分析所确定的油气层分布范围，圈定含油气面积。

（3）依据同类油气藏圈闭油气充满系数类比或地震约束反演资料，圈定含油气面积。

（4）探明或控制区（层）外的含油气面积可按以下几种情况圈定。探明或控制油气藏外延，可根据其流体性质、压力推测的流体界面、地震信息、油柱高度等合理外推圈定含油气面积；探明或控制油气藏相邻层，测井资料解释是油气层，按井钻遇流体界面、油气底界深度、压力推测的流体界面、地震信息或合理井控范围等圈定含油气面积；探明或控制区块相邻可能连通的未钻井断块或高点根据断层边界、圈闭溢出点深度等合理圈定含油气面积。

针对钻井密度相对较低油气田含油气面积确定，经常会用到地震信息圈定含油气面积。

评估人员对此评估时应对地球物理资料基础及适用性进行分析。首先，地球物理资料在目标储层与其围岩存在明显的特征差异，并且在目的层段内保持良好的一致性。该差异应经过非地震资料（如测井资料等）证实。其次，应拥有覆盖油气田（藏）全区的三维地震资料，其采集处理各环节质量合格，并且用于储层预测和油气预测的三维地震资料应按照保幅要求处理，处理后资料成像品质好、信噪比较高、频带和主频横向比较稳定。最后，测井和地震的时深关系应参考 VSP 资料并通过精细时深标定建立，同时要考虑合成记录与井旁道的能量匹配。如果多口井的时深关系之间存在显著差别，应证明其合理性（如构造高低、地层新老、岩性异同、地层倾角大小等）。

评估人员在评估地震信息圈定含油气面积时，应根据以下要求：

（1）采用地震储层预测描述资料和技术确定含油气面积，要求目标储集岩上下围岩的厚度均大于 1/4 视波长，宜采用技术手段（如波阻抗反演等）把常规界面型地震资料转换为地层型地震资料，并据此进行储层形态描述。单一储集岩体位于认定的流体界面之上并与证实井连片的范围可作为探明油气储量的面积；单一储集岩体虽位于认定的流体界面之上但与证实井不连片的范围可作为控制油气储量的面积。

（2）采用地球物理流体预测资料和技术确定含油气面积，要求油气层与非油气层存在经钻井证实的、规律性明显的地震响应差异（即岩石物理特征与地震属性具有明显的物理性或统计性相关）；或本区具有被证实的、高置信度的流体界面的特有地震响应。

（二）有效厚度

油气层有效厚度（简称有效厚度），应为达到储量起算标准的含油气层系中具有产油气能力的那部分储层厚度。不同类型的地质储量，有效厚度确定要求不同。

1. 探明地质储量的有效厚度

评估探明地质储量的有效厚度时应重点关注有效厚度标准确定依据和划分要求。

有效厚度标准确定依据包括：

（1）应分别制定油层、油水同层、气层划分和夹层扣除标准。

（2）应以岩芯分析资料和测井解释资料为基础，测试资料为依据，在研究岩性、物性、电性与含油气性关系后，确定其有效厚度划分的岩性、物性、电性及含油性下限标准。

（3）储层性质和流体性质相近的多个小型油藏或气藏，可制定统一的标准。

（4）借用邻近油气田（藏）下限标准应论证类比依据和标明参考文献。

（5）应使用多种方法（如电缆地层测试方法、毛管压力方法等）确定有效厚度下限，并进行相互验证。

（6）有效厚度下限标准图版符合率大于 80%。

（7）应对所确定的有效厚度下限标准进行敏感性分析。

有效厚度划分要求：

（1）以测井解释资料划分有效厚度时，应对有关测井曲线进行必要的井筒环境（如井径变化、泥浆侵入等）校正和标准化处理。

（2）以岩芯分析资料划分有效厚度时，油气层段应取全岩芯，收获率不低于 80%。

（3）有效厚度的起算厚度为 0.2 ~ 0.4m, 夹层起扣厚度为 0.2m。

2. 控制地质储量的有效厚度

控制地质储量的有效厚度，可根据已出油气层类比划分，也可选择邻区块类似油气藏的下限标准划分。对于探明区（层）外的控制地质储量的有效厚度，可根据本层或选择邻区（层）类似油气藏的下限标准划分。

3. 预测地质储量的有效厚度

预测地质储量的有效厚度，可用测井、录井等资料推测确定，也可选择邻区块类似油气藏的下限标准划分，无井区块可用邻区块资料类比确定。对于探明或控制区（层）

外的预测地质储量的有效厚度，可根据本层或选择邻区（层）类似油气藏的下限标准划分。

（三）有效孔隙度

储量计算中所用的有效孔隙度应为有效厚度段的地层有效孔隙度。可直接用岩芯分析资料，也可用标定后的测井解释确定。测井解释孔隙度与岩芯分析孔隙度的相对误差不超过 ±8%。缝洞孔隙型储层应分别确定基质孔隙度和裂缝、溶洞（孔）孔隙度。

（四）空气渗透率

空气渗透率应为有效厚度段的地层空气渗透率。空气渗透率可直接用岩芯分析资料，也可用标定后的测井解释确定。缝洞孔隙型储层应分别确定基质空气渗透率和裂缝、溶洞（孔）空气渗透率。

（五）原始含油气饱和度

评估原始含油气饱和度时，应遵循以下原则：

（1）大型及以上油气田（藏）用测井解释资料确定探明储量含油气饱和度时，应采用多种方法进行检查验证（如油基泥浆取芯或密闭取芯分析资料或核磁共振等新技术），绝对误差不超过 ±5%。

（2）中型及以上油气田（藏）用测井解释资料确定含油气饱和度时，应有实测的岩电实验数据及合理的地层水电阻率资料。

（3）用毛管压力资料确定含油气饱和度时，应取得有代表性的岩芯分析资料，进行J– 函数等处理。

（4）缝洞孔隙型储层可分别确定基质孔隙含油气饱和度和裂缝、溶洞（孔）含油气饱和度。

（5）低渗透油层或重质稠油油层水基泥浆取芯分析的含水饱和度，能作为计算含油饱和度的依据。

（6）如有其他经实践证实有效的测井技术可应用于含油气饱和度的确定，所解释的含油气饱和度宜用多种方法进行相互验证。

（六）原始体积系数

原始体积系数包括原始原油体积系数和原始天然气体积系数。原始原油体积系数为原始地层条件下原油体积与地面标准条件下脱气原油体积的比值。原始天然气体积系数由公式 $B_{gi}=P_{sc}Z_iT/(P_iT_{sc})$ 求得，其中，P_{sc} 为地面标准压力、P_i 为原始地层压力、T 为地层温度、T_{sc} 为地面标准温度、Z_i 为凝析气的偏差系数。

估算要求分别如下：

1. 原始原油体积系数

（1）中型及以上油田（藏），应在评价阶段在井下取样或地面配样获得高压物性分析资料求得；

（2）原油性质变化较大的油田（藏），应分别取得不同性质的油样做高压物性分析求得；

（3）小型及以下可以采用建立合理关系式求得或采用类比值。

2. 原始天然气体积系数

（1）原始地层压力（P_i）和地层温度（T）为折算气藏中部的地层压力和地层温度；

（2）原始气体偏差系数（Z_i）可由实验室气体样品测定，也可根据天然气组分和相对密度求得。

（七）气油比

气油比估算要求如下：

（1）中型及以上油田（藏）的原始溶解气油比，应在预探和评价阶段从井下取样做高压物性分析测定。

（2）凝析气田和小型及以下油田（藏），可用合理工作制度下的稳定生产气油比或采用类比值。

（八）原油（凝析油）密度

原油（凝析油）密度应在油气田不同部位取得一定数量有代表性的地面油样分析测定。

五、各专业评估要点

油气储量评估涉及地质、物探、测井、开发和经济五大专业，各专业评估要点分述如下。

（一）地质专业

地质专业评估要点如下。

（1）区域地质认识：宏观区域地质认识是否清楚。

（2）储层认识：储层沉积相、储层微观认识是否清楚。

（3）油气层划分与对比：划分、对比方法是否合理，结果是否可靠。

（4）计算单元划分：油气藏类型是否准确；计算单元划分是否合理、清楚。

（5）计算参数选取：含油气面积、厚度、孔隙度、渗透率、含油气饱和度及流体参数取值依据及合理性。除上述外，页岩气还需关注含气量及 TOC 取值依据及合理性、地应力方向认识的合理性，煤层气还需关注煤质、含气量、气水性质、压力、可采性及排采等。

（6）流体界面：油气水界面确定的依据及合理性。

（7）级别划分：储量级别划分是否符合规范要求。

（8）报告及图表：地质专业报告及图表编制是否规范。

（二）物探专业

物探专业评估要点如下。

（1）层位标定与解释：包括地震资料质量、标定方法合理性以及解释成果（断层、层位）与地质模式相符程度。

（2）速度研究成果：包括资料可靠程度、速度确定方法合理性以及成果可靠程度（包括速度的变化是否符合本区的规律）。

（3）构造图编制：包括作图方法可靠程度、与实钻井深度误差情况以及上下层的构造图是否有矛盾。

（4）厚度图编制：包括井点厚度吻合情况、厚度图的变化规律与地震属性、沉积相等地质认识相符程度。

（5）报告及图表：地震专业报告及图表编制是否规范。

（三）测井专业

测井专业评估要点如下。

（1）测井资料品质及标准化：包括测距资料品质、标准化合理性及校正效果。

（2）四性关系：四性关系规律性。

（3）孔渗饱参数计算模型：包括覆压校正、资料的代表性、模型的适用性、精度分析及模型变化原因分析及岩电、地层水电阻率等参数选取或借用的依据。

（4）有效厚度下限：包括申报区资料和区域数据的分类及可用性、有效厚度下限标准的合理性。

（5）报告及图表：测井专业报告及图表编制是否规范。

（四）开发专业

开发专业评估要点如下。

（1）油藏认识：包括藏类型、温压系统、流体性质、产能认识可靠程度及流体参数（体积系数、密度、摩尔分量、气油比等）取值合理性。

（2）开发方案：包括开发原则、开发方式、开采方式、井网部署及动用储量的合理性。

（3）采收率确定：采收率确定方法及所用参数的合理性。

（4）开发指标预测：包括产能评价、配产与产能研究结果匹配情况及预测方法合理性。

（5）报告及图表：开发专业报告及图表编制是否规范。

（五）经济专业

经济专业评估要点如下。

（1）经济评价方法：经济评价方法的适用性。

（2）经济评价参数：包括工程投资预测与周边油气田类比情况、钻完井费用预测与本区域钻完井费用类比情况、预测的操作费方法合理性、参数选取合理性。

（3）经济评价结果：包括内部收益率、经济可采储量等评价结果的合理性。

（4）报告及图表：经济专业报告及图表编制是否规范。

六、报告规范性要求

油气储量报告编写需满足《石油天然气探明储量报告编写规范》（DZ/T 0334—2020）、《页岩气探明储量报告编写规范》（DZ/T 0333—2020）和《煤层气探明储量报告编写规范》（DZ/T 0343—2020）储量报告编写规范。

第四节 探明储量评估意见书模板

一、申报区概况

（一）位置、交通和自然地理概况

简述油气田地理位置（海上油气田描述经纬度坐标）、交通情况、地表地形、地面海拔、气候类型等信息。

（二）地质概况

简述油气田构造位置及构造特征，明确申报层位，描述申报层位沉积相特征。

（三）储层基本特征

简述储层岩性特征及孔隙类型，统计有效储层岩芯分析 / 测井解释孔隙度及渗透率，并根据中值对物性进行分类。

（四）油气藏特征

简述申报区埋深、油藏类型、地层温度、地层压力等。油藏需描述原油性质，包括地面原油密度、地层原油密度、含蜡量、凝固点及含硫量。气藏需描述天然气性质，包括天然气相对密度、平均临界温度、平均临界压力及天然气组分。

（五）共伴生矿产资源简况

明确申报区目的层系是否发现除油气以外的共伴生矿产资源。

二、储量申报情况

（一）勘探开发工作

按预探阶段、评价阶段、开发阶段描述勘探开发历程，简述勘探开发工作量。

（二）毗邻油气田的有用信息

申报区为老油田新区块（新层系）或新油田 / 新气田，周围已经有多个区块上报探明储量并投入开发，简述为本次申报区储量参数选取和储量估算等提供的类比依据。

（三）基础资料情况

统计申报区含油面积内地震、钻井、测井、试油试采、分析化验等资料。

（四）储量起算标准

储量估算的起算标准依据《石油天然气储量估算规范》（DZ/T 0217—2020）、《海上石油天然气储量估算规范》（DZ/T 0252—2020）、《页岩气资源量和储量估算规范》（DZ/T 0254—2020）、《煤层气储量估算规范》（DZ/T 0216—2020）、《致密油储量估算规范》（DZ/T 0335—2020）进行描述。

（五）储量参数选取

1. 计算单元划分

简述计算单元划分原则，统计计算单元的个数。

2. 含油气面积圈定

简述含油气面积圈定原则以及含油气面积大小。

3. 有效厚度

简述根据油气田主体岩芯、录井、测井、测试及分析化验等资料建立“四性”关系的过程，综合确定有效厚度下限方法及油气田申报储量区内各单井有效厚度解释结果。

4. 有效孔隙度

简述计算单元有效孔隙度取值方法及取值结果。

5. 原始含油气饱和度

简述计算单元原始含油气饱和度取值方法及取值结果。

6. 流体参数

油田需描述地面原油密度、原始原油体积系数和气油比取值依据。

气田需描述原始天然气体积系数、凝析气油比、凝析油含量和密度，天然气摩尔分量取值依据。

7. 采收率

简述采收率取值依据及结果。

（六）储量估算结果

（1）阐述探明含油气面积、地质储量、技术可采储量、经济可采储量及剩余经济可采储量。

（2）统计矿业权、省份 / 海域及禁止勘查开采区域储量情况。

三、评审依据

不同类型油气藏主要评审依据列示如下：

（1）自然资源部关于推进矿产资源管理改革若干事项的意见（试行）（自然资规〔2019〕7 号）

（2）自然资源部办公厅关于矿产资源储量评审备案管理若干事项的通知（自然资办发〔2020〕26 号）

（3）自然资源部办公厅关于进一步规范矿产资源储量评审备案工作的通知（自然资

办函〔2020〕966号）

（4）《油气矿产资源储量分类》（GB/T 19492—2020）

（5）《石油天然气储量估算规范》（DZ/T 0217—2020）

（6）《石油天然气探明储量报告编写规范》（DZ/T 0334—2020）

（7）《海上石油天然气储量估算规范》（DZ/T 0252—2020）

（8）《煤层气储量估算规范》（DZ/T 0216—2020）

（9）《煤层气探明储量报告编写规范》（DZ/T 0343—2020）

（10）《页岩气资源量和储量估算规范》（DZ/T 0254—2020）

（11）《页岩气探明储量报告编写规范》（DZ/T 0333—2020）

（12）《致密油储量估算规范》（DZ/T 0335—2020）

（13）《碳酸盐岩油气藏缝洞体雕刻法资源储量估算规范》（DZ/T 0332—2020）

四、评估结论

就以下内容提出评估结论：

（1）储量估算及报告编制是否符合有关法律法规、矿产资源管理规定和储量标准规范。

（2）综合评价地震资料品质及构造落实情况，目的层岩芯资料、测井、分析化验资料及产能的代表性，明确勘探开发程度是否达到探明储量估算要求。

（3）综合评价构造特征、储集类型、岩性岩相、油气藏类型、流体性质、油气藏开发特征等研究成果，明确地质认识程度是否达到了现行探明储量规范要求。

（4）储量参数选取是否合理，储量估算结果是否可信。

（5）阐述评审通过的地质储量、技术可采储量、经济可采储量及剩余经济可采储量结果。

（6）油气田储量是否跨多个矿业权、省份 / 海域及禁止勘查开采区域，若涉及需按国家相关规范进行储量劈分。

五、问题与建议

揭示评审过程中发现的可能存在的主要风险和问题，并对下一步工作中如何应对风险提出相应的建议。

第十章

项目后评价

第一节 项目后评价概述

一、项目后评价基本概念

项目后评价，是指项目投资完成之后所实施的评价，是项目投资管理的重要组成部分。它通过调查研究和全面系统回顾投资项目的决策过程、实施过程、经营效果及其影响，与项目决策时确定的目标以及技术、经济、环境、社会等指标进行对比，找出差别和变化，分析原因，总结经验，吸取教训，得到启示，提出对策建议，改善投资管理和决策，以达到提高投资效益的目的。

依据后评价的深度不同，项目后评价分为一般后评价和详细后评价。一般后评价概要性描述评价内容、以图表格式简明扼要地展示评价结论。详细后评价需对评价内容实施详细、具体的分析和评价，并在系统分析的基础上，对项目管理、生产经营、投资方向、产业调整等提出建设性意见和建议。项目详细后评价应依照项目投资额度，委托有相应等级资质的第三方咨询机构承担。原则上，参加过本项目预可行性研究咨询、可行性研究咨询、初步设计、工程监理、工程咨询、工程建设等单位均不得承担本项目后评价工作。项目后评价报告按照各企业或公司相关规定的后评价报告编制细则或大纲，应用后评价信息管理系统进行编制，具体内容可根据项目的规模、特点、委托要求和评价时点等有所区别和侧重。

二、项目后评价的作用及范围

项目后评价，是为实现投资项目全过程闭环管理，提高科学决策水平和管理能力，提高勘察、设计、建设、监理和运营管理水平，提升企业发展质量和效益，在项目运营及竣工验收后 1 ~ 2 年组织实施的评价。其内容和深度符合行业或企业要求的后评价报告规定或委托单位的要求。

后评价项目重点选取对公司业务发展、产业结构调整有重大指导和示范意义的项目；对优化资源配置、完善产业布局、促进技术进步、节约资源、保护环境和提升整体效益有较大影响的项目；重大境外投资、重大合资合作和新业务的项目；采用新技术、新工艺、新设备、新材料和新型建设管理模式，以及其他具有特殊示范意义的项目；投资大，或工期长、建设条件较复杂的项目；进行重大技术改造和改扩建的项目；对环境、社会产生较大影响或社会舆论普遍关注的项目。

三、项目后评价的原则和方法

项目后评价是项目全周期管理的最后环节，也是项目决策管理的重要手段。项目后评价应当遵循公正性、独立性、科学性、实用性、透明性和反馈性的原则，建立畅通快捷的信息反馈机制和项目后评价信息管理系统，及时将相关成果和信息反馈到相关部门、单位和机构。

项目后评价分析应采用定性和定量相结合的方法，主要包括：调查法、对比法、逻辑框架法、项目成功度评价法等。其中，调查法包括资料查阅、现场检查、问卷调查、访谈和座谈讨论会等，对比法包括前后对比、有无对比和横向对比方法。具体评价方法应根据项目特点和后评价要求，选择一种或多种方法对项目进行综合评价。

四、项目后评价编制依据

项目后评价调查工作和报告编制工作主要依据项目立项报告、可行性研究报告、初步设计（基础设计）文件、政府或公司对项目的批复文件、审计报告、竣工决算报告、竣工验收报告，以及项目运行的实际数据和依据项目实际运行结果预测的数据。

第二节　项目后评价主要内容

项目后评价的内容，包括项目建设全过程回顾与评价、效果效益和影响评价、项目目标和可持续性评价等，并在此基础上总结经验教训，提出对策和建议。

一、项目建设全过程评价

项目建设全过程的回顾和评价，一般分四个阶段：项目前期决策、项目建设准备、项目建设实施、项目投产运营等。这四个阶段的划分，与项目周期划分原则基本一致。

（一）项目前期决策阶段

回顾与评价的重点是项目决策的正确性；评价项目建设的必要性、可行性、合理性；分析项目目标实现的程度、产生差异或失败的原因。合理性和效率是本阶段评价衡量的重要标尺。

对于可行性研究报告，主要分析评价项目可行性研究阶段的目标是否明确、合理，内容与深度是否符合规定要求，项目风险分析是否充分；对于项目评估，主要分析评估工作深度是否满足决策要求，项目投资估算、主要效益指标的评估意见是否客观，项目风险评估是否到位，对决策的建议是否合理、结论是否可靠等；对于决策，主要分析评价项目决策程序是否合规，决策方法是否科学，决策内容是否完整，决策手续是否齐全。

（二）项目建设准备阶段

回顾与评价的重点是各项准备工作是否充分，开工前的各项报批手续是否齐全。效率是本阶段评价衡量的重要标尺。

（1）勘察设计。分析勘察结论的可靠性，设计方案的科学性及设计文件的完备性。

（2）融资方案。分析评价项目的资金来源是否按预想方案实现，资金结构、融资方式、融资成本是否合理；风险分析是否到位；融资担保手续是否齐全等。

（3）采购招标。评价招标方式、招标组织形式、招标范围、标段划分的合理性，招标报批手续和招标评标过程以及监督机制等招投标工作的合法性与合规性，招标竞争力度以及招标效果。

（4）合同签订。评价合同签订的依据和程序是否合规，合同谈判、签订过程中的监督机制是否健全，合同条款的合理性和合法性以及合同文本的完善程度。

（5）开工准备。分析评价项目开工建设的物资准备、技术准备、组织准备、人员准备，以及许可开工的相关手续等情况。

（三）项目建设实施阶段

回顾与评价的重点是工程建设实施活动的合理性和成功度，项目业主的组织能力与管理水平。此阶段项目执行的效率和效益是评价衡量的重要标尺。

（1）合同执行与管理。分析评价各类合同（含咨询服务、勘察设计、设备材料采购、工程施工、工程监理等）执行情况，违约原因及责任，评价项目业主采取的合同管理措施及各阶段合同管理办法及效果。

（2）重大设计变更。从技术上分析评价重大设计变更的原因及合理性，从管理上分析评价设计变更报批手续的严谨性、合规性，从经济上分析评价设计变更引起的投资、工期等方面的变化及其对项目预期经济效益的影响。

（3）"四大管理"。评价项目业主在"四大管理"（质量、进度、投资和安全；随着社会进步，"安全"现已更全面地表现为 HSE）方面采取的措施与效果，分析产生差异的原因及对预期目标的影响，总结"四大管理"目标的实现程度以及主要的成功经验和失败的教训。

（4）资金使用与管理。评价基建财务管理机构和制度健全与否，分析资金实际来源、成本与预测、计划产生差异的原因，评价资金到位情况与供应的匹配程度、资金支付管理程序与制度严谨性、项目所需流动资金的供应及运用状况等。

（5）实施过程的监督管理。分析评价工程监理与工程质量监督在项目实施过程中所起的作用，评价项目业主委托工程监理的规范性和合法性、管理方式的适应性，评价项目接受内外部审计的情况等。

（6）建设期的组织与管理。以项目建设管理的实际效率和效果为着眼点，分析评价管理体制的先进性、管理模式的适应性、管理机构的健全性和有效性、管理机制的灵活性、管理规章制度的完善状况和管理工作运作程序的规范性等情况。

（四）项目投产运营阶段

回顾与评价的重点是项目由建设实施到交付生产运营转换的稳定、顺畅。项目效益和可持续性是评价衡量的重要标尺。

（1）生产准备。评价各项生产准备内容、试车调试、生产试运行与试生产考核等情况，评价生产准备工作的充分性。

（2）项目竣工验收。评价工程项目全面竣工验收工作的合规性与程序的完善性；遗留尾工处理的合理性。

（3）资料档案管理。评价工程资料档案的完整性、准确性和系统性，管理制度的完善性等。

（4）生产运营。分析评价工艺路线畅通状态、设备能力匹配度、生产线运行稳定性，评价设计生产能力实现程度，评价原材料、能源动力消耗指标与设计要求的差异等。

（5）产品营销与开发。评价产品质量、营销策略及效果、产品市场竞争能力和占有率，分析市场开发与新产品研发能力。

（6）生产运营的组织与管理。分析评价管理体制、管理机制、管理机构、管理规章制度等。

（7）后续预测。对评价时点以后的产品市场需求和竞争能力进行预测，对项目全生命周期财务效益和经济效益预测，对项目运营外部条件进行预测、分析。

二、项目效果效益评价

项目效果效益评价是对项目实施的最终效果和效益进行分析评价，即将项目的工程技术效果、经济（财务）效益、环境效益、社会效益和管理效果等，与项目可行性研究和评估决策时所确定的主要指标，进行全面对照、分析与评价，找出变化和差异，分析原因。

（一）技术效果评价

项目技术效果评价是针对项目实际运行状况，对工程项目采用的工艺流程、装备水平进行再分析，主要关注技术的先进性、适用性、经济性、安全性。

（1）工艺流程评价。分析评价工艺流程的可靠性、合理性，采用的工艺技术对产品质量的保证程度、工艺技术对原材料的适应性等。

（2）装备水平评价。分析评价各主要设备是否与设计文件一致，设备的主要性能参数是否满足工艺要求，自动化程度是否达到要求，设备寿命是否经济合理，评价设备选型的标准和水平等。

（3）技术水平评价。将项目规模、能力、功能等技术指标的实现程度与项目立项时的预期水平进行对比，从设计规范、工程标准、工艺路线、装备水平、工程质量等方面分析项目所采用的技术达到的水平，分析评价所采用技术的合理性、可靠性、先进性、适用性等。

（4）国产化水平。分析评价设备国产化程度以及自主知识产权拥有水平等。

（二）财务和经济效益评价

1. 财务效益评价

财务效益后评价与前期评估时的分析内容和方法基本相同，都应进行项目的盈利能力分析、清偿能力分析、财务生存能力和风险分析。评价时要同时使用已实际发生数据和根据变化了的内、外部因素更新后的预测数据，并注意保持数据口径的一致性，使对比结论科学可靠。

2. 经济效益评价

根据项目实际运营指标，以及基于内、外部因素变化调整后的预测数据，全面识别和调整费用和效益，编制项目投资经济费用效益流量表，从资源合理配置的角度，分析项目投资的经济效率和对社会福利所做的贡献，评价项目的经济合理性，判别目标效益的实现程度。

（三）管理效果评价

项目管理评价是对项目建设期和运营期的组织管理机构的合理性、有效性，以及项目执行者的组织能力与管理水平进行的综合分析与评价。通常，项目业主应对项目组织机构所具备的能力进行适时监测和评价，以分析项目组织机构选择的合理性，并及时进行调整。

三、项目影响评价

项目工程技术效果、经济（财务）效益和管理效果又被称为项目直接效益。项目环境效益与社会效益又被称为项目间接效益，一般单独成章，列为项目影响评价。

（一）环境影响评价

随着我国经济发展进入转型阶段，环境影响评价越来越受到重视。环境影响后评价是指对照项目前期评估时批准的《环境影响报告书》或《环境影响备案表》，依据环境评价验收文件和运行期间的环境监测数据，重新审查项目环境影响的实际结果。环境影响评价应采集以下基本数据：

（1）项目产生的主要污染物及其排放量，允许排放指标；

（2）项目污染治理设施建设内容和环保投入；

（3）项目环境管理能力和监测制度；

（4）项目对所在地区的生态保护与环境影响情况；

（5）项目对自然资源的保护与利用等。

在了解上述情况的基础上，评价项目对所在地环境带来的影响以及影响的程度、当地环境对企业后续发展的许可容量。

实施环境影响评价应遵照国家环保法的规定，根据国家和地方环境质量标准和污染物排放标准以及相关产业部门的环保规定。在审核已实施的环境影响评价报告和评价环境影响现状的同时，要对未来进行预测。对有可能产生突发性事故的项目，要有环境影响的风险分析。如果项目生产或使用对人类和生态有极大危害的剧毒物品，或项目位于环境高度敏感的地区，或项目已发生严重的污染事件，还需要提出一份单独的项目环境影响后评价报告。

环境影响后评价一般包括项目的污染控制、区域的环境质量、自然资源的利用、区域的生态平衡和环境管理能力。

（二）社会影响评价

社会效益评价主要是指项目建设对当地经济和社会发展以及技术进步的影响，一般可包含以下几个方面。

（1）征地拆迁补偿和移民安置情况；

（2）对当地增加就业机会的影响；

（3）对当地税收与收入分配的影响；

（4）对居民生活条件和生活质量的影响；

（5）对区域经济和社会发展的带动作用；

（6）对推动产业技术进步的作用；

（7）对妇女、民族和宗教信仰的影响等。

社会影响评价首先应确定受影响人群的范围，有针对性地反映其受影响程度及对影响的反作用。社会影响评价的方法是定性和定量相结合，以定性为主，在诸要素评价分析的基础上，进行综合评价。恰当的社会影响评价调查提纲和正确的分析方法是社会影响评价成功的先决条件，应慎重选择。

四、项目目标评价与可持续性评价

在对项目建设全过程进行回顾，对项目效果、效益，环境与社会影响等方面进行细致分析评价的基础上，进一步分析项目立项决策预定目标的实现程度及其合理性，以及项目持续发展能力与存在的问题，对项目的成功度做出综合性评价，得出项目后评价结论。

（一）项目目标评价

项目目标评价的任务在于评价项目实施中或实施后，是否达到在项目前期评估中预定的目标、达到预定目标的程度，分析与预定的目标产生偏离的主观和客观原因；提出在项目以后的实施或运行中应采取的措施和对策，以保证达到或接近达到预定的目标和目的。必要时，还要对有些项目预定的目标和目的进行分析和评价，确定其合理性、明确性和可操作性，提出调整或修改目标和目的的意见和建议。

1. 目标实现程度评价

建设项目目标实现程度评价，一般按照项目的投入产出关系，分析层次目标的合理性和实现可能性以及实现程度，以定性和定量相结合的方法，用量化指标进行表述（见表 10–1）。

表 10–1　项目预定目标和目的达到程度分析表

目标或目的内容名称	预定值	项目建成可能达到值	目标目的实现程度 /%	偏离的原因分析	拟采取的对策和措施

项目目标实现、达到预定目标，即项目建成。一个项目建成的标志是多方面的，一般总结为“四个建成”。“四个建成”的完成度，即目标实现程度。

（1）工程（实物）建成，即项目按设计的建设内容完整建成，项目土建完工，设备安装调试完成，装置和设施经过试运行，符合工程设计的质量要求，并已通过竣工验收；

（2）项目技术（能力）建成，即装置、设备和设施运行正常，各项工艺参数达到设计技术指标，生产能力和产品质量达到设计要求；

（3）项目经济（效益）建成，即项目的财务和经济目标实现，达到预期指标，包括有市场竞争力，经济上有效益，具备偿还贷款的能力等；

（4）项目影响建成，即项目对国民经济、社会发展、生态环境产生预定的影响效果。

2. 目标合理性评价

项目目标的合理性是指项目原定目标是否符合全局和宏观利益，是否得到政府政策的支持，是否符合项目的性质，是否符合项目当地的条件等。合理的目标设定是项目目标和目的得以顺利实现的基础。对目标合理性的评价也是对决策效果的分析与判断。

在项目后评价中，项目目标和目的评价的主要任务是对照项目可行性研究和评估中关于项目目标的论述，找出变化，分析项目目标的实现程度以及成败的原因，但同时也应讨论项目目标的确定是否正确合理，是否符合发展的要求。

目标评价的常用分析方法包括目标树法、层次分析法等。国际上通常采用逻辑框架法（见表 10–2），通过项目的投入产出目标进行分析。

项目投入包括资金、物质、人力、资源、时间、技术等投入；

项目产出即项目建设内容，是投入的产出物；

项目目的即项目建成后的直接效果和作用；

项目宏观目标主要指经济、社会和环境的影响。

表 10–2　项目后评价的逻辑框架

目标层次	验证对比指标			原因分析		可持续性（风险）
	项目原定指标	实际实现指标	差别或变化	主要内部原因	主要外部条件	
宏观目标（影响） 项目目的（作用） 项目产出（实施结果） 项目投入（建设条件）						

（二）项目的可持续性评价

项目的可持续性是指在项目的建设资金投入完成之后，项目可以按既定目标继续执行和发展，项目投资人和项目业主愿意并可能依靠自己的力量继续去实现既定目标。可持续性评价即实现上述能力的可能性评价。可持续性也是项目目标评价的重要内容之一。

项目可持续性要素受市场、资源、财务、技术、环保、管理、政策等多方面影响，一般可分为内部要素和外部条件。

（1）影响项目可持续性的内部因素，包括：项目规模的经济性、技术的成熟性和竞争力、企业财务状况、污染防治措施满足环保要求的程度、企业管理体制与激励机制等，核心是产品竞争力及对市场的应变能力等。

（2）项目外部条件支持能力，包括：资源供给、物流条件、自然环境与生态要求、社会环境、政策环境、市场变化及其趋势等。

根据项目持续能力分析要求，列出制约建设项目可持续的主要因素，分析原因。在要素分析的基础上，分析建设项目可持续发展的主要条件，评价项目可持续性，提出合理的建议和要求（见表 10–3）。

表 10-3　项目可持续发展条件分析框架

	制约因素名称	内部原因分析	外部条件分析	解决方案
1				
2				
…				

（三）项目的成功度评价

项目成功度评价是在对项目效益、效果和影响评价的基础上，在项目目标评价层次之上，对项目进行的更为综合的评价判断，综合得出项目总体成功与否的评价结论。

1. 测评等级

项目成功度评价一般以表格调查形式表示（见表 10-4），由参加评价活动的专家对工程项目的不同内容及其相关重要性进行综合分析，按规定等级判断项目成功的程度。一般分为五个等级：

（1）完全成功（A）：原定目标全面实现或超过预期，项目功能、效益和影响充分发挥。

（2）基本成功（B）：原定目标大部分实现，项目功能、效益和影响基本达到预期要求。

（3）部分成功（C）：原定目标部分实现，项目功能有缺陷，效益和影响只有部分实现。

（4）不成功（D）：原定目标实现非常少，项目功能有问题，效益和影响很差。

（5）失败（E）：原定目标无法实现，项目不得不终止。

表 10-4　项目成功度评价表

	测评指标	相关重要性	测评等级	备注
宏观目标（或产业政策）				
项目规模				
产品市场				
工程设计（或技术装备）				
资源条件（或建设条件）				
资金来源				
项目进度管理				
项目质量管理				
HSE 管理				
项目投资控制				

续表

	测评指标	相关重要性	测评等级	备注
项目经营管理				
项目财务效益				
项目经济效益和影响				
环境影响				
项目可持续性				
项目总评				

2. 测评指标

测评指标是指与该项目成功与否相关的主要因素（包含项目外部条件和内部因素），如工业项目的测评指标一般主要包括宏观目标、项目布局、项目规模、项目目标、产品市场、工程设计、技术装备水平、资源条件、建设条件、资金来源、工程进度管理、工程质量管理、HSE 管理、项目投资控制、项目经营管理、财务效益、经济效益、社会影响、环境影响、可持续性、项目总评等。

3. 相关重要性

相关重要性是指某项测评指标（因素）在决定该项目成功与否的各因素中所占的权重，这一权重可以是定性的，也可以是定量的。定性的，一般可分为“重要”“次重要”和“不重要”三类；定量的，可以根据各因素的重要程度，在总数“1”以内设定数值。

4. 成功度评价结论

根据项目成功度评价表进行的测定结果，提出项目成功程度的总评价结论。

（四）后评价结论

通过对资料进行收集、处理，在全面回顾项目过程后，通过目标评价、可持续性评价和项目成功度评价，对项目的决策和执行状况及前景进行总体全面判断，得出综合性结论。该结论既是一个综合判断，也应根据项目特点或委托方要求有所侧重。

五、主要经验与教训、对策与建议

通过项目全过程回顾与评价，归纳出对项目具有决定性影响、对全局具有参考作用的经验与教训，提出对策与建议。

（一）主要经验与教训

经验与教训应从项目、企业、行业和宏观四个层面分别进行分析。这样做一是有利于改进项目的设计、施工管理水平；二是有利于企业改善经营管理；三是有利于行业的进步与发展；四是有利于今后提高项目的决策水平；五是有利于国家进一步调整经济结构和宏观经济政策。

总结经验、教训应客观不偏颇，特别是不应讳言教训。教训是经验的另一种形式，有利于避免在未来项目筹划中重蹈覆辙。

总结经验、教训还应注重可复制性。对于在今后项目筹划和管理中有借鉴意义，可复制、可推广的经验、教训应重点总结，增强后评价成果对未来工作的参考和指导作用，提高后评价工作的实用性。

（二）对策与建议

对策与建议同样可从项目、企业、行业和宏观四个方面分层次提出，对执行中的项目提出改善对策与建议，对企业投资和运营管理提出完善对策与建议，对国家和行业政策制定层提出改进对策与建议。

第三节 项目后评价的工作实施

一、项目后评价的工作程序

项目后评价工作程序包括后评价计划下达、所属企业自评价、咨询单位独立后评价、反馈后评价意见、整改落实五个阶段。具体如下：

（1）公司以文件形式下达年度详细后评价计划，明确后评价范围、评价时点、重点内容、工作组织及进度要求等。

（2）项目所属单位应成立后评价工作领导小组，负责制订自评价工作计划、明确职责、报告审查与工作协调。领导小组下设工作组，由项目所属单位后评价业务主管部门牵头，财务、建设管理、生产运行等职能部门和项目建设运营单位参加。工作组负责填报自评价标准数据信息采集表，在规定时间内完成项目自评价报告。经所属企业后评价工作领导小组审查验收后，以函件形式提交。

（3）咨询机构在接受委托后，应组建满足专业评价要求的独立后评价项目组和后评价专家组，在现场调研、资料分析后的规定时间内完成独立后评价报告并提交委托方，项目独立后评价报告和后评价标准数据信息采集表、后评价专家意见表等过程文件作为成果一并存档。

（4）相关部门根据所属企业自评价报告和咨询机构独立后评价报告，组织有关部门和单位进行分析和评价，形成项目后评价意见，及时将项目后评价成果和有关信息反馈到相关部门、单位和机构。

（5）项目所属单位认真组织落实项目后评价意见中提出的整改要求和建议，在规定时间内将落实情况以函件形式报相关部门。

二、项目后评价的前期调查

项目调查的目的是为项目后评价提供素材，是项目后评价的工作基础，是分析问题、总结经验教训和编写项目后评价报告的主要依据，对提高项目后评价报告质量，准确客观评价项目起着至关重要的作用。

所有项目调查者需根据项目后评价所处层次、阶段以及项目后评价的内容和目的、范围，确定调查目的与所需调查的信息；需首先明确了解所做项目后评价的目的与评价的内容、范围，针对评价需要的内容确定项目调查的内容。对于一个建设项目，按时间先后顺序，可将调查的内容分为四个方面：项目前期筹建及审批情况调查、项目建设实施情况调查、项目生产运营情况调查、项目效益情况调查等。

后评价调查报告是调查、研究成果的集中体现，是对整个项目调查工作的全面、系统的总结，应在听取评价人员或项目决策者意见的基础上总结撰写。

三、项目后评价成果的反馈和传递

1. 项目后评价成果的反馈

评价成果的反馈是项目后评价的主要特点，评价成果反馈的好坏是后评价能否达到其最终目的的关键之一。然而，不少国家和地区由于机构、体制和手段等方面的原因，评价成果的反馈并不理想，对投资决策的影响作用甚微。针对这一问题，建立有效的评价成果反馈机制显得尤为重要。

评价成果反馈机制是项目后评价体系中的一个决定性环节。它是一个表达和传递评价成果的动态过程，同时该机制还应保证这些成果在新建或已有项目中，或其他开发活动中得到采纳和应用。因此评价作用的关键取决于所总结的经验教训在投资活动中被采纳和应用的效果。这些经验教训可供在项目周期的不同阶段管理中借鉴和应用，如立项阶段的项目选定、项目准备阶段的设计改进、项目建设实施中的问题预防和对策、项目完工运营中的管理完善和改进等。评价反馈系统通过提供和转送已完成项目的执行记录，增强了项目组织管理的责任制和透明度。

反馈过程有两个要素：一是评价信息的报告和传递。其中包含了评价者的工作责任，评价的成果和问题应该反馈到决策、计划规划、立项管理、评估、监督和项目实施等机构和部门。二是评价成果及经验教训的应用，以改进和调整政策的分析和制订。在反馈程序里，必须在评价者及其评价成果应用者之间建立明确的机制，以保持紧密的联系。

报告的反馈可看成一个动态的过程，即通过后评价信息的表述和传递使其不断地返回到已有和新建的投资活动中去。因此，反馈将取决于信息传递的策略和实践；取决于建立一个使后评价结果能够进入项目管理周期的反馈机制。这样，评价就可以成为“需求驱动型”的工作反馈机制，其责任和功能要满足不同决策层的要求，因而，反馈必须是及时的、易接受的、简明扼要的、有针对性的、系统的、形式多样的和便于操作的，这就需要在机构设置上形成反馈的环链。反馈机制的建立应以正规形式确立，用正式和非正式的手段使后评价获得的经验教训，能在新项目和新计划的制定过程中得到应有的重视。反馈机制应主要与四个方面建立紧密的联系，即与政策制定的联系，与计划管理的联系，与投资执行过程的联系，与人员培训系统的联系。

2. 后评价报告的传递

项目评价报告有组织有计划地分发传递，是改进投资活动的计划和执行的重要手段。评价者应按照任务委托或合同协议的要求，根据不同的对象报送正式或摘要报告。在不同的情况下，传递和形式有很大的差别，这主要取决于评价执行者的地位和经验，评价者对传递和范围的理解，对服务对象的认识，以及来自各个方面对信息的需求。

通过传递机制将评价的信息，包括问题、结论、建议和经验教训及时传递，直接为评价委托者服务。传递形式不一定仅限于发送评价报告，也可以使用其他方式，如传递摘要和总结、年度报告、综合报告、文献目录、自动数据库系统和研讨班。此外，还可以通过举行新闻发布会、专业会议以及内参材料等形式进行报道和传递到社会各个方面。

3. 后评价与项目决策管理的联系

通过反馈，项目后评价的成果应反映到新项目的决策和管理过程中。首先，要建立和健全投资管理的法规，从法律、制度、程序上形成体系，建立必要的执行和管理机构；其次，要建立项目管理的信息数据库，从项目筛选、立项、实施、完工到运营全过程进行监测管理；最后，保存和发展后评价的业务队伍，在实践中运用和发展与国际接轨的评价理论和方法，不断提高后评价质量。

在实际操作中，加强后评价与新项目决策的联系是一个重要环节。在项目前期阶段，应借鉴国际经验做法，强调过去的经验教训，说明过往投资与拟建项目同类工程的主要经验教训以及本项目拟采取的措施。在项目准备阶段，要建立项目管理信息系统，明确项目的监测评价指标、监测程序、监测的执行和管理。在项目实施阶段，应实施项目绩效管理，进行中间评价；严格把住竣工验收的关口，竣工报告必须达到规定的深度要求。在项目总结评价阶段，要建立和健全项目事后评价的制度和信息反馈机制，使之规范化、制度化。通过投资项目四个阶段的控制，形成一个比较完整的项目后评价体系。

四、项目后评价监督实施

项目所属单位原则上应自行编制项目自评价报告，并对填报的标准数据信息采集表、自评价报告质量以及提供的其他资料真实性负责。

承担典型项目独立后评价工作的咨询机构原则上不应与该项目预可行性研究报告、可行性研究报告和初步设计的编制单位、评估单位和建设实施工程咨询单位为同一单位，项目后评价的主要负责人不应是该项目前期工作的负责人。

咨询机构应对项目后评价结论负责。如有弄虚作假行为或评价结论严重失实等情形的，根据情节和后果，追究相关单位和人员的责任。咨询机构同时承担对公司商业秘密的保密责任，聘请的后评价专家应签订保密协议。

五、项目后评价成果应用

项目后评价成果用于发现项目决策、实施和运营各环节存在的问题。项目所属单位应结合后评价意见和建议，认真分析，制定措施，积极整改，及时补救，减少损失。

项目后评价成果还可作为公司编制发展规划、制定投资政策的重要参考，并为投资决策提供经验借鉴。项目后评价成果也是项目建设单位和主管单位投资效果和经济效益考核的重要参考依据，也是绩效表彰或责任追究的参考依据。

项目后评价成果作为以往投资项目经验和教训的总结，应在公司系统内部充分交流，以推广经验，防范问题，促进投资管理、工程建设、生产经营水平的提高。

第四节 项目后评价实务

不同类型的项目特点不同，在开展项目后评价过程中的侧重点也有所区别。本节结合项目后评价实践经验，对 7 类典型的油气产业和新能源产业项目的后评价实务要点进行论述。

一、油气田开发项目后评价要点

（一）资料收集要求

（1）项目建议书（或项目申请报告）、环境影响评价报告、项目可行性研究报告、项目评估报告，以及相关的批复文件。

（2）初步所涉及文件、开工报告、招投标文件、主要合同、工程概算调整报告、监理报告、竣工验收报告及其相关的批复文件与资料。

（3）项目运行和企业生产经营情况、财务报表以及其他相关资料等；与项目有关的审计报告、稽查报告和统计资料等。

（4）项目开发方案要点，项目开发方案评估意见，项目开发方案批复文件，开发方案调整、投资调整批复（下达）文件。

（5）安全预评价、环境影响评价报告批复（备案）文件。

（6）地面工程初步设计审查意见及批复文件，地面工程开工报告批复文件。

（7）投产运行总结报告结论。

（8）项目年度投资计划下达文件，钻井投资决算审计意见书，地面工程决算审计意见书。

（9）总体竣工验收意见书（包括环保、消防、职业卫生、劳动卫生、安全设施、工业卫生和档案资料等专项验收意见）。

（10）项目竣工决算到后评价时点这一阶段内，项目新增工程量、安全环保、节能减排等投资，或其他追加投资的批复（下达）文件。

（11）项目投产至后评价时点，分年度下达的生产考核指标和年度生产总结报告。

（12）开发动态监测报告结论、主要生产调整措施总结报告结论以及其他与生产相关的专项研究报告结论。

（二）编制大纲要点

油气田开发项目后评价编制内容结合企业管理需要和油气田开发项目实际特点，进行差异化规定。结合中国海洋石油集团有限公司《中国海洋石油有限公司油气投资项目后评价报告编制指南》，后评价报告编制可包含以下内容：

1. 总论

（1）项目概况：项目名称、地理位置、自然地理概况、区域构造位置及矿区面积等。简述油气田地质特点、储量、开发方案、投产时间、投产后的生产状况、市场落实与销售情况（主要针对天然气）等。

（2）勘探开发历程：1）简要说明该油气田勘探发现的历程，说明关键工作时间节点、相关文件名称及文号，对应完成的各类工作量、提交储量的区块、层系及各级储量规模等。2）简要说明该油气田开发建设历程，说明关键工作时间节点、相关文件名称及文号，对应批复/完成工作量（动用储量、生产及注入井数、新建产能、累计产量、地面设施及投资）及取得的认识。3）简要说明项目截至后评价时点油气田勘探开发现状，包括总资源量、提交的各级储量、动用储量、生产及注入井数、年产量及累计产量和已建工程设施等。

（3）项目单位及主要相关单位：简述项目实施责任主体，列表项目主要参建承包单位。

（4）项目主要目标实现情况：简述项目投产时间、建设规模、投资和效益等指标的实际完成情况，分别与开发方案指标进行对比，简要分析差异原因。

2. 前期工作评价

（1）项目前期单位基本情况：简要说明前期研究工作分工，相关单位的基本情况及资质、能力。

（2）项目前期研究主要历程：简要说明该油气田前期研究历程，说明关键工作时间节点、相关文件名。

（3）方案论证评价：1）简要说明方案论证过程、内容，评价多方案技术经济比选工作是否规范、科学、客观。2）简要说明专家审查会/投委会主要意见和建议的落实、采纳情况。3）方案有重大调整的，简述方案调整的目的、主要依据、调整内容及审批程序。对比分析方案调整效果，评价调整的必要性、及时性和规范性。

（4）评价结论：对前期研究及决策过程的完整性、规范性给出评价结论，总结值得借鉴的经验和教训，指出存在的主要问题，并提出对策建议。

3. 地质油气藏工程评价

（1）油气田地质研究评价：1）简述主要地质油藏研究阶段，各阶段开发方案井网部署、地质油藏认识及井网优化。2）简要说明各阶段基础资料的主要变化，列表统计各阶段基础资料情况。3）简要介绍油田位置、区块、地层发育特征，重点介绍构造、沉积和地质油藏方面的主要认识。4）根据开发井钻遇结果，说明方案实施后的构造、沉积、储层特征、含油（气）性、流体性质（原油、地层水、天然气）等与方案设计对比变化，附图、表分析说明变化原因。

（2）油气储量评价：根据开发井钻遇情况，列表说明重新计算的油（气）地质储量，并与开发方案进行对比，分析变化原因，储量变化大的需要附上能够反映储量变化原因的对比图（表），分层系进行对比说明。

（3）开发方案评价：1）简要介绍开发方案基本情况，包括但不限于主要工程设施、开发原则、动用储量、开发方式、高峰年产、累产油（气）等。2）将项目实施前后动用储量、开发规模、采油（气）速度、注采井数、单井注入量、总注入能力、平均单井产量和地层压力等主要指标与批复开发方案进行对比，图示年产、累产实施前后对比，说明项目的主要技术目标是否实现。如果实际与开发方案指标差异较大，要结合油气藏开采特点，从油气藏构造、地层水活动特征、储层描述、层系划分、开发方式、井网部署、注采系统、开发指标预测方法及依据等，评价开发方案的合理性、适应性和完备性。分井区统计开发井探明储量、动用储量、累产情况。3）评价油（气）藏地质工程采用工艺技术，包括重大核心技术攻关、成熟技术的集成应用等的应用效果及其推广应用前景，用文字或表格说明。4）给出油（气）藏地质工程总体评价结论，深入总结值得借鉴的经验和教训，分析存在的主要问题并提出建议措施。

4. 钻完井工程评价

（1）实施方案：简述钻井工程方案及其目标、难点和主要措施。选择重点和主要井型、井身结构、泥浆工艺、固井、完井等参数，以及油气层保护措施，评价钻井方案的技术适应性。

（2）实施评价：简述评价项目生产管理制度和工程实施的情况。评价井身质量、固井质量、钻完井周期、机械钻速、生产时效等指标完成情况，评价油气层保护措施、资料录取质量等是否达到钻井设计和合同要求，能否满足油气田开发需要。简述项目针对缩短钻井周期、提高钻速、降低成本等方面采取的技术和管理创新措施及效果，提出推广应用意见和建议。评价现有管理制度对技术创新工作的支持、导向和促进作用，对存在的问题提出相关改进建议。

（3）评价结论：项目钻完井工程总体评价结论，从技术和管理方面总结值得借鉴的经验和教训。

5. 采油（气）工程评价

（1）实施方案：简述采油（气）工程方案及其目标、难点和措施。对比分析方案实现程度及差异原因，重点分析完井工程、采油（气）方式、注水（气）工程效果，评价采油（气）工程方案的技术适应性。

（2）实施评价：简述评价项目生产管理制度和工程实施的情况。根据投产情况，评价采油工艺应用情况，增产、增注工艺成功率和有效率等指标，说明工艺实施效果。总结项目形成的各项先进适用、经济有效的配套技术及管理制度，提出推广应用意见和建议。评价现有管理制度对技术创新工作的支持、导向和促进作用，对存在的问题提出相关改进建议。

（3）评价结论：综合上述评价，给出项目采油（气）工程的评价结论，总结可借鉴的经验教训。

6. 海洋 / 地面工程评价

（1）实施方案：简述地面 / 海洋工程方案及其目标、难点和主要措施。选择重点和主要工艺等参数，评价工程方案的技术适应性。

（2）工程实施评价：简述评价项目生产管理制度和工程实施的情况。简述项目设计变更情况。说明重大设计变更的主要内容、原因和履行的审批程序，并分析对工程建设的影响。从质量、进度和费用方面进行分析和评价工程建设完成情况。总结项目形成的各项先进适用、经济有效的配套技术及管理制度，提出推广应用意见和建议。评价现有管理制度对技术创新工作的支持、导向和促进作用，对存在的问题提出相关改进建议。

（3）评价结论：项目工程建设的总体评价结论，从技术和管理方面总结值得借鉴的经验和教训。

7. 生产运行评价

（1）生产准备评价：简述生产准备基本情况，生产规章制度和岗位操作规程是否完备、适用，培训是否规范，说明安全保障措施和应急预案的制定和演练情况。

（2）生产运行评价：描述项目实施后的组织架构和管理机制，从技术、运营、财税、法律、商务、环保、行政、人力资源等各方面评价组织机构岗位设置的合理性及架构的完整性。对于合作项目，应该结合股东协议或联合作业协议以及项目实际运营情况，评价项目联合管理组织机构、管理和决策机制的有效性。简述生产井的总体运行情况，故障与维修。简述工程设施的总体运行情况，故障与维修，列表说明年度生产时率和设备完好率。列表说明主要生产系统负荷情况，评价现有能力是否满足油气田生产运行需要，说明存在的主要问题，尤其是能力明显过剩或不足情况。

（3）评价结论：综合上述评价，给出项目生产运行的总体评价结论，从技术和管理方面总结值得借鉴的经验和教训。

8. HSE 管理评价

（1）HSE 管理体系评价：描述项目 HSE 管理体系，结合项目生产经营实际，评价其 HSE 管理机构、规章制度是否健全，职责划分是否清晰，管理体系是否完善；评价 HSE 管理体系是否遵照项目所在国有关法律法规和标准、是否符合公司 HSE 管理体系框架等。

（2）安全环保评价：说明企业所采取的有效安全生产措施。分析是否达到安全生产的要求，是否发生过重大安全事故。说明企业所采取的环保措施，环境保护措施是否落实，是否存在超标污染物排放问题，是否发生严重的污染事件、受过环境污染的处罚。陈述是否发生社会纠纷事件及处理结果。

（3）节能减排评价：简述主要能耗设备及节能措施，对比开发方案节能报告能耗指标，对节能降耗效果进行评价。二氧化碳、氮氧化物、硫化物排放是否满足要求。

（4）评价结论：综合上述评价，给出项目 HSE 管理的总体评价结论，从技术和管理方面总结值得借鉴的经验和教训。

9. 投资执行情况

（1）投资批复情况：简述批复方案工程量及对应的投资。

（2）执行情况：列表对比投资与实际执行情况的差异，对差异原因进行分项说明。简述勘探投资金额及构成，如存在较大差异，需对差异原因进行说明。按开发投资构成，分项说明工程设施费、钻完井费、钻/修机费、油藏研究费、生产准备费、其他费用金额，如存在较大差异，需对差异原因进行说明。简述弃置费金额，如存在较大差异，需对差异原因进行说明。

（3）评价结论：简述投资控制的总体结论，总结投资和成本费用控制方面的经验和教训，尤其是在超投资、无效投资和损失浪费方面的教训。

10. 项目经济效益评价

（1）评价模式说明：后评价采用当期经济评价方法与参数，计算范围及生产期等，应与最新的开发方案或中长期规划相一致，严格执行投入和产出对应关系。

（2）基础数据：主要包括计算期、投资、产量/商品量、操作费、油气价格等。

（3）主要评价参数：主要包括上涨率、税率、弃置费、折旧。

（4）项目经济效益：列示项目全过程和向前看经济效益，并和开发方案阶段进行对比。对于国内合作油气田，分别计算项目、中方、外方项目经济效益。

（5）项目不确定性分析：计算投资、操作费、产量、价格等因素对项目经济效益的影响。

（6）评价结论：对比开发方案和后评价的效益结果。如果存在较大差异，分析造成差异的原因，总结经验或教训，对进一步提高油气田开发效率和效益水平提出对策建议。

11. 持续性评价

（1）外部条件因素：国家油气产业环境及重要政策调整，境外项目评价资源国政治社会环境、油气市场环境、碳排放、环保等外部条件对油气田持续生产的影响。

（2）资源条件可持续性：评价项目资源接替条件，储量、工程设施及合同期等对后续生产和开发建设的支持和影响。

（3）技术条件可持续性：评价目前的开发技术是否适应油气田的持续生产需要，提出进一步提高采收率和整体开发效果的技术、管理措施和建议。

（4）评价结论：根据上述评价，给出项目外部条件、资源条件、技术条件持续性评价结论。

12. 综合后评价

（1）综合评价结论：针对项目投资决策、地质油气藏工程、钻井工程、采油（气）工程、（地面）工程、生产运行、投资与经济效益、持续性等环节的评价，给出项目总体评价结论。

（2）经验教训：从项目的投资决策、勘探开发、生产运行、科技创新和应用等方面总结项目各阶段的经验和教训。分析项目取得成功的主要因素，提炼出可在后续项目中推广的主要经验。分析项目未实现预期目标的主要原因，深刻总结应吸取的主要教训。

（3）存在问题与建议：归纳项目各阶段总结的主要问题与建议，尤其是影响项目目标实现和持续发展的主要问题，提出相应的具体对策和建议。

二、风电场项目后评价要点

（一）资料收集要求

1. 项目业主应提供的后评价资料

（1）项目所在地风电场工程规划报告及项目批复文件。

（2）可行性研究报告及评审意见。

（3）支持性文件。

（4）重要的专项评估报告。

（5）投资主体投资决策文件。

（6）风电机组招标文件。

（7）贷款合同。

（8）建筑施工许可证书。

（9）建设期质量、安全管理文件。

（10）监理总结报告。

（11）试运行报告。

（12）项目结算报告和竣工财务决算报告及相关资料。

（13）竣工报告、竣工验收报告、验收鉴定书及相关材料。

（14）投运以来各年度运行分析报告。

（15）风电机组的数据采集与监视控制系统（SCADA）数据、风电场测风塔数据。

（16）历年审计报告、年度总结。若分期建设，需提供分期的资产负债表、利润表。

（17）项目公司所遵循的主要制度清单。

（18）职业健康、安全及环境事件处置（处理）报告。

2. 项目备查资料

（1）各类专题及评审意见。

（2）电气设备、设计、施工、监理等招标文件。

（3）与设备厂商、设计单位、施工单位、监理单位等工程参建方签订的合同。

（4）设计修改通知。

（5）监理规划报告及实施细则。

（6）施工组织设计报告。

（7）工程质量月报。

（8）监测月报。

（9）历次会议纪要。

（10）施工原始记录。

（11）各类试验报告。

（12）验收签证。

（13）竣工图。

（14）设备维护记录。

（15）值班日志。

（二）编制大纲要点

风电场项目后评价编制内容及深度应按照《风电场工程后评价规程》（NB/T 10109—2018）要求进行。后评价报告编制应包含以下内容。

1. 编制说明

（1）评价目的、范围和工作程序：后评价工作的委托单位、主要任务要求、评价目的及必要性。后评价工作的组织机构，明确后评价牵头单位、实施单位和参与单位的主要职责范围和工作要求。明确评价范围、工作内容。明确工作方式、工作计划及安排。明确需提供的风电场工程实施及运营维护总结报告编制内容和资料清单要求。

（2）评价依据：明确项目后评价的评价依据。

2. 项目概况

（1）项目基本情况：项目基本情况及主要技术指标、业主基本情况、投资情况、主要参建单位及设备供应商、项目建设情况及重要节点。

（2）项目运营情况：历年平均风速、年等效满负荷利用小时数、年发电量、年上网电量、年限电率、年综合利用电率、风电机组年可利用率等主要运行指标，项目历年运营收入、成本费用、利润等经营指标。

3. 项目实施与运行管理评价

（1）项目决策评价：项目立项理由，评价项目前期工作合规性；根据可行性研究报告评审主要结论和投资主体决策要点，分析决策结果的合理性。

（2）项目准备评价：1）评价招标设计的深度和较可行性研究设计变更的合理性，评价招标过程的合规性、合理性。2）评价项目建设用地、用海合规性。3）评价施工准备情况。

（3）项目实施评价：1）依据各类合同签订和执行情况，评价项目合同执行效果。

2）依据项目实施过程中重大的工程变更及审批情况，分析评价设计变更对工期、造价和项目经济效益等方面的影响，评价其技术合理性及变更报批手续的合规性。3）分析实际工期变化的原因及影响，评价项目建设进度控制情况。4）依据质量验收及运行情况，评价工程实体质量及设备设施质量状况；评价工程重大质量事故处理过程及效果，总结经验教训。5）总结和评价风电场工程安全管理情况、应急管理情况，评价项目安全设施“三同时”执行情况。6）评价工程监理的作用和效果。7）评价单位工程验收、启动验收、移交生产验收、专项验收和竣工验收的合规性。8）评价项目档案管理制度规范性、归档完整性、利用便捷性。9）评价项目建设阶段的管理方式、管理体系及管理效果，评价项目管理各阶段和各环节的目标清晰性、责任明确性、协调顺畅性、工作高效性。

（4）项目管理评价：1）评价项目运行管理组织架构、人员配置、规章制度的合理性、有效性、完备性。2）依据项目运行资料和现场检查情况，评价主要机电设备的运行、监测、试验等情况，评价生产运行管理水平。3）依据主要设备的维护检修资料，评价主要设备的维护管理水平，评价主要设备供应商对业主需求响应情况及其服务水平。4）评价风电场运行期安全管理、应急管理、职业健康管理效果和措施的合理性。

4. 项目效果和效益评价

（1）风能资源评价：实际风能资源与项目可行性研究阶段设计成果的差异。

（2）风电机组选型、布置和发电量评价：1）评价项目接入系统情况。2）评价项目接入电力系统的能力。3）结合项目投运以来市场消纳、参与市场化交易、电力市场发展趋势等情况，评价项目的电力营销情况。

（3）并网运行和市场消纳评价：1）评价项目接入系统情况。2）评价项目接入电力系统的能力。3）结合项目投运以来市场消纳、参与市场化交易、电力市场发展趋势等情况，评价项目的电力营销情况。

（4）工程造价分析和财务评价：1）分析项目设计概算与竣工决算的差异，评价项目投资控制措施的有效性及投资的合理性。2）依据项目建设资金筹措情况，评价项目融资方案的合理性。3）依据项目历年收入和成本费用情况，评价项目的盈利能力。4）评价项目参与碳排放权交易、绿色电力证书交易等情况。5）依据项目运营期上网电量、运行维护成本、税费等实际情况及其趋势预测，评价项目全生命周期的财务效益。

（5）环境影响和社会效益评价：1）依据施工期和运行期采取的环保、水保措施及实施效果，评价项目的环境影响。2）评价项目在建设和运行过程中对社会环境和社会经济发展所产生的影响。

（6）技术先进性评价：对依据风电场设计施工和运行过程中新技术、新工艺、新设备、新材料的使用情况和效果进行评价。

5. 项目目标和可持续性评价

（1）项目目标评价：1）从工程实物、技术能力、安全生产、经济效益、项目影响等方面，分析项目实施效果与项目决策目标的偏差原因，评价项目目标的实现程度。2）综合分析目标的确定、实现过程和实现程度等因素，评价目标确定的合理性。

（2）项目可持续性评价：1）从项目经营能力、管理能力、技术能力和应急能力等内部条件评价项目的可持续性。2）从风能资源、环境影响、行业政策、市场消纳等外部条件评价项目的可持续性。3）综合项目的内外部条件对项目可持续性发展的影响，预测项目未来情况，提出项目可持续发展的评价结论。

6. 结论和建议

项目建设和运营期间主要成功经验和教训，以及对后续类似项目在决策、建设、运营等方面的建议。

三、海油油气工程装备后评价要点

（一）资料收集要求

1. 项目实施过程文件

（1）可行性研究报告。

（2）投资和预审审查委员会会议纪要。

（3）可行性研究报告批复文件。

（4）投资概算报告。

（5）投资概算批复文件。

（6）方案设计审查会议纪要。

（7）基本设计审查会议纪要。

（8）设计、设备、工程服务、建造船厂等采办资料。

（9）船厂建造合同。

（10）建造质量、进度控制文件。

（11）试航报告。

（12）机械完工验收文件。

（13）审计报告。

（14）竣工报告及验收会议纪要。

（15）决算报告及验收会议纪要。

（16）运营资料。

（17）运营未来市场预测数据。

2. 经济测算及其他文件

（1）项目营业收入与营业税金表、项目总成本费用计算表、项目投资现金流量表、项目利润与利润分配表、项目固定资产折旧表。

（2）项目所获奖项、项目论文发表清单。

（二）编制大纲要点

有别于建设项目相对完备、统一的后评价管理体系，海洋油气工程装备投资项目的相关管理要求更多结合了企业管理需要和装备实际特点，进行了差异化规定。本节结合中国海洋石油集团有限公司《大型装备投资项目后评价报告编制指南》（待发布），建议海油油气工程装备投资项目后评价评审要点可关注以下内容。

1. 项目概况

（1）说明后评价任务来源和总体要求，说明开展后评价工作的主要依据；说明后评价报告的编制原则、评价时点、时间跨度的确定及后评价范围。

（2）说明项目建设目的、功能定位、建设内容等；说明项目投资估算批复总额，概算批复总额，竣工决算最终确认投资总额，资金来源等；简述项目利益相关方，包括但不限于项目建设单位、方案设计单位、基本设计单位、详细设计单位、建造单位、船舶入籍检验单位等。

（3）以列表的形式说明项目主要技术参数，以大型船舶为例参见表 10-5。

表 10-5　主要性能参数表

主尺度			
内容	参数	内容	参数
总长 L_{oa}		垂线间长 L_{pp}	
型宽 B		型深 D	
设计吃水 T_{max}			
性能参数			
内容	参数	内容	参数
排水量		最大载重量	
液货舱容		淡水舱容	
压载水舱容		甲板面积	
最大航速		乘员	
航区		续航力	
自持力		船旗国	
船级符号			
注：本表仅供参考，根据具体项目特性调整和补充相关技术参数。			

2. 前期决策评价

（1）可行性研究评价。

1）立项背景及依据评价：从项目立项时的宏观经济环境、产业发展环境、企业战略规划等方面评价立项背景及依据的合理性、充分性。

2）立项必要性及目标评价：评价项目的必要性，采用对比法评价项目立项目标实现情况。

3）市场预测评价：从市场规模、工作量、作业价格等方面评价预测值和实际值的差异，评价市场预测方法、预测模型、引用数据的可靠性、合理性。

4）功能配置评价：从设计选型、主要性能参数等方面评价项目功能配置的合理性。

5）风险分析及应对评价：结合项目风险的实际发生情况，分析项目风险识别的完整性，评价项目风险应对措施的有效性。

（2）决策合规评价。

评价决策过程的合规性及管理成果文件的完整性，包括但不限于：可行性研究报告专家审查会议纪要、批复文件；工程概算报告专家审查会议纪要、批复文件；项目组织机构；投委会审查意见及结论；第三方咨询评估报告；资产评估报告和尽职调查报告（针对大型装备购置项目）。

3. 实施评价

（1）实施里程碑点。

列示从项目启动到机械完工验收的里程碑点及涉及单位名称，参见表10-6。

表10-6 里程碑点主要信息

序号	里程碑点	时间	单位名称
1	可行性研究报告上报		
2	可行性研究报告批复		
3	方案设计审查会		
4	方案设计审查会会议纪要		
5	基本设计审查会		
6	基本设计审查会会议纪要		
7	建造合同签订		
8	建造开工		
9	投资概算批复		
10	交付		
11	机械完工验收		

（2）方案设计评价。

评价方案设计管理的科学性、流程的合规性、成果文件的完整性。评价内容包括但不限于：方案设计单位选择合理性、流程合规性；对方案设计专家审查会议纪要、专家组意见回复落实情况；方案设计中主要性能参数是否满足设计任务书、可行性研究报告的设计要求。

（3）基本设计评价。

评价基本设计管理的科学性、流程的合规性、成果文件的完整性。评价内容包括但不限于：基本设计单位选择合理性、流程合规性；对基本设计专家审查会议纪要、专家组意见回复落实情况；基本设计中主要性能参数是否满足可行性研究报告、方案设计的设计要求。

（4）招投标管理评价。

评价设计、建造、关键设备招投标管理流程的合规性、成果文件的完整性。评价内容包括但不限于：组织方式、招标方式、评标原则及审批成果文件；招投标对项目节约成本、节省工期的贡献。

（5）建造管理评价。

1）建造进度评价，评价内容包括但不限于：项目批复进度及其成果文件；项目里程碑点实际进度和批复进度的差异，表 10–7 给出建议里程碑点；差异发生的主要原因；采取的赶工措施及效果。

表 10–7　里程碑点建造进度差异对比分析

序号	里程碑点	批复进度	实际进度	差异	差异原因	赶工措施
1	生产设计开工					
2	船舶建造开工					
3	船台 / 船坞施工开工					
4	船体合拢完工、下水					
5	试航完成					
6	交船					

2）建造质量评价，评价内容包括但不限于：探伤合格率、一次报检合格率；机械完工验收及整改情况；公约及规范要求的满足情况；法定和船级证书的获得情况。

3）重大工程变更评价，评价内容包括但不限于：梳理重大工程变更的内容及金额、评价重大工程变更的合理性、评价重大工程变更审批流程的合规性。

4）健康安全环保评价，评价内容包括但不限于：健康安全环保管理手册编制情况；建造过程的安全管理培训及演练；健康安全环保管理目标及实现情况，表 10–8 给出宜设置管理目标。

表 10-8　健康安全环保管理目标及实现情况对比分析

序号	健康安全环保目标	实现情况
1	不发生因公死亡责任事故，损失工作日事件率低于 0.26，应记录事件率低于 0.50	
2	不发生重大火灾爆炸责任事故	
3	不发生重大污染环境与破坏责任事故	
4	不发生重大交通责任事故	
5	不发生直接经济损失超过 50 万元的机械设备责任事故	
6	不发生直接经济损失超过 100 万元的海损责任事故	

5）建造管理评价，评价内容包括但不限于：项目建造组织机构设置的合理性；对承包商、第三方监理管理的有效性；合同管理、文档管理。

6）交付及竣工决算评价，评价内容包括但不限于：接船检查、机械完工验收、竣工验收及决算审查会会议纪要。

（6）技术水平评价。

评价可行性研究报告、方案设计、完工状态的主要技术参数差异及形成原因。主要技术参数包括但不限于：作业能力、性能指标、适应作业海况。

4. 生产运营评价

（1）运营成效评价。

梳理投入运营后，实际运营成效与可行性研究报告、工程概算报告存在的差异，分析差异存在的原因，并提出后续改进的建议，评价指标包括但不限于：市场定位；作业价格、作业天数、工作量、收入；主要功能实现。

（2）运营管理评价。

评价指标包括但不限于：管理机构设置的合理性、管理文件和体系文件的完整性、主管机关或公司安全管理机构对装备的审核及检查情况、船员配置的合规性、相关培训安排的合规性。

5. 环境保护和节能评价

（1）评价项目是否满足国内外法规、排放公约、船级社和主管当局对平台（船舶）管理要求。

（2）评价项目针对具体污染源所采取措施的有效性，包括但不限于：生活污水、油污水、压载水、空气污染、固定废弃物。

（3）依据燃料消耗量分析碳排放量，评价碳排放量满足公约及法规的要求情况。针对采用 LNG、甲醇、氨气等作为动力燃料的船舶（平台），分析其减碳效果。从废热利用、采用新技术、系统优化、新节能设备采用、运营期间能效管理等方面对节能措施进行分析，评价节能效果。

6. 社会影响评价

从装备研究能力、设计能力、建造能力、油气田开发保障能力、规范建设等方面评价项目对国家和行业的影响。从对战略规划、装备体系、作业能力、产业链完整性、产业转型升级等方面评价项目对上级公司和建设单位的影响。

7. 可持续性评价

从国家能源政策、外部发展环境、企业产业定位、内外部市场需求、项目技术水平、船舶管理、后评价经营收入方面对项目可持续性进行评价。

8. 总体评价结论

（1）评价结论。

根据分项评价结论，概括提出项目总体定性评价结论。总体定性评价结论应分条列示，采用标题加论述形式，参考如下。

1）前期决策评价：从可行性研究、决策合规两个维度给予评价结论；

2）实施评价：从方案设计、基本设计、招投标管理、建造管理、技术水平五个维度给予评价结论；

3）生产运营评价，从运营管理和运营成效两个维度给予评价结论；

4）投资及经济效益评价，从项目与可行性研究同口径及项目后评价两个维度，给予项目收入、经济效益评价结论；

5）环境保护、节能及可持续性评价；

6）获奖情况、论文发表情况等其他方面评价。

（2）经验总结、存在问题及改进建议。

对项目全过程成功经验进行归纳和总结，包括但不限于：项目管理创新经验，市场开拓经验，提升行业影响力优秀做法，科研融合推动技术进步优秀做法。

从项目的可行性研究、决策、实施、生产运营、投资及效益等方面归纳项目存在主要问题。针对存在问题，提出改进对策与建议，为后续项目实施提供参考。

四、炼油化工项目后评价要点

（一）资料收集要求

（1）项目前期文件。

1）项目投资机会研究报告、建议书及其批复文件；

2）初步可行性研究报告（预可行性研究报告）及其批复文件；

3）可行性研究报告和/或项目申请报告和/或项目资金申请报告及其批复文件；

4）项目备案资料和批复文件；

5）项目环境影响评价报告及其批复文件；

6）项目安全预评价报告及其批复文件；

7）项目职业卫生预评价报告及其批复文件；

8）项目节能减排专项评估或评审及其有关批复文件；

9）项目土地预审及批复文件；

10）总体设计及其批复文件（项目如有此阶段）；

11）初步设计（或基础设计）及其批复文件；

12）项目各阶段评估报告或项目评审会议纪要/专家评审意见。

（2）项目实施文件。

1）开工报告及有关批复文件；

2）招投标文件及有关批复文件；

3）主要合同及有关批复文件；

4）年度投资计划、项目调整报告及有关批复文件；

5）项目试车方案、生产准备、联合试运与试生产等情况材料；

6）项目过程审计报告、竣工决算审计报告；

7）监理报告及有关批复文件；

8）项目竣工决算报告及验收批复；

9）项目验收报告及有关批准文件、项目竣工总结报告；

10）项目环保、安全、职业卫生、消防、质量等各专项验收报告和/或批准文件等。

（3）其他资料。

1）项目投运以来的生产/运营、成本、财务等数据；

2）项目投产以来相关整改措施的有关报告及材料；

3）编制单位进行研究的有关资料和数据；

4）同类或类似项目的相关资料、报告等；

5）同类或类似企业或项目的有关资料等。

对于并购项目，还应包括资产评估报告、财务审计报告、法律尽职调查报告、HSE尽职调查报告及并购项目可行性研究报告及有关决策文件等。

对于上市公司，尤其是境外上市公司，在跨国并购或投资时，除遵守正常的投资项目决策程序外，还应按照规定通过证监会、董事会和股东大会等审批和决策流程等。

（二）编制大纲要点

炼油化工项目后评价编制内容主要依据上级主管部门下达的项目后评价文件、委托单位的项目后评价委托书和咨询单位与委托单位签订的合同有关情况等内容。后评价报告编制应包含以下内容。

1. 项目概况

（1）项目情况简述。

1）项目简介。概述后评价项目所属企业名称、项目名称、建设地点、管理归属、项目类型（建设项目、并购项目）、投资类型（全资、控股及比例、参股及比例、中外合资及比例）、建设类型（新建、改扩建等）和项目资金来源等。

概述项目占地面积、建设运营规模、主要建设内容、采用的主要工艺技术、主要能耗指标及碳排放情况、项目开工和投产运营时间等。

2）企业现状。简述项目所属企业基本状况，主要包括企业性质、行业地位、生产规模及生产能力、主要生产装置、主要经营和财务状况情况、主要能耗指标及碳排放情况等企业概况信息。并购项目还需要说明目标公司基本情况。

项目业主、投资方、股东方的基本状况应包括企业性质、规模、行业地位、主要经营和财务状况等。

（2）项目决策要点。

概括项目决策阶段主要批文的批复要点和要求。

决策要点中包括项目的建设（并购）背景、实施必要性、立项目的、项目建设/运营规模、预期目标及最终实现的效果等。预期目标有战略目标、经济目标或其他协同效应等。

（3）项目实施情况与运营情况。

1）项目实施情况。简述项目的实施程序，项目建设全过程各主要阶段的起止时间、承担或批准单位，并填写项目建设程序表。对项目决策、实施、运营等各阶段的程序合规性和手续完整性给出明确评价结论。

简述项目实际建成的建设规模、主要建设内容和实际完成投资情况及其相对决策批准的变化情况。

2）项目运营情况。简要说明项目运营各阶段情况。包括试运行、生产（运行）效果、经营管理初步情况等。

此外，并购项目要概要总结交易完成后的整合、改造项目情况以及运营情况。

（4）项目运行及效益现状。

简要说明项目投运后至后评价时点前各年的主要生产经营情况和效益情况，主要包括产品（货物）产量（运营量）、生产（运营）负荷、销售量及销售（运营）价格、产（运）销率等，主要效益指标［包括产量（运营量）、销售量、收入、成本、利润、净利润等］。评价项目的预测效益测算结果。

针对并购项目，评价其协同效益（效应）或战略目标体现情况。

（5）项目可持续性。

概要总结项目的政策符合性、社会影响、环境影响、项目竞争力和项目的可持续性。

2. 项目全过程总结与管理评价

（1）项目前期工作阶段。

主要是对项目的立项依据，即项目决策过程、决策程序、可行性研究报告及批复、可行性研究评估报告、初步设计（基础设计）及批复、初步设计（基础设计）评审报告等前期工作进行总结评价。

通过对项目初步设计（基础设计）与可行性研究报告的对比、项目前期工作与项目实施后情况的对比，评价项目前期工作的质量。重点对项目的资源与原材料条件、市场研究、产品竞争力分析、生产/运营规模、产品/运营方案或产品/运营结构、工艺/装备技术选择、厂址选择、主要设计方案的符合性和合理性、建设程序及决策过程的合规性进行评价。

并购项目主要对可行性研究结论进行评价，另外也要对资产评估、财务审计、验资、法律尽职调查、HSE尽职调查、市场研究、整合方案、改造方案研究等工作进行评价。

上市公司项目应对项目实施前后的股价情况予以分析，说明项目对交易市场的影响。

对于境外投资项目，应考虑与境内投资一般建设项目和并购项目在审批程序和决策过程的不同，根据境外投资项目的性质、国别或地区的具体情况进行分析。

（2）项目建设实施阶段。

建设实施评价主要是评价从施工图（详细）设计、开工准备、征地拆迁、资金筹措、招投标、设备材料采购、项目施工（收购实施）、监理、HSE管理、试运行、项目竣工的各个阶段的工作是否符合国家、行业及公司的有关标准、规定进行总结评价。评价项目管理的组织、管理模式、管理的有效性等。评价工程质量是否达到设计的目标要求，工程进度安排与控制是否科学、合理、有效；费用控制是否合理、有效。

并购项目还应对并购过程、改造实施过程等进行评价。

上市公司要约收购项目，应包括要约协议和执行情况评价。

境外投资项目，应根据项目所在国家或地区的特殊要求和规定，总结和分析评价建设实施过程的一些特点和特别要求等。

（3）项目生产运营阶段。

主要是指从生产准备、生产运营至后评价时点的各项主要工作的评价。重点对项目投运情况、生产情况、经营管理情况进行评价。

分析评价工艺路线畅通状态、设备能力匹配度、生产运行稳定性，评价设计生产能力达标情况，评价原材料、能源动力消耗指标与设计要求的差异等；评价产品质量、营销策略及效果、产品市场竞争能力和占有率，分析市场开发与新产品研发能力；分析评价管理体制、管理机制、管理机构、管理规章制度等。

并购项目应简要说明企业经营管理的交接过程对企业运营的影响，必要时应有管理整合方案的评价。

境外投资项目应有管理和操作人员的本土化方案。

3. 项目投资和效益评价

（1）项目投资执行情况评价。

主要是对项目投资控制、投资变动原因、投资水平、技术改造和在投资、项目资金到位及使用情况等进行分析评价。总结分析项目投资执行与控制的经验与教训，以指导后续项目的决策与执行。

对于决策项目执行后的与后评价项目直接相关联的后续项目投资，除另有规定外，应在后评价报告中予以描述，并纳入项目后评价范围。

（2）项目经济效益评价。

对项目的盈利能力分析、清偿能力分析、财务生存能力和风险进行分析评价。评价时要同时使用已实际发生数据和根据变化了的内、外部因素更新后的预测数据，应注意保持数据口径的一致性，使对比结论科学可靠。

对于决策项目执行后的与后评价项目直接相关联的后续项目，除另有规定外，应在后评价报告中予以描述，并纳入项目后评价范围。该部分投资和产生的效益，应纳入项目经济效益分析中。

财务评价指标和计算参数，应根据行业特点和实际需要选取，并与项目可行性研究报告财务效益分析和决策指标一致。

4. 项目影响评价

（1）项目环境影响评价。

主要是对项目环保达标情况、项目环保设施及制度的建设和执行情况以及项目的环境影响和生态保护等进行分析评价。

总结相关经验及教训，若存在潜在的环境风险，应提出对策建议。分析未来环保法规和政策的变化及走势，简要说明对项目的影响。

境外投资项目应根据项目所在国家或地区的有关规定和要求，分析项目的影响，做出评价结论。应关注工会、社团或某些国际组织的影响。

（2）项目节能评价。

根据项目节能减排的实际运行效果，说明项目的能效水平是否达到国家、地方或行业的标准，项目能耗水平在同行业中的地位。

分析未来节能法规和政策的变化及走势，简要说明对项目的影响。

（3）项目安全、职业卫生评价。

依据《安全影响评价报告》及项目投产后带来的安全与职业卫生问题，评价项目对当地安全与职业卫生环境带来的影响。

简要说明安全与职业卫生设施同步建设情况、安全和职业卫生制度执行情况，评价项目（或企业）是否满足国家和地方有关标准要求。

项目建设和生产运行过程中若发生重大安全生产事故，应简述事故性质、主要影响和原因，总结安全预案、应急措施是否规范有效。

分析未来安全与职业卫生法规和政策的变化及走势，简要说明对项目的影响。

境外投资项目应根据项目所在国家或地区的有关规定和要求，分析项目的影响，做出评价结论。应关注工会、社团或某些国际组织的影响。

（4）消防评价。

依据消防设施验收情况及项目投运后的消防设施运行情况，说明消防是否存在安全隐患以及对周边的影响。

简要说明消防设施同步建设情况、消防制度执行情况，评价项目（或企业）是否满足国家和地方的有关标准要求。

分析未来消防法规和政策的变化及走势，简要说明对项目的影响。

境外投资项目应根据项目所在国家或地区的有关规定和要求，分析项目的影响，做出评价结论。

（5）项目科技进步影响。

对重大项目、科研开发项目、重要示范性项目等，应简要评价项目对科学技术进步的推动作用，主要包括：对技术开发、技术创新、技术改造、技术引进的作用，对高新技术产业化、商品化和国际化的作用，对国家和地方科技进步的推动作用等。

如有引进技术，应从项目的引进技术、国产技术、自有技术等方面总结项目对国家、企业、项目科技发展及技术推广的影响。

（6）项目社会影响评价。

主要是从项目的建设实施对主要相关利益群体、社会稳定性，对带动项目所在地区域经济发展、推动产业技术进步，对提高当地政府财政收入、增加当地就业和居民收入水平的影响等方面进行分析评价。

对于重大投资项目和国家核准的投资项目，应做项目社会影响评价，一般项目可简化。

对于境外投资项目，应分析地缘政治影响和项目所在国家或地区的政治、政策、宗教等影响，包括政治稳定性、与我国关系等。重大的境外投资项目应关注工会、社团或某些国际组织的影响。

（7）项目企业影响评价。

评价项目对企业的影响，一般中小型项目可简述项目建设实施在经济效益、市场营销、综合实力、循环经济等方面的影响。大型或重点项目，应重点就经济效益、市场营销、综合实力、综合竞争能力、企业战略等方面评价项目对企业未来发展的影响。

为新建项目而成立的企业，应简要评价项目对企业可持续性经营和发展的影响。

重大的并购项目，应分析并购后对企业的资产、组织机构、股份、经营等的影响。上市公司应分析对股票市场的影响。重大的境外投资项目，应分析国际化影响。

5. 项目目标与持续性评价

（1）项目目标实现程度评价。

主要是通过项目的工程目标、技术目标、效益目标以及影响目标与预期值的比较，对项目目标实现程度进行评价。

（2）项目绩效对标分析。

主要是通过与国内外类似项目或行业水平的比较，对项目工艺技术、主要设备和辅助配套设施的先进性、适用性、可靠性及国产化水平，资源、能源利用的合理性，工程投资、进度、质量和安全目标控制的水平及有效性，产品质量、生产成本和经济效益水平，以及对项目影响效果等进行分析评价。

（3）项目持续性评价。

在经营 / 运营过程中，项目可以按既定目标继续执行和发展，项目投资人和项目业主愿意并可能依靠自己的力量继续去实现既定目标。可持续性评价即实现上述能力的可能性评价。

境外投资项目应根据项目所在国家或地区的特殊性，选取适合自身项目的影响因素进行分析评价。

6. 结论与建议

（1）项目后评价结论。

综合项目全过程及各方面的评价结论，并进行汇总分析，形成项目后评价的总体评价结论，一般可采用综合评分法。

（2）主要经验教训。

通过项目全过程回顾与评价，归纳出对项目具有决定性影响、对全局具有参考作用的经验与教训。

（3）存在问题与对策建议。

对项目存在的主要问题进行分析，并提出切实可行的改进措施和建议。

五、液化天然气项目后评价要点

（一）资料收集要求

（1）项目预可行性研究报告和 / 或建议书、可行性研究报告和 / 或项目申请报告及批复文件。

（2）项目备案资料和批复文件。

（3）项目环境影响评价报告及其批复文件。

（4）项目安全预评价报告及其批复文件。

（5）项目职业卫生预评价报告及其批复文件。

（6）项目节能减排专项评估或评审及其批复文件。

（7）项目土地及用海批复文件。

（8）项目初步设计及其批复文件。

（9）项目各阶段评估报告、项目评审会议纪要 / 专家评审意见。

（10）年度投资计划，项目调整报告及有关批复文件。

（11）项目建设开工报告、招投标文件、主要合同、监理报告。

（12）项目过程审计报告、竣工决算审计报告。

（13）项目竣工决算报告、验收批复及竣工总结报告。

（14）项目环保、安全、职业卫生、消防、质量等各专项验收报告和 / 或批准文件等。

（15）项目投运以来的生产经营、成本等数据，年度财务报表和总结报告及其他项目经营情况相关资料。

（16）项目投产以来相关整改措施的有关报告及材料。

（17）企业对未来生产经营及财务方面的预测或者规划（接收站加工量、加工费、成本的预测及支持性文件）。

（18）液化天然气加工、使用合同（协议）或液化天然气采购、销售合同（协议）。

（19）当地液化天然气接收站定价或天然气销售定价政策。

（20）详细后评价需提供项目自评价报告。

（21）对于并购项目，还应包括资产评估报告、财务审计报告、法律尽职调查报告、HSE 尽职调查报告及并购项目可行性研究报告以及有关决策文件等。

（22）对于上市公司，尤其是境外上市公司，在跨国并购或投资时，除遵守正常的投资项目决策程序外，还应按照规定通过证监会、董事会和股东大会等审批和决策流程等。

（二）编制大纲要点

液化天然气项目后评价编制内容结合企业管理需要和项目特点，进行差异化规定。根据《中央政府投资项目后评价管理办法和中央政府投资项目后评价报告编制大纲（试行）》（发改投资〔2014〕2129号），结合中国海油能源经济研究院《气电后评价报告编制指南》，液化天然气项目后评价报告编制可包含以下内容。

1. 项目概况

（1）评价范围：后评价工作的委托单位、主要任务要求，明确后评价工作范围、提供的资料清单。

（2）评价依据：明确项目后评价的评价依据和评价时点。

（3）项目基本情况：简述后评价项目建设地点、项目类型、投资类型、建设类型，建设背景，起止时间，码头、接收站、管线工程主要建设内容、规模、投资等内容。

（4）投资主体：简述项目所属企业名称、企业性质、行业地位、生产规模及生产能力、主要生产装置、主要经营和财务状况、主要能耗指标及碳排放情况等企业概况信息。

（5）项目决策与主要实施程序：1）简述项目建设背景、立项目的、进度计划及预期目标。2）简述项目实际建成规模、建设内容、实际投资完成情况，相对投资决策批准的变化情况。3）对项目决策、实施等各阶段的程序合规性和手续完整性给出明确评价结论。

（6）项目投资情况：1）总结项目各阶段投资及竣工决算情况。2）总结资金到位情况。

（7）项目运营及效益情况：1）简述项目生产运行及经营管理等情况。并购项目要简述并购交易完成后的整合、改造项目情况以及运营情况。2）简述项目投运后至后评价时点前各年的主要生产经营情况和效益情况。

2. 项目实施过程评价

（1）项目前期工作阶段评价：1）简述项目立项依据、评审过程、决策程序，评价项目决策程序是否合规、决策依据是否充分、决策是否科学合理。2）通过对项目初步设计（基础设计）与可行性研究报告的对比、项目前期工作与项目实施后情况的对比，评价项目前期工作的质量。重点对项目码头、接收站及外输管线建设规模及进度的匹配性、技术选择的合理性、建设程序及决策过程的合规性进行评价。3）对项目前期工作做出综合评价结论，总结项目前期工作阶段各主要工作的经验及教训。

（2）项目建设实施阶段评价：1）对项目勘察、设计、征地拆迁、资金筹措、招投标及采购、合同管理、项目组织、制度执行、工程施工、工程监理、竣工验收、档案管理等各环节的程序履行和管理的有效性等进行总结评价。2）对工程建设内容、建设规模的符合性，工程进度、投资、质量和安全目标的控制情况，重大设计变更的审批及程序履行情况，以及项目竣工验收、决算审计和遗留问题处理情况等进行总结评价。3）对项目实施做出综合评价，评价各个阶段的工作是否符合国家、行业及企业有关标准、规定；工程质量是否达到设计规定的目标要求；工程进度安排与控制是否科学、合理、有效；费用控制是否合理、有效，总结项目建设实施阶段各主要工作的经验与教训。

3. 项目生产运营评价

（1）生产准备评价：对液化天然气项目的组织准备、人员准备与培训、技术准备、物资与资金准备、外部条件准备、营销准备等方面进行说明和评价。

（2）试生产情况评价：评价各项生产准备内容、生产试运行与试生产考核等情况，评价生产准备工作的充分性和顺畅程度。

（3）生产运营评价：1）简述液化天然气原材料供应情况，工艺路线畅通状态，设备能力匹配度，生产运行稳定性。2）评价液化天然气接卸、储存、气化外输、液态外输等能力达标，评价液化天然气项目外部配套设施建设进度及规模的匹配性，评价原材料、能源动力消耗指标与设计要求的差异等，评价总图布置及系统配套工程合理性。3）总结项目投产（或运营）后液化天然气加工服务规模或天然气产品销售规模的增长规律，分析项目可达到预期目标的可能性。

（4）技术及管理评价：1）评价项目技术效果、技术标准、技术方案、技术创新性、设备国产化情况；2）简述管理体制、管理机制、管理机构、管理规章制度，对项目管理及经营策略进行分析评价。并购项目需评价整合方案实施效果及管理层过渡情况。

（5）生产运营评价结论：对整个生产运营阶段做出综合评价结论，总结项目生产运营阶段各项主要工作的经验和教训。

4. 投资与效益评价

（1）投资执行情况：1）通过对比可行性研究阶段投资估算、初步设计阶段批准概算、竣工结算投资额，评价项目实施各阶段的投资变化以及投资控制水平，说明码头工程、接收站工程、管线工程等各部分投资变化的主要原因。2）简述项目实际投融资方案与可行性研究阶段确定的投融资方案的差异及合理性分析。3）评价项目资金到位情况。

（2）财务评价：1）分析投产时点至后评价时点期间实际运行成本类数据、收入类数据与投资决策的差异，预测评价时点后各项成本类参数与收入类参数的变化趋势，并以此为基础，对项目进行经济寿命期内的项目财务再评价；2）对项目盈利能力、偿债能力、财务生存能力进行分析，并与可行性研究决策阶段的项目各项财务指标进行比较分析；3）判断是否达到决策阶段确定的收益目标或收益目标的实现程度，并对差异进行分析说明。

5. 影响评价

（1）环境影响评价：1）依据《安全影响评价报告》《环境影响评价报告》，评价项目对当地安全与环境带来的影响，检查影响效果。2）根据项目节能减排的实际运行效果，说明项目的能效水平是否达到国家、行业或地方的标准，项目能耗水平在同行业中的地位。3）分析未来安全、环保、职业卫生、节能等方面法规和政策的变化及走势，简要说明对项目的影响。

（2）社会影响评价：评价项目对当地社会发展的影响，包括对当地就业、经济、节能降耗、生活水平提高的影响和对当地社会文化、教育、职业卫生、福利和社会组织机构发展等方面的影响。评价项目建成后对国家和地区产业结构调整、地区社会环境可持续发展的影响。对照前期决策时开展的社会影响评价报告及其有关评估、批复文件，检查影响效果。

（3）企业影响评价：评价项目对投资者的影响。包括经济效益、市场营销、综合实力、综合竞争能力、企业战略等方面评价项目对企业未来发展的影响。

6. 项目目标和可持续性评价

（1）项目目标评价：1）从工程建设规模、技术水平、竞争力（年加工量）、经济效益、项目影响等方面，分析项目实施效果与项目决策目标的偏差原因，评价项目目标的实现程度。2）综合分析目标的确定、实现过程和实现程度等因素，评价目标确定的合理性。

（2）项目可持续性评价：1）从液化天然气供给条件分析、项目规模与技术水平分析、项目市场环境和竞争力、产业政策等方面进行持续性评价。2）综合项目的内外部条件对项目可持续性发展的影响，预测项目未来情况，提出本项目在可持续性发展能力方面的主要优势和不足。

7. 主要结论和经验教训

（1）后评价综合结论：综合项目的前期工作、建设实施、生产运营、投资与经济效益、影响与持续性等各部分的后评价结论，进行归纳、总结和提炼，给出项目后评价的综合评价结论，并进行项目的成功度评价。

（2）经验教训：通过综合评价，对项目全过程的成功做法加以归纳和总结，提出可供今后类似项目借鉴的主要经验和教训。

8. 对策及建议

从项目各阶段总结的问题与建议中，归纳出液化天然气项目存在的主要问题，特别是影响销售目标、安全生产、经济效益、竞争力及发展等方面的问题，并提出相应改进措施和建议。

六、输气管道项目后评价要点

（一）资料收集要求

（1）项目决策及批复文件、实施及生产运营资料参考本章第四节液化天然气项目后评价要点的资料收集要求。

（2）管道沿线水土保持方案、管道沿线工程地质灾害危险性评估报告、地质活动断裂评价等相关资料。

（3）系统投产试运计划及试车记录、安全管理手册等安全制度类资料、管道及设备维护计划及维护记录、计量管理制度及实际计量记录、维抢修制度及记录。

（4）生产运行资料，如输量、压力、分输量等。

（5）生产运营资料，如投产后各年的输气量、管输价格、成本表、利润表等。

（6）天然气代输合同（协议）或天然气采购、销售合同（协议）。

（7）当地天然气管道成本监审或天然气销售定价政策。

（8）企业未来年度管输计划、投资预算计划、成本利润预测。

（9）职业健康、安全及环境事件处置（处理）报告。

（二）编制大纲要点

管道项目后评价编制内容结合企业管理需要和管道项目实际特点，进行差异化规定。结合中国石油天然气股份有限公司《油气管道项目后评价》，后评价报告编制可包含以下内容。

1. 项目概况

参考本章第四节液化天然气项目后评价要点的项目概况，对评价范围、评价依据、项目基本情况、投资主体、项目决策与主要实施程序、项目投资情况、项目运行与效益情况进行说明。

2. 项目实施过程评价

（1）项目前期阶段评价：主要是对项目的立项依据，项目决策过程、决策程序，项目可行性研究报告、评估报告和批复意见等进行总结评价。1）可行性研究评价。重点对项目资源和市场的符合性、工程建设规模及输油气技术方案的合理性与适应性、建设程序的合规性等进行评价，特殊地段的管道还应评价通过方式、重大穿越工程技术方案及穿越点选取的合理性。2）前期工作评价，主要对前期阶段评估工作、各专项评价工作进行论述和评价。3）决策程序评价，重点对前期工作完整性、合规性进行评价。4）初步设计评价，简述初步设计深度、技术水平、站场设置和工艺流程设计、工程概算等情况，对比油气管道主要工程变化情况，评价初步设计质量、合理性、有效性，技术差异。5）对项目前期工作做出综合评价结论，总结项目前期工作阶段各主要工作的经验及教训。

（2）项目建设实施评价：主要包括建设管理模式评价、招投标及采购工作评价、工程建设与管理评价、工程承包商评价、工程监理评价、工程竣工验收评价等。主要评价项目建设实施阶段各方面的工作是否符合国家、行业及相关管理单位的有关规定，工程质量和管理是否达到设计规定的目标要求。具体参考本章第四节液化天然气项目后评价要点的项目简述实施评价。

3. 项目生产运营评价

（1）生产准备评价：对管道项目试生产的组织准备、人员准备与培训、技术准备、物资与资金准备、外部条件准备等方面进行说明和评价。

（2）试生产情况评价：简述管道及自控、阴极保护、通信等相关单体的投产试运情况，说明站场变配电、消防、供热、压缩空气、给排水等配套系统投运情况，评价生产准备工作的充分性和顺畅程度。

（3）生产运营评价：1）对照设计方案，将管道输气量、输气能力、管线能耗、线路维护方案等实际情况与设计进行对比，说明油气管道工程的实际运行状况及目标实现程度。2）对技术方案及设备适应性、配套工程合理性、能耗、管道运行、组织机构及HSE进行评价。3）总结项目投产后管道运行负荷的增长规律，分析项目市场可达到预期目标的可能性。

（4）生产运营评价结论：对整个生产运营阶段做出综合评价结论，总结项目生产运营阶段的经验和教训。

4. 投资与效益评价

（1）投资执行情况：1）对投资变动进行分析，评价投资合理性。2）评价融资方案和资金到位情况。3）总结投资控制的经验和教训。

（2）财务评价：1）项目效益分析。简述项目投产到后评价时点前的管输量、管输价格、营业收入、总成本、税后利润情况，分析实际数据与可行性研究指标差异原因。2）项目经济效益分析。后评价时点前用实际数据，后评价时点后用预测数据，对项目进行经济寿命期内的项目财务再评价，并与可行性研究决策阶段的项目各项财务指标进行比较分析。3）不确定性分析。对管输价格、管输费、经营成本等进行不确定性分析。4）经济评价结论。评价主要经济指标的实现程度，并对差异进行分析说明，总结经验和教训。

5. 影响评价

参考本章第四节液化天然气项目后评价要点的影响评价。

6. 可持续性评价

（1）外部因素：从天然气供应、天然气市场及竞争力、国家油气基础设施产业政策等方面调整对天然气管道项目持续性的影响分析。

（2）内部因素：从管道技术水平、安全生产、成本控制等方面对项目的持续性影响分析。

（3）评价结论：综合项目的内外部条件对项目可持续性发展的影响，预测项目未来情况，提出本项目在可持续性发展能力方面的主要优势和不足。

7. 主要结论和经验教训

（1）总体评价结论：1）从天然气管道设计规模、建设内容、年输气量、能耗、投资、经济效益等方面，分析项目实施效果与项目决策目标的偏差原因，评价项目目标的实现程度。2）简述项目的前期工作、建设实施、生产运行、预期目标以及影响与持续性评价结论，并进行项目的成功度评价。

（2）经验教训：通过综合评价，对天然气管道项目全过程的成功做法加以归纳和总结，提出可供今后类似项目借鉴的主要经验和教训。

（3）对策及建议：对项目存在的主要问题进行分析，并提出相应改进措施和建议。

七、燃气发电项目后评价要点

（一）资料收集要求

（1）项目决策及批复文件、实施及生产运营资料参考本章第四节液化天然气项目后评价要点的资料收集要求。

（2）电厂机组运行、修理情况，分年利用小时、负荷率、锅炉效率、汽机热耗、发电气耗、厂用电率等运行数据。

（3）分年天然气采购量、天然气价格、成本、利润等财务数据。

（4）企业对未来生产经营及财务方面的预测或者规划（对电价、气价、热价、电量、热量预测，大修及成本预测，及支持性文件）。

（5）天然气采购合同（协议），供电、供热合同（协议）。

（6）当地电力市场竞价上网相关政策。

（二）编制大纲要点

天然气发电项目后评价编制内容及深度应按《火力发电工程项目后评价导则》（DL/T 5531—2017）要求进行，后评价报告编制应包含以下内容。

1. 项目概况

（1）评价范围：后评价工作的委托单位、主要任务要求，明确后评价工作范围、提供的资料清单。

（2）评价依据：明确项目后评价的评价依据和评价时点。

（3）项目基本情况：简述项目建设地址、建设规模、交通运输、电厂容量、资源条件、项目性质特点及主要建设内容。

（4）投资主体：项目投资方、项目业主、隶属关系和参加项目建设的主要单位。

（5）项目决策与主要实施程序：项目开展前期工作、项目核准以及项目开工建设、投产等重要时间节点信息。

（6）项目投资情况：项目各阶段投资及竣工决算情况。

（7）项目运行与效益情况：项目投产后运行与经营效益总体情况。

2. 项目实施过程评价

（1）项目前期工作阶段评价：1）项目前期工作阶段决策程序与过程的合规性评价，包括对项目立项、可行性研究报告、专项研究报告及项目核准程序合规性的评价。2）项目前期工作阶段各项决策的合理性、科学性评价，包括对照项目核准意见、可行性研究报告审查意见及配套批准文件确定的项目相关工程方案原则与项目实际实施情况，评价项目在可行性研究阶段确定的项目规模、工程外部条件、主设备选型原则、环境保护措施、水源及取水方式选择、燃料来源及选择、机组冷却方式选择、热力送出方案（如果有）及其他主要方案技术路线或设计原则等重要决策的科学性、合理性。3）对于实际实施方案与项目核准意见要求发生实质性变化的情况，应分析原因，并分析偏差对项目运营产生的影响，对于对项目综合成功性产生负面影响的决策，还应提出规避此类教训的合理化建议或保障措施。

（2）项目建设准备工作评价：1）初步设计阶段工程勘测评价；2）初步设计方案、评审意见落实、方案符合程度等初步设计评价；3）开工准备工作评价。

（3）项目建设实施评价：1）评价施工图设计对核准意见及初步设计审查意见的落实情况、对国家现行火力发电工程建设标准的执行情况、与初步设计变化的对比分析等。2）评价勘察设计、工程监理、设备监造、工程施工、调试、性能试验、工程总承包等工程采购工作。3）评价建设单位负责的设备及材料采购工作的合规性、主要技术条件的合理性与科学性。4）评价工程建设施工质量控制和进度控制情况。5）评价工程安全文明控制管理、工程监理工作情况。6）评价管理机构设立、协调能力、合同管理、工程档案管理等综合管理工作。7）说明机组整套启动试运合规性，简述 168h 满负荷试运质量评价结论及单台机组试运总体评价结论。8）评价机组及脱硫、脱硝装置的各项性能和技术指标是否达到设计标准、设计值或保证值要求。9）评价达标投产机组是否符合投产验收规定，简述达标投产复验报告内容及整改落实情况。10）评价竣工验收及专项验收文件是否齐全，取得文件时序是否符合机组调试、运行规定，专项验收整改落实情况，竣工图、质量文件是否齐全、合规。11）实际投融资方案对比及合理性分析。12）评价各阶段投资控制情况，总结投资控制经验和教训。

（4）项目实施评价结论：对整个项目实施过程做出综合评价结论，总结项目生产运营阶段的经验和教训。

3. 项目生产运营评价

（1）生产运营管理评价：1）评价项目运行管理组织机构、人员配置及运作机制的合理性，运营管理制度的健全程度，生产运行方式（含机组维修）的适应性。2）说明运营期各年度采购天然气燃料结构、采购量、消耗量、平均热值、单价的差异分析，评价原料供应情况。3）简述电力市场改革等外部市场条件及产业政策变化对机组运行方式的影响及应对措施，评价项目的电力营销情况。4）简述节能、减碳政策对机组运行方式的影响，电厂在加强节能、减碳运行管理方面的主要措施及有效性评价。5）评价安全生产运行情况。

（2）生产运行指标评价：1）说明机组投运以来可靠性指标变化趋势分析，评价机组健康水平、可靠性水平及运行水平。2）说明机组年利用小时数、机组运行负荷率、锅炉效率、汽机热耗、发电气耗、厂用电率等技术经济指标与设计值及同类型机组平均值的对比情况，评价项目主要技术经济指标情况。3）评价机组对电网调度负荷的响应程度及性能。4）评价机组投产各年的综合能耗情况。5）评价环保、节能设施生产运行情况。

（3）机组设备检修及技改：1）分析 A、B 类检修及重大技改项目的检修、技改原因及必要性。2）分析检修及重大技改实施效果。3）归纳可有效提高电厂运行经济性、安全可靠性的措施及经验，提出工作建议。

（4）装置技术水平总体评价：1）分析主机设备之间、主辅机设备之间的设计、设备选型的适应性。2）分析机组整体技术装备水平及工艺设计技术水平对燃料、电力调度要求、节能环保政策、产业政策等外部条件的适应性。3）评价机组的技术先进性、运行安全及可靠性。

（5）生产运营评价结论：对整个生产运营阶段做出综合评价结论，总结项目生产运营阶段的经验和教训。

4. 效益评价

（1）财务评价：分析投产时点至后评价时点期间机组运行实际成本类数据、收入类数据，预测评价时点后各项成本类参数与收入类参数的变化趋势，并以此为基础，对项目进行经济寿命期内的项目财务再评价，判断项目的盈利能力、偿债能力、财务生存能力。

（2）财务效果评价：与可行性研究决策阶段的项目各项财务指标进行比较分析，判断是否达到决策阶段确定的收益目标或收益目标的实现程度，并对差异进行分析说明。

（3）结论建议：从财务角度提出改善企业运营效果的建议。

5. 项目环境及社会影响评价

（1）环境影响评价：1）评价项目废气、废水、噪声治理效果情况；2）评价项目对固体废物及水土保持的影响分析情况。

（2）社会效益评价：1）评价项目对电力产业技术进步的贡献情况；2）评价项目在改善民生与拉动就业方面的影响情况。

6. 可持续性评价

（1）外部因素：从上网电、供热量、燃料供应价格、产业政策调整、节能环保政策调整等方面分析影响本工程可持续发展的外部因素。

（2）内部因素：从人力资源、信息化、生产运行管理、激励机制等方面分析影响工程的内部环境，提出改进措施。

（3）结论建议：综合项目的内外部条件对项目可持续发展的影响，预测项目未来情况，提出本项目在可持续发展能力方面的主要优势和不足。

7. 主要经验与教训

（1）经验：在对项目各阶段及实施效果各方面评价的基础上，归纳总结本项目亮点以及在实施过程中可借鉴或值得推广的主要经验。

（2）教训：在对项目各阶段及实施效果各方面评价的基础上，归纳总结本项目在实施过程中存在的问题或需要加以防范与规避的教训。

（3）对策及建议：归纳总结出本项目在可持续发展能力方面的主要优势和不足，提出改进措施和建议。

8. 项目成功度评价

根据项目实施各阶段、实施效果的评价结论，项目实现决策目标的程度，对项目成功达到决策目标的程度进行评价。宜采用打分方法。

9. 对策及建议

从微观与宏观两个层面，提出在科学决策、企业生产经营管理决策、产业政策制定、规范市场行为、改善市场环境等方面的改进建议。

第五节 后评价报告模板

本节以大型装备后评价报告的编制为例，介绍后评价报告的模板。

1. 项目概况与总体评价结论

1.1 项目简述

简述项目的环境适应条件和作业需求情况，集团公司对项目批复情况，项目投资估算、预算、决算等数据，投产后的服务对象，从事的主要作业情况等。

1.1.1 项目投资方、项目批准方及主要相关单位（见表 10-9）

表 10-9 项目主要参与单位

内容	单位
项目名称	
投资批准单位	
运营单位	
基本设计单位	
建设厂家	
入级检验单位	

1.1.2 项目的主要参数

简述项目的主要特征，主要推进功率、艏艉侧推、专业设备配置等情况。列出主要的性能参数，可参见表 10-10。

表 10-10 主要技术参数表

主尺度			
内容	参数	内容	参数
总长 L_{oa}		垂线间长 L_{pp}	
型宽 B		型深 D	
设计吃水 T_{max}		轻载吃水 T_{min}	
主要性能参数			
内容	参数	内容	参数
排水量		最大载重量	
回收舱容		供应能力	
柴油舱		淡水舱	
钻井 / 压载水舱		甲板面积	

续表

主尺度			
航速		床位	
获救人员		航区	
续航力		自持力	
主要设备参数			
内容	参数	内容	参数
主机		螺旋桨	
艏侧推		艉侧推	
主发电机		轴带发电机	

1.1.3 项目的主要技术特点

从项目船对作业环境的适应能力、专业设备的能力、环境保护措施、节能措施、先进技术使用等方面简要说明项目的技术特点。

1.2 项目决策要点

1.2.1 项目建设目的

从发展规划、市场需求、社会责任等方面对建设目的进行分析。

1.2.2 项目建设目标

对建设项目的主要性能及功能要求，并从满足市场及工程建设需要等方面进行简要描述。

1.2.3 项目建设途径

简要说明立项的可行性研究报告编制及审批过程，对方案设计、基本设计、详细设计是否满足船级社及国际海事组织要求，生产设计及建造船厂的承担方等。

1.3 项目实施程序

1.3.1 项目启动到交船时间

总结项目从启动到交船的时间。见表 10-11。评价建造各阶段的管理合规性。

表 10-11 项目启动到交船时间表

序号	内容	时间	单位
1	《×× 项目可行性研究报告》编制		
2	《×× 项目可行性研究报告》上报		
3	《×× 项目可行性研究报告》专家审查会		
4	《×× 项目可行性研究报告》（修改版）上报		

续表

序号	内容	时间	单位
5	《××项目可行性研究报告》（修改版）投委会审查		
6	《关于××集团建造××项目可行性研究报告的批复》		
7	方案设计		
8	送审设计		
9	××项目方案设计审查会		
10	船厂合同签订		
11	××项目开工		
12	××项目基本设计审查会		
13	××公司建造××项目投资概算审查会		
14	建造××项目投资概算的批复		
15	审图（船级社）		
16	详细设计		
17	施工设计		
18	机械完工验收		
19	交船		
20	竣工及决算验收		

1.3.2 后评价的运营期

（1）项目评价的运营期。

（2）项目投产后，主要的作业合同情况。

（3）评价主要的运营情况。

1.4 项目实施情况

简述项目各个阶段的具体实施者及实施者的选择方式，并说明项目交付后的运营管理单位。

1.4.1 项目建设主要内容

简述项目的建设成果，主要功能和作业能力。对专业设备的能力做重点说明。

1.4.2 项目实施进度

简述项目从启动到完工的总时间，实际完成情况与建造合同及集团公司批复情况的对比结果，并做简要评价。

1.4.3 项目完工质量情况

简述一次报检合格率、探伤合格率、取得证书情况、运营后的设备运行情况，并做简要评价。

1.4.4　投资执行情况

简述批复的投资估算、投资概算、竣工决算等各阶段的投资额，分析各阶段投资控制情况，并做简要评价。

1.5　项目运行及效益现状

说明项目的投入运营时间、评价截止时间。

项目现阶段运营效益与可行性研究报告的对比，分析并得出项目效益现状结论。见表 10–12。

表 10–12　收入表

单位：万元

运营期	实际收入	可行性研究预测
合计		

对运营期的实际收入与可行性研究阶段的预测收入进行对比，并做简要说明是否达到可行性研究预期。

1.6　总体评价结论

可从以下方面进行总结：

（1）可行性研究报告质量和评估报告质量，是否为决策提供了正确的依据；

（2）决策过程的完整程度；

（3）决策的及时程度、前瞻性；

（4）项目所处的技术水平状态；

（5）项目管理目标的实现程度；

（6）招投标过程的规范程度；

（7）生产运营情况；

（8）经济效益是否达到预期效果；

（9）项目的持续发展能力如何；

（10）其他方面。

2. 项目前期工作评价

2.1　可行性研究评价

2.1.1　立项依据评价

可从公司的发展战略、规划等方面说明立项依据是否充分。

2.1.2 立项背景评价

从作业需求、装备现状等方面对立项背景进行评价。

2.1.3 立项目的评价

从需要解决的问题和实现的目标方面对立项目的进行评价。

2.1.4 立项必要性评价

从国家政策、市场需求等方面对立项的必要性进行评价。

2.1.5 项目可行性研究报告批复的主要意见

从可行性研究报告批复的主要内容，主要包括评审会纪要要求、批复文件要求、资金来源批复，交付时间要求等方面进行评价。

2.1.6 项目的可行性研究评价

从项目功能定位的实现程度、技术参数与作业要求相符程度、经济效益指标与可行性研究报告预测指标吻合程度等方面对可行性研究进行评价。

2.2 决策及过程评价

2.2.1 决策过程评价

从可行性研究报告的上报、评审、批复等流程分析，评价决策过程是否完整。

2.2.2 可行性研究报告评估评价

对咨询评估单位的评估过程和评估报告进行评价。

2.2.3 决策评价

可从决策的及时程度、决策时机、国家产业政策、集团公司的产业规划、咨询评估等方面对项目决策进行评价。

2.3 决策及过程评价结论

从决策合规性、及时性、决策效率、决策依据、国家产业政策和集团公司产业政策等方面进行总体评价。

3. 项目实施评价

3.1 方案设计评价

说明方案设计单位，比较方案设计与可行性研究报告的主要参数及性能（见表 10–13）。

表 10-13 主要技术参数和性能对比表

序号	技术参数	可行性研究报告	方案设计
1	总长		
2	型宽		
3	型深		
…			

对方案设计的主要参数来源、论证过程进行简要说明，并结合方案设计审查会等会议要求，对方案设计进行评价。

3.2 基本设计评价

说明基本设计单位，比较基本设计与方案设计的主要参数及性能（见表 10–14）。

表 10–14 主要技术参数和性能对比表

序号	技术参数	方案设计	基本设计
1	总长		
2	型宽		
3	型深		
…			

结合审查会的内容，对基本设计的深度、与可行性研究报告及设计任务书的满足程度、设计进度等方面进行评价。

3.3 设计、长线设备及船厂招投标评价

列举招标的项目，包括每个项目由谁组织、招标方式、评标原则、审批情况等。

从招标的合规性、招标方式选择的合理性、招标过程记录、技术标与商务标是否有机结合等方面对项目招投标进行评价。

3.4 详细设计评价

说明设计单位，比较详细设计与基本设计（见表 10–15）。

表 10–15 主要技术参数和性能对比表

序号	技术参数	基本设计	详细设计
1	总长		
2	型宽		
3	型深		

结合审查会的内容，对详细设计深度、性能参数满足作业需求等方面进行评价。

3.5 项目建造及管理评价

3.5.1 建造进度评价

列举实际节点与合同节点的对比表，分析出现差异的原因（见表 10–16）。

表 10-16 主要建造节点表

序号	里程碑	项目名称	
		合同规定时间	实际完成时间
1	船舶建造开工		
2	船舶上船台		
3	船舶下水		
4	交船		

从设计、审图、船厂建造、环境等方面对建造进度进行分析评价。

3.5.2 建造质量评价

从报检制度、质量合格率、船级社及法定证书的取得、设备更新改造和运行情况等方面对建造质量进行评价。

3.5.3 重大工程变更

列举项目重大工程变更，分析变更的理由，评价变更的合理性、变更程序的合规性。

3.5.4 健康安全环保（HSE）评价

分析 HSE 的管理目标设定及实现程度、建造过程中所采取的措施，对 HSE 进行评价。

3.5.5 项目管理评价

从项目单位的管理文件，评价项目单位管理规范性。

从项目的组织机构、管理程序、汇报制度等方面对项目管理进行评价。

从质量、进度、费用、安全等方面对项目管理的“四大控制”进行评价。

3.5.6 竣工决算及竣工验收评价

列出验收会议时间、主要验收内容等，对验收的可信度、时效等方面进行评价。

3.6 项目技术水平评价

3.6.1 项目技术水平

从操作性能、靠泊能力、抗风浪能力等方面评价船舶的性能。

从设备配置、装载能力等方面评价船舶的作业能力。

3.6.2 技术目标实现情况

列表对比可行性研究报告、基本设计、完工的主要技术参数和性能，评价技术目标的实现情况（见表 10–17）。

表 10-17 主要技术参数和性能对比表

序号	技术参数	可行性研究报告	基本设计	完工状态
1	总长			
2	型宽			

续表

序号	技术参数	可行性研究报告	基本设计	完工状态
3	型深			
…				

3.6.3　技术先进性比较

列举国内外同类装备的性能参数，对比其关键参数，评价其技术先进性（见表 10–18）。

表 10–18　国内同类装备性能比较表

船名	项目船	国际同类船舶 1	国际同类船舶 2	国内同类船舶 1	国内同类船舶 2
船长（m）					
船宽（m）					
吃水（m）					
主机功率（kW）					
航速					
专业设备					
专用规范满足					
…					

3.6.4　技术先进性评价

从关键技术指标、主要设备配置、安全设备配置等方面评价项目的技术先进性。

3.7　实施评价结论

从设计审查意见的完善程度、性能参数的吻合程度、对规范和法规的要求满足程度、招投标的评价、交付使用时间与批复时间的吻合程度、建造质量的优劣程度、HSE 的实现程度、技术水平状态等方面对建造实施进行评价。

4. 生产运营评价

4.1　实际作业及功能实现情况评价

4.1.1　生产运营目标

对比实际运营与可行性研究报告所确定的生产运营指标（见表 10–19）。

表 10–19　可行性研究报告生产运营目标

序号	列项	项目名称
1	市场定位	
2	日费或作业单价	
3	年作业天数或作业量	

续表

序号	列项	项目名称
4	年收入	
…		

4.1.2　实际作业情况

列出从事的作业种类，对实际运营的情况做简单描述，对实际作业情况做评价。

4.1.3　运营收入及评价

列出项目的运营天数、运营率、运营收入等，并与可行性研究报告相比较（见表 10–20）。

表 10–20　实际生产运营与可行性研究报告指标比较表

年份	可行性研究预测天数	运营天数	可行性研究运营率	实际运营率	可行性研究预测收入	实际运营收入

通过对比分析，对运营收入等情况进行评价。

4.1.4　商业模式评价

对项目的商业模式进行评价。可从固定租金收入模式、船舶服务费 + 应急待机费等不同的商业模式进行评价。

4.2　运营机构设置及管理

对运营的管理资质、机构、体系内审结果等方面进行评价。

对船舶的体系文件审核结果等方面进行评价。

4.3　船员配置及培训

对船员配置是否满足国家要求、培训是否满足作业要求等方面进行评价。

4.4　实际运营取得的成果

4.4.1　作业合同情况

列举合同情况，可参照表 10–21。

表 10–21　作业合同情况表

序号	作业者	服务开始日期	服务结束日期	服务价格［元 /（船・天）］
1				
2				

续表

序号	作业者	服务开始日期	服务结束日期	服务价格［元 /（船 · 天）］
3				
…				

对现有合同执行情况和后续合同情况以及项目的作业任务做评价。

4.4.2　甲方总体评价

列出甲方对项目的总体结论和具体的意见或不足。

4.4.3　获得的奖励和表彰

列举项目获得的奖励和表彰。

4.5　生产运营评价结论

从甲方的评价、实际作业效果、管理体系文件及专业培训等方面对生产运营进行评价。

5. 投资与经济效益评价

5.1　投资与执行情况评价

5.1.1　项目各阶段投资审批情况

根据各阶段的批复文件，列出投资估算、投资预算、竣工决算、工程加减账等方面的数据。

5.1.2 项目的固定资产

（1）资产交付情况

列出项目船的经会计事务所提供的资产交付情况及入资情况，可见表 10–22。

表 10–22　项目交付使用资产总表　　单位：元

序号	单项工程项目名称	总计	固定资产			
			合计	建安工程	设备	其他
1	项目名称					

（2）项目负债情况

对项目贷款情况、还款情况进行说明，对项目债务情况进行总结。

5.1.3　投资估算、投资概算与竣工决算比较

对比项目可行性研究报告投资估算、投资概算与竣工决算，可见表 10–23。

表 10-23　投资估算、概算及竣工决算比较表

单位：万元

序号	名称	投资估算	投资概算	竣工决算	决算－估算	决算－概算
一	工程直接费					
1	船厂建造价格					
2	船东采办设备					
2.1						
2.2						
2.3						
2.4						
2.5						
2.6						
二	工程间接费					
1	设计、审图					
2	入级检验费					
3	项目管理费					
4	生产准备费					
三	不可预见费					
四	建设期利息					
五	项目总投资					

对结果进行描述，并分析产生差异的原因。

5.1.4　投资控制评价

从投资估算、预算、决算数据，评价投资控制的实现情况。

5.2　经济效益后评价

5.2.1　评价方法与依据

列出评价方法和依据，可参照下面内容。

（1）项目可行性研究报告；

（2）项目的决算报告；

（3）项目已运营年份的实际经营数据；

（4）项目的服务合同及补充协议；

（5）《建设项目经济评价方法与参数》（第三版）；

（6）其他。

5.2.2　营运收入

（1）可行性研究预测收入

列出可行性研究报告预测的收入。

（2）运营阶段实际收入

列出实际收入。

（3）对比分析

对可行性研究预测收入与后评价收入进行比较，可参照表 10-24。

表 10-24　收入情况对比表　　单位：万元

运营期	可行性研究预测	后评价值	差额	运营期	可行性研究预测	后评价值	差额

5.2.3　经营成本

（1）实际运营成本

列举实际运营成本，可参照表 10-25。

表 10-25　实际运营成本表　　单位：万元

序号	项目	×× 年	×× 年	×× 年	×× 年	×× 年
一	材料费					
1	直接材料费					
2	直接燃料费					
二	人工成本					
1	工资薪金					
2	外包人员					
三	其他经营成本					
1	日常修理费					
2	坞修费					
3	大修费					
4	保险费					
5	港杂及船检费					
6	海餐费					
7	差旅费					
8	通信费					
9	劳动保护费					
10	其他					
四	管理费分摊					
五	岸基支持费分摊					
合计：						

（2）项目船舶未来运营成本预测

从人工费用、修理费、制造费用等方面对项目剩余运营年份的成本做合理预测。对预测成本与可行性研究报告的成本进行比较，可参照表 10–26。

表 10–26 运营成本对比表 单位：万元

年份	可行性研究（单船）	后评价预测值

从人工成本、修理费、海餐费、差旅费及管理费分摊分析变化的原因。

5.2.4 经济评价其他参数及基础数据

列出经济评价其他参数及基础数据，可参照表 10–27。

表 10–27 经济评价其他参数及基础数据

序号	参数设定	可行性研究	后评价
1	项目总投资		
2	建设期		
3	经营期		
4	基准折现率		
5	营业税及其附加		
6	所得税率		
7	运营期		
8	折旧		

5.2.5 经济评价结果

根据预测收入、预测的成本对项目进行经济评价。评价结果可参照表 10–28。

表 10–28 经济评价指标汇总表

序号	名称	数量	单位	备注
1	项目总投资		万元	
2	营业收入		万元 / 年	正常年份
3	日费		万元 / 天	正常年份
4	出租率			正常年份

续表

序号	名称	数量	单位	备注
5	经营成本		万元 / 年	平均值
6	税后利润		万元 / 年	平均值
7	折旧年限		年	
8	折旧额		万元 / 年	正常年份
9	经济评价指标		所得税后	自有资金
9.1	内部收益率			
9.2	经济净现值（i_c=9%）			
9.3	投资回收期			

对经济评价结果进行分析评价，并与可行性研究报告预测的结果进行对比，分析产生差异的原因。

5.3　经济效益评价结论

（1）对实际运营期的经济效益进行评价。

（2）按预测情况对后续运营的经济效益进行分析评价。

（3）对其他方面进行评价。

6. 项目环境保护、节能及持续性评价

6.1　环境保护、节能及评价

6.1.1　环境保护

（1）环境保护的相关法律法规要求

包括以下方面：

①国际主要法律法规要求；

②船级社和主管当局对船舶管理要求。

（2）环境保护采取的措施

可参照以下措施：

①防污染证书的取得；

②设备配置方面满足相关要求。

6.1.2　节能减排

（1）节能减排要求

列举国家、公司对节能减排的相关文件，列出项目单位所编制的相关节能减排文件。

（2）采取的节能措施

列举采用的节能措施。

6.1.3 环境保护、节能评价

从国际公约、规范、证书确定等方面对环境保护进行评价。

从采取的节能措施、实施的效果等方面对节能进行评价。

6.2 社会影响评价

6.2.1 对国家和行业影响

可从项目提供的安全保障、实际作业效果、对规范的建设、促进国内设计水平的提高等方面进行评价。

6.2.2 对项目单位的影响

可从项目单位发展、培养队伍、提升服务能力等方面进行评价。

6.3 可持续性评价

可从国家环保政策、海上生产需求、应急保障、经营状况等方面进行项目的可持续性评价。

6.4 环保、节能和可持续性评价结论

从国家环保及节能政策、海上生产需求、项目作业能力、项目收益率等方面对环保、节能和持续性进行评价。

7. 项目后评价结论

7.1 项目成功度评价

7.1.1 成功度定性评价

列出项目采用的评价方法，常用方法有有无对比法、层次分析法、因果分析法、综合评价法、成功度评价。一般采用成功度评价方法。具体标准可参照表 10-29。

表 10-29 成功度定性评价指标评分标准

一级指标	二级指标	三级指标	5分	4分	3分	2分	1分	0分
评价目标	总体目标	总体目标实现度	完全实现	较好实现	基本实现	部分实现	少部分实现	未实现
	业务目标	技术指标符合度	完全符合	基本符合	多数符合	部分符合	少量符合	不符合
		投资执行符合度	偏离 10% 以内	偏离 10% ~ 15%	偏离 15% ~ 20%	偏离 20% ~ 30%	偏离 30% ~ 50%	偏离 50% 以上
		总体效益	远好于预期	达到预期	没达到预期，但仍盈利	没达到预期，不盈利	亏损	无收益
		其他目标符合度	完全实现	较好实现	基本实现	部分实现	少部分实现	未实现

续表

一级指标	二级指标	三级指标	5分	4分	3分	2分	1分	0分
过程评价	项目决策	科学性	科学、合理	合理	基本合理	部分失误	较大失误	重大失误
		及时性	及时	较及时	基本及时	延误	较大延误	严重延误
	实施管理	设计控制	完全满足可行性研究	满足可行性研究	基本满足可行性研究	部分满足可行性研究	大部分不满足	未完成
		招标 / 采办管理	合法合规，文件齐全	合法合规，主要文件齐全	合法，不完全合规	招标过程文件缺失，可鉴定	招标过程文件严重缺失，难以鉴定	不合法
		HSE 管理	制度完整、健全，管理到位	制度完整、合理，管理到位	有完整的制度，管理基本到位	有完整的制度，管理不到位	管理制度不完整	无管理制度
		费用控制管理	科学、合理	合理	基本合理	部分失误	较大失误	重大失误
		建造进度管理	科学、合理	合理	基本合理	部分失误	较大失误	重大失误
		质量控制	质量优秀	质量良好	质量中等	质量较差	质量差	严重不合格
效果和效益评价	经济性	经济效益	高于可行性研究	等同可行性研究	低于可行性研究5%	低于可行性研究10%	低于可行性研究20%	低于可行性研究20% 以下
		社会效益	显著	明显	一般	较小	微小	无
		经济指标分析	高于可行性研究	等同可行性研究	低于可行性研究5%	低于可行性研究10%	低于可行性研究20%	低于可行性研究20% 以下
	竞争力	国内竞争力	强	较强	中等	较差	差	无竞争力
		国际竞争力	强	较强	中等	较差	差	无竞争力
	经营管理	经营管理机构	好	较好	中等	较差	差	无管理
		运营状况	好	较好	中等	较差	差	停运
		培训情况	定期、系统培训	定期培训	完成常规培训	培训较少	几乎无培训	无培训
		服务质量	优秀	优良	中等	较差	差	无服务
环境保护和节能评价	环境保护	环境保护制度建设	健全	较健全	中等	较差	差	无制度
		环保措施	绿色生态	无污染	轻度污染	中度污染	重度污染	严重破坏生态
	节能	节能制度建设	好	较好	中等	较差	差	无制度
		节能措施	能源利用率高	能源利用率较高	能源利用率一般	能源利用率较低	能源利用率低	能源利用率极低

续表

一级指标	二级指标	三级指标	5分	4分	3分	2分	1分	0分
可持续性评价	可持续性	国家政策	利好	中等	一般	较差	差	无关联
		资源和市场	好	较好	一般	差	很差	无市场
		设备完好情况	完好	基本完好，实现所有功能	只能实现大部分功能	只能实现部分功能	只能实现极少部分功能	完全无法工作
		后续项目借鉴性	极其容易复制	容易复制	不易复制	难以复制	极难复制	几乎无法复制

7.1.2　项目成功度定量评价

在成功度定性评价的基础上，通过评分法得到分值，定量表示项目的成功度。

需事先确定的分级标准，确定项目的成功度。一般参照表10-30、表10-31进行。

表10-30　项目成功度分级表

项目得分	86 ~ 100分	71 ~ 85分	60 ~ 70分	60分以下
分级	成功	基本成功	部分成功	不成功

表10-31　项目成功度定量评价指标权重与评分表

序号	一级指标	二级指标	三级指标	权重（w）	评分（m）
1	评价目标（26%）	总体目标（8%）	总体目标实现度		
2		业务目标（18%）	技术指标符合度		
3			投资执行符合度		
4			总体效益		
5			其他目标符合度（HSE）		
6	过程评价（23%）	项目决策（5%）	科学性		
7			及时性		
8		实施管理（18%）	设计控制		
9			招标 / 采办管理		
10			HSE 管理		
11			费用控制管理		
12			建造进度管理		
13			质量控制		

续表

序号	一级指标	二级指标	三级指标	权重（w）	评分（m）
14	效果和效益评价（29%）	经济性（12%）	经济效益		
15			社会效益		
16			经济指标分析		
17		技术性（4%）	国内竞争力		
18			国际竞争力		
19		经营管理（13%）	经营管理机构		
20			运营状况		
21			培训情况		
22			服务质量		
23	环境保护和节能评价（11%）	环境保护（5%）	环境保护制度建设		
24			环保措施		
25		节能（6%）	节能制度建设		
26			节能措施		
27	可持续性评价（11%）	可持续性（11%）	国家政策		
28			资源和市场		
29			设备完好情况		
30			后续项目借鉴性		

通过计算，得出其评定分值，判断项目的成功程度。

7.2　项目后评价结论

与第一部分的总体评价结论相同。

8. 主要经验、不足及对策建议

8.1　经验总结

可从把握市场时机、提升服务能力、培养队伍、促进国内水平提升、项目管理等方面进行经验总结。

（1）把握市场时机方面总结。

（2）再创新方面总结。

（3）项目的管理方面总结。

（4）人才队伍培养方面总结。

（5）建造模式方面总结。

（6）费用控制方面总结。

（7）其他。

8.2　教训总结

根据项目出现的问题，总结教训。可从以下方面进行：

（1）设计方面的修改。

（2）建造进度的延期。

（3）费用超预算。

（4）设备选型的不尽合理。

（5）运营中的较大修改或改造。

（6）其他。

8.3　对策建议

根据存在的不足，分析相应的对策。一般可从以下方面入手：

（1）前期技术调研。

（2）作业现场变化和需求。

（3）建造中的所有合作伙伴的考察与专家评估。

（4）接船人员驻厂和介入时间。

（5）建造队伍管理和自身建设。

（6）项目管理其他方面等。

附录

附录1：项目大事记

列举项目的重大事件，如各种审查会、重要文件批复、重大节点等。

附录2：编制依据文件清单

主要包括可行性研究报告、各种请示、各种批复文件、建造合同、评标资料、各种报告、审计文件等。

附录3：后评价经济评价

列出指标汇总表、现金流量表、总成本费用表、收入税金估算表、损益表等主要经济评价表。

附录4：有关奖惩材料

列举获得的各种奖惩材料。

附录5：重要批复文件

列举可行性研究报告、投资预算、竣工决算等方面的批复文件或会议纪要。

附录6：后评价报告专家组评审意见答复

参考文献

［1］周天华．项目评估实务［M］．北京：中华工商联合出版社，2005.

［2］王维才，戴淑芬，肖玉新．投资项目可行性分析与项目管理［M］．北京：冶金工业出版社，2019.

［3］张宇．项目评估实务［M］．2版．北京：中国金融出版社，2011.

［4］王立国，韩国高，鞠蕾．项目评估理论与实务［M］．5版．北京：首都经济贸易大学出版社，2019.

［5］张三力，李开孟，邱志青．工程咨询业务知识读本［M］．北京：中国工程咨询杂志社，2002.

［6］咨询工程师教育丛书编写组编．建设项目咨询工程实务知识手册［M］．北京：中国计划出版社，2003.

［7］全国咨询工程师（投资）职业资格考试参考材料编写委员会．宏观经济政策与发展规划［M］．北京：中国统计出版社，2021.

［8］全国咨询工程师（投资）职业资格考试参考材料编写委员会．工程项目组织与管理［M］．北京：中国统计出版社，2021.

［9］全国咨询工程师（投资）职业资格考试参考材料编写委员会．项目决策分析与评价［M］．北京：中国统计出版社，2021.

［10］全国咨询工程师（投资）职业资格考试参考材料编写委员会．现代咨询方法与实务［M］．北京：中国统计出版社，2021.

［11］中国资产评估协会．资产评估基础［M］．北京：中国财政经济出版社，2022.

［12］朱萍．资产评估学教程［M］．6版．上海：上海财经大学出版社，2020.

［13］余明轩．企业价值评估［M］．北京：中国财政经济出版社，2015.

［14］罗学富等．投资项目财务评价理论与实务［M］．北京：清华大学出版社，2021.

［15］马永斌．公司并购重组与整合［M］．北京：清华大学出版社，2020.

［16］雷霆．图解并购重组：法律事务操作要点与难点［M］．北京：法律出版社，2019.

［17］邱丽，殷磊刚．上市公司并购重组操作事务指引［M］．北京：法律出版社，2017.

[18] 陈楠华．并购重组操作全案：原则＋方法＋实践［M］. 北京：人民邮电出版社，2018.

[19] 黄德春. 投资项目后评价［M］. 北京：海洋出版社，2004.

[20] 姜伟新，张三力. 投资项目后评价［M］. 北京：中国石化出版社，2001.

[21] 中国石油天然气股份有限公司. 油气田开发建设项目后评价［M］. 北京：石油工业出版社，2005.

[22] 中国石油天然气股份有限公司. 油气勘探项目后评价［M］. 北京：石油工业出版社，2014.

[23] 中国石油天然气股份有限公司. 炼油化工项目后评价［M］. 北京：石油工业出版社，2014.

[24] 中国石油天然气股份有限公司. 油气管道项目后评价［M］. 北京：石油工业出版社，2014.

[25]《石油工业建设项目后评价论文集》编委会. 石油工业建设项目后评价论文集［M］. 北京：石油工业出版社，2012.